CUSANUS GESELLSCHAFT

Möglichkeiten und Grenzen einer Christologie „von unten“

Der christologische Neuansatz „von unten“ bei Piet Schoonenberg und dessen Weiterführung mit Blick auf Nikolaus von Kues

von

ALFRED KAISER

ASCHENDORFF MÜNSTER

BUCHREIHE DER CUSANUS-GESELLSCHAFT

Mitbegründet von JOSEF KOCH †

Herausgegeben von

RUDOLF HAUBST †, ERICH MEUTHEN und JOSEF STALLMACH

Band XI

Gesamtherstellung: Druckhaus Aschendorff, Münster, 1992

ISSN 0070-2234

ISBN 3-402-03161-2

VORWORT

Aufgrund der vorliegenden Arbeit, die im Sommersemester 1988 von der Theologischen Fakultät Trier als Dissertation angenommen wurde, promovierte mich der Magnus Cancellarius der Theologischen Fakultät Trier, Bischof Dr. Hermann Josef Spital, am 17. Dezember 1988 zum Doktor der Theologie.

Für das Zustandekommen dieser Arbeit ist vielen zu danken:

An erster Stelle gebührt mein Dank Herrn Professor Dr. Dr. Rudolf Haubst, Direktor des Instituts für Cusanus-Foschung an der Universität und Theologischen Fakultät Trier. Bereits als Ordinarius des Lehrstuhls Dogmatik I am Fachbereich Katholische Theologie an der Johannes Gutenberg-Universität in Mainz hatte er die folgende Untersuchung angeregt. Seine sachlichen und kritischen Hinweise vermittelten immer ein Gefühl der Sicherheit.

Mein Dank gilt ferner Herrn Professor Dr. Klaus Reinhardt, der die Mühe des Korreferates auf sich nahm.

Herr Professor Dr. Piet Schoonenberg zeigte ebenfalls ein sehr starkes Interesse an dieser Arbeit. Schon am 16. Dezember 1988 versuchte er in seinem Vortrag „Der Christus von oben und die Christologie von unten" (TThZ 99 [1990] 95-124) den in der Dissertation angemeldeten Verdeutlichungswünschen nachzukommen. Dafür und für seine wertvollen Hinweise sei ihm herzlich gedankt.

Professor Dr. Dr. Rudolf Haubst, Professor Dr. Erich Meuthen und Professor Dr. Josef Stallmach sowie dem Verlag Aschendorff danke ich für die Aufnahme dieser Arbeit in die Buchreihe der Cusanus-Gesellschaft. Dankenswerterweise stellte die Diözese Trier einen namhaften Zuschuß für die Drucklegung zur Verfügung.

Dank schulde ich auch dem Freundeskreis der Universität Trier für die Zuerkennung des „Trier-Preises" 1989. Zusammen mit den Mitteln der Diözese Trier konnten dadurch die Kosten der Drucklegung weitestgehend abgedeckt werden. Danken möchte ich auch Herrn Dr. Hermann Schnarr für seine Hinweise beim Korrekturlesen sowie Frau Ingrid Fuhrmann für die Erstellung der Register.

Ein besonderer Dank gilt meiner Familie, vor allem meiner Frau Sylvia. In selbstloser Art und Weise sorgte sie stets für die notwendige Ruhe (insbesondere vor drei noch kleineren Kindern) und stand auch immer mit Rat und Tat zur Seite, um möglichst gute und sorgenfreie Arbeitsbedingungen zu schaffen.

Butzweiler, im Januar 1992 *Alfred Kaiser*

ZUM GELEIT

Die Glaubensdefinitionen von Nikaia (325) und Chalkedon (451) wurden derzeit zur Abwehr bestimmter Häresien, des Arianismus sowie des Nestorianismus und Monophysitismus, formuliert. Ihre Terminologie gilt seitdem als Norm. Aber auch und gerade so markante Aussagen wie die, daß „Christus in (den) zwei Naturen derselbe ist", bedürfen zu allen Zeiten zu ihrer Verlebendigung oder auch sogar zur Vermeidung von Irrtümern näherer Erklärungen.

So auch im 20. Jahrhundert. Denn da vertrat z. B. Kardinal L. Billot (†1931) als ein Exponent des weitverbreiteten Neuthomismus die Ansicht, bei Christus sei das Sein, der existentiale Vollzug der von Ihm angenommenen Menschennatur durch das personale Sein des göttlichen Logos eminent ersetzt. Nach dem Franziskaner Déodat de Basly (†1937) sollte dagegen die menschliche Individualität Jesu auch dem Logos gegenüber völlig „autonom" sein (vgl. ThRv 52 [1956] 146-150). Die Wahrheit ist zwischen diesen beiden Extremen zu suchen.

Seit dem von Al. Grillmeier und H. Bacht zum 1500-Jahresjubiläum herausgegebenen Sammelwerk „Das Konzil von Chalkedon" (1951-54) ist mittlerweile eine starke Akzentverschiebung in Begriff und Wertung der „Christologie von unten" erfolgt. Während nämlich z. B. der extreme Thomist M. Glossner 1889 noch generell von allen „Theologen" sagte, daß sie „von der personalen Vereinigung auf die Vollkommenheit der menschlichen Natur (Jesu) als Folge derselben schließen" und es Cusanus vorwarf, daß er umgekehrt „die persönliche Vereinigung von der Vollkommenheit der menschlichen Natur ableite", zeigen nunmehr die Beiträge von Al. Grillmeier, J. Ternus, B. Welte und zumal der von K. Rahner, welche Neubesinnung mittlerweile zugunsten der „Christologie von unten" in Gang kam. Ein Hauptakzent lag dabei in der Hervorhebung des vollen Menschseins Jesu Christi.

Unter diesem Aspekt fand auch das 1969 erschienene Buch „Ein Gott der Menschen" von P. Schoonenberg viel Zustimmung, aber auch Ablehnung. Die bohrenden Fragen, mit denen A. Kaiser im WS 1976/77 im dogmatischen Seminar zu Mainz dessen Methoden und die inhaltlichen Konsequenzen unter die Lupe nahm, führten zu seiner Diplomarbeit unter dem Thema „Sinn und Grenzen einer Christologie ‚von unten' in den Schriften Piet Schoonenbergs". In dieser sind auch schon die bis 1978 erschienenen Schriften Schoonenbergs methodisch sauber durchreflektiert.

Nun zu der hier veröffentlichten Dissertation von A. Kaiser. Wegen des schon seit dem 19. Jahrhundert stark differierenden Begriffspaars „Christologie von oben" und „von unten" eröffnet Kaiser diese (im I. Teil) mit einem Rückblick in dessen Entstehung und Verwendung innerhalb der „protestantischen Theologie", dann, kürzer gefaßt, auch auf dessen Gebrauch in der neueren katholischen Theologie. Als erstes überrascht dabei diese - Cusanus besonders nahe kommende Erklärung des evangelischen Theologen I. A. Dorner (†1884): „Nur indem ein Mensch ist, der zugleich der Logos ist, ist die ganze Idee des Menschen realisiert".

K. Rahners Postulat, „Christologie als sich selbst transzendierende Anthropologie zu betreiben" veranlaßt Kaiser auch bereits zu dieser methodisch grundlegenden Feststellung: Schon Cusanus „beginnt, modern gesprochen, mit einer ‚Christologie von unten her' und läßt diese in eine ‚Christologie von oben' einmünden". Mit besonderer Akribie untersucht er die „Perspektiven einer Christologie ‚von unten' in der Pastoralkonstitution (des II. Vatikanischen Konzils) ‚Gaudium et spes'".

Außer dem so gewonnenen Überblick kommt der „Untersuchung von Schoonenbergs Christologie" (im II. Teil) nun auch dessen Selbstpräzisierung in seinem späteren Schrifttum zugute. Ein gewisser Wendepunkt dazu zeichnet sich in den „Notizen zur Erläuterung und Ergänzung" ab, die Schoonenberg selbst, durch die Diplomarbeit von Kaiser und durch ein Blockseminar in Mainz (am 18./19. Mai 1979) angeregt, zu seinem Werk „Ein Gott der Menschen" schrieb. Darin setzte er sich nämlich „bewußt von irgendwelchen Auffassungen anderer über die beiden Termini (Christologie ‚von oben' und ‚von unten') ab", indem er betonte, daß mit seinem Ausgang „von unten" der Inhalt der Aussagen über Jesus Christus „auf keinen Fall eingeschränkt oder verkürzt werden soll".

Bei der Überprüfung von „Ein Gott der Menschen" stimmt Kaiser daraufhin Schoonenberg in seinem Grundanliegen und auch darin zu: „Das Dogma (von Chalkedon) muß ergänzt werden, will man dem biblischen Reichtum der christologischen Aussagen (des Neuen Testamentes) nachkommen". Doch kann auch das „menschliche Personsein Jesu", auf dem Schoonenberg, weil es zur Vollständigkeit Seines Menschseins gehöre, insistiert, zu diesen Ergänzungen gehören? Noch schwerer verständlich ist die Zuspitzung, daß Gott selbst „dreifaltig geworden" sei, indem Er sich selbst „an seinen Geschöpfen änderte". Bei aller Verständnisbereitschaft konstatiert Kaiser hier „eine bedenkliche Unklarheit im Hinblick auf die Trinitätslehre" und eine „Vernachlässigung der personalen Präexistenz" (des Logos). Dieselben Schwächen findet Kaiser auch in dem Dokument der Glaubenskongregation von 1972 angeprangert. Die Bibelkommission, die die Berechtigung der beiden Ansätze „von oben" und „von unten" eigens anerkennt, urteilt 1983 schon nicht mehr so streng über Schoonenberg. Gegen J. Galot's Vorwurf, daß Schoonenberg die Gottheit Christi leugne, verteidigt Kaiser diesen damit, daß „Unausgeglichenheiten noch nicht zwingend eine Leugnung" darstellen. Kl. Reinhardt stimmt er darin zu, daß die „Vernachlässigung der personalen Präexistenz des Logos" bei Schoonenberg den Weg zum vollen Verständnis der Selbstoffenbarung Gottes in Jesus Christus versperre.

Im III. Teil läßt Kaiser seine zuvor primär historisch orientierte Arbeit in einem Weiterdenken von kühnen Äußerungen Schoonenbergs mit Hilfe (oder „im Lichte") der von Nikolaus von Kues eröffneten christologischen Perspektiven gipfeln. Außer manchem anderen, das, wie die „sehr betonte christozentrische Spiritualität", „sehr an Cusanus erinnert", hebt er dabei besonders dies hervor:

1. In seinen jüngeren Schriften spricht Schoonenberg, statt von „Veränderlichkeit Gottes", unverfänglicher von Gottes „Selbstbewegung". Das führt Kaiser mit Cusanus, der (z. B. in De visione Dei) den Ineinsfall von „Sein, Wollen und Liebe" in Gott betont, dahin weiter: Aus der konkret-heilsgeschichtlichen Sicht ist auch das „Sein" Gottes nicht abstrakt-starr, sondern zugleich als sich uns in Christus zuwendend und sich selbstmitteilend zu verstehen.

2. Schoonenbergs These „Eine von der Christologie unabhängige Trinitätslehre ist unmöglich" bestreitet Kaiser keineswegs. Er integriert diese jedoch in diese cusanische Zusammenschau von Christologie und Trinitätslehre: Christus ist sozusagen in beiden Richtungen „die Brücke, die aus der Tiefe des Gottgeheimnisses zu uns herüber und nach dort hinüber führt".

3. In „Denken über Chalkedon" (1980) bejaht Schoonenberg ausdrücklich die Personeinheit in Jesus Christus, jedoch so, daß er diese mit der „gegenseitigen Perichorese" der beiden Naturen erklärt. Eine solche Perichorese, bei der ein (wenn auch noch so vervollkommnetes) menschliches Wesen die Unendlichkeit Gottes „durchdringe", weist Kaiser jedoch, u. a. schon mit Berufung auf Johannes von Damaskus, zurück. Bei Schoonenberg selbst kann er indes neuerdings an ein Zugeständnis aus d. J. 1984 anknüpfen, nach dem „das göttliche Wort ... mit seiner Menschheit (in der assumptio creata) eine einzige Person bilden kann". Bei Cusanus (De visione, Dei Kap. 19-21) findet Kaiser diesen Begriff der

„Annahme“ (assumptio) auch in dem Bild der höchstinnigen Heranziehung (attractio) der menschlichen Natur an den göttlichen Logos sinnvoll so dargestellt, daß eben diese auch die menschliche Freiheit Jesu aufs höchste vollende und Ihn zum einzigartigen Mittler zwischen Gott und Mensch mache.

So wurde Kaiser selbst, und der Unterzeichnete als der Betreuer seiner Dissertation mit ihm, beim abschließenden Vergleich der fortschrittlichsten Gedanken in der Christologie Schoonenbergs mit der des Nikolaus von Kues, mehr und mehr davon überrascht, wie sehr Cusanus sozusagen schon im voraus die spekulativ-theologische Überwindung der Schwierigkeiten vorbereitete, in die Schoonenberg als der Bahnbrecher so vieler moderner Ideen zu unserer Zeit, sich verstrickte.

Das war und ist ein besonders signifikantes Beispiel dafür, wie „die Beschäftigung mit Cusanus auch für den heutigen Theologen noch, oder erneut, gewinnbringend sein kann“. Dies konstatiert Kaiser selbst abschließend. Um es auch und gerade dem kritisch Mitdenkenden bewußt zu machen, daß dieses Werk von Herrn Dr. Kaiser sowohl aus der Sicht der Cusanus-Forschung wie im Interesse der heutigen Theologie die entsprechende Beachtung verdient, suchte ich in diesem Geleitwort die Gesamtentwicklung dieser Untersuchung zu Schoonenberg möglichst kompakt und übersichtlich nachzuvollziehen.

Von der Theologischen Fakultät Trier wurde diese Dissertation mit mit „summa cum laude“ benotet. Deren Aufnahme in die „Buchreihe der Cusanus-Gesellschaft“ bedarf keiner weiteren Begründung. Diese Reihe dient ja als ganze besonders dem Ziel, die Aktualität des Nikolaus von Kues unserer Zeit zu erschließen und in ihr fruchtbar zu machen.

Mainz-Trier am 10. Febr. 1990 *Rudolf Haubst*

INHALT

ERSTER TEIL

INHALTLICHE AKZENTE DER TERMINOLOGIE CHRISTOLOGIE „VON OBEN“ UND CHRISTOLOGIE „VON UNTEN“

DRITTER TEIL

DIE WEITERENTWICKLUNG UND VERVOLLSTÄNDIGUNG VON SCHOONENBERGS CHRISTOLOGISCHEM ANSATZ (1973-1987) MIT BLICK AUF NIKOLAUS VON KUES

ZUR EINFÜHRUNG

Die erste Anregung zur vorliegenden Arbeit ging aus von dem dogmatischen Seminar *Die Personeinheit Jesu nach Piet Schoonenberg, Hans Küng* und *Edward Schillebeeckx* unter Leitung von Herrn Professor Dr. Dr. Rudolf Haubst im Wintersemester 1976/77 am Fachbereich Katholische Theologie der Johannes Gutenberg-Universität in Mainz, an dem ich teilnehmen durfte.

Der zunächst so ansprechend wirkende Entwurf Schoonenbergs zog bald kritische Rückfragen nach sich. Dies sowohl aus bibeltheologischer und dogmengeschichtlicher Sicht, vor allem aber im Hinblick auf die Frage: Genügt die so verstandene Einheit Jesus - Gott zur Begründung der einzigartigen und universalen Heilswirksamkeit Jesu Christi? Diese Fragestellung bildete auch den Kernpunkt meiner Diplomarbeit, zu der mich 1977 ebenfalls Professor Haubst anregte. Deren Thema lautete: *Sinn und Grenzen einer Christologie „von unten" in den Schriften Piet Schoonenbergs.*

Schon bald nach Abschluß der Diplomprüfung im Fach Katholische Theologie regte Professor Haubst an, die Diplomarbeit weiter auszubauen. Dabei sollten einerseits der schillernde Begriff „Christologie von unten", andererseits die besonderen Akzentsetzungen Schoonenbergs näher ausgeleuchtet werden.

Läßt sich Schoonenbergs Christologie unter das Programm einer Christologie „von unten" subsumieren, obwohl er selbst diesen Terminus in *Ein Gott der Menschen* nirgends verwendet, andererseits aber von seinen Kritikern den Theologen zugeordnet wird, die den methodischen Weg einer Christologie „von unten" eigens für sich in Anspruch nehmen? So lautet die erste Frage.

Die Fragestellung wird dadurch erschwert, daß unter dem Programm einer sogenannten Christologie „von unten" äußerst vielschichtige und verschiedenartige christologische Problemstellungen subsumiert werden, wie insbesondere R. Slenczka in seiner Untersuchung *Geschichtlichkeit und Personsein Jesu Christi* aufgewiesen hat. Ich versuche daher im Hinblick auf Schoonenberg nur solche christologischen Entwürfe in den Blick zu nehmen, in denen expressis verbis der Terminus Christologie „von unten" oder „von oben" erscheint, um von daher das Bedeutungsfeld etwas enger zu fassen und andererseits zu prüfen, ob Schoonenbergs Christologie zu Recht als Christologie „von unten" bezeichnet werden kann.

Bei der Untersuchung des Terminus Christologie „von unten" wird hinter Albrecht Ritschl auf Ferdinand Christian Baur zurückgegriffen. Anhand ausgewählter Beispiele aus der Geschichte der protestantischen Theologie werden von Baur über Isaak August Dorner bis hin zu Wolfhart Pannenberg verschiedene Bedeutungsfelder aufgespürt und ein erster problemgeschichtlicher Hintergrund aufgezeigt, der sich eventuell als Ansatzpunkt für Schoonenbergs Christologie erweisen könnte.

Parallel dazu werde ich auch die Entwicklung innerhalb der katholischen Theologie bis hin zu Schoonenberg verfolgen.

Im Zweiten Teil wird Schoonenbergs Christologie in *Ein Gott der Menschen* genauer dargestellt und untersucht. Auffallend ist, wie sehr sich bei der Kritik an Schoonenbergs Entwurf schroffe Ablehnung und wohlwollende Unterstützung einander gegenüberstehen. Wie es zu solch gegensätzlichen Positionen kommt, ist ein weiterer Punkt der Untersuchung.

Schoonenberg nimmt die an ihn herangetragene Kritik ernst. So versucht er ständig, seine Christologie zu verdeutlichen und zu verbessern. Dabei fielen mir schon recht bald gewisse Ähnlichkeiten zur Theologie des Nikolaus von Kues auf. Diese blieben jedoch zunächst noch eher verschwommen. Ich schenkte ihnen vorerst wenig Beachtung, zumal man davon ausgehen konnte, daß Schoonenberg wohl kaum mit cusanischer Theologie vertraut war. Als Berührungspunkt wäre vielleicht Isaak August Dorner in Frage gekommen. Denn Dorner bezog in seine *Entwicklungsgeschichte der Lehre von der Person Jesu Christi* auch die Christologie des Nikolaus von Kues mit ein, und auch Schoonenberg ist nachweislich von der Christologie Dorners inspiriert. Jedoch schien diese Vermutung aufs erste als zu vage.

Die Untersuchungen von Schoonenbergs Weiterführungen seiner Christologie gegenüber der in *Ein Gott der Menschen*, insbesondere aber das Symposion *Das Sehen Gottes nach Nikolaus von Kues* (Trier 25.-27. Sept. 1986) sowie die Besprechung der cusanischen Schrift *De visione Dei* innerhalb des „Doktoren- und Doktorandenkolloquiums" unter Leitung von Herrn Professor Dr. Dr. Rudolf Haubst gaben letztlich den Ausschlag, den Parallelen zwischen Schoonenbergs christologischer Fragestellung und der christologischen Ausleuchtung der Glaubensmysterien bei Cusanus näher nachzugehen. Von der christologischen Weiterentwicklung Schoonenbergs wird der Blick auf die Theologie des Nikolaus von Kues gelenkt.

Dabei soll weder Schoonenberg durch die Brille des Cusanus noch Cusanus durch die Schoonenbergs gelesen werden. Vielmehr wird auf ähnliche Anliegen und Fragestellungen der Blick gerichtet. Eine bis in alle Einzelheiten gehende Gegenüberstellung würde den Rahmen der Arbeit sprengen. Sie ist auch nicht gefordert, ist doch die Christologie des Nikolaus von Kues insbesondere durch die Arbeiten des Cusanus-Forschers R. Haubst weitgehend untersucht. Vielleicht aber kann eine „Rückkehr zur Vergangenheit" (zu Cusanus) einen (von vielen möglichen) „Weg in die Zukunft" mitbahnen, indem sie hilft, gegebenenfalls manchen heutigen, sich gegenüber der kirchlichen Tradition verselbständigenden, theologischen Entwurf zu korrigieren, ohne das heutige Anliegen zu verwischen oder gar aus den Augen zu verlieren.

Mein besonderer Dank gilt an dieser Stelle nochmals Herrn Professor Dr. Dr. Rudolf Haubst, der diese Untersuchung nicht nur angeregt hat, sondern ihr auch stets großes Interesse entgegenbrachte. Dabei ist auch der Rat zur „Beschränkung" nicht zu unterschätzen. Denn manches Problemfeld konnte nur gestreift werden, oder aber nur in einem groben Zusammenhang angedeutet werden. Dies gilt beispielsweise für die Frage nach dem „Auferstehungsleib". Aber auch Fragen zum Personbegriff und zur menschlichen Icherfahrung Jesu könnten unter folgenden Gesichtspunkten nochmals vertieft werden: „ontologischer" - „psychologischer" Personbegriff; das Ringen um den christologischen Personbegriff in der Patristik. Allein - hier müssen einfach Grenzen gesetzt und eine Selbstbeschränkung auferlegt werden.

ERSTER TEIL:

INHALTLICHE AKZENTE DER TERMINOLOGIE CHRISTOLOGIE „VON OBEN“ UND CHRISTOLOGIE „VON UNTEN“

I. Der gegenwärtige Stand der Diskussion

„Die unbestrittene Herrschaft des (chalkedonischen) Satzes ist zu Ende“, so charakterisiert J. Moingt allzu salopp die Situation in der gegenwärtigen Christologie[1]. Er meint damit die Glaubensformel: „In der Nachfolge der Väter bekennen wir Jesus Christus: (er ist) ein und derselbe vollkommen in der Gottheit, derselbe auch vollkommen im Menschsein, wahrer Gott und wahrer Mensch mit einer geistigen Seele und einem Leib, wesenseins dem Vater in seiner Gottheit, uns wesensgleich in seiner Menschheit, in allem uns gleich, die Sünde ausgenommen. Wir bekennen ein und denselben aus dem Vater geboren vor der Zeit der Gottheit nach, am Ende der Tage aber unsert- und um unseres Heiles willen geboren aus Maria der Jungfrau und Gottesmutter dem Menschsein nach ... (wahrer Gott und wahrer Mensch) unvermischt und ungetrennt“[2].

Die Feststellung von Moingt muß einen gläubigen Christen doch sehr verwundern; dies umso mehr, wenn man die folgende Auswertung von A. Grillmeier über die Bedeutung der Lehraussage von Chalkedon betrachtet: „Wenn das Geheimnis der Menschwerdung der heutigen Welt etwas sagen soll, dann nur, wenn wir erkennen: in Jesus Christus begegnet uns wirklich der eine und wesensgleiche Sohn Gottes, aber in seiner echt menschlichen Existenz, die getragen ist von seiner göttlichen Hypostasis. Die chalkedonische Christologie ermöglicht diese Dialektik: Je mehr ich Christus als Sohn Gottes anerkenne, desto mehr darf ich

[1] Zitat nach L. HÖDL, *Neuansätze in der dogmatischen Christologie*, in: Tendenzen der katholischen Theologie nach dem Zweiten Vatikanischen Konzil, hg. v. Gisbert Kaufmann (München 1979) 24.

[2] H. DENZINGER - A. SCHÖNMETZER, *Enchiridion Symbolorum*, 36. Aufl. (im folg. ES), Nr. 301-302. Übers. nach A. GRILLMEIER, *Die christologische Entdeckung des Humanum*, in: Das Menschenbild des Nikolaus von Kues, hg. v. M. Bodewig, J. Schmitz u. R. Weier. FS für R. Haubst zum 65. Geburtstag (= Mitteilungen und Forschungsbeiträge der Cusanus-Gesellschaft 13, im folg. MFCG, Mainz 1978) 305-319; hier 311.

ihn als den mit uns wesensgleichen Menschen lieben. Je mehr Christus Gott ist, desto mehr ist er auch Mensch"[3]. Konkret auf den heutigen Menschen bezogen, gibt Grillmeier der Glaubensaussage von Chalkedon diesen Stellenwert: „In der Universalkrisis der Menschheit heute sollten wir Christen uns dessen bewußt sein, was wir durch eine unverkürzt verkündete Einheit von Gott und Mensch in Christus der Welt anzubieten haben. Es ist die Demonstration der Liebe Gottes zum Menschen. Liebe verzehrt sich für den anderen, nicht den anderen... Die Botschaft von der Menschwerdung Gottes in Christus, von der Heimführung des Menschen zu Gott ist der unüberholbare Beitrag des Christentums zur Entdeckung des Humanum. Je mehr der Mensch in das Licht Gottes tritt, umso heller leuchtet sein eigenes Wesen auf"[4].

J. Ratzinger sieht in Chalkedon sogar „die großartigste und kühnste Vereinfachung des komplizierten, äußerst vielschichtigen Traditionsbefundes auf eine einzige, alles andere tragende Mitte hin: Sohn Gottes, gleichen Wesens mit Gott *und* gleichen Wesens mit uns. Chalkedon hat Jesus im Gegensatz zu vielen anderen Möglichkeiten, die im Laufe der Geschichte versucht wurden, theo-logisch ausgelegt; ich sehe darin die einzige Auslegung, die der ganzen Breite der Überlieferung gerecht zu werden vermag und die volle Wucht des Phänomens annehmen kann. Alle anderen Auslegungen sind irgendwo zu schmal; jeder andere Begriff erfaßt nur einen Teil und schließt einen anderen aus. Hier und nur hier eröffnet sich das Ganze"[5].

Kein ernst zu nehmender Theologe wird die Glaubensaussage von Chalkedon mit ihrer wirklich unüberbietbaren und einzigartigen Aufwertung und Vollendung menschlichen Selbstverständnisses, wonach das Menschsein getragen und vollendet wird im personalen Angenommensein in der Gottheit Jesu Christi ohne weiteres aufgeben wollen. Der kerygmatische Gehalt des Chalcedonense ist also keineswegs „am Ende"! Dennoch ist die Kritik an diesem Glaubenssatz unübersehbar. So heißt es beispielsweise: „*Chalkedon ist nicht biblisch*". Damit ist zunächst gemeint, daß die Vielfalt der neutestamentlichen Christologien in dessen „Formel" nicht mehr zum Ausdruck komme. „Die Theologie und Verkündigung können nicht mehr gebannten und fixierten Blickes auf den Gott-Men-

3 A. GRILLMEIER, *„Piscatorie"-„Aristotelice". Zur Bedeutung der „Formel" in den seit Chalkedon getrennten Kirchen*, in: DERS., Mit ihm und in ihm. Christologische Forschungen und Perspektiven (Freiburg 1975) 283-300; hier 300.

4 A. GRILLMEIER, *Die christologische Entdeckung des Humanum* 319.

5 J. RATZINGER, *Dogma und Verkündigung* (München [3]1977) 134.

schen Jesus Christus schauen, auf den einen selben Sohn, unseren Herrn, in den beiden Naturen, wie aus dem Dogma von Chalkedon verlautet, sie müssen Acht und Augenmerk von diesem Bilde weg auf die vielfältigen Bilder Christi richten, die überliefert sind: auf das Bild des Rabbi und Propheten, des Lehrers der Weisheit und des Gesetzes, des Menschensohnes und Gottesknechtes, des Gekreuzigten und Erhöhten"[6]. Das neutestamentliche Jesusbild ist m. a. W. kein Jesus-Plakat, sondern eine ganze Bilder-Galerie[7].

Der Vorwurf wird auch noch so weitergeführt: „*Chalkedon sei nicht biblisch, sondern hellenistisch*". Der Begriff „Hellenisierung des Christentums" ist ein vielschichtiges bekanntes Schlagwort, das hier nicht im einzelnen dargelegt werden muß. Es sei aber so viel festgehalten: Hellenisierung meint, daß im Zuge der Beeinflussung der Lehre über das Christusgeheimnis durch die griechische Philosophie, insbesondere durch den Platonismus, das Christusbild statisch geworden sei. Die Begriffe Hypostasis, Physis, klammerten den geschichtlichen, und zwar heilsgeschichtlichen, Aspekt der Christologie aus. Im Zuge dieser Hellenisierung sei die chalkedonische Christologie letztlich dualistisch geworden[8].

Und schließlich lautet ein weiterer Einwand: *Die chalkedonische Christologie birgt etwas Mirakelhaftes in sich und läuft Gefahr, im Mythos zu enden.* Denn was soll einerseits der heutige Mensch, „Jude, Chinese, Japaner oder Afrikaner, was aber auch der heutige durchschnittliche Europäer oder Amerikaner mit jenen griechischen Chiffren [sc. der Zwei-Naturen-Lehre] anfangen"?[9] Und selbst wenn man sich noch auf diese Christologie einlassen könne, so sähen wir Christus immer noch „im Schatten des Gottessohnes"[10]. Das bedeutet: Gerade die dogmatische Formulierung von Chalkedon soll im Zusammenhang mit dem Dogma von Nikaia die Gefahr implizieren, das volle Menschsein Jesu zu übersehen

6 L. HÖDL, *Neuansätze in der dogmatischen Christologie* 24.

7 EBD.

8 Bei solch einem Urteil ist doch große Vorsicht angebracht. Das hat A. Grillmeier überzeugend herausgestellt. Siehe A. GRILLMEIER, *Hellenisierung - Judaisierung des Christentums als Deuteprinzipien der Geschichte des kirchlichen Dogmas*, in: Mit ihm und in ihm 423-488.

9 H. KÜNG, *Christ sein* (München [7]1975) 123.

10 H. KÜNG, *Christ sein* 429. Es soll an dieser Stelle keine Diskussion der Einwände gegen die chalkedonische Christologie vorgenommen werden. Diese wird später einfließen. Hier sei lediglich verwiesen auf A. GRILLMEIER, *Jesus von Nazareth - „im Schatten des Gottessohnes"?*, in: Diskussion über Hans Küngs „Christ sein", hg. von H. U. v. Balthasar u.a. (Mainz [3]1976) 60-82.

und so letztlich seinen eigenen kerygmatischen Aussagegehalt zu verlieren.

Betrachten wir diese Einwände jedoch genauer, so werden wir bald feststellen, daß es auch der heutigen Christologie keineswegs darum geht, den Glaubensinhalt, der durch die Väter von Nikaia und Chalkedon formuliert wurde, auszuhöhlen. Im Gegenteil, letztlich will man heute den theologischen Gehalt - siehe insbesondere die Auslegung des Chalcedonense durch A. Grillmeier - retten und vertiefen. Darauf weist beispielsweise K. Rahner eigens hin in seinem bahnbrechenden Aufsatz *Chalkedon - Ende oder Anfang?*, wenn er schreibt: „Wir sprechen hier nicht von der Zwei-Naturen-Lehre des Konzils, sondern von einer ‚landläufig-vulgären' Verkürzung dieser Lehre... [Daher] darf es aber auch nicht als unberechtigt gelten, zu unterscheiden zwischen dem *vollen* Sinn der chalkedonischen Formel, wie dieser *sensus plenus* nach dem Zeugnis der Dogmengeschichte aus der Absicht des Konzils hervorgeht, und dem immer noch richtigen, aber verkürzten Sinn der Formel, wie dieser aus den Begriffen der Formel allein entwickelt werden kann, wenn diese Begriffe nur verstanden werden im Sinne einer schulmäßig blassen Interpretation. Was im folgenden gesagt wird, gilt *diesem* letzteren Sinn allein"[11].

Auch Hans Küng bestreitet offensichtlich keineswegs die Legitimität des Dogmas von Chalkedon, gilt doch auch für ihn: „An der vom Neuen Testament wirklich gedeckten Wahrheit der alten christologischen Konzilien soll nichts abgestrichen werden, ..."[12].

Piet Schoonenberg hebt ebenfalls trotz seiner massiven Kritik am Dogma von Chalkedon, die uns näher beschäftigen wird, dies hervor: Mit all seiner Kritik will er keineswegs „die Ehrfurcht für die Konzilien wegschaffen. Bei aller Menschlichkeit hat uns durch sie der Geist der Wahrheit geleitet. Noch weniger will ich ihre Lehrentscheidungen verneinen. Ich glaube, daß das Wort Gott von Gott ist, eines Wesens mit dem Vater, und ich bekenne dasselbe vom Heiligen Geist. Und ich will unseren Herrn Jesus Christus nicht weniger göttlich, nicht weniger menschlich und nicht weniger als eine Person sehen als Chalkedon". Und ganz im Sinne Rahners fährt er fort: „Die Verkündigung dieser Konzilien war in ihrem Ausdruck natürlich schon durch die Theologie der Zeit bestimmt, und - was mir wichtiger erscheint - sie selbst regte zu

[11] K. RAHNER, *Chalkedon - Ende oder Anfang?*, in: Das Konzil von Chalkedon. Geschichte und Gegenwart, hg. v. A. Grillmeier u. H. Bacht, Bd. III (Würzburg 1954) 3-49; hier 10.

[12] H. KÜNG, *Christ sein* 440.

einer Theologie an"[13] (also damals schon „Chalkedon - ein Anfang"!).

Offensichtlich ist es besser, anstatt vom *Ende* des chalkedonischen Satzes in Anlehnung an Walter Kasper, von einer *Wende* innerhalb der Christologie zu sprechen[14]. Diese Wende wird heute oft plakativ mit dem Stichwort: von einer „Christologie von oben" zu einer „Christologie von unten"[15] umschrieben. In der katholischen Christologie dürfte diese Mitte bis Ende der 50er Jahre verstärkt eingesetzt haben. Bis dahin war die „Christologie von oben" noch so vorherrschend, daß der entgegengesetzte Weg „von unten" als eine Verfälschung des Dogmas von Chalkedon betrachtet wurde. Zumindest stand man ihm äußerst reserviert gegenüber[16]. Die Kritik an diesem Weg „von unten" beruhte häufig selbst auf einer einseitigen (Fehl-)Interpretation des Dogmas von Chalkedon durch traditionelle „Schuldogmatiker", die durch eine nicht hinreichende Berücksichtigung der Hl. Schrift und der Dogmengeschichte, vor allem aber durch eine allzu einseitig am Begriff klebende Interpretation bedingt war. Als ein Beispiel solcher Vereinseitigung und somit gegebener Verkürzung sei ein Vertreter der

[13] P. SCHOONENBERG, *Rückkehr zur Vergangenheit: Weg in die Zukunft? Prolegomena zu einem Entwurf der Theologie*, in: Entwürfe der Theologie, hg. v. Joh. B. Bauer (Graz/ Wien/Köln 1985) 291-307; hier 297.

[14] W. KASPER, *Neuansätze gegenwärtiger Christologie*, in: Wer ist Jesus Christus, hg. v. J. Sauer (Freiburg 1977) 121-150; hier 123.

[15] An dieser Stelle wird der Leser eine stichwortartige Umschreibung der Termini „Christologie von oben" bzw. „Christologie von unten" vermissen. Dabei zeigt sich aber hier schon folgendes Problem: Aufgrund des Denkansatzes innerhalb der traditionellen Christologie, nämlich ausgehend von der Trinitätslehre und somit von der Menschwerdung der zweiten göttlichen Person kann die Christologie schnell als Inkarnationschristologie bezeichnet werden. Man könnte nun zunächst vermuten, daß eine „Christologie von unten" dann auszugehen hätte vom Menschsein Jesu. Man könnte somit gleichsam im Gegenzug von einer aszendierenden Christologie sprechen, also von einer vom Menschlichen zum Göttlichen aufsteigenden Christologie (bis hin zur Vergöttlichung des Menschseins?). Wir werden jedoch sehen, daß das Begriffsfeld des Ansatzes „Christologie von unten" so vielfältig ist, daß es völlig falsch wäre, von vornherein eine Definition zu geben. Wenn wir also jetzt schon von einer „Christologie von unten" sprechen, so soll hier kein festes Programm vorgestellt werden; es ist vielmehr ein vorsichtiges Tasten, um deutlich zu machen, daß eben eine „Wende" stattfindet. Worin diese „Wende" liegt, kann erst nach und nach konkretisiert werden.

[16] Dazu R. HAUBST, *Nikolaus von Kues und die heutige Christologie*, in: Universitas. FS für Bischof Dr. Albert Stohr, hg. v. L. Lenhart, Bd. I (Mainz 1960) 165-175; hier 172.

Neuscholastik, Michael Gloßner[17], angeführt, der in Auseinandersetzung mit der Christologie des Nikolaus von Kues folgenden Vorwurf einbringt: „Der Cusaner verfolgt in der Erklärung der Menschwerdung den umgekehrten Weg der Theologen. Während diese von der persönlichen Vereinigung auf die Vollkommenheit der menschlichen Natur als Folge derselben schließen, leitet jener die persönliche Vereinigung von der Vollkommenheit der menschlichen Natur ab"[18]. Warum, so muß man sich hier fragen, soll dieser Weg zunächst verboten sein? Gloßner übersieht hier ganz einfach (und mit ihm auch viele Theologen, die eine einseitige Inkarnationstheologie betreiben) die bipolare Spannungseinheit des Christusgeheimnisses, denn „Jesus ist nicht nur der abgestiegene Gott, er ist auch der aufsteigende Mensch. Jesus ist nicht nur die Epiphanie der göttlichen Liebe, streng von oben nach unten zu sehen und zu verstehen, er ist auch Repräsentant der Menschheit, in dem die menschliche Natur sich selbst, ihr Köstlichstes und Reinstes Gott übereignet. Sein Kreuzestod ist nicht nur Selbstpreisgabe Gottes an die Menschen, er ist auch das vorbehaltlose Sich-Ausliefern dieses Menschen, der Jesus ist, an Gott"[19]. Das bedeutet aber: „Christologie von unten" (in Gloßners Sprachgebrauch der umgekehrte Weg) will in voller Interpretation des Dogmas von Chalkedon neben der Betonung von Jesu Gottheit den Akzent auch (wieder) auf das volle Menschsein Jesu legen.

Wer nun aber Sinn und Aufgabe dieser „Christologie von unten" in einer bloßen Ergänzung von traditionellen Entwürfen der sogenannten Schuldogmatik sieht, der zielt zu kurz. Denn letztlich geht es um die Frage, „*wie* wir die Einheit zwischen dem Jesus der Geschichte und dem Christus des Glaubens, zwischen seiner Menschheit und seiner Gottheit ‚verständlich' machen können"[20]. Das aber angesichts eines seit der Aufklärung geänderten Wirklichkeits- und Selbstverständnisses des Menschen. Von da an wird nach W. Kasper „der Mensch zur Grundlage aller Gewißheit und zum Ausgangspunkt und Bezugspunkt des gesamten Wirklichkeitsverständnisses"[21]. Die moderne „Christologie von unten" impliziert somit ein pastorales Anliegen und steht vor der schweren Aufgabe

[17] Zu Gloßner vgl. J. HASENFUSS, in: ²LThK, Bd. IV, Sp. 972.

[18] Zitat nach R. HAUBST, *Nikolaus von Kues und die heutige Christologie* 172.

[19] J. RATZINGER, *Dogma und Verkündigung* 77.

[20] W. KASPER, *Christologie von unten? Kritik und Neuansatz gegenwärtiger Christologie*, in: Grundfragen der Christologie heute, hg. v. L. Scheffczyk (Freiburg 1975) 141-170; hier 142.

[21] EBD. 143.

eines Übersetzungsprozesses des Christusgeheimnisses in unsere heutige Zeit.

Dabei kann sie aber nicht mehr ohne weiteres das klassische Gottesverständnis voraussetzen Denn für viele ist Gott heute eine Chiffre oder ein Mythos. „Christologie von unten" will daher zunächst vom Menschen Jesus, vom Irdischen und Erhöhten ausgehen, um von daher das Persongeheimnis der Person Jesu Christi zugänglich zu machen. Am irdischen und erhöhten Jesus Christus soll seine Gottessohnschaft deutlich gemacht werden. Besagt „Christologie von oben" bzw. „Christologie von unten" also letztlich nur einen „Unterschied in der Erkenntnisordnung und der Seinsordnung"[22]?

Auch diese Unterscheidung reicht, wie Kl. Reinhardt darlegt, nicht aus. Denn häufig werfen die Vertreter der „Christologie von unten" der chalkedonischen Christologie vor, eine „dualistische Christologie" zu sein: Das klassische Zwei-Naturen-Modell gehe von „zwei durch einen unendlichen Abstand getrennten Größen aus, nämlich von dem präexistenten göttlichen Logos und der geschaffenen menschlichen Natur, und versucht, den Vorgang der Inkarnation als Zusammensetzung eines Individuums aus dem menschlichen und aus dem göttlichen Wesen zu denken"[23]. Dies zeige sich auch im Laufe der Dogmengeschichte, in der immer wieder folgende Aporie festzustellen sei: Entweder finde man einen in sich gespaltenen, nur im Glauben als Einheit bejahten Christus, oder man halte an der Einheit der Person fest, dann aber auf Kosten von Christi wahrer Menschheit oder seiner wahren Gottheit. - Eine dem Glaubensgeheimnis implizite Aporie? - Für viele Vertreter der „Christologie von unten" gilt dies dann keineswegs, sofern man „nur" den richtigen Ansatz habe: Lege man den Akzent nämlich auf das in der Schrift stark betonte Verhältnis der Person Jesu zu seinem Vater im Himmel einerseits und andererseits auf seine Relation zu den Menschen, so könne man von daher aufzeigen, daß dieser Jesus ganz eins sei mit Gott und doch von ihm unterschieden bleibe[24].

Betrachtet man diese Zielsetzungen heutiger Christologie, so läßt sich feststellen: Es handelt sich um ein wirklich Großes inten-

[22] So die Fragestellung von Kl. Reinhardt, *Die Einzigartigkeit der Person Jesu Christi*, in: IKaZ 2 (1973) 206-224; hier 210.

[23] So gibt Kl. Reinhardt die Kritik von W. Pannenberg, aber dem Sinn nach auch von P. Schoonenberg wieder. Kl. Reinhardt, *Die Einzigartigkeit der Person Jesu Christi* 210.

[24] Ebd. 211.

dierendes Programm; man ist fast geneigt, schwärmerisch zu sagen: es geht um einen Neubeginn in der Christologie[25], der sich nicht destruktiv, sondern konstruktiv um das Verständnis der Person Christi bemüht.

Aber hält dieses Programm auch, was es zu versprechen scheint? Diese Frage muß im einzelnen später untersucht werden. Vorweg seien nur zwei kritische Stimmen zitiert, die doch sehr ernüchternd wirken. So kommt Kl. Reinhardt zu dem Gesamturteil: „In der Auseinandersetzung mit der ‚Christologie von unten' hat sich bisher gezeigt: Jesu Einzigartigkeit ist nicht allein aus seiner menschlich-geschichtlichen Erscheinung zu begründen. Sie wurzelt letztlich im Entschluß des dreieinigen Gottes zur Menschwerdung des Sohnes"[26]. Damit weist Reinhardt auf einen *inhaltlichen Mangel* solcher Entwürfe hin. In der Frage des *Ansatzes* übt er allerdings an der traditionellen Christologie insofern Kritik, als er ein Anliegen der „Christologie von unten" unterstreicht, indem er betont, daß „der Glaube an Jesus nicht mit dem Glauben an die Menschwerdung des Gottessohnes anfing. Am Anfang des Christusglaubens steht nach dem Zeugnis der Bibel ein anderes Ereignis der Geschichte Jesu, seine Auferweckung von den Toten und seine Erhöhung zur Rechten des Vaters"[27].

W. Kasper kommt - ohne die berechtigten Anliegen der sogenannten „Christologie von unten" unter den Teppich kehren zu wollen - zu dem Ergebnis: „Das Programm einer ‚Christologie von unten' als Programm einer situationsgerechten Übersetzung des zentralen Inhalts des christlichen Glaubens hat sich in den bisher vorliegenden Entwürfen weder was seinen Ansatz noch was seinen Inhalt, nämlich die Frage nach der Person Jesu, angeht als tragfähig erwiesen, um das unterscheidend Christliche zur Geltung zu bringen"[28].

Wir sind uns bewußt, bisher noch ziemlich plakativ und schillernd sowohl Inhalt als auch erste Stellungnahmen zu dem Programm „Christologie von unten" dargestellt zu haben. Um einen genaueren Einblick in die Gesamtproblematik zu erhalten, scheint ein Blick in die Begriffsgeschichte der Termini Christologie „von oben" bzw. „von unten" ratsam.

[25] S. auch Rahners Titel: *Chalkedon - Ende oder Anfang?*.

[26] KL. REINHARDT, *Neue Wege in der Christologie der Gegenwart*, in: IKaZ 6 (1977) 5-20; hier 17.

[27] EBD.

[28] W. KASPER, *Christologie von unten?* 165.

Einen ersten Überblick über die Vielfalt dieses theologischen Programms bietet R. Slenczka in seiner 1966 an der Heidelberger Theologischen Fakultät eingereichten Habilitationsschrift *Geschichtlichkeit und Personsein Jesu Christi. Studien zur christologischen Problematik der historischen Jesusfrage*[29]. Eine tiefgehende erste Auseinandersetzung mit der Christologie „von unten nach oben" finden wir bei dem Barth-Schüler Otto Weber[30]. Allerdings ist die Auseinandersetzung Webers in erster Hinsicht eine Auseinandersetzung mit der Theologie A. Ritschls und W. Herrmanns. Wir werden sehen, daß es sogenannte „Christologien von unten" gibt, die sich bewußt insbesondere von Ritschls Theologie distanzieren.

Bleibt schließlich noch die heute wohl am meisten verbreitete Auseinandersetzung mit der „Christologie von unten" durch W. Kasper zu nennen[31]. Er liefert einen problemgeschichtlich orientierten Längsschnitt, beginnend bei der liberalen Theologie über die Diskussion innerhalb der protestantischen Theologie bis hin zu Neuansätzen in der katholischen Theologie. Aufgrund seiner Zielsetzungen kann Kasper dabei einige bedeutende christologische Ansätze, die sich als „Christologie von unten" verstehen, nur am Rande erwähnen. So berücksichtigt er auf katholischer Seite primär die Entwürfe von K. Rahner und H. Küng. Christologische Neukonzeptionen wie die von Teilhard de Chardin oder von Piet Schoonenberg läßt Kasper bewußt außer acht, da sie - wie er selbst sagt - „heute im Grunde bereits einer früheren theologischen Epoche" zuzuordnen seien[32].

Die folgenden Darlegungen verstehen sich somit zunächst als Ergänzungen der erwähnten Überblicke. Dabei soll dann aber unter einer anderen Perspektive ein Rückblick in die Bedeutungsgeschichte der Termini Christologie „von unten" bzw. „von oben" versucht werden. Wir möchten nämlich nicht verschiedene christologische Entwürfe unter dem Oberbegriff „Christologie von unten" subsumieren. Wir gehen vielmehr zunächst umgekehrt von

29 Veröffentlicht als Bd. 18 der Reihe „Forschungen zur systematischen und ökumenischen Theologie", hg. v. Edm. Schlink (Göttingen 1967) 309-315.

30 O. Weber, *Grundlagen der Dogmatik* Bd. II (Neukirchen 1962) 24-36.

31 W. Kasper, *Christologie von unten?*; Ders., *Für eine Christologie in geschichtlicher Perspektive. Replik auf die Anmerkungen von Hans Küng*, in: Grundfragen der Christologie heute 179-183; Ders., *Neuansätze gegenwärtiger Christologie* 121-150; Ders. (Hg.), *Christologische Schwerpunkte* (Düsseldorf 1980) 17-36; Ders., *Jesus der Christus* (Mainz ^{6}1977).

32 W. Kasper, *Christologie von unten?* 153.

solchen christologischen Interpretationen aus, die auch expressis verbis die Termini „von unten“ bzw. „von oben“ gebrauchen. Bei der Untersuchung dieses Wort- und Bedeutungsfeldes werden dann die verschiedenen Aspekte zum Vorschein kommen. Wir nehmen dabei in Kauf, nicht alle christologischen Entwürfe zur Sprache bringen zu können. Alle christologischen Konzeptionen, insbesondere die des 19. Jh.s untersuchen zu wollen, würde den Rahmen dieser Arbeit sprengen, geht es uns doch primär um eine Auseinandersetzung mit der Christologie Schoonenbergs.

Inwieweit der Terminus „Christologie von unten“ einen Bedeutungswandel erfahren hat und inwieweit er überhaupt als „Terminus technicus“ für bestimmte christologische Ansätze noch greift, wird danach zu beurteilen sein.

Für dieses Vorgehen spricht folgende Überlegung: In seinen Darlegungen zur „Christologie von unten“ innerhalb der liberalen Theologie kann W. Kasper aufzeigen, daß dieser Ansatz aus der Sicht der Dogmengeschichte durchaus positiv intendiert und motiviert war. Er war nämlich damals schon der Versuch, den Glauben an Jesus innerhalb eines gewandelten Selbstverständnisses des Menschen zugänglich und verständlich zu machen. Es handelte sich also letztlich um ein pastoral-theologisch-apologetisches Anliegen, und keinesfalls um eine von vornherein beabsichtigte Reduktion des Christusglaubens. Auf dem Hintergrund der Hellenisierungsfrage, wie sie vor allem von A. Harnack aufgeworfen war, wurde die Frage nach dem Ausgangspunkt der Christologie akut. Als Ansatz konnte in dieser Perspektive nicht mehr das Dogma gewählt werden, wohl aber das „Leben Jesu“. Dabei ging es anderseits keineswegs um eine bloße „Jesulogie“, sondern nach wie vor um die „Frage nach der Einheit von Gott und Mensch in Jesus Christus in einer Person“[33].

Ritschl antwortete auf diese Frage: „Erst müssen wir Christi offenbare Gottheit nachweisen können, ehe wir auf seine ewige Gottheit reflektieren“[34]. Das sollte besagen: Von der geschichtlichen Person Jesu muß die Christologie ausgehen, um von daher zur Erkenntnis seiner Gottheit zu gelangen. Als Hauptvertreter

[33] Ebd. 146.

[34] Albr. Ritschl, *Die christliche Lehre von der Rechtfertigung und Versöhnung*, Bd. III (Bonn [4]1895) 337.

dieser Art einer „Christologie von unten“ ist neben Ritschl noch W. Herrmann zu nennen[35].

P. C. Hodgson führt indes die erste klare Unterscheidung zwischen einer „Christologie von oben“ und einer „Christologie von unten“ auf Ferdinand Christian Baur zurück! Er schreibt: „As far as I can tell, F. C. Baur was the first clearly to enunciate the distinction between a christology ‚from above‘, and ‚from below‘“[36].

Wenn diese Aussage zutrifft, dann ist zu vermuten, daß die Perspektive einer Christologie „von unten“ bei Baur anders ist als bei Ritschl. Bei diesen liegen ja doch zwei verschiedene theologische Ansätze zu Grunde. Denn „während Baur, ... primär nach der Wahrheit der religiösen Gewißheit fragt und deshalb das Besondere dem Allgemeinen unterordnet, mit der Tendenz, die Aktivität des ‚Individuums‘ zu übersehen, fragt Ritschl umgekehrt primär nach der Gewißheit der religiösen Wahrheit und konzentriert deshalb seine Aufmerksamkeit auf die Aktivität des ‚Individuums‘, wobei freilich, die Wahrheitsfrage subjektivistisch verkürzt wird“[37]. Die jeweilige Subjektivität des Theologen wird dabei also zum kritischen Maßstab.

Bei so sehr divergierenden Perspektiven wird sicherlich auch mit verschiedenen Bedeutungsfeldern des Begriffes „Christologie von unten“ zu rechnen sein. Damit sind wir aber beim II. Punkt unserer Untersuchung angelangt.

[35] Siehe O. WEBER, *Grundlagen der Dogmatik*, Bd. II, 22-29; P. ALTHAUS, *Die christliche Wahrheit*, Bd. II (Gütersloh ²1949) 197, 201; W. KASPER, *Christologie von unten?* 145.

[36] P. C. HODGSON, *Jesus - Word and Presence. An Essay in Christology* (Fortress Press, Philadelphia 1971) 60, Anm. 1.

[37] CHR. SENFT, *Wahrhaftigkeit und Wahrheit. Die Theologie des 19. Jahrhunderts zwischen Orthodoxie und Aufklärung* (= Beiträge zur historischen Theologie 22, Tübingen 1956) 125f.

II. Die Verwendung der Termini Christologie „von oben“ und Christologie „von unten“ innerhalb der protestantischen Theologie anhand ausgewählter Beispiele von F. Chr. Baur bis zu W. Pannenberg

1) Die Differenzierung dieser beiden Aspekte bei Ferdinand Christian Baur

a) Der literarische Befund

Baur brachte die bildhaften Begriffe „von unten“ „von oben“ in seinen *Kritischen Untersuchungen über die kanonischen Evangelien*[1] auf, und zwar im Rahmen des Kapitels „Speciellere Untersuchungen“. Unter der Überschrift „Die Stellung des Evangeliums zum Bewußtseyn der Zeit“[2] differenziert er diese „drei Hauptformen des christlich-religiösen Bewußtseyns“[3] innerhalb des ntl. Kanons:

1. die synoptische Tradition, die sich erst aus dem Judentum entwickeln und verselbständigen muß[4],
2. die paulinische Theologie. Diese übersteigt besonders in der Gegenüberstellung von Gesetz und Evangelium die synoptische Tradition insofern, als „der über den synoptischen Begriff des Messias, oder Sohnes Gottes hinweggerückte Christus, als das Objekt des Glaubens im paulinischen Sinne“ oder „als der Herr der Gemeinde“[5] ist.
3. Das Johannesevangelium überbietet auch die paulinische Theologie, indem es „Jesus als das Subjekt der evangelischen Geschichte auf absolute Weise mit dem Logos identisch setzt, welcher von Ewigkeit bei Gott ist, und selbst Gott ist“[6].

Auf die Gegenüberstellung „von unten“ - „von oben“ kommt Baur beim Vergleich der Theologie des Paulus mit der des Johannes zu sprechen. Deren Sehweise umschreibt er so: „Was in dem Verhältnis des Menschen zu Gott bei Paulus die erst durch Kampf und Widerstreit werdende Vermittlung der Gegensätze ist, ist bei

1 F. Chr. Baur, *Kritische Untersuchungen über die kanonischen Evangelien, ihr Verhältnis zu einander, ihren Charakter und Ursprung* (Tübingen 1847).

2 *Kritische Untersuchungen* 311-327.

3 Ebd. 311.

4 Ebd.

5 Ebd. 311f.

6 Ebd. 312.

Johannes die Ruhe der über den Gegensätzen schwebenden Einheit, und was in Ansehung der Person Christi bei Paulus immer noch ein menschlich-göttliches Verhältnis ist, ist bei Johannes ein absolut göttliches"[7]. Von daher gewinnt die Person Christi im Vierten Evangelium auch eine völlig andere Funktion: Nach der Interpretation Baurs liegt die Hauptbedeutung der Person Jesu Christi bei Paulus im Sterben Christi für die Sünde der Welt, darin nämlich, daß Christus in seinem Tode der „die Welt ... mit Gott versöhnende Sohn Gottes ist, woran sich unmittelbar anschließt, daß er als der Gestorbene auch der Auferstandene, und zur Rechten des Vaters Erhöhte, oder der mit der Macht Gottes herrschende Herr der Gemeinde ist". „Sohn Gottes" hat hier aber nicht die gleiche Bedeutung wie im Dogma, sondern der Begriff „Sohn Gottes" bleibt ganz in der Perspektive menschlicher Heilsgeschichte und Vollendung stehen. Denn Christus ist auch in seiner „göttlichen" Macht und Würde wesentlich Mensch. Was ihn auszeichnet besteht darin, daß er „der zweite oder himmlische Mensch dem ersten oder irdischen gegenüber, oder, wie ja auch das Princip der durch den Tod aufgehobenen Sünde eigentlich die σάρξ in ihrem Gegensatz zu dem πνεῦμα ist, der pneumatische Mensch, welcher in seinem Unterschied von dem fleischlichen, irdischen das πνεῦμα ζωοποιοῦν, oder das πνεῦμα ἁγιωσύνης in sich hat"[8].

Von daher weiterführend beschreibt Baur das Verhältnis von paulinischer und johanneischer Christologie zunächst in aufsteigender, dann in absteigender Sicht folgendermaßen: „Solange man sich jedoch nur auf diesem, gleichsam *von unten nach oben* gehenden Wege zur göttlichen Macht und Würde Christi erhebt, und somit das Göttliche in ihm in letzter Beziehung doch nur als ein erst hinzugekommenes Accidens seiner substantiellen menschlichen Natur betrachten kann, worüber wir wenigstens in den unzweifelhaft authentischen Briefen des Apostels nicht hinauszugehen berechtigt sind, hat das christliche Bewußtseyn seinen absoluten Punkt noch nicht erreicht. Der paulinische Christus ist bei aller Steigerung seines Begriffs doch nur der zu göttlicher Würde erhobene Mensch Jesus; Christus ist wesentlich Mensch, wenn er auch als Mensch zugleich himmlisch genannt wird (1 Cor. 15,47), und es blieb daher immer noch übrig, dem erst vom Endlichen zum Absoluten sich erhebenden Weg den andern entgegenzusetzen, auf welchem die Betrachtung Jesu *von oben nach unten* geht

7 Ebd.
8 Ebd.

und das Substantielle der Person Christi nicht das Menschliche, sondern das an sich Göttliche ist, der mit dem absoluten Wesen Gottes identische Logos"[9]. Mit dieser Ansatzänderung der Betrachtungsweise der Person Christi veränderte Johannes nach Baur das Verständnis der Person Christi fundamental; denn so mußte „die ganze Ansicht vom Wesen des Christenthums eine andere werden"[10].

Dabei stand nicht mehr der Erlösertod Jesu im Mittelpunkt, sondern die „Offenbarung der Herrlichkeit Gottes in dem Eingeborenen vom Vater, die in ihm, dem Fleischgewordenen, aufgeschlossene Fülle seiner Gnade und Wahrheit, in welcher alles Unvollkommene, Endliche, Negative des von Moses gegebenen Gesetzes auf absolute Weise aufgehoben ist"[11]. Letztlich liegt somit die eigentliche Heilstat in der Inkarnation.

b) Die christologische Auswertung

Mit „von unten" bzw. „von oben" werden bei Baur verschiedene Wege der Interpretation der geschichtlichen Person Christi vom NT her bezeichnet. Wenn wir hier von „geschichtlicher Person" Christi sprechen, so müssen wir im Verständnis Baurs darunter eine in die Dimension des Menschlichen eingegrenzte Personalität verstehen. Der Horizont in der Blickweise „von unten" liegt, insbesondere in der paulinischen (aber auch in der synoptischen) Sichtweise, auf dem Menschsein Jesu. Nach Baur ist Jesus in diesen ntl. Schriften wesensmäßig nur ein Mensch, der nach und nach vergöttlicht wird. Soteriologisch liegt die Bedeutung Jesu letztlich in seinem Tod insofern, als er darin die Welt mit Gott versöhnt hat. Dieser gestorbene Mensch ist auferstanden und erhöht worden und ist eo ipso der mit „der Macht Gottes herrschende Herr der Gemeinde"[12]. Diese „Christologie" von unten ist nach Baur ausschließlich die Sichtweise des Paulus. Synoptische, bzw. paulinische Christologie eines früheren Stadiums bilden für Baur eine dieser vorangehende, aber auch notwendige und niedere Stufe der Christologie. Und: „Nur vom paulinischen Standpunkte konnte man zum johanneischen fortgehen, nicht aber umgekehrt vom johanneischen zum paulinischen"[13].

[9] Ebd. 313. Die Hervorhebungen sind von mir.

[10] Ebd.

[11] Ebd.

[12] Ebd. 312.

[13] Ebd. 314.

„Von oben" bedeutet somit (seit Johannes) grundlegend eine weiterentwickelte Form von „Christologie". Der Hauptakzent liegt auf der Gottheit Jesu: Er ist wesentlich Gott und darum Offenbarer der Herrlichkeit Gottes selbst. Die Heilstat Jesu, genauer müßte man sagen, die Heilstat Gottes, liegt in der Offenbarung dieser Herrlichkeit. Tod und Auferstehung spielen dabei nur eine untergeordnete Rolle.

c) Stellungnahme

Absichtlich setzten wir in diesem Abschnitt das Wort Christologie jeweils in Anführungszeichen. Denn wir müssen fragen: Kann man im Kontext unserer Fundstelle wirklich von einer „*Christologie* von unten" bzw. „von oben" sprechen? Es geht Baur doch keinesfalls um die Personeinheit Jesu Christi! Baurs eigentliches Anliegen besteht bei den genannten Untersuchungen z. Joh. Ev. vielmehr darin, die Differenzen und Spannungen sowie das Verwandtschaftsverhältnis der Evangelien zueinander zu klären[14]. Bei der Analyse dieser Problematik meint Baur, aus der Entwicklung der Evangelien auch eine Entwicklung des *christlichen Bewußtseins* ablesen zu können[15]. Schon die Evangelienschreibung ist für ihn nämlich keine Rekonstruktion der Geschichte Jesu, sondern eine je nach dem Autor verschieden entwickelte Dogmengeschichte. Denn sie sind schon in dem Rahmen einer „Geschichte des christlichen Bewußtseins und der Christologie"[16] zu sehen.

Somit unterliegen aber auch Aussagen über Christus schon im NT einem Entwicklungsprozeß von unten nach oben; und die Erkenntnis der Person Jesu gelangt im Laufe dieser Entwicklung nacheinander und stufenweise zu je neuen Inhalten. Ein erster wirklicher Höhepunkt wird im Johannesevangelium erreicht, das „seinem ganzen Inhalt nach an einer bestimmten Idee [hängt], aus

[14] Zur Christologie Baurs s. W. GEIGER, *Spekulation und Kritik. Die Geschichtstheologie Ferdinand Christian Baurs* (München 1964) bes. 64-165 sowie R. SLENCZKA, *Geschichtlichkeit und Personsein Jesu Christi. Studien zur christologischen Problematik der historischen Jesusfrage* (= Forschungen zur systematischen und ökumenischen Theologie, hg. von Edm. Schlink, Bd. 18, Göttingen 1967) 184ff.

[15] *Kritische Untersuchungen* 311-327.

[16] KL. REINHARDT, *Der dogmatische Schriftgebrauch in der katholischen und protestantischen Christologie von der Aufklärung bis zur Gegenwart* (München/Paderborn/Wien 1970) 127. Vgl. ferner W. GEIGER, *Spekulation und Kritik.*

dieser Grundidee heraus hat es sich entwickelt und auf diese eigenthümliche Weise gestaltet"[17].

Bei all dem aber wird deutlich, daß es Baur letztlich nicht um die Erkenntnis der Person Jesu und nicht um eine *Selbst*offenbarung Gottes in und durch *Jesus Christus* geht. In seiner Sicht wird die Person Jesu Christi vielmehr lediglich durch eine in Gott selbst hinein reprojezierte spekulative Dialektik, welche die singuläre Identität Christi als solche aufhebt[18], überstiegen. Baur selbst stellt dies so dar: „Für den Glauben mag also zwar die Erscheinung des Gottmenschen, die Menschwerdung Gottes, seine Geburt im Fleische eine historische Thatsache seyn, auf dem Standpunct des speculativen Denkens aber ist die Menschwerdung Gottes keine einzelne, einmal geschehene, historische Thatsache, sondern die ewige Bestimmung des Wesens Gottes, vermöge welcher Gott nur insofern in der Zeit Mensch wird (in jedem einzelnen Menschen) sofern er von Ewigkeit Mensch ist. Die Endlichkeit und leidensvolle Erniedrigung, welcher sich Christus als Gottmensch unterzog, trägt Gott zu jeder Zeit als Mensch. Die von Christus vollbrachte Versöhnung ist keine zeitlich geschehene That, sondern Gott versöhnt sich ewig mit sich selbst, und die Auferstehung und Erhöhung Christi ist nichts anderes, als die ewige Rückkehr des Geistes zu sich und zu seiner Wahrheit. Christus als Mensch, als Gottmensch, ist der Mensch in seiner Allgemeinheit, nicht als ein Individuum, sondern als allgemeines Individuum"[19].

R. Slenczka weist pointiert auf die Gefahr hin, die hier in der Verabsolutierung des Entwicklungsgedankens innerhalb der Christologie liegt: Es „wird mit diesem Entwicklungsgedanken die Individualität eines geschichtlichen Ereignisses in seiner Einmaligkeit und Unvertauschbarkeit nicht nur relativiert, sondern völlig aufgehoben"[20]. Dies gilt aber dann auch für die Person Jesu. Sie ist, wie Kl. Reinhardt es ausdrückt, „die erste, reine Erscheinung des sich weiter entfaltenden christlichen Prinzips"[21].

Für unsere Fragestellung ist mithin folgendes festzuhalten: Baur verwendet die bildhaften Begriffe „von oben" bzw. „von unten" im christologischen Horizont, aber eine eigentliche Christologie von

17 F. CHR. BAUR, *Kritische Untersuchungen* 327.

18 Vgl. dazu KL. REINHARDT, *Der dogmatische Schriftgebrauch* 128.

19 F. CHR. BAUR, *Die christliche Gnosis oder die christliche Religions-Philosophie in ihrer geschichtlichen Entwicklung* (Tübingen 1835) 715. S. auch W. GEIGER, *Spekulation und Kritik* 71.

20 R. SLENCZKA, *Geschichtlichkeit und Personsein Jesu Christi* 185.

21 KL. REINHARDT, *Der dogmatische Schriftgebrauch* 127.

unten betreibt er keinesfalls, da er im Hegelschen Fahrwasser höchstens zu der Aussage kommt: Gott ist Mensch geworden, aber nicht zu der Aussage - und da liegt Baurs Fehlinterpretation des Johannesevangeliums - Gott „ist *dieser* Mensch Jesus von Nazareth geworden“[22]. Aber gerade das ist der springende Punkt der Christologie. Baur verwischt in seiner Konzeption die Grenze zwischen *dem* Sohn und den *Söhnen*[23].

Dennoch soll aufgrund dieser Bedenken die Aussage von Hodgson keineswegs als völlig falsch hingestellt werden. Denn die Termini „von unten“ bzw. „von oben“ bei Baur können immerhin insoweit als „Zugänge“ zur Interpretation der Person Christi dienen, als diese nach Baur innerhalb der ersten Christengemeinden gesehen wurde. Der Bedeutungsgehalt der beiden Termini bei Baur läßt sich wie folgt, umschreiben:

1. Die Sichtweise „von unten“ ist die Interpretation der Gestalt Jesu bei den Synoptikern und bei Paulus. Die Betrachtung „von oben“ ist allein die des Johannes. Da nun das Evangelium des Johannes einen ersten Höhepunkt innerhalb der Dogmengeschichte im Baurschen Sinne bildet, ist die Blickweise von „oben“ auch die offenbarungstheologisch wertvollere; die Sicht „von unten“ wird durch die johanneische Sicht überboten und letztlich überflüssig, wenn nicht sogar hinderlich.
2. Der Terminus „von unten“ charakterisiert die Person Jesus einzig und allein als menschliche Person. Die Gottheit Jesu kann höchstens akzidentell zu diesem menschlichen Personsein hinzukommen. „Von oben“ bezeichnet bei Baur genau das Gegenteil: Das Letzte an der Person Jesu ist die Dialektik des mit dem Wesen Gottes identischen Logos.
3. Wenn die johanneische Sichtweise „von oben“ für Baur einen ersten Höhepunkt in der Offenbarungsgeschichte, genauer in der Geschichte der Entwicklung des christlichen Bewußtseins, bedeutet, so fällt in dieser Perspektive der irdische und erhöhte Jesus, an dem die Einheit von Logos und angenommenem Menschsein erkennbar sein muß, aus dem christlich religiösen Interesse heraus. Der erste Höhepunkt der Offenbarungsgeschichte liegt dann ja nicht in der Inkarnation selbst, sondern in der Erkenntnis und entsprechenden Erklärung dieses Geschehens. Die letztgültige Offenbarung Gottes steht somit noch aus! Denn Offenbarung hat sich

[22] W. KASPER, *Jesus der Christus* (Mainz [6]1977) 232.

[23] H.J. IWAND, *Vom Primat der Christologie*, in: Antwort. K. Barth zum 70. Geburtstag (Zürich 1956) 172-189; bes. 176-179.

danach nicht in unüberbietbarer Weise in Jesus Christus ereignet; sie ereignet sich vielmehr immer weiter in der Interpretation des in Jesus Christus Geschehenen. Jesus wird so gleichsam zum Medium der Offenbarung Gottes; aber er ist nicht *die* Offenbarung Gottes selbst[24].

Abschließend sei dies unterstrichen: Während der Gebrauch des Terminus „von unten" durchaus noch christologischen Charakter in unserem heutigen Sinne hat, muß dies ausgerechnet(!) beim Gebrauch des Terminus „von oben" verneint werden, da hier die Offenbarung Gottes nicht mehr einzigartig an die Person Jesu Christi gebunden ist.

2) Die christologische Perspektive „von oben" bzw. „von unten" bei Isaak August Dorner

Obwohl ein Schüler von F. Chr. Baur, trat in I. A. Dorner jenem kritisch und konstruktiv zugleich ein Theologe gegenüber, der sich dem Dogma der Kirche verpflichtet wußte. Er versuchte daher insbesondere die innere Einheit der bei Baur divergierenden Tendenzen der Christologie „von unten" und „von oben" zu wahren und aufzuzeigen. Insbesondere in der zweiten Auflage der *Entwicklungsgeschichte der Lehre von der Person Christi*[1] sieht Dorner sich genötigt, gegen Baur klarzustellen, daß das Christentum keine bloße, sich jeweils weiterentwickelnde Theorie sei, die letztlich von Jesus von Nazareth losgelöst werden könne[2], sondern daß sich die Kirche erlöst weiß durch die Person Christi[3]. Dieses Wissen muß aber aus dem Selbstbewußtsein der Person Jesu abgeleitet werden, und es muß ferner aufgezeigt werden, daß das Dogma vom Gottmenschen schon in den ältesten Schichten der Jesusüberlieferung vorzufinden ist[4].

Obwohl auch Dorner eine Entwicklung innerhalb der Christologie und auch innerhalb der Dogmenbildung keineswegs aus-

[24] Dabei übersieht Baur das neutestamentliche Spannungsverhältnis von „Schon" und „Noch nicht".

[1] I. A. Dorner, *Entwicklungsgeschichte der Lehre von der Person Christi von den ältesten Zeiten bis auf die neueste dargestellt* (Berlin ²1845-1856).

[2] *Entwicklungsgeschichte*, Vorwort XXIII u. XXV.

[3] Ebd. XXVII.

[4] Vgl. Kl. Reinhardt, *Der dogmatische Schriftgebrauch* 138.

schließt[5], spielt im Rahmen der christologischen Auswertung der Schrift deren Entwicklungsgeschichte für Dorner keine solch trennende oder unterscheidende Rolle wie bei Baur. Vielmehr legt Dorner Wert „auf eine von der Sache her bestimmte organische Zusammenschau der biblischen Aussagen"[6]. Der wesentliche Unterschied zu Baur's Sicht liegt darin, daß für Dorner auch in der Entwicklung der Christologie immer der Gottmensch Jesus Christus der notwendige Bezugspunkt bleibt. In Jesus Christus hatte „die Kirche die christliche Wahrheit anfangs zwar schon in ihrer Totalität, aber nicht in entfalteter Weise in sich"[7].

Trotz Dorners Bestreben, alle christologischen Aussagen der Schrift zu berücksichtigen, entwickelte er dennoch keine „biblische Dogmatik". Ihm ging es vielmehr um eine „Neubegründung der Dogmatik aus der gläubigen Erfahrung des Selbstbewußtseins"[8], wobei für ihn aber - in Absetzung von Schleiermacher - die Offenbarung in Christus eigentliches Realprinzip des Glaubens ist[9]. Dabei bildet die Hl. Schrift das „Kontroll- und Normsystem" des gläubigen Christen. Sie gibt aber nicht die Glaubensbegründung. Sie ist „Norm der Kirche wie Urkunde der Stiftungen Christi"[10]. Inhalt des christlichen Glaubens ist „Jesus Christus, der nach dem Glauben der Christenheit als persönliche Einheit des göttlichen und menschlichen Lebens Erlöser und Vollender der Menschheit ist"[11].

Das Christentum ist somit keine „Lehre" über Gottes Offenbarung, die im Laufe der Geschichte immer mehr entwickelt wird, sondern in „Jesus von Nazareth ist die Einheit des Göttlichen und

5 So geben seiner Meinung nach die Synoptiker das Selbstzeugnis Jesu am besten wieder, andererseits hätten aber Paulus und Johannes die Bedeutung Jesu tiefer erfaßt. Vgl. KL. REINHARDT, *Der dogmatische Schriftgebrauch*; ferner J. ROTHERMUND, *Personale Synthese. Isaak August Dorners dogmatische Methode* (Göttingen 1968) 98-102 sowie R. SLENCZKA, *Geschichtlichkeit und Personsein Jesu Christi* 225-236, bes. 233.

6 KL. REINHARDT, *Der dogmatische Schriftgebrauch* 138.

7 I. A. DORNER, *Entwicklungsgeschichte* 65.

8 KL. REINHARDT, *Der dogmatische Schriftgebrauch* 140.

9 EBD. 141.

10 I. A. DORNER, *System der Christlichen Glaubenslehre*, Bd. I (Berlin 1879) 144. Zum Problemkreis „Die Hl. Schrift als Urkunde des ursprünglichen Christentums" s. J. ROTHERMUND, *Personale Synthese* 84-109.

11 I. A. DORNER, *System* Bd. I, 136f.

Menschlichen auf persönliche und einzige Weise erschienen"[12]. Die Offenbarung in Christus ist „göttliche Thatsache"[13].

Der hieraus ableitbare Einzigartigkeits- und Universalitätsanspruch der Offenbarung in Jesus Christus nötigt nun Dorner, „das Verhältnis der christlichen Religion zu den außerchristlichen nach der Seite der Einheit wie ihrer wesentlichen Verschiedenheit" darzulegen. Im Aufweis der Fragestellungen „Christus als Vollender aller Religionen" und „der Offenbarung in Christus als eigene und unüberbietbare Offenbarung, die nicht aus anderen Religionen ableitbar ist"[14], verwendet Dorner die Begriffe „von oben" bzw. „von unten".

a) Der literarische Befund

„Im Bisherigen haben wir erwogen, wie weit die alttestamentliche und jüdische Betrachtungsweise des Verhältnisses *Gottes* zur Welt, also auf dem Weg von oben nach unten, dem N.T. entgegen komme. Es bleibt der umgekehrte Weg zu betrachten übrig, der anthropologische, um zu sehen, wie der Begriff des *Menschen* dem Begriff des Gottmenschen sich zubilde"[15].

b) Einordnung des Textes in seinen Sachzusammenhang

Hauptanliegen Dorners ist es, aufzuzeigen, daß das Persongeheimnis Jesu Christi - im Sprachgebrauch Dorners genauer gesagt das Geheimnis des Gottmenschen - keine aus dem Hebraismus bzw. aus dem AT abgeleitete Idee sein kann, und zwar deshalb nicht, weil in beiden Religionsformen Gott im Verhältnis zur Welt - und dies bezeichnet Dorner als Sicht „von oben" - immer der absolut transzendente ist. Gott kann sich nicht auf Endlichkeit einlassen.

Für unser Problem ist es hier wichtig, festzuhalten, daß Dorner in der Verwendung des Begriffes „von oben" nicht nur einen Erkenntnisweg meint, sondern eine Wesensaussage impliziert. Denn Gottes Wesen kann sich nicht einlassen auf Endlichkeit und somit ist die Idee des Gottmenschen für das Judentum untragbar.

12 I. A. Dorner, *Entwicklungsgeschichte* 3.
13 Ebd.
14 Vgl. Ebd. 4.
15 Ebd. 61.

Was aber bezeichnet Dorner mit „von unten"? Er setzt „von unten" und anthropologisch gleich. Das heißt, nicht vom konkreten Menschsein in Christus her will Dorner hier den Begriff des Gottmenschen betrachten, sondern vom Ideal des Menschseins überhaupt, um von daher einen Zugang zum Persongeheimnis in Christus zu finden. Er fragt in diesem Zusammenhang, ob sich eine Erklärung für den Gottmenschen im AT finde. Dabei knüpft er an das Bild des „Knecht Gottes" an. In diesem Ideal des Menschen sucht nach Dorner der hebräische Volksgeist die Ausgleichung und Versöhnung zwischen Gott und den Menschen. Aber auch von dieser anthropologischen Seite her ist eine hinreichende Erklärung des Christus-Geheimnisses nicht möglich, denn: „Das Volk für sich hat nicht die Kraft, diesen Knecht aus sich zu gebären, sondern nur Gott selbst kann ihn geben. So weist der anthropologische Weg zum theologischen, zu Gott zurück. Der Knecht Gottes, der vollendete Mensch kann nur aus der vollendeten Offenbarung stammen, was dann als ein neues Kommen Jehovahs zu seinem Volk und seinem heiligen Tempel bezeichnet wird"[16].

Auch diese Aussage zeigt, daß mit „von unten" nicht nur ein Erkenntnisweg gemeint ist, sondern „von oben" und „von unten" implizieren vielmehr zwei seinsmäßige Gegenüber, nämlich Gottheit und Menschheit. Dies soll durch folgendes Zitat Dorners genauer belegt werden: „Wäre nun bei den alttestamentlichen Ideen die Wirklichkeit stehen geblieben: so wäre, von oben herab betrachtet, der Begriff der Offenbarung Gottes unvollendet geblieben, die σοφία hätte keine sichere, bleibende Stätte gefunden; von unten herauf angesehen, wäre das alttestamentliche Ideal selbst nicht vollendet. Der sich offenbarende Gott oder Logos und der Begriff des Menschen verhalten sich so zueinander, daß einer nur durch den andern seine vollkommene Wirklichkeit und Wahrheit erreicht, d.h. nur indem die herablassende Gnade Gottes Menschwerdung des Logos ist, ist dieser der absolute Offenbarer Gottes; und nur indem ein Mensch ist, der zugleich der Logos ist, ist die ganze Idee des Menschen realisiert"[17].

Weiterhin ist hier auffallend, daß Dorner einerseits die Vollendung des Menschseins nur im Göttlichen gegeben sieht, aber: Auch das Göttliche ist andererseits auf das Menschliche angewiesen! „Einer erreicht nur durch den anderen seine vollkommene Wirklichkeit". Dennoch will Dorner an der Unveränderlichkeit Gottes

[16] I. A. Dorner, *System* Bd. II (Berlin 1881) 256.

[17] I. A. Dorner, *Entwicklungsgeschichte* 64.

festhalten[18]. Er meint damit keine statische Passivität in Gott, sondern eine Unveränderlichkeit „nebst einem Leben Gottes, das für ihn der schlechthinnigen Einfachheit des göttlichen Wesens widerspricht, und er bringt Gottes Unveränderlichkeit und Leben in dessen ethischem Sein zusammen. Dieses Seins kann Gott sich auch in der Menschwerdung seines Wortes nicht entäußern; er verwirklicht es vielmehr"[19]. Trotz der Unveränderlichkeit ist in Gott immer Bewegung und ein Sich-Einlassen auf seine Geschöpfe, und zwar auf jedes einzelne Geschöpf. Somit ist das Sich-Einlassen Gottes auch immer wieder anders, da jeder Mensch anders ist. Von daher glaubt Dorner die Grundlage für eine Heilsgeschichte gelegt zu haben, die in Gottes Wesen selbst begründet ist.

Die Frage der Personeinheit in Jesus Christus sucht Dorner daher in ihren Konsequenzen für die Trinitätslehre so zu lösen, daß für ihn der trinitarische Gott selbst Person ist und die drei Hypostasen sind Daseinsweisen gleichzusetzen. Daher sind weder der göttliche Logos noch die menschliche Natur in Christus vor der Inkarnation personal, sondern sie personalisieren sich in der einzigen Person Jesu Christi. Selbst in der Empfängnis ist das Person-Werden für Dorner noch nicht abgeschlossen und noch nicht vollendet; für Dorner ist Menschwerdung ein Prozeß, der mit der gegenseitigen Mitteilung der Naturen anfängt und sich weiterentwickelt bis zu seiner Vollendung in der Auferstehung[20], die wiederum erst in der Himmelfahrt ihren Abschluß findet[21].

c) Auswertung

Bei Dorner scheinen sich, um dies vorweg zu nehmen, Parallelen zu Schoonenberg aufzutun. Vorerst wollen wir jedoch folgendes festhalten:

1. Die Termini „von oben" und „von unten" sind bei Dorner christologisch verwendete Begriffe.

18 Siehe hierzu I. A. DORNER, *Gesammelte Schriften aus dem Gebiet der systematischen Theologie, Exegese und Geschichte* (Berlin 1883) 188-377. J. ROTHERMUND, *Personale Synthese* 178f. den Abschnitt „Die Entwicklung Gottes".

19 P. SCHOONENBERG, *Denken über Chalkedon*, in: ThQS 160 (1980) 295-305; hier 299.

20 Vgl. EBD. sowie J. ROTHERMUND, *Personale Synthese* 192-200 sowie die Abschnitte „Die Trinität als Organismus" 210-217 und „Personales Gegenüber" 217-234.

21 J. ROTHERMUND, *Personale Synthese* 195.

2. Beide Termini drücken nichts Statisches aus, sondern sind bildhafte Aussagen, die eine Entwicklung einschließen: *von* oben, *von* unten.
3. Keiner der Begriffe ist isoliert zu sehen, sondern in der Synthese beider Seinsweisen vollendet sich erst die Person Christi.
4. Für Dorner ist diese Betrachtungsweise keine reine Akzentverlagerung innerhalb der Geschichte der Evangelien, sondern sie ist die Entfaltung der Person Jesu, die schon in den ältesten Predigten, insbesondere aber bei den Synoptikern sichtbar wird. Dorner schreibt: „Man darf getrost behaupten, daß sich das synoptische Totalbild von Christus dem johanneischen insofern vollkommen an die Seite setzen kann, als der durch Vermittlung der synoptischen Tradition gebildete Glaube wesentlich ganz dieselben Züge in seinem Christusbild haben mußte, wie sie der johanneische Christus hat. Die das Höchste von Christus aussagenden Stellen bei Johannes haben gerade die vollkommensten Parallelen bei den Synoptikern"[22].
5. Mit dem Weg „von unten" bezeichnet Dorner auch eine Erhöhungschristologie. Im Hinblick auf den irdischen Jesus ist die Christologie des Petrus eine Erhöhungschristologie, in der Petrus Christus als den Erfüller der alttestamentlichen Verheißung darlegen will. „Hier ist dem historischen Ausgangspunkte gemäß alles von der Erniedrigung Christi aus weiter fortgeführt; Christi Erhöhung und Verklärung" ist „vorherrschend als That Gottes, als Belohnung für sein Leiden gedacht. Aber das Ziel, an welchem diese Betrachtung von unten her anlangt, ist, daß er der Fürst des Lebens sey (Act. 3,15), den die Bande des Todes nicht halten konnten, der zum Himmel aufgefahren (2,33. 24,31) und nun Herr über alles ist (10,38), wie denn in seinem Namen Wunderkräfte ruhen (3,6) und seine Herrschaft offenbar werden, wird bei seiner Wiederkunft zum Gericht über den Erdkreis (3,20.21; 10,42)"[23]. Aber gleichsam im selben Atemzug erklärt Dorner, daß dieser von Gott Erhöhte nicht nur ein besonders begnadeter Mensch sei, sondern daß dieser historisch betrachteten Erhöhung die Erniedrigung vorausging. „Von der gewonnenen Idee des lebendigen und ewig bleibenden Wortes Gottes aus, das in Christo persönlich ward (1 Petr. 1,23. 25), und in der der Glaube erst seinen Ruhepunkt findet, schaut dieser nun zurück, und weiß, daß in einem solchen Wesen wie Christus ist, auch das Leiden als freie That, auch die Erniedri-

22 I. A. DORNER, *Entwicklungsgeschichte* 89f.
23 EBD. 98.

gung als Moment seiner Selbstoffenbarung und seines Werkes zu begreifen sey"[24]. „Jedenfalls ist ja Christus dem Petrus nicht bloß Träger und Inhaber des Wortes, wie es die Propheten sind, sondern in ihm ist die vollkommne Offenbarung erschienen, persönlich und so, daß die Form (die der menschlichen, geschichtlichen Persönlichkeit) zum Inhalt dieser Offenbarung wesentlich mit gehört. Hienach muß man sagen, daß für Petrus Christus das Wort Gottes nicht blos hat, sondern ist"[25].

Auch hier wird wieder die Untrennbarkeit von Christologie „von oben" und „von unten" deutlich. Aber auch die notwendige Entwicklung beider Seinsweisen.[26]

3) Christologie „von oben" und „von unten" nach Robert Jelke

Im Gegensatz zu F. Chr. Baur, der schon die Evangelienschreibung als Dogmengeschichte ansah, beginnt für Robert Jelke die eigentliche dogmengeschichtliche Entwicklung erst mit den Apologeten des zweiten Jh.s. Für das Bemühen der Apologeten, den christlichen Glauben gegenüber der heidnischen Welt zu verteidigen, bestand das größte Problem in der Erklärung der Person Christi. Denn, so argumentiert Jelke, wie konnte ein sachgerechter Aufweis der Gottheit Christi anbetracht der Einheit Gottes dargelegt werden? In dem Versuch, hier Anknüpfungspunkte zu schaffen zwischen dem Logos-Begriff des Johannes und dem Logos-Gedanken des Philo oder aber der Stoiker und so zu Aussagen zu kommen wie: der Logos ist ἕτερόν τι oder ἄλλος τις als der Vater und doch Gott, er ist θεὸς ἕτερος ἀριθμῷ, aber οὐ γνώμῃ (so Justin, Dial. 56), sieht Jelke „die erste wirklich durchgeführte Christolo-

24 Ebd. 99.

25 Ebd. 102.

26 Am Rande sei aufgrund dieser Zuordnung der Inhalte noch folgende Frage angedeutet: Wird bei einigen heutigen christologischen Entwürfen, die sich als besonders aktuell verstanden wissen wollen, die Christologie des 19. Jh.s nicht zu stark vernachlässigt, und zwar sowohl in positiver als auch negativer Sichtweise? Allzu schnell scheinen einige Theologen geneigt, die Christologie des 19. Jh.s mit der liberalen Christologie gleichzusetzen. Dies ist aber aufgrund Dorners Christologie ein Fehlschluß. Gerade bei Dorner, so scheint es, finden sich sogar einige Problemstellungen, die auch bei dem ein oder anderen heutigen Theologen, der eine sogenannte „Christologie von unten" fordert, zu beobachten sind. Vorerst sei hier nur auf die Frage der „Unveränderlichkeit Gottes" hingewiesen.

gie“[1]. „Sie ist ein Versuch, der von oben nach unten führt. Am Anfang der dogmengeschichtlichen Entwicklung steht eine Christologie von oben her. Eine Christologie wohlgemerkt! Nicht die Existenz der Person des Gottmenschen wird von oben her erschlossen. Das wäre phantastische Spekulation. Wohl aber die Erklärung der aus dem Zeugnis von der Versöhnung erschlossenen eigenartigen gottmenschlichen Persönlichkeit wird so versucht, daß eine Linie von Gott her, d.h. von oben her nach unten führt, die in die geschichtliche Person des Erlösers einmündet und deren Gottheit erklärt“[2].

Auffallend ist in der hier zitierten Passage der Hinweis auf eine „Christologie von oben her“ und die nochmalige Betonung „Christologie wohlgemerkt“. Was versteht Jelke, so müssen wir daher fragen, unter „Christologie“?

Zunächst keineswegs die Betrachtung der geschichtlichen Person Jesu Christi, bei der die Doppelaussage, die vom Menschen und die von der Gottheit Jesu nebeneinander gestellt werde, ohne zu wissen, wie die Einheit zu sehen sei[3]. Christologie ist für Jelke vielmehr der Versuch, „das, was im Neuen Testament in mehr praktisch orientierten Aussagen über die Person Christi dargetan ist, in scharfformulierten theoretischen Sätzen der Gemeinde darzubieten“[4] und zwar so, daß sie auch der Kritik des „modernen wissenschaftlichen Bewußtseins“ standhalten[5]. Eine bloße Reproduktion neutestamentlicher Gedanken - und für Jelke somit der Ansatz beim irdischen Jesus - gibt keine hinreichende Erklärung der Person Jesu Christi.

Um diese Aufgabe der Christologie zu bewältigen, bieten sich zwei Aufbaumöglichkeiten an: Einmal eine Christologie von unten nach oben, zum anderen eine Christologie von oben nach unten. Daraus wird aber deutlich, daß es sich in der Unterscheidung „Christologie von unten nach oben“ bzw. „Christologie von oben nach unten“ *zunächst* um ein *Methodenproblem* handelt, das aber, wie wir bald sehen werden, inhaltliche Konsequenzen in sich birgt, ja schärfer noch, daß es sich um Methoden handelt, die sich für

1 R. JELKE, *Die Grunddogmen des Christentums. Die Versöhnung und der Versöhner* (Leipzig 1929) 72.

2 EBD. 72.

3 EBD.

4 EBD. 85.

5 EBD.

Jelke letztlich gegenseitig ausschließen. Untersuchen wir zunächst, was Jelke unter „Christologie von unten“ versteht.

Unter dem Begriff „Christologie von unten“ subsumiert Jelke als erstes die christologischen Ansätze des Rationalismus, zweitens aber insbesondere die auf der Methode Schleiermachers aufbauenden christologischen Entwürfe von R. A. Lipsius, Albr. Ritschl und M. Reischle[6].

An der Christologie des Rationalismus kritisiert Jelke nicht nur methodologisch den Aufbau der Christologie, sondern auch, daß in ihr die Grundwahrheit der kirchlischen Christologie insofern ausgehöhlt werde, als Christus in die Rolle eines Überbringers der Vernunftreligion depotenziert wird. Zwar nimmt Jesus selbst noch eine Sonderstellung unter den Menschen ein, aber auch diese muß letztlich verblassen, denn die absolute Wahrheit, die Jesus verkündet, trägt sich selbst, „ein Christusglaube gehört nicht zum Inhalte des Christentums selbst“[7].

Die Interpretation der Person Jesu Christi durch den Rationalismus - in der Darlegung Jelkes eine Art von „Christologie von unten nach oben“ - bleibt also im rein menschlichen Aspekt der Person Jesu stecken, ja mehr noch, Jesus als Person spielt nur noch eine untergeordnete Rolle. Inhalt der Offenbarung ist die Vernunftreligion und nicht die Offenbarung Gottes in Jesus Christus.

Jelke gesteht freilich zu, daß die anderen oben genannten christologischen Ansätze (Lipsius, Ritschl und Reischle) solch eine Aushöhlung des Christusglaubens nicht zulassen. Aber - und hier liegt der allen gemeinsame Schwerpunkt der Kritik : „Eins [haben sie] indessen vom Rationalismus doch übernommen. Dies ist die Betonung der wahren Menschheit, die sie im Interesse einer ethischen Auffassung der Versöhnung stärker als früher zur Geltung zu bringen, und um deretwillen sie die Einseitigkeit der kirchlichen Christologie zu überwinden versuchte[n]“[8].

Nach Jelke versuchte Schleiermacher dies Problem so zu lösen, daß Jesus, um überhaupt Erlöser sein zu können, „mit einem absolut kräftigen Gottesbewußtsein ausgerüstet“, das von solcher

6 Es geht im folgenden weniger darum, die Christologien von Schleiermacher, Lipsius, Ritschl und Reischle darzustellen, sondern an diesen aus der Sicht Jelkes darzulegen, was Jelke unter „Christologie von unten“ meint. Auf die Ansätze der Christologie der Ritschl-Schule werden wir später noch zu sprechen kommen. Vgl. dazu L. IHMELS, *Centralfragen der Dogmatik in der Gegenwart* (Leipzig ^{2}1912) 81-103.

7 R. JELKE, *Die Grunddogmen* 86.

8 EBD.

Intensität sein mußte, daß es praktisch alle, die mit ihm konfrontiert wurden, mitreißen konnte[9]. Für Schleiermacher beruhte nach der Interpretation Jelkes die Erlösertat Jesu somit nicht in der Inkarnation oder Auferstehung; das Entscheidende war vielmehr das in der Person Jesu deutlich werdende „neue Gesamtleben, auf das es im Christentum ankommt, aus dem neuen Menschheitsanfang, der in Christo gesetzt ist, einfach durch die bürgende Geltung dieses neuen Anfangs entspringt und die Art des Anfangs geschichtlich abbildet. Damit aber ist die Erlösung und mit ihr auch die Versöhnung für den Christen", so folgert Jelke weiter, „doch nichts anderes als der geschichtliche Prozeß, der die Gemeinde in Christi Gottesbewußtsein hineinwachsen läßt"[10]. Danach liegt die Kernaussage der Christologie nicht mehr in der Glaubenswahrheit, daß in Christus Gott Mensch geworden ist, sondern diese Christologie bleibt dabei stehen, am irdischen Jesus aufzeigen zu wollen, daß in ihm Gott in einzigartiger Weise wirksam war. An der menschlichen Erscheinung selbst will Schleiermacher das darin gegenwärtige göttliche Sein und das erlösende Geisteswirken erkennbar machen. Die inhaltliche Kernaussage dieser „Christologie von unten" lautet also in der Sicht Jelkes: Gott war in Christo, aber nicht: Christus ist Gott; und dies gelte auch nur insofern, als in Jesus deutlich werde, was die Höhe des Gottesbewußtseins sei, indem in der Person Jesu einfach durch sein Sein das erlöste Leben dargestellt sei[11].

Zum Verständnis der Christologie Schleiermachers kommt nach Jelke aber noch folgender wesentlicher Aspekt hinzu: Kriterium für die Betrachtung der Person Jesu sei ja letztlich nicht die Darstellung des irdischen und verherrlichten Jesus, wie sie in den ntl. Schriften dargestellt sind. Für Schleiermacher gelten ja nur die christologischen Aussagen, die sich auch als Beschreibung menschlicher Lebenszustände ausweisen ließen, womit alle diejenigen Prädikate Jesu ausschieden, die ein objektives übernatürliches Sein Jesu meinten, sowie alle rein historischen Aussagen, die keine Bedeutung für den heutigen Menschen haben könnten. Dazu zählten Jungfrauengeburt, Auferstehung, Himmelfahrt usw.[12] Das habe

[9] Ebd.

[10] Ebd. 52.

[11] S. die Darstellung der Christologie Schleiermachers bei Kl. Reinhardt, *Der dogmatische Schriftgebrauch* 63-76.

[12] Ebd. 63ff.

aber zur Folge, daß somit der heutige Mensch zur Schablone für die Betrachtung der Person des irdischen Jesus werde.

Somit bildet letztlich nicht der irdische Jesus, wie er in den Evangelien faßbar wird, den Hintergrund für die Christologie Schleiermachers, sondern das jeweilige menschliche Selbstverständnis wird mit dem, was vom irdischen Jesus dazu paßt, verglichen; das eigentliche Heilsgeschehen kann aber damit gar nicht zur Geltung kommen, weil nicht jeder Mensch diese Heilstaten zu vollbringen vermag, diese aber somit auch ganz aus der Betrachtung der Person Jesu herausfallen.

Diese Verkürzungen der Christologie Schleiermachers brauchen uns hier nicht weiter zu beschäftigen, da nach Jelke der Ansatz „von unten“ ein methodischer Ansatz ist, der darin besteht, nicht mehr ohne weiteres beim Dogma anzusetzen. Der Ausgang soll ja das biblische Jesusbild sein und dabei wiederum ausschließlich das menschliche Erscheinungsbild der Person Jesu Christi.

Wenn nun auch bei den anderen Vertretern einer „Christologie von unten“, die Jelke anführt, verschiedene Akzentsetzungen und inhaltliche Schwerpunktverlagerungen unübersehbar sind, so führt er sie im methodischen Ansatz doch letztlich auf Schleiermachers Ansatz zurück. Für sie alle gilt deshalb vom Ansatz her dasselbe Urteil wie für Schleiermacher. Und dies lautet in der Sicht Jelkes: Eine „Christologie von unten“ kann die Person Jesus Christus keineswegs hinreichend erfassen. Insbesondere kann sie nicht die Einzigartigkeit der Person Jesu Christi überzeugend darlegen, selbst wenn man Jesus das Prädikat „Gott“ zuschreiben wollte. So fragt Jelke an die Adresse Ritschls, „ob diese sittlich-religiöse Einheit Jesu mit dem Vater wirklich qualitativ verschieden ist von der Einheit mit Gott, die auch andere Menschen besitzen, und ob wirklich von der Gottheit Christi zu reden ist[13]“; und an die Adresse Schleiermachers stellt er die Frage, „ob die Stellung, die Christus in der Reihe der Frommen einnimmt, deutlich abzugrenzen ist von der Weise, wie auch sonst der Anfänger eines geistigen Reiches für die ganze Entwicklung maßgebend ist“[14]. In dieselbe Richtung geht Jelkes Frage an Lipsius, „ob sich Jesu religiös-sittliches Bewußtsein so von den anderen Menschen abhebt, daß man auf Grund dieses Unterschiedes ihm das Prädikat Gott zuerkennen muß“[15].

13 R. Jelke, *Die Grunddogmen* 89.

14 Ebd.

15 Ebd. 91.

Eine Christologie, die den Menschen zum Maßstab des Verständnisses Jesu Christi nimmt, ebnet die Person Jesu Christi letztlich nur in die Kategorien menschlichen Selbstverständnisses ein und kann somit nie der Person Jesu Christi gerecht werden.

Ja, so könnte Jelke hier noch weiterfolgern: Solch eine Christologie kann nicht einmal dem menschlichen Selbstverständnis gerecht werden. Besteht dessen Vollendung doch gerade in der Annahme des Menschen durch den göttlichen Logos. Der Mensch würde seiner Vollendung immer hinterherhinken, schlimmer noch, er würde sich deren Möglichkeit nicht einmal bewußt sein.

Für Jelke reicht aber selbst eine „Christologie von unten", die durch eine „Christologie von oben" ergänzt wird, wie es M. Reischle versucht, nicht aus. Sie münde letztlich in Gegensätze und Widersprüche[16]. Und so kommt Jelke zu dieser Schlußfolgerung: „Ist es unmöglich, eine Christologie von unten nach oben aufzubauen, so kann das nur heißen, daß die Christologie von oben nach unten auszugehen, d.h. daß sie bei der göttlichen Seite der Person Jesu Christi einzusetzen hat"[17]. Und hier stellt Jelke nochmals beide Wege gegenüber: „Wir haben also zuerst nicht zu fragen, wie ist das Menschliche in ihm zu fassen, daß in ihm das Göttliche sichtbar wird [sc. d.i. „Christologie von unten"], sondern müssen zuerst Klarheit zu gewinnen versuchen, wie das Göttliche beschaffen sein muß, daß es nicht zu spröde erscheint, um in Raum und Zeit einzugehen, oder wir haben ... zu zeigen, daß das göttliche Leben sich in der Wirklichkeit eines Menschenlebens ganz ausschütten kann, ohne doch sich selbst aufzugeben"[18].

Doch dieser Ausschließlichkeitsanspruch für den Ansatz „von oben" kann der Kritik, die die Vertreter einer „Christologie von unten" zu ihrem Weg veranlassen, nicht entgehen: Denn erstens setzt sie eine bestimmte Gotteslehre voraus, nämlich solch eine, die darlegt, wie Gott, genauer der Logos „beschaffen sein muß", damit Inkarnation überhaupt möglich ist. Dann muß dargelegt werden, wie dieses hypothetische Gottesbild sich in Jesus wiederfindet.

Auf die weitere Durchführung von Jelkes Ansatz kann hier verzichtet werden. Nur diese Frage sei erlaubt: Wie kommt er überhaupt nach oben, um von oben nach unten denken zu können?

16 „Und diese Gegensätze sind, nicht als Unklarheiten der Darstellung zu beurteilen. Sie sind vielmehr zu verstehen als Ausdruck des ernsten Bemühens Reischles, die Konstruktion von unten nach oben durch eine Linienführung von oben nach unten zu stützen und zu ergänzen". Ebd.

17 Ebd. 91f.

18 Ebd.

In dieser Gegenüberstellung der beiden Ansätze werden aber auch zwei verschiedene Fragestellungen deutlich, die nicht nur methodischer Art sind: Während die „Christologie von oben" mehr die Frage nach den Möglichkeitsbedingungen des Inkarnationsgeschehens stellt, steht bei der „Christologie von unten" mehr das Gottesbild, das in der Person Jesu Christi aufleuchtet im Vordergrund und im Anschluß daran die Frage nach der Bedeutung Jesu für den heutigen Menschen. Diese Fragestellung der „Christologie von unten" ist berechtigt. Ob man mit der Methode der „Christologie von unten" allein eine hinreichende Antwort finden kann, bleibt zunächst noch offen.

4) Christologie „von unten" nach Werner Elert

a) Die Zurückweisung des Ansatzes einer Christologie „von oben"

Elerts Vorstellung von Dogmatik ist einer Ellipse vergleichbar, deren Brennpunkte einmal das Selbstverständnis des heutigen Menschen, zum anderen die Christologie bilden. „Ohne den christologischen Ansatz gibt es keine Lehre von Gott selbst, keine Pneumatologie, keine Trinitätslehre. Er bildet auch die Voraussetzung der Lehre von der Schöpfung, von der göttlichen Vorsehung, von der Erwählung, der Rechtfertigung, von der Kirche und ihren Sakramenten"[1]. So erörtert Elert auch folgerichtig in dem Kapitel über die Dreieinigkeit Gottes in einem eigenen Paragraphen den christologischen Ausgangspunkt der Trinitätslehre[2]. Und schon hier deutet er an[3], daß der Ausgangspunkt beim johanneischen Logosbegriff aufgrund weltanschaulicher Veränderungen des heutigen Menschen gegenüber der Denkweise des Hellenismus nicht nur fraglich sei[4],

[1] W. Elert, *Der christliche Glaube. Grundlinien der lutherischen Dogmatik* (Berlin 1940) 355.

[2] Ebd. § 36, S. 249-259.

[3] Interessanterweise ist trotz der Christozentrik der Elertschen Dogmatik die Gotteslehre der Christologie vorangestellt. Elert begründet das wiederum selbst so: „Man kann theologisch nicht von Christus sprechen, ohne von Gott zu sprechen. Aber die Lehre von Gott selbst hat dabei die systematische Priorität. Sie wurde deshalb vorangestellt". Andererseits hebt er nochmals deutlich hervor, „daß die letzte Begründung der evangelischen Lehre auch von Gott selbst erst in der Christologie aufgezeigt werden" kann (*Der christliche Glaube* 359).

[4] Ebd. 251.

sondern auch nicht dem Evangelium entspräche. Denn der Logosbegriff müsse von der Person Jesus her verstanden werden und nicht umgekehrt die Person Jesus vom Logosbegriff her[5].

Im Rahmen seiner ‚methodologischen Vorfragen der Christologie'[6] geht Elert aber zunächst näher auf die Christologie „von oben" ein. Nähme man, so eröffnet er seine Überlegungen, die Dogmengeschichte als Kriterium für eine Christologie „von oben" oder „von unten", so fiele die Entscheidung eindeutig zugunsten einer Christologie „von oben" aus. Denn „das besondere christologische Dogma der alten Kirche", so Elert, „ist die Lehre von den zwei Naturen. Es ist aus der Trinitätslehre erwachsen. Diese wiederum nahm ihren Ausgang von der Frage der Homousie, also von der Gott zugewandten Seite der Person Christi"[7]. Darüber hinaus entspräche dieser Weg vollauf dem Johannesevangelium, das „dem irdischen Christus die Lehre vom Logos Gottes voranschickt und dann beides durch den Satz von der Fleischwerdung des Sohnes verbindet"[8]. Das heißt aber auch, daß eine Christologie „von oben" zunächst durchaus möglich und ein legitimer Weg ist. Aber sowohl aus sachlichen als auch aus methodischen Überlegungen heraus hält Elert diesen Weg für unzeitgemäß. Seine Kritik besteht darin, daß das Dogma hier zur norma normans der Theologie werde, womit verbunden ist, daß die Christologie „von oben" von der Zwei-Naturen-Lehre her entwickelt werden müsse. Sachliche Bedenken sieht Elert im Bedeutungswandel der Begriffe (er meint damit insbesondere den Natur-Begriff), was zur Folge hat, daß der Aussagegehalt des Dogmas dem heutigen Menschen nicht mehr ohne weiteres verständlich und infolgedessen überhaupt unzugänglich sei. Somit sei der Dogmatiker gezwungen, von vornherein die Begriffe des Dogmas von der Person Jesu Christi her zu erklären, womit er aber automatisch beim Ansatz einer Christologie „von unten" sei.

b) Die Methode der Christologie „von unten" bei Elert

Die Christologie nimmt ihren Ausgang bei der geschichtlichen Person Jesu Christi. Das bedeutet aber zunächst, daß auch das

5 Ebd. § 36, 4, S. 253-255. An dieser Stelle geht es uns nicht primär um den christologischen Ansatz Elerts innerhalb der Trinitätslehre (vgl. dazu kritisch C. H. Ratschow, *Jesus Christus* [= Handbuch systematischer Theologie, Bd. 5, Gütersloh 1982] 70-72), sondern um den der Christologie selbst bei Elert.

6 § 51, S. 355-359.

7 Ebd. 355f.

8 Ebd. 356.

Dogma an den Erkenntnissen über diese geschichtliche Person gemessen und bewertet werden muß. Das kann aber nicht heißen, das Dogma lediglich auf „biblische" Ausdrucksweise hin abzuklopfen. Denn der Begriff Logos ist auch biblisch, aber für die Christologie zunächst unbrauchbar, wie wir oben andeuteten, da er einer Fehlinterpretation oder aber sogar der Unverständlichkeit ausgesetzt sei. Letztes Kriterium muß der geschichtliche Jesus in Wort aber noch viel mehr in Tat und in seinem Widerfahrnis (Schicksal) sein. Christologie „von unten her" heißt somit für Elert: „Durch die Lehre der Apostel über Christus hindurch auf den Grund dieser Lehre und ihres Glaubens an Christus hindurchschauen. Das ist aber kein anderer als der geschichtliche Christus von der Geburt bis zur Auferstehung, den sie gehört und gesehen hatten"[9]. Aber dieser geschichtliche Christus ist keinesfalls der historische Jesus, es ist vielmehr das Christusbild des Neuen Testaments, aber auch des ganzen NT! „Bei diesem elementarsten Bericht, der selbstverständlich nicht auf die vier Evangelien beschränkt, sondern auch in den andern Zeugnissen des Neuen Testaments vernehmbar ist, hat die Christologie einzusetzen. Nur von ihm her kann die Lehre der Apostel über Christus verstanden und das christologische Dogma der Kirche zuverlässig geprüft werden"[10].

Damit sind wir aber bei einer wesentlichen Voraussetzung dieses Ansatzes der Christologie angekommen: Elert setzt nämlich voraus, daß die biblischen Schriften auch das wirkliche Zeugnis über Jesus enthalten. Sein christologischer Ansatz basiert somit auf der Position M. Kählers, nach der es kein Zurück mehr hinter den biblischen Christus gibt. Der biblische Christus ist der Grund unseres Glaubens. Wir werden sehen, daß dieser Ansatz sich nicht ohne Kritik durchhalten konnte[11].

9 Ebd. 358.

10 Ebd.

11 M. Kähler, *Der sogenannte historische Jesus und der geschichtliche, biblische Christus* (Leipzig ^{2}1896; neu hg. von E. Wolf [= Theologische Bücherei, Neudrucke und Berichte aus dem 20. Jahrhundert, Bd. 2, Systematische Theologie] München 1956). Zur Frage der Geschichtlichkeit Christi nimmt Elert unter den Überschriften „Die Zufälligkeit"(§ 26), - „Der historische Zweifel"(§ 27) und „Der historische Abstand"(§ 28) Stellung. Einzelheiten zu diesen Themenkreisen siehe bei Ratschow, *Jesus Christus* 65-70. Ratschow kritisiert an Elert, daß dieser letztlich die Fragen, die ja gerade die Fragen der Neuzeit sind, nicht beantwortet, sondern „dogmatisch verformt und so zum Verschwinden gebracht hat. Für die dogmatischen Positionen, die Elert bezieht, sind alle drei Fragen irrelevant. In allen drei Fällen hatten wir den Eindruck, daß mit diesen Lösungen die Fragen nur umgangen sind" (69). Da

Für den so beschriebenen Ansatz glaubt Elert als ein weiteres Argument anführen zu können, daß so die Einheit von Jesu Person und seinem Werk besser gewahrt bleibe, die der Sache nach niemals getrennt werden dürften. „Die Lehre von jener [sc. der Person] zehrt vom Demonstrativ, die Lehre von diesem [sc. Werk Christi] vom Adhortativ des Evangeliums"[12].

Anhand der Durchführung seines Entwurfes werden wir im folgenden versuchen, eine Bewertung dieses Ansatzes zu geben.

c) Elerts Christologie unter dem Aspekt „Die Person des Versöhners"

Nach der Darlegung der methodologischen Vorfragen behandelt Elert die eigentliche Christologie in den §§ 52-57[13]. Entsprechend seinem Ansatz der Christologie „von unten" beginnt er mit der Erörterung der Menschheit Jesu Christi. Auch hier setzt er beim „biblischen Jesus Christus" ein: „Das Zeugnis der Apostel ist das ‚Wort von der Versöhnung'"[14].

1. Der Mensch Jesus Christus

Als Mensch ist der Versöhner zunächst ein bestimmter Mensch, nämlich der Mensch Jesus, aber ein Mensch wie jeder andere auch: „Aus dem Weibe geboren, und unter das Gesetz gestellt" (Gal. 4,4). Er unterliegt den Gesetzen von Zeit und Ort, denen der Biologie und Psychologie, denen des Dekalogs ebenso wie denen des Staates. Sein Menschsein ist also wie das unsrige, und dennoch *auch* ein *anderes*: Dieser Mensch hat einen bestimmten persönlichen Auftrag: „Er muß die Werke dessen tun, der ihn gesandt hat". Dies zeigt sich einerseits in seinem Totalitätsanspruch, anderseits in seinem Anspruch der Sündenvergebung. Gerade sein Anspruch auf die Macht der Sündenvergebung zeigt aber die Andersheit dem „normalen" Menschsein gegenüber.

Diese beiden Erfahrungsweisen an dem Menschen Jesus Christus fordern zu einer Entscheidung für oder gegen ihn heraus. Man

wir hier das Verständnis Elerts zur Frage der Christologie „von unten" zu behandeln haben, Elert selbst aber die oben genannten Probleme innerhalb seiner Christologie nicht mehr zur Sprache bringt, können wir an diesem Ort auch auf eine weitergehende Behandlung verzichten. Die Problematik in sich wird später bei Althaus und Pannenberg nochmals zur Sprache kommen.

12 W. ELERT, *Der christliche Glaube* 358.

13 EBD. 359-404.

14 § 52, S. 359.

kann - menschlich verständlich (!) - sein ganzes Auftreten als Gotteslästerung empfinden; man kann von dieser Besonderheit des Menschen Jesus Christus aber auch positiv ergriffen werden[15].

Die neutestamentlichen Zeugen(!) haben positiv geurteilt, und zwar unter Hinweis auf die Sündenlosigkeit Jesu. Das Zeugnis von der Sündenlosigkeit erhält bei Elert die entscheidende Bedeutung für den Glauben an Jesus Christus. Aber, so Elert weiter, dieser Anspruch der Sündenlosigkeit kam in Gefahr, widerlegt zu werden durch das Sterben des Menschen Jesus am Kreuz. War nämlich nicht der Tod Jesu genau die Strafe für den „unerhörten Anspruch dieses Menschen"? Fielen aber auch nach Elert während der Passion, spätestens aber im Augenblick des Todes, alle Menschen von Jesus ab, so führte das Zeugnis des Auferstandenen zum endgültigen Glauben an ihn.

Abgesehen davon, daß Elert hier recht einseitig mit den biblischen Passionsberichten verfährt[16], bezieht er Tod und Auferstehung in die Frage nach dem das Menschsein Jesu mit ein. Denn erst durch die Erscheinungen des Auferstandenen kommen die Jünger zum Glauben und erst damit ist der letztgültige Erweis von Jesu Sündenlosigkeit erbracht.

2. Der Sohn Gottes

An der Person Jesus Christus muß nun der Nachweis der Gottessohnschaft erbracht werden. Zunächst distanziert sich Elert von solchen Christologien, die Jesus Christus „nur von seinem Ethos her zu verstehen suchen"[17]. Er meint damit die Ansätze Schleiermachers, Albr. Ritschls und W. Herrmanns. Der Mangel dieser Ansätze besteht darin, daß sie Christus nur durch die Brille des normalen menschlichen Seins sehen. Somit endet für diese Christologien die Betrachtung der Person Jesu Christi mit dem Tod am Kreuz[18]. Ihr entscheidender Fehler liegt nach Elert aber gerade

15 Ebd. 362.

16 Der johanneische Passionsbericht läßt keineswegs die Folgerung Elerts zu. Bei Lukas kommt sogar der Hauptmann zu dem Bekenntnis: „Das war wirklich ein gerechter Mensch. Und alle, die zu diesem Schauspiel herbeigeströmt waren, und sahen, was sich ereignet hatte, schlugen sich an die Brust und gingen betroffen weg"! Lk. 23,47f., par Mk. 15,39. Aber auch Mk. 15,40f. steht zu der Interpretation Elerts in Widerspruch.

17 Elert, *Der christliche Glaube* § 53, S. 368.

18 Für W. Herrmann ist der geschichtliche Christus der, „den uns die neutestamentlichen Überlieferungen als eine in ihrer geschichtlichen Wirklichkeit uns überzeugende Person erkennen läßt. Aber wir meinen deshalb nicht, daß wir

darin, daß sie die Widerfahrnisse Jesu nicht als Glaubensgrund berücksichtigen[19]. Denn das Verhältnis Jesu zu Gott wird neben dem, was Gott durch Jesus tat, gerade in dem deutlich, was Gott Jesus *antat*.

Die Gottessohnschaft leitet Elert nun aber aus dem Selbstzeugnis Jesu ab. Die Jünger hatten diese Selbstaussage Jesu auch schon zu seinen Lebzeiten, so Elert unter Hinweis auf Mt 16,16 und Joh 6,69, anerkannt. Die letztgültige Bestätigung für diesen Anspruch der Gottessohnschaft bekamen sie eben durch die Auferweckung Christi. Sie ist der Beweis, daß ihr Glaube zu Recht bestand, „weil sich Gott damit auch zu den von Jesus Christus erhobenen Ansprüchen bekannte“[20].

Doch die Auferweckung ist auch gleichzeitig Auferstehung. Damit sieht Elert ausgedrückt, daß es nicht nur ein Handeln an Christus ist, sondern daß darin eine Aussage liegt, die auf die Gott-

alles, was in der Überlieferung von Christus berichtet und gelehrt wird, zusammenfassen und dieses Bild den geschichtlichen Christus nennen. ... Unter geschichtlichem Christus als Glaubensgrund [hier ist die Unterscheidung Herrmanns von Glaubensgrund und Inhalt des Glaubens zu beachten!] verstehen wir die geschichtliche Wirklichkeit Jesu, die sich als solche dem Menschen allein aufdrängt, der, ratlos in seinem Verlangen nach Gott, sich hilfesuchend an die Überlieferung wendet, aus der für uns andere das Leben gequollen ist, das er auch haben möchte. ... Das ist das Bild des inneren Lebens Jesu, das trotz des wunderbaren Anspruchs, den dieser Jesus erhebt, sich als ein Zeugnis des geschichtlichen Wirklichen an allen erweist, die sich in Ehrfurcht vor ihm beugen müssen“. Tod und Auferstehung Jesu gehören zu diesem Bild des geschichtlichen Jesus bei Herrmann nicht dazu, da sie nicht erfahrbar sind. S. W. HERRMANN, *Der geschichtliche Christus als Grund unseres Glaubens*, in: Ges. Aufsätze, hg. v. F. W. Schmidt (Tübingen 1923) 295-335; Zitat 319 321. DERS., *Grund und Inhalt des Glaubens*, ebd. 275-294. S. weiter zu diesem Problemkreis M. REISCHLE, *Der Streit über die Begründung des Glaubens auf den „geschichtlichen“ Jesus Christus*, in: ZThK 7 (1897) 171-264. Grund des Glaubens kann auch für Reischle nur „der geschichtliche Jesus, seine Person in ihrem irdischen Geistesleben und Geisteswirken“ sein (199). Auch hier spielen für die Glaubensbegründung Tod und Auferstehung ebensowenig eine Rolle wie Himmelfahrt und das Sitzen zur Rechten des Vaters.

K. Barth urteilte über diese Christologien: „Die orthodoxe Christologie ist ein aus der Höhe von 3000m steil abfließendes Gletscherwasser; damit kann man etwas schaffen. Die Herrmannsche Christologie, so wie sie dasteht, ist der hoffnungslose Versuch, eine stehende Lagune mittelst einer Handpumpe auf dieselbe Höhe zu treiben. Das geht einfach nicht“. K. BARTH, *Die dogmatische Prinzipienlehre bei Wilhelm Herrmann*, in: ZZ 3 (1925) 274.

19 ELERT, *Der christliche Glaube* 368.

20 EBD.

heit Jesu gerichtet ist: Sie ist das Bekenntnis der Jünger zu Christus als *dem* Sohn Gottes, also nicht nur - wieder gegen Ritschl und Herrmann ein Werturteil, sondern eine Seinsaussage. Das Wort „Gott" wurde nicht Jesus als irgendein Prädikat zuerkannt, sondern ist eine Wesensaussage! Ein Anspruch schon des irdischen Jesus[21].

3. Die Lehre von der Menschwerdung

Elert fragt hier nach dem Verständnis der Präexistenz, also nach dem Verhältnis von Gott und Mensch in Christo. Auch hier ist in der Betrachtungsweise wieder „von unten" auszugehen, und so stellt sich zuerst die Frage nach dem *Subjekt* der Präexistenz. Dies Subjekt kann nicht der Mensch Jesus Christus sein, denn diesem Menschsein ist ein anfänglicher Zeitpunkt gesetzt. Folglich muß es der Sohn Gottes sein. Aber zwischen dem Sohn Gottes und dem Menschen Jesus Christus muß die Identität gewahrt bleiben. Kommt man, so fragt Elert, hier nicht in einen unlösbaren Zirkel?[22]

Elert klärt zunächst den wesentlichen Gehalt der Präexistenzaussage. Er liegt darin, zu erkennen, daß Jesus Christus in den Kosmos kam[23]. Damit sind aber zugleich unsere Erkenntnisgrenzen mitausgesagt. Was wir lediglich aus der Präexistenz ableiten können, ist dies, „daß kein Volk, kein Zeitalter, kein Kulturkreis den Sohn Gottes produziert hat, dieses Bekenntnis ist der wesentliche Gehalt der Präexistenzlehre"[24].

Werfen wir aber hier einen Blick auf die Trinitätslehre Elerts, um seine Vorstellungen über das Verhältnis des Sohnes zum Vater näher zu untersuchen - denn wir erinnern uns, daß die Logoslehre ja als theologische Folgerung eben aus dem menschlichen Personsein Jesu Christi hergeleitet werden sollte[25] - und führen wir uns seine Schlußfolgerungen über den christologischen Ansatz in der Trinitätslehre kurz vor Augen:

1. „Wir müssen von Jesus Christus denken wie von Gott.
2. der Logosbegriff muß von der Person Christi hergeleitet werden und nicht umgekehrt.

[21] EBD. 370f. Vgl. zu dieser Auseinandersetzung Elerts mit Herrmann auch: C. H. RATSCHOW, *Jesus Christus* 76-79.

[22] ELERT, *Der christliche Glaube* 374.

[23] EBD. 374f.

[24] EBD. 375.

[25] EBD. 254.

3. wir müssen von Gott so reden wie von Christus[26]. In Christus erschließt sich für uns „der Logos des Kreuzes“ oder „der Logos der Versöhnung“[27].

Erschließt sich aber, so möchten wir Elert zurückfragen, in dieser so vorgetragenen Christologie wirklich der Logos? Unserer Meinung nach bleibt in den christologischen Darlegungen Elerts lediglich der Selbstanspruch Jesu als Sohn Gottes und dessen Bestätigung in der Auferstehung relevant. Wenn Elert im christologischen Teil sagt: „Das Problem seines Verhältnisses zu Gott besteht nicht nur in dem, was Gott durch ihn tat, sondern nicht weniger, was er ihm *antat*“, so können wir darin noch keine trinitarische Struktur erkennen. Wohl kann man im Rahmen von Elerts Prämissen gelten lassen, daß Jesus berechtigterweise einen seinsmäßigen Anspruch auf seine Gottessohnschaft gestellt habe. Aber Elert hatte ja gefordert, daß „von unten her“ das Verhältnis des Sohnes zum Vater erschlossen werden soll. Doch in diesem Punkt werden wir enttäuscht. Zwar versucht Elert diese Frage zu lösen[28], sogar „von unten her“ zu lösen, wenn er Joh 1,14 dahingehend interpretiert, daß schon mit dem „er kam“ ein Hinweis auf die Präexistenz ausgedrückt sei. Aber im selben Atemzug erklärt Elert, daß wir über die Präexistenz keine Aussage treffen können! „Das Problem der Menschwerdung ist uns durch den Mensch*gewordenen* gestellt“[29]. Hinter diese Grenze zurückgehen zu wollen ist nicht erlaubt. So können wir darüber auch keine Aussage treffen, „weil das einzige Wort Gottes *an uns*, auf das wir uns berufen können, der fleisch*gewordene* Logos ist“[30]. Alle Fragen über die Veränderlichkeit oder Unveränderlichkeit Gottes lehnt Elert somit als töricht ab. Den Johannesprolog reduziert er deshalb auf folgende Kernaussagen: Erstens: Christus *wurde* wie wir alle Fleisch; sein Menschsein war nicht von Anfang an; zweitens, „daß er das, was er im Unterschied von allen anderen Menschen war, nämlich dieser Sohn Gottes, auch *werden* konnte, indem er ein Mensch wurde; drittens aber, daß das Subjekt dieses Werdens nicht sein Fleisch, sondern der Sohn Gottes ... war, von dem es vorher heißt, daß er im Anfang war“[31]. Hieraus folgert Elert aber wiederum doch, daß

[26] Elert 255.
[27] Ebd. 254.
[28] Ebd. 375.
[29] Ebd. 376.
[30] Ebd.
[31] Ebd. 376f.

das „Personbildende“ in Christus der Sohn Gottes war, denn das Subjekt war der λόγος ἄσαρχος. Alle darüber hinaus gehenden Fragen und Folgerungen sind für Elert Angriffe auf den Anspruch, den Christus selbst gestellt hat[32].

Von den weiteren Ausführungen Elerts zur Christologie können wir hier absehen. Nur auf folgende Aussagen möchten wir noch hinweisen, hängen sie doch offensichtlich auch mit dem Ansatz „von unten her“ zusammen: seine vermeintliche Widerlegung der Kenosistheorie insofern, als für Elert das Subjekt der Entäußerung nicht der Präexistente, sondern der Mensch*gewordene* ist[33] und daß „das Subjekt des Menschen und das Subjekt ‚Gott selbst‘ bis zur Identität ineinander sind“[34].

d) Stellungnahme zu Elerts Ansatz „von unten“

1. Aus fundamentaltheologischer Sicht ist Elerts Ansatz beim biblischen Christus, so wie er ihn im Kählerschen Sinne versteht und vor allem durchführt, allein schon problematisch, weil nach Elert einerseits dem Glauben an Jesus Jesus in seiner gottmenschlichen Person vorausgeht, andererseits aber Elert sich selbst auf das Glaubenszeugnis der Urgemeinden stützt.
2. In Elerts Durchführung der Christologie meinen wir folgende Mängel zu sehen:
a) Sein Ziel, von der Christologie her eine Gotteslehre zu entwickeln, wird nicht erreicht, denn über das innertrinitarische Verhältnis des Sohnes zum Vater können wir nach Elert nichts aussagen.
b) Diese Grenze läßt aber auch nur schwammige und schillernde Aussagen über die Personeinheit in Jesus Christus zu. Letztlich wird das Problem nicht gelöst. Im Gegenteil scheinen gerade seine Aussagen im Rahmen der Kenosiskritik eine „Umkehrung von Chalkedon“ zu bedeuten.
c) Elert kann seinem eigenen Konzept nicht treu bleiben. Er geht eben nicht, wie er zu Anfang sagte, „durch die Lehre der Apostel über Christus auf den Grund des Glaubens hindurch“, sondern er stützt sich de facto nur auf den Glauben der Urgemeinde. Des weiteren, und hier schließen wir uns C. H. Ratschows Kritik an Elerts Durchführung seines christologischen Ansatzes an, wenn er schreibt: „Ob es wirklich so ist, daß von der Christologie her der

32 Ebd.

33 Ebd. 384.

34 Ebd. 387.

Weg in die Trinitätslehre gewonnen werden kann, erscheint uns sehr fraglich. Christologisch gesehen liegt es aber auf der Hand, daß Elert hier vom Werk Jesu auf die Person schließt. Weil von ihm aus das ,Wort der Versöhnung' ausging, und weil dies Wort das Alte vergehen ließ und das Neue schuf, und weil eben dies die Charakteristik des Handelns Gottes ist, darum ist Christus Gott. Die Soteriologie begründet konklusiv die Christologie. Elert scheint das aber nicht so zu verstehen. Er sagt vielmehr, der ,Logos Gottes sei von der Person Christi her zu verstehen'. Jedoch diese Person wird wichtig als ,Logos der Versöhnung', und dies Werk der Versöhnung eröffnet den Zugang zu der Person Christi als Gott. Damit ist doch von der Versöhnung auf den Logos geschlossen, und von da aus ist die ,Totalität seiner Person' erfaßt"[35].

5) *„Christologie von unten" als christologischer Ansatz bei Paul Althaus*

a) Die Aufgabe der Christologie und ihre Methode

Hatte Robert Jelke als christologisch sachgerechten Weg einzig und allein den der Christologie „von oben nach unten" gefordert, so steht Paul Althaus auf dem Standpunkt, daß die Christologie *zunächst* eine solche ,von unten nach oben' sein muß"[1]. Ist somit die Christologie von Althaus eine Neuauflage der Elertschen Christologie oder sogar ein Rückfall in den christologischen Ansatz der Methoden Schleiermachers, und in deren Gefolge ein Rückfall in die christologischen Ansätze der Ritschl-Schule?

Aus der Sicht von Althaus keineswegs. Zwar stellt sich Althaus voll hinter die Forderung Ritschls: „Erst müssen wir Christi offenbare Gottheit nachweisen können, ehe wir auf seine ewige Gottheit reflektieren"[2]. Das heißt auch für ihn, daß die Christologie bei dem geschichtlichen Jesus einsetzen muß, „und an ihm die Züge zeigen [muß], um deretwillen wir an Jesus Christus glauben"[3].

Aber ebenso entschieden verwahrt sich Althaus gegenüber den Verkürzungen, die Ritschl aus dem oben genannten Ansatz gezo-

35 C. H. RATSCHOW, *Jesus Christus* 72.

1 P. ALTHAUS, *Die christliche Wahrheit. Lehrbuch der Dogmatik*, Bd. II (Gütersloh 1949) 197.

2 ALBR. RITSCHL, *Die christliche Lehre von der Rechtfertigung und Versöhnung*, Bd. III (Bonn [4]1895) 377.

3 P. ALTHAUS, *Die christliche Wahrheit* 197.

gen hatte: „Bei Ritschl wird daraus nun freilich sofort der andere Satz, daß die Gottheit Christi an den ethisch-religiösen Zügen Jesu offenbar sein müsse, an eben dem, worin er sich als Mensch bewährt. Die Gottheit ist nur Prädikat der Menschheit; sie hat nur ethischen Sinn und Gehalt. Wir lehnen diesen Satz ab. ... Die Angst vor der Entleerung der Christologie, die er bedeutet, hat weithin auch gegen den von uns vertretenen methodischen Einsatz bei dem geschichtlichen Jesus mißtrauisch gemacht; so vor allem in der dialektischen Theologie"[4].

Im Gegensatz zu Jelke sieht Althaus also durchaus die Möglichkeit, innerhalb einer „Christologie von unten" der Gefahr einer Aushöhlung und Verkürzung, wie sie die Ritschl-Schule mit sich brachte, zu entkommen, da der Ansatz einer „Christologie von unten" *nicht zwangsläufig* in die „Ethisierung der Christologie"[5] führen muß.

Wie aber unterscheidet sich sein Ansatz von dem Elerts? Hier müssen wir fragen: Was versteht Althaus unter „Christologie"? Was ist ihre Aufgabe und was sind ihre Ziele?

Christologie ist für Althaus die „Besinnung des Glaubens an Jesus auf seinen Grund und Sinn"[6]. Damit impliziert er zunächst einmal einen Gegenwartsanspruch der Christologie. Nicht wer Jesus *war*, ist zunächst Objekt der Besinnung, sondern wer Jesus für mich *ist*, ist der Ausgangspunkt der Christologie. Aber das, was Jesus für mich ist, setzt umgekehrt wieder voraus, daß der Glaubende weiß, *wer Jesus war*. „Denn seine gegenwärtige Wirklichkeit begegnet uns nicht anders als durch das Zeugnis von seiner geschichtlichen Wirklichkeit, die als solche vergangen ist. Um dessetwillen hat der Glaube es nun doch mit dem geschichtlichen Jesus zu tun"[7]. Somit hat der jeweilige Glaube eines Christen seinen Grund in Jesu Wirklichkeit in der Geschichte. Diese ist uns aber allein im Christuszeugnis des Neuen Testaments überliefert. Dies Zeugnis ist wiederum „Bericht und Bekenntnis zugleich"[8]. Das ermöglicht und fordert, daß die Christologie nicht bei der Interpretation der Bekenntnisse der Urgemeinde stehenbleiben darf, sondern sie muß „hinter sie zurückgehen auf das, worauf diese verweisen, auf die Person, Botschaft und Geschichte Jesu. Sonst ist

[4] Ebd. 197.
[5] Ebd.
[6] Ebd. 195.
[7] Ebd.
[8] Ebd.

nicht mehr Christus selber der Grund der Kirche, sondern die urchristliche Theologie"[9].

Auch die Entwicklung innerhalb der Christologie, angefangen bei der Christologie der Urgemeinde bis hin zur Christologie des Johannes beispielsweise muß sich an der Geschichte Jesu messen lassen. „Die Christologie hat zu fragen und zu zeigen, inwiefern diese Geschichte den Glauben an Jesus begründet"[10].

Zwei wesentliche Akzentuierungen sollen hier schon festgehalten werden: Zum einen richtet sich der Glaube auf Jesus Christus als den Gegenwärtigen. Wer Jesus *ist*, ist der Ausgangspunkt. Zum anderen hält Althaus offensichtlich die Rückfrage nach dem historischen Jesus für möglich, ja sogar für notwendig, denn die Aufgabe lautet hinter die neutestamentlichen Christologien auf Jesus zurückzugehen. Hier haben wir, wenn auch Althaus Elert nicht nennt, eine erste eindeutige Abgrenzung gegenüber dessen Ansatz; für Elert war ja der „biblische Christus" allein Gegenstand der Betrachtung.

Damit hat aber Althaus die Begründung und Aufgabe einer „Christologie von unten" aufgezeigt. Sie hat ebenso einzusetzen „wie die neutestamentlichen Evangelien bei dem Menschen Jesus und seiner Geschichte und besinnt sich darauf, wodurch er uns den Glauben an ihn abfordert und abgewinnt"[11]. Als *Einstieg* in die Christologie hält Althaus eine Deduktion von der Trinität her für falsch. Werden nämlich Gottheit und Inkarnation einfach stillschweigend vorausgesetzt, dann übersieht die Christologie ihre wichtigste Aufgabe: „die Besinnung auf den Grund des Glaubens an Jesus Christus"[12].

Ist aber dieser Weg einmal beschritten worden mit dem Ziel, und dies betont Althaus immer wieder, daß an dem Menschen Jesus der Glaube seiner Gottheit gewiß wird, dann *kann und soll* der Weg „von oben nach unten" begangen werden, um darzulegen, „was der Glaube an Jesus an Erkenntnis seines Wesens einschließt"[13]. Dann kommt der Glaube auch im Fahrwasser der Entwicklung der neutestamentlichen Christologien zu den Aussagen der Präexistenz und Inkarnation.

9 Ebd. 196.
10 Ebd. 197.
11 Ebd.
12 Ebd.
13 Ebd.

Hier deutet sich ein dritter wesentlicher Unterschied zu Elert an: Offensichtlich hält es Althaus für möglich und für erlaubt, auch solche metaphysischen Fragen zu stellen, die die unmittelbare historische Betrachtung der Person Jesu übersteigen. Wir werden dies an seiner Darstellung und den Aussagen im Rahmen der Trinitätslehre prüfen müssen.

Christologie kann aber nicht den Glauben an die Gottheit und Menschheit Jesu beweisen. Denn: Voraussetzung für die Christologie ist bereits ein Glaube an Jesus Christus. Für den Nicht-Glaubenden sind das Selbstzeugnis Jesu, seine Sündenlosigkeit, seine Wunder und auch seine Auferstehung keine Beweise. Die Sündenlosigkeit Jesu kann höchstens den Schluß einer hervorragenden Persönlichkeit zulassen, aber nicht, daß dieser Jesus Gott ist. Und darin liegt für Althaus gerade die Hauptaufgabe der Christologie. „Die Erkenntnis Jesu Christi ist die Erkenntnis Gottes in ihm. So gilt von der Erkenntnis Christi das gleiche wie von der Erkenntnis Gottes überhaupt: Gott als Heiland beweist sich nicht dem theoretischen Erkennen, sondern er bezeugt sich dem Menschen zur freien Anerkennung... Gott ist nirgends in der menschlichen Geschichte direkt kenntlich und beweisbar ..., sondern eben indem er sich in der Menschengeschichte erschließt, wird er durch ihre Menschlichkeit zugleich verhüllt... Daher kann auch die dogmatische Christologie die Gegenwart Gottes in Jesus Christus nicht beweisen wollen“[14]. Die Funktion der Wunder sieht Althaus als Zeichen für den Anbruch des Reiches Gottes; sie sind aber keine christologischen Aussagen im engen Sinne. Und die Auferstehung Jesu ist keine historische Erkenntnis, die dem Glauben an Jesus vorausgehen könnte; „sie geht uns erst in und mit dem Glauben auf. So vollzieht sich die Erkenntnis Jesu, obgleich sie an seiner geschichtlichen Wirklichkeit entsteht, nicht in historischen Feststellungen, son-dern durch ein Urteil des Glaubens“[15].

Auch hier wird wieder ein direkter Gegensatz zwischen Elert und Althaus deutlich: Die Sündenlosigkeit Jesu, die bei Elert eine tragende Rolle spielte, verliert bei Althaus ihre Bedeutung zur Begründung des Glaubens. Nicht historische Fakten, sondern die geschichtliche Wirklichkeit Jesu begründet den Glauben. Mit „geschichtlicher Wirklichkeit“ meint aber Althaus zum einen „die historische Tatsächlichkeit der Geschichte Jesu, wie das Evangelium sie berichtet“, zum anderen „die Gegenwärtigkeit der Ge-

[14] Ebd. 198.
[15] Ebd. 199.

schichte Jesu für uns, durch die allein sie ein uns betreffendes Heilsgeschehen bedeuten kann"[16]. Von diesem Glaubensverständnis und von dieser Christologie her weist Althaus dann auch den verkürzenden Ansatz Schleiermachers zurück, da „die Erkenntnis Christi nicht auf dem Weg eines Rückschlusses von der Wirkung Christi im Menschen auf ihn selbst als den Wirkenden" gewonnen werden kann[17]. Dieses Prinzip bringt immer eine Relativierung der Person mit sich. Denn „die Wirkung Christi, die wir am eigenen inneren Leben erfahren, ist immer eine begrenzte, relative, irdische. Man kann von ihr aus niemals auf eine göttliche Dynamis schließen"[18]. Darüber hinaus komme in der Konzeption Schleiermachers das Heilsgeschehen in Christus als Versöhner nicht zum Tragen.

Christologie als Besinnung des Glaubens auf seinen Grund und Sinn. Mit dieser Definition glaubt Althaus eine gegenüber der traditionellen, insbesondere aber gegenüber der altprotestantischen Christologie notwendige neuzeitliche Problemstellung umschrieben zu haben. Setzte nämlich die traditionelle Christologie doch eine metaphysische Erkenntnis der Gottheit Christi voraus, so ist diese Voraussetzung dem modernen Menschen nicht mehr gegeben. Die Schrift und das Dogma bilden kein Gewißheitskriterium für die Gottheit Christi. Diese kann für Althaus „allein durch die Wirklichkeit Christi selbst" offenbar werden, „und zwar dann, wenn sie uns den Glauben, in Jesu handle der Vater mit uns, abgewinnt. Die Erkenntnis der Gottheit Christi kommt also von Anfang an nur existentiell zustande, nur in der Begegnung mit Christus selbst"[19].

Damit kommt aber ein weiterer Zug zum Tragen, der für das Verständnis von Althaus' Christologie wesentlich ist: Der Glaube an Jesus Christus und die Gegenwart Gottes in ihm entsteht nicht aus der Überlieferung, sondern durch das Wirken Gottes im Menschen selbst. Somit kann auch ein Rückschlußverfahren von der Wirkung zur Ursache für Althaus nicht relevant für die Glaubensbegründung sein.

Klingen die Aufgabenstellung und Methodenforderungen der Christologie Althaus' zunächst gewinnbringend, so bleiben schon hier dennoch einige Fragen offen: Die Fragestellung der Christologie muß sich auf Jesus von Nazareth richten. Aber richtet sie sich

[16] Ebd. § 14; vgl. dazu C.H. Ratschow, *Jesus Christus* 83.

[17] *Die christliche Wahrheit* 199.

[18] Ebd.

[19] Ebd. 200.

bei Althaus letztlich nicht auf den in ihm verborgen wirksamen Tatbestand der Gegenwart Gottes? Wie erfährt der Mensch das Wirken der Wirklichkeit Jesus selbst in sich?

b) Der Grund des Glaubens an Jesus Christus

In diesem Paragraphen geht es im eigentlichen weniger um eine Methodenfrage, als vielmehr um die Voraussetzung der Christologie überhaupt, um den Glauben. Die Grundfrage von Althaus lautet hier: Wodurch gewinnt uns dieser wahrhaftige Mensch den Glauben an sich ab?[20] Althaus stellt hier zunächst das Einssein von Jesu Verkündigung und seiner Person heraus. Jesus ist Überbringer des Reiches Gottes, nicht nur ankündigender Bote. Der damit zusammenhängende Vollmachtsanspruch drückt sich auch, so Althaus, in den Hoheitstiteln aus. Jesus selbst nennt sich „Menschensohn" und er nimmt das Bekenntnis zu ihm als „Christus" an. Dieser Vollmachtsanspruch rückt ihn in eine Nähe zu Gott, wie sie noch kein anderer besessen hat, ja er verweist auf ein einzigartiges Sein dieser Person, „auf das Geheimnis der wesenhaften Stellung Jesu zu Gott. Jesus spricht das selber aus, indem er bekennt, ‚der Sohn' zu sein"[21].

Aber Jesu irdisches Leben allein vermag diesen Anspruch nicht zu rechtfertigen. Denn „es ist die Hoheit dessen", wie Althaus sagt, „der zum Kreuze geht. Daher ist sie verborgen und man kann sie verkennen, an ihr ‚zu Fall kommen'"[22]. Jesu Vollmacht und Hoheit erschließen sich daher nur dem, der ihm vertraut.

Für den heutigen Menschen stellt sich diese Vertrauensfrage aber nicht allein durch das irdische Leben Jesu, sondern „das Bild seiner Person und seine Verkündigung ist eingefaßt in das Zeugnis von seiner Auferstehung"[23]. Erst mit der Auferstehung wird Jesus der Gegenwärtige, d.h. „der Glaube lebt von Ostern"[24]. Aber offensichtlich meint Althaus damit keine Auferstehungschristolo-

[20] Ebd. 202.

[21] Ebd. 204.

[22] Ebd. 205. Siehe dagegen Cusanus, der im Kreuz einen Höhepunkt der Selbstoffenbarung Gottes in Jesus Christus sieht. Vgl. die Karfreitagspredigt des Nikolaus von Kues bei seinem Amtsantritt als Bischof von Brixen aus dem Jahre 1452. S. *Sermo* CXXII (nach der Zählung von Koch 204). Vgl. dazu R. Haubst, *Streifzüge in die cusanische Theologie*, Sonderband 3 der BCG (Münster 1991) 416-427.

[23] Ebd.

[24] Ebd. 206.

gie im Sinne Pannenbergs[25]. Er meint vielmehr, daß mit dem Ostergeschehen der Gekreuzigte sich als lebendig erweist und seinem Handeln fortdauernd Gegenwart verleiht durch die Berufung und Betrachtung der Apostel. Erst von Ostern her aktuiert sich der Vollmachtsanspruch auch als gegenwärtiger Anspruch. Der Akt des Glaubens an Jesus besteht dann auch heute nach Althaus darin, Jesus aufgrund seines Vollmachtsanspruches in seiner Gotteshoheit anzuerkennen. „So liegt in den Akten des Glaubens an ihn und des Betens zu ihm die ganze hohe Spannung der Christologie. Es ist ein Mensch, der uns die religiösen Akte des Glaubens und Gebetes abgewinnt. Er tritt damit nicht an die Stelle Gottes, so daß er ihn verdunkelte, nicht neben ihn, so daß er mit ihm konkurrierte. Sondern Glaube und Gebet richten sich an ihn, weil Gott in ihm handelnd gegenwärtig ist. Der Glaube an Jesus ist nichts anderes als Glaube an Gott da, wo er gegenwärtig ist... Der Akt des Glaubens an Jesus, mit dem wir Gottes eigenes Handeln in ihm erkennen und an uns geschehen lassen, ist das Herz, die entscheidende Mitte aller Christologie“[26].

Es geht also auch hier letztlich darum, vom Auferstandenen her den geschichtlichen Jesus als hier und heute Wirksamen zu verstehen.

c) Jesu Ursprung

Näherhin geht es in diesem Teil um die Menschwerdung des Sohnes Gottes. An einen Modalismus ist dabei gar nicht zu denken, zeigt doch die Glaubenserkenntnis, daß Jesus in einem Ich-Du-Verhältnis dem Vater gegenübersteht, daß es sich also um ein personales Verhältnis handelt. Wenn dies aber, so folgert Althaus weiter, im Glauben erkannt wird, dann ist der Schluß auf „die Präexistenz dessen, dem unser Glaube gilt“, zwingend[27]. Folgerichtig findet

[25] Auf den Ansatz der „Christologie von unten“ bei W. Pannenberg werden wir später zu sprechen kommen. Dies sei hier aber schon zur Abgrenzung erwähnt: Althaus geht es nicht darum, in der Auferstehung Jesu eine „Vorausereignung des Endes der Geschichte zu sehen“ (A. SCHILSON, in: *Christologie im Präsens* 93). Auch Althaus' Christologie zählt Pannenberg zu den Christologien, die zur Glaubensbegründung sich allein auf den Vollmachtsanspruch Jesu stützen. Pannenberg vertritt aber demgegenüber die Ansicht, daß dies nicht hinreichend sei, da eine solche Christologie im Kern eine leere Behauptung bliebe. Siehe W. PANNENBERG, *Grundzüge der Christologie* (Gütersloh ^{5}1976) 61 sowie 48f.

[26] P. ALTHAUS, *Die christliche Wahrheit* 208f.

[27] EBD. 212.

sich daher auch schon bei Paulus und Johannes der Präexistenzgedanke wieder.

Aber ist das, so müssen wir fragen, noch „Christologie von unten" in dem Sinne, wie sie von Althaus postuliert war, da es sich hier ja um eine theologische Schlußfolgerung handelt? Die Präexistenz ist ja nicht unmittelbar am geschichtlichen Jesus abzulesen.

Für Althaus basiert dieser Schritt darin, daß wir eben vom Menschen Jesus her die Aussage über seine Gottheit gewinnen können. „Nur indem wir ihn, den Menschen Jesus, als den Sohn, als das Wort Gottes an uns erkennen und ergreifen, wissen wir um den ewigen Sohn, das ewige Wort Gottes... Es besagt nichts anderes als die ewige Tiefe seines geschichtlichen Seins. Es ändert nichts daran, daß wir die Gottheit nicht hinter ihm, dem Menschen Jesus, sondern in ihm suchen sollen"[28]. Umgekehrt weist der Gedanke der Menschwerdung, so Althaus, aber auch eindeutig darauf hin, daß Gottheit und Menschheit nicht dasselbe sind, „daß die Gegenwart wahrer Gottheit in dem Menschen Jesus das Mysterium schlechthin ist, schlechterdings jenseits aller Entsprechung in uns anderen Menschen"[29].

Dieser Gedankengang von Althaus erscheint uns nicht falsch, aber auch keine Antwort zu sein in der Alternative „Christologie von oben" so wie die Väter von Nikaia und Chalkedon sie (angeblich einseitig) betrieben haben, und der „Christologie von unten", so wie Althaus sie hier noch abzudecken versucht. Denn diese Antwort, mit der Althaus noch im schlußfolgernden Denken seine „Christologie von unten" einordnen will, steht in keinem Gegensatz zu der „Christologie von oben" der Väter. Auch die Väter von Nikaia und Chalkedon sahen ja ihren Bezugspunkt im irdischen, auferstandenen und erhöhten Jesus Christus. Die Konzilien definierten Glaubensaussagen, die von diesem geschichtlichen Jesus Christus her ableitbar sind. Ihre Aussagen bezogen sich eben nicht auf einen spekulativen Ideen-Mythos[30]. Erst von der Interpretation der Geschichte Jesu her kommen sie zu der Christologie, die heute als „Christologie von oben" bezeichnet wird. D.h. Basis und Voraussetzung für die „Christologie von oben" war eine „Christologie von unten", so wie Althaus sie versteht. Nur scheint es hier, als ob Althaus den Schritt, den man bei den Konzilsvätern als „Christolo-

[28] Ebd. 214.

[29] Ebd.

[30] Vgl. A. Grillmeier, *„Piscatorie" - „Aristotelice"* 283-300 sowie W. Kasper, *Christologie von unten?* 142.

gie von oben" bezeichnet, zur „Christologie von unten" zählt. Der Umschwung, so vermuten wir, wird also eher in einer Abwehr von einseitiger christologischer Schwerpunktbildung innerhalb der traditionellen Christologie zu suchen sein, die vor lauter Spekulation den geschichtlichen Jesus übersah und somit von der eigentlichen Intention der Konzilsväter abwich. In dieser Perspektive könnte also die „Christologie von unten", so wie Althaus sie hier letztlich erweitert, indem er auch Konklusionen, die aus der geschichtlichen Wirksamkeit Jesu ableitbar sind, einer „Christologie von unten" zuordnet, eine Rückführung auf die Basis sein, auf die die Konzilsväter sich bezogen. Althaus' Auseinandersetzung mit dem Dogma von Nikaia und Chalkedon wird uns darauf eine Antwort geben müssen, ob und inwieweit unsere Vermutung hier stimmt.

Zwingt also der Glaube zu dem „Daß" der Menschwerdung als glaubensmäßige Konklusion, so stellt sich die Frage nach dem „Wie". Für Althaus vermag aber die lukanische und matthäische Erzählung der Jungfrauengeburt darauf ebenso wenig eine Antwort zu geben, wie es Paulus und Johannes tun. Im Gegenteil: Althaus sieht das Verständnis der Menschwerdung nach Paulus und Johannes in Konkurrenz zu Lukas und Matthäus. „Nach Paulus und Johannes ist Jesus geworden, indem der ewige Sohn oder Logos Mensch wurde und seine himmlische Sohnesstellung in seine menschliche Existenz mitbrachte. Zeugung des Sohnes Gottes durch den Heiligen Geist und Menschwerdung des ewigen Sohnes ist zweierlei. Die mit den Zeugnissen über die Jungfrauengeburt verknüpfte Christologie", so fährt Althaus fort, „weiß nichts von der Präexistenz und Menschwerdung eines Präexistenten, die beiden großen Präexistenz-Christologen des Neuen Testamentes schweigen von der Jungfrauengeburt"[31]. Hieraus folgert Althaus, daß es sich bei den Erzählungen von der Jungfrauengeburt nicht um „Zeugnisse von wirklichem Geschehen" handelt, sondern daß wir es mit einem „Christologumenon zu tun haben", nach dem „Gottes Geist von schöpferischer Wirkung auf die Jungfrau ist"[32].

Über das „Wie" der Menschwerdung finden wir also bisher bei Althaus letztlich keine Antwort, da auch das Evangelium, wie er meint, keine Antwort auf diese Frage gibt.

31 P. ALTHAUS, *Die christliche Wahrheit* 217.

32 EBD.

d) Mysterium Christi

In vier Abschnitten versucht nun Althaus das Mysterium der Menschwerdung Christi zu beschreiben:

1. Vom Paradox der Menschwerdung

Dieses Paradox liegt darin, daß mit Gottheit und Menschheit Jesu sich zwei unausgleichbare, unaufhebbare Seinsunterschiede gegenüberstehen. Wohl gibt es für Althaus zwischen Gott und Mensch eine Seinsverwandtschaft: „Gott ist Person und hat den Menschen zur Person geschaffen. Gott ist Geist und Wille und hat dem Menschen Geist und Willen gegeben, mit dem Ziele, in ihn einzugehen"[33]. Althaus' Intention zielt also auf den Menschen als Abbild Gottes. Doch dieser Abbildgedanke reicht bei weitem nicht aus, um das Inkarnationsgeschehen zu verstehen; er kann nur, so hat es zunächst den Anschein, eine „manuductio"[34] sein. Denn die Gottebenbildlichkeit des Menschen ist keinesfalls identisch mit der Einung von Gottheit und Menschheit in Jesus Christus. „Gottheit und Menschheit sollen in Jesus so beieinander, ineinander sein, wie sie nicht eine Verwandtschaft, sondern ein unaufhebbares Gegenüber bezeichnen. Gott und Mensch heißt: Objekt und Subjekt des Glaubens, des Gebetes, des Gehorsams; Subjekt und Objekt des Gebietens und Richtens; Gott heißt: Richter; Mensch heißt: vor dem Gerichte Gottes verantwortlich"[35]. Was also zunächst wie ein Hinweis auf das Verständnis der Menschwerdung angesehen wurde, kann nun bei Althaus nicht mehr greifen. Es ist ein unaufhebbares Gegenüber.

Offensichtlich geht es Althaus hier nur um die Andersheit des Seinshaften bei Mensch und Gott. „Was seinshaft weit geschieden einander gegenübersteht, das ist seinshaft in Jesus beieinander"[36]. Daraus folgt: Wenn wir über die Person Jesus Christus sprechen wollen, können wir das nur „als in zwei widereinander gespannten und streitenden Aussagen". Wir müssen die beiden Aussagen „zusammensagen, aber wir können sie nicht zusammendenken"[37]. Somit ist auch das Bekenntnis des Glaubens, „daß das Ewige

[33] Ebd. 220.

[34] Den Ausdruck hat R. Haubst auf die christologisch-theologische Methode des Nikolaus von Kues übertragen. S. R. Haubst, *Die Christologie des Nikolaus von Kues.*

[35] P. Althaus, *Die christliche Wahrheit* 221.

[36] Ebd.

[37] Ebd. 222.

irdisch-geschichtlich, daß Gott Mensch geworden sei, für das Denken schlechthin das Paradox"[38].

Dies hat für die Christologie folgende Konsequenz: Letztlich kann man keine positiv verbindenden Aussagen über Christus treffen, es sei denn, man spricht in Antinomien. Darüber hinaus muß man in Negationen sprechen zur Abwehr und Sicherung gegen Abwege des Denkens über Christus[39].

Auch hier müssen wir die Frage stellen: Betreibt Althaus in diesem Abschnitt noch „Christologie von unten"? Führt diese ins Paradoxe oder wird Althaus selbst seiner Methode untreu?

Nun, der Bezugspunkt der „Christologie von unten" sollte bei Althaus Jesus von Nazareth sein. In unserem Abschnitt aber stehen der sündige Mensch und die Gottheit Jesu einander gegenüber. Damit wurde, so scheint es uns, der Weg einer „Christologie von unten" verlassen, was wiederum unserer Meinung nach genau in die von Althaus aufgezeigte Paradoxie führt. In dieser Paradoxie, so befürchten wir, kommt die Bedeutung Christi als Vollender des Menschseins in sich nicht zum Tragen. „Wenn man die ‚Geschichte' aus dem Auge verliert, dann landet man beim Paradox und bei den Antinomien"[40].

2. Traditionelle christologische Entwürfe als Beispiele falscher Christologien nach Althaus

Hat es zunächst den Anschein, als stehe Althaus voll hinter der Zwei-Naturen-Lehre, so wie sie dem Chalkedonense zugrundeliegt, so zeigt sich im weiteren Verlauf der Darlegungen doch die Ablehnung dieser klassischen Christologie. Zwar zieht Althaus in der Ablehnung dieser Lehre nicht am gleichen Strang wie Schleiermacher und Ritschl[41]. Im Gegenteil, gegenüber deren Kritik betont Althaus, daß die Formel von der Einheit der beiden Naturen in einer Person bleibende Bedeutung habe. „Denn sie wahrt einerseits den seinshaften Unterschied von Gottheit und Menschheit und andererseits das Wunder ihrer Vereinigung in Christus"[42].

Seine Ablehnung dieser altkirchlichen Christologie begründet Althaus vielmehr damit, daß sie dem Versuch unterlag, das

[38] EBD.

[39] EBD. 223.

[40] C. H. RATSCHOW, *Jesus Christus* 93. Zur Christologie von Althaus siehe ebd. 83-108.

[41] P. ALTHAUS, *Die christliche Wahrheit* 223f.

[42] EBD. 224.

Geheimnis der Person Christi auch für das Denken zugänglich zu machen. Dabei erfolgte mithin eine Wende vom Christusglauben zur Christustheorie. „Der Begriff der Orthodoxie“, so Althaus, „der Rechtgläubigkeit, wurde intellektualisiert: rechtgläubig ist, wer die rechte Christustheorie besitzt“[43]. Darüber hinaus aber bedeutete „der Versuch, über die antinomischen Grund-Sätze und die Negationen hinauszugehen und nun doch die Einheit von Gottheit und Menschheit in Christus dem Denken positiv begreiflich zu machen“[44], eine Verkürzung des Persongeheimnisses: Entweder zu Lasten der Personeinheit oder auf Kosten der vollen Gottheit oder Menschheit in Jesus Christus. D.h. Althaus hält an der Zwei-Naturen-Lehre als antinomischem Modell fest; aber über den eigentlichen positiven Aussagegehalt sagt er nichts, bzw. deren Interpretationsmodelle verwirft er. Unter letzteres fällt dann auch die Lehre von der An- bzw. Enhypostasie der menschlichen Natur Christi sowie die Lehre vom genus maiestaticum der communicatio idiomatum. „Beide“, so Althaus, „verletzen das wahre Menschsein Jesu und damit die Echtheit der Menschwerdung“[45]. Er geht dabei von dem Grundsatz aus: „Zwischen Natur und Person läßt sich nicht scheiden“[46]. Da zur menschlichen Natur die menschliche Personhaftigkeit wesentlich hinzugehört, hebe die Lehre von der Anhypostasie das wahre Menschsein Jesu auf.

Diesen Vorwurf kann man natürlich aus heutiger Sicht - obwohl er häufig zu finden ist - nicht mehr ohne weiteres stehen lassen. Das hat A. Grillmeier überzeugend dargelegt[47]. Darüber hinaus muß hier gegen Althaus eingewandt werden, daß „Person und Natur sich nicht nur unterscheiden, sondern sie müssen unterschieden werden“[48]. Der trinitarische Personbegriff als Relation beinhaltet etwas anderes als der christologische Personbegriff. Das betont auch Althaus selbst im Rahmen seiner Trinitätslehre am Schluß seiner Dogmatik, wobei noch zu beachten ist, daß gerade er fordert, daß die Trinitätslehre aus der Christologie und Pneumatologie abgeleitet werden müsse. Irgendwie, so scheint es uns, wird hier die christologische Erörterung Althaus‘ unklar, wobei dies aber nicht durch die Methodenfrage der Christologie bedingt zu

43 Ebd. 225.

44 Ebd.

45 Ebd.

46 Ebd. 226.

47 A. Grillmeier, *Die christologische Entdeckung des Humanum* 305-319.

48 C. H. Ratschow, *Jesus Christus* 95.

sein scheint. Wir haben eher den Eindruck, daß Althaus immer dann, wenn er den von ihm beschriebenen Weg „von unten“ verläßt, unklar wird. Denn, so müssen wir fragen, stellen sich die Probleme am „geschichtlichen Jesus Christus“ so dar, wie Althaus sie beschreibt? Die Christologie von Althaus, so hat es den Anschein, führt letztlich auf einen Glauben hinaus, dem Denken offenbar versagt ist[49]. Geglaubt werden muß das Paradox der Person Jesu, geglaubt werden muß das Paradox des Kreuzes, von wo aus Althaus seine neue Christologie zu entwickeln versucht. Aber auch dieser Ansatz einer „Christologie von unten“ bleibt insofern, als Althaus hier wieder auf den geschichtlichen Jesus zurückgreifen kann, bei dem Paradox „ganz bei Gott“ und „ganz beim Menschen“ stehen, wobei uns die Problematik weniger im methodischen Ansatz zu liegen scheint als vielmehr in der radikalen Ablehnung der verstandesmäßigen Durchdringung dessen, was eine „Christologie von unten“ aufweisen könnte[50].

e) Der Logos innerhalb der Trinitätslehre bei Althaus

Auffallenderweise behandelt Althaus die Trinitätslehre am Schluß seiner Dogmatik. Im Rahmen seines methodischen Ansatzes, daß die Trinitätslehre christologisch und pneumatologisch begründet werden muß, ist dies konsequent. „Der Gedanke der immanenten Trinität ist abschließende Zusammenfassung. Er gehört nicht zum Kerygma, sondern ist ein Letztes theologischer Reflexion über dessen unmittelbaren Gehalt“[51].

Aber auch hier bleibt Althaus letztlich in Glaubensaussagen, nicht aber in klar umschriebenen Inhalten stecken. Von der Christologie her, so schreibt er, haben wir erkannt, „daß der Glaube an Jesus die Gewißheit einschließt, daß seine Gemeinschaft mit dem Vater eine ewige ist“[52]. Daraus ist dann eine Trinität ableitbar. Aber auch hier gilt: Althaus fordert ein „Daß“. Eine eigentliche theologische Entfaltung dieser Glaubensaussage legt er nicht vor. Diese Theologie scheint in eine Verdunklung, nicht in eine Erahnung der Glaubensgeheimnisse zu führen.

Abschließend möchten wir den Ansatz der „Christologie von unten“ nach Althaus wie folgt beurteilen: Dieser Ansatz ist notwendig und berechtigt. Aber er darf nicht in reinen Postulaten

49 Ebd. 99.

50 S. hierzu die §§ 45-47 bei Althaus, *Die christliche Wahrheit*.

51 Ebd. 511.

52 Ebd. 514.

steckenbleiben. Christlicher Glaube ist nicht nur ableitbares Aufzählen von Glaubensfakten, sondern er zielt auch darauf, Glaubenswahrheiten verstehen zu helfen. Führt uns der Glaube nicht zum Einsehen, dann ist die Gefahr eines Abgleitens in den Mythos umso größer. In der Abwehr dieser Gefahr könnte uns aber gerade eine „Christologie von oben" weiterführen. Den Grundsatz, den Althaus, in Unterscheidung von Elert, selbst fordert: „Erst wenn die Dogmatik diese Aufgabe erfüllt hat, darf und soll sie dann bedenken, was der Glaube an Jesus an Erkenntnis seines Wesens einschließt und wird dann den Weg ‚von oben nach unten' gehen können"[53], scheint Althaus selbst nicht konsequent durchgezogen zu haben. Ein Ineinander von „Denkendem Glauben" und „Gläubigem Denken"[54], wie wir es bei Cusanus vorbildlich finden, scheint bei Althaus im „Paradox" zu enden.

6) Die Grenzen und Zurückweisung der christologischen Ansätze „von unten nach oben" und von „oben nach unten" durch Otto Weber

Wie schon erwähnt, finden wir bei O. Weber eine erste ausführliche Auseinandersetzung sowohl mit der Christologie „von oben nach unten" als auch der „von unten nach oben"[1]. Betrachten wir zuerst die Aufgabe der Christologie in der Darstellung Webers, um von daher seine methodische Kritik verstehen zu können.

a) Die Aufgabe der Christologie

Christologie gibt nach Weber „darüber Rechenschaft, was gemeint ist, wenn das biblische Zeugnis und das ihr folgende der Kirche von Jesus Christus geschichtliche Damaligkeit und Einmaligkeit in *dem* Sinne aussagt, daß mit der Damaligkeit und Einmaligkeit als solcher die den Glauben begründende, wenn auch wiederum nur im Glauben anerkannte Geltung gemeint ist. Dies heißt aber wiederum", so fährt Weber fort, „sie sucht eine Antwort auf die Frage, was gemeint ist, wenn die Kirche - mit 2 Kor. 5,19 etwa - von *Gottes* ‚Zuspruch und Anspruch' als dem spricht, der in dem geschichtlichen Jesus Christus ergeht. Oder wieder anders: sie sagt *explizit*, was es mit der ‚Mitte' der christlichen Verkündigung posi-

53 Ebd. 197.

54 Diese Formulierung stammt von R. Haubst und ist die Überschrift zu dem grundlegenden Teil des Sammelbandes *Streifzüge in die cusanische Theologie*.

1 S. o. die Einführung sowie W. Kasper, *Christologie von unten?* 147.

tiv auf sich hat, sie sagt *explizit*, was darin eingeschlossen ist, wenn wir Jesus Christus den Herrn, den Sohn Gottes nennen"[2].

Mit dieser Aufgabenumschreibung glaubt Weber einerseits die spekulativen christologischen Ansätze, wie wir sie beispielsweise bei Fichte[3], Schelling oder auch Hegel, und in deren Gefolge bei D. F. Strauß sowie Ph. Marheinecke und K. Daub, vorfinden können[4], als unzureichend zurückgewiesen zu haben. Andererseits betrachtet er auch solche Ansätze als unzureichend, bei denen mehr die „Geschichtlichkeit" Jesu im Sinne W. Herrmanns, aber auch M. Kählers, im Vordergrund steht, da deren Begriff von „Geschichtlichkeit Jesu [auch] von einer Idee" ausgehe: Herrmann von der „Idee des Sittlichen" und Kähler von der „Idee des Übergeschichtlichen"[5]. Christologie kann aber letztlich nicht von einer Idee ausgehen, denn Jesus Christus ist für Weber die „Mitte" der Verkündigung und der Theologie und somit die „Wende". Damit meint er: „Jesus Christus ist die Wende im Gottesverhältnis des Menschen"[6]. Wenn wir also von dieser Bedeutung Jesu ausgehen, dann geht es in der Christologie letztlich um die „Einmaligkeit, Unwiederholbarkeit, Geschichtlichkeit, Zeitlichkeit, Personalität und Entscheidungshaftigkeit des ‚biblischen Christus'"[7].

Vom Aspekt der Trinitätslehre her betrachtet, so führt Weber weiter an, bedeutet dies: Es geht darum, daß in Jesus Christus *Gottselbst* an uns handelt; aus christologischer Sicht heiße dies, daß Gott in *Jesus Christus* an uns handelt[8].

b) Der Erkenntnisweg der Christologie

In drei größeren Gedankengängen versucht Weber den Erkenntnisweg innerhalb der Christologie zu umschreiben:

1. Das Verhältnis von „Person und Werk" Jesu Christi
2. Die Frage nach „Ausgangspunkt und Zielpunkt" der Christologie und

2 O. WEBER, *Grundlagen der Dogmatik* Bd. II (Neukirchen 1962) 16.

3 „Nur das Metaphysische, keineswegs aber das Historische, macht selig; das letztere macht nur verständig". *Anweisung zum seligen Leben (1806) 6. Vorlesung* (zit. nach O. WEBER, *Grundlagen* Bd. II, 11).

4 EBD. 12.

5 So Weber im Anschluß an Fr. Gogarten. WEBER, *Grundlagen* Bd. II, 12.

6 WEBER, *Grundlagen* Bd. II, 13.

7 EBD. 16.

8 EBD. 17.

3. Christologie in den Perspektiven von „‚Begegnung', ‚Geschichte', ‚Historie'".

1. Das Verhältnis von Person und Werk Jesu Christi

Auf die Darlegungen Webers zu Punkt 1. brauchen wir hier nur ganz kurz einzugehen. Er plädiert insbesondere dafür, daß eine Trennung von Person und Werk innerhalb der Christologie - wie es häufig in der Geschichte geschah - falsch sei, denn die Person Jesu sei auch immer zugleich als Träger des *Werkes* zu sehen[9]. Daraus ergebe sich aber, daß man gar nicht von der Person Jesu sprechen könne, ohne zugleich sein Werk mitzubedenken[10].

2. Die Frage nach „Ausgangspunkt und Zielpunkt" der Christologie bei O. Weber

Im Rahmen unserer Untersuchungen ist dieser 2. Punkt von größter Bedeutung. Denn gerade hier kommen die beiden Ansätze einer „Christologie von oben nach unten" und einer von „unten nach oben" ausführlich zur Sprache.

Jede Christologie impliziert nach Weber immer eine Doppelaussage in Einem: „In irgendeinem Sinn wird dem *Menschen* Jesus von Nazareth etwas beigemessen, was man sonst dem Menschen *nicht* zuspricht"[11]. Dies sei selbst noch bei einem Monophysitismus der Fall, denn „die behauptete Einheit [wäre] dann immer noch die Einheit eines Zwiefachen: der Begriff des ‚Gottmenschen' enthält dieses Zwiefache, obwohl er es als Eines aussagen soll"[12].

Damit ist die Frage nach dem Ausgangspunkt der Christologie aber auch schon gestellt, wobei jedoch mit der Entscheidung für einen bestimmten Ausgangspunkt, so hebt Weber ausdrücklich hervor, noch keine sachlich zwingende Vorentscheidung gefällt sein müsse. Dies zeigten insbesondere die Ansätze von E. Brunner und Fr. Gogarten: Wenn auch Brunner in seiner Dogmatik die „induktive" Methode verfolge, d.h. „vom Menschen zum Gottessohn und zur Gottheit" gehe, so komme er doch umgekehrt zu dem Ergebnis, „daß sich die ‚Lehre von der Menschwerdung des Gottessohnes' mit ‚Notwendigkeit' ergebe"[13]. Das gleiche sei bei Gogarten zu beobachten, „der die Theologie mit Entschiedenheit bei der ‚Geschichtlichkeit' und d.h. bei der überhaupt erst durch

9 Ebd. 18.
10 Ebd. 20.
11 Ebd.
12 Ebd.
13 Ebd. 21.

Christus zur ‚geschichtlichen' Welt gemachten ‚Welt' festhalten will", aber dennoch zu der Frage komme, „ob nicht in ihm [scil. Christus] und in dem Geschick, wie er sich ihm aussetzte, *der in Erscheinung getreten ist, der es geschickt hat.* Denn die ‚Kraft', aus der sein Menschsein lebt ..., ist ja dann die *Kraft Gottes*, der als der einzige das menschliche Geschick zu wenden vermag"[14]. Wie sich also hier zeige, so folgert Weber, müsse der „noetische" Weg nicht unbedingt dem „ontischen" entsprechen.

Doch die Problematik des Ausgangspunktes werde deutlich, wenn man die beiden Erkenntniswege der Christologie betrachte, die in der Geschichte beschritten worden seien. Dies sei zunächst der Weg der Christologie „von oben nach unten".

a) Christologie „von oben nach unten"

Für die gesamte ältere Christologie, davon geht Weber aus, sei der Weg „von oben nach unten" unbestritten und selbstverständlich gewesen. Der Gedankengang führte von der ewigen Gottheit des Sohnes zu seiner Menschwerdung und dann zum Menschsein in Jesus. Damit war auch der Zusammenhang zwischen Trinitätslehre und Christologie hergestellt, ging es doch in der Trinitätslehre, so Weber, primär um die Frage, „ob in Jesus Christus Gott-selbst, ‚noch einmal Gott', Gott der ewige Sohn gegenwärtig sei oder eine zwar göttliche, aber nicht gottheitliche Wesenheit"[15]. Ab Ende des 4. Jh.s sei diese Frage entschieden gewesen: Von hier ab sei es nicht mehr um die Gottheit des Sohnes gegangen, sondern die christologische Hauptfrage habe geheißen, „wie es zu denken sei, daß der ewige Sohn die Art des Menschen - des Menschseins schlechthin! - ‚angenommen' und sich mit ihr in Einheit begeben habe"[16].

Der Gedankengang verlief also, um nochmals kurz den Weg „von oben nach unten" zu skizzieren: ewiger Sohn, Menschwerdung, Gottmensch bzw. Menschheit.

Die Antworten auf die Möglichkeiten dieses Geschehens konnten sehr verschieden sein - und sie waren es auch: Man konnte vom filius Dei incarnandus ausgehen, aber auch bei der Inkarnation oder beim Deus incarnatus einsetzen. Wichtig ist es, bei dem Weg „von oben nach unten", immer daran festzuhalten, daß die Gottheit Jesu unumstritten war, daß es hier letztlich um die Frage nach dem Einheitsgrund ging: Wie war es möglich, daß Gott selbst Mensch werden konnte? „Das Wunder, von dem das Neue Testa-

[14] Ebd.

[15] Ebd. 22.

[16] Ebd.

ment Zeugnis gibt, ist nicht zunächst dies, daß Gott *Gott* ist, sondern dies, daß er zum *Menschen* sich kehrt, *Mensch* wird“[17].

Dieser Weg der Christologie ist biblisch gut fundiert: Zum einen findet er sich schon, so Weber, in den frühesten Bekundungen, wie etwa Phil 2,5ff. Zum anderen entspricht er auch genau dem biblischen Schöpfer-Geschöpf-Verhältnis. „Geschieht in dem Menschen Jesus Christus wirklich die Selbsterschließung des Schöpfers, vollzieht sich hier sein versöhnendes Werk, begibt sich hier eine Bewegung und Begegnung, so kann im Sinne der gesamten Bibel diese Offenbarung, Versöhnung, Bewegung und Begegnung nicht anders als so verlaufen, daß Gott darin der Schöpfer ist und der Mensch das Geschöpf“[18]. D.h. aber auch: Auf diesem Hintergrund sowie anbetracht des biblischen Zeugnisses haben wir es mit einem Weltbild zu tun, in dem „gar nicht *Gott* ‚das Problem‘ ist, sondern der Mensch“[19], insofern „der Mensch als Sünder, der dem Tod verfallen ist, sein Heil nur finden [kann], wenn er in Gott Grund und Halt findet, wenn er letztlich eins mit Gott wird“[20].

Die Diskussion dieser Christologie „von oben nach unten“ bei Weber wird später erfolgen. Vorerst sei hier nur folgendes Bedenken Webers gegenüber diesem Weg erwähnt: „Haben die Alten in der noch so berechtigten Erkenntnis, daß dem Menschen einzig Gott-selbst helfen kann (daß also ‚unten‘ nur dann das Rettende geschieht, wenn es schlechthin von ‚oben‘ her geschieht), auch genug das Umgekehrte bedacht, daß nämlich Gott-selbst gar nicht anders zu erkennen ist als eben in dem, was ‚unten‘ geschieht“[21]?

b) Christologie „von unten nach oben“

Ähnlich wie R. Jelke unterscheidet Weber zunächst zwei Phasen der sogenannten Christologie „von unten nach oben“: Einmal die Christologie, in der Jesus lediglich die Bedeutung eines „primus inter pares“ zugeordnet wurde. Dahinter steckt nach Weber ein im Fahrwasser der Aufklärung stattfindender Wandel im Selbstverständnis des Menschen: Es entwickelt sich ein Menschenbild, in dem in der Beziehung Gott - Mensch das Dasein Gottes nicht mehr stillschweigend vorausgesetzt wird; vielmehr muß es erst aufgewiesen werden und zwar mit solchen Gründen, die der Vernunft

[17] Ebd. 23.

[18] Ebd.

[19] Ebd. 23. Vgl. auch W. Kasper, *Christologie von unten?* 143.

[20] So verdeutlicht W. Kasper die Aussage Webers in: *Christologie von unten?* 143.

[21] Ebd. 24.

unmittelbar gegeben sind oder die sich vernünftiger Erkenntnis als unabweisbar erwiesen haben. Auf diesem Hintergrund kam man im Hinblick auf die Person Jesu höchstens noch zu dem Anerkenntnis, daß er, wenn überhaupt, den anderen Menschen nur in seiner Gotteserkenntnis voraus sein konnte, aber nicht zu der Glaubensaussage, daß in ihm Gott selbst Mensch wurde[22].

Von dieser Christologie „von unten nach oben" will sich jedoch, so Weber, die *moderne* Christologie „von unten" absetzen. Zwar teilt auch sie die Kritik an der klassischen Christologie, aber stärker noch wendet sie sich gegen die spekulative, von einer *Idee* ausgehende Christologie, wie wir sie insbesondere in der „Hegelschen Rechten" sowie bei Schelling und seinen Schülern finden.

Zwei Momente kommen also bei dem Neuansatz der Christologie „von unten" zum Tragen: zum einen das Bestreben, dem „modernen" oder „aufgeklärten" Menschen einen Zugang zu Jesus zu bahnen, der sich auch an den Denkkategorien des „modernen" Menschen orientiert; zum anderen setzt man einer „Ideen-Metaphysik" den historischen oder geschichtlichen Jesus gegenüber, um so das vere homo zur Geltung zu bringen[23].

Dieser so verstandene Ansatz galt, wie wir auch schon anderenorts erwähnten, insbesondere für Ritschl und Herrmann. „Keine Spekulation, keine fremde Autorität - also insbesondere die Kirche nicht - tritt zwischen den Menschen und den historischen Jesus; einzig die uns überwindende Kraft seines ‚persönlichen Lebens' ist der ‚Grund' unseres Glaubens. Mit anderen Worten: was sich ‚Unten' ereignet hat und daraufhin wieder in uns ereignet, das allein kann uns nach ‚Oben' weisen und führen"[24].

Scheint dieser Ansatz zunächst gewinnbringend zu sein, so sahen wir schon in den vorhergehenden Erörterungen wesentliche Mängel bei seiner Durchführung. Aus erkenntnistheoretischer und offenbarungstheologischer Sicht stellt Weber zu Recht aber noch weitere Fragen an diese Methode:

Die erste lautet: Was heißt in diesem Konzept „Unten"? Die übliche Antwort darauf: „Die Geschichte". Konkret meint man jedoch die Geschichte Jesu von Nazareth, also eine irdische und somit auch vergangene Geschichte. In dieser irdischen Geschichte, in der Person Jesu von Nazareth, in seiner Verkündigung und in

22 EBD. 24f.

23 EBD. 25. Vgl. zu diesem Problemkreis R. SLENCZKA, *Geschichtlichkeit und Personsein Jesu Christi* 128-137 sowie 305-315.

24 WEBER, *Grundlagen* Bd. II, 25f. S.o., S. 38f., Anm. 18.

seinen Taten soll uns dann, so konstatiert Weber, Gottes Wesen, Gottes Liebe, Gottes Vergebung aufgetan werden, „also das, was wir im Vorigen mit der Chiffre ‚oben' bezeichneten. Dies kann aber nur dann zutreffen, wenn *entweder* Jesus Christus in ausgezeichnetem Sinne das ist, was auch sonst geschichtliche Persönlichkeiten zu charakterisieren vermag: einer, in dem sich der sonst verborgene ‚Sinn' alles dessen, was ‚unten' ist, kundtut - *oder* wenn er aus dem Rahmen dessen, was wir sonst hier ‚unten' Geschichte nennen, herausfällt und uns jenes ‚Oben' deshalb erschließt, weil er ihm zugehört"[25]. In beiden Fällen, so legt Weber im Anschluß an E. Troeltsch dar, handelt es sich um eine Art „Vermittlungstheologie", die letztlich dahinführen muß, daß - wie Troeltsch es konsequenterweise tat - „der Entwicklungsgedanke vor der Historie Jesu nicht haltmachen" darf[26] und somit die Person Jesu als Gegenstand allgemeiner Religionsgeschichte eingeordnet werden muß. „Dann aber läßt sich nach seiner Überzeugung [scil. Troeltschs] auch nicht streng beweisen, daß das ‚Christentum', so gewiß es bisher als Höhepunkt und als ‚Konvergenzpunkt' der religiösen Entwicklung gelten muß, diesen auch in alle Zukunft bilden müsse. Eine Gewißheit dieser Art besitzt allein der ‚in sich selbst gewisse Glaube'. Das ‚Unten' ist auch nach Troeltsch für das ‚Oben' offen - aber das ‚Unten' braucht nicht unbedingt die Geschichte Jesu zu sein"[27]. In dieser Konsequenz sind wir also wieder genau in der idealistischen Geschichtsphilosophie angelangt, der ja Ritschl und Herrmann den Kampf angesagt hatten. Ähnliche Konsequenzen ergaben sich ja auch schon bei unseren Ausführungen zu F. Chr. Baurs Darlegung der Christologie „von oben" bzw. „von unten".

Eine weitere Frage Webers an diese Christologie „von unten nach oben" lautet: Besteht eine Deckungsgleichheit zwischen dem, was diese „moderne" Christologie mit ‚Unten' bezeichnet und dem, was vom Neuen Testament her unter dem Begriff ‚Unten' subsumiert werden kann[28]?

Mit dieser Frage wendet sich Weber in erster Hinsicht gegen die „Leben-Jesus-Forschung", und zwar gegen eine solche, für die nicht sein kann, was vom philosophischen Standpunkt her gesehen nicht

[25] EBD. 26f.

[26] EBD. 27.

[27] EBD. 28. Zu Troeltsch s. KL. REINHARDT, *Der dogmatische Schriftgebrauch*, bes. 194-197.

[28] Diese Frage scheint uns besonders interessant, sahen wir doch im Abschnitt I unserer Untersuchung, daß eher die Christologie „von oben nach unten" als unbiblisch charakterisiert wurde.

sein darf; denn a priori geht sie mit folgendem Postulat an die neutestamentlichen Quellen heran: „Jesus ‚kann' nichts anderes gewesen sein als ein gewiß ganz ungewöhnlicher Religionsträger oder Verkünder sittlicher Forderungen. Er ‚kann' nur eine aufs äußerste überhöhte Ausprägung dessen gewesen sein, was seine modernen Biographen als Wert- oder Idealvorstellung mitbrachten"[29]. In dieser Betrachtung wird aber die neutestamentliche Sicht total verzerrt: „Das ‚Unten' ... ist eine historische Konstruktion auf philosophischer Grundlage"[30] und wird in dieser Form dem ntl. Anspruch nicht gerecht, wie insbesondere die formgeschichtliche Methode nachgewiesen hat. Mittelpunkt der Bezeugung Jesu ist der Gekreuzigte und Auferstandene. Diese Perspektiven werden aber, wie wir sahen, in den historisch-kritischen Untersuchungen nur am Rande erwähnt[31]. Sollen aber diese Heilstaten, so folgert Weber weiter, bei einer Christologie „von unten" miteingebracht werden, „so ist *dies* ‚Unten' nun freilich ohne das ‚Oben' der *freien Tat* Gottes gar nicht zu denken"[32].

Aufgrund dieser Überlegungen glaubt Weber, den Ansatz der Christologie „von unten nach oben" auch von seinem Offenbarungsverständnis her zurückweisen zu müssen. Seine Fragen betreffen „die Öffnung des ‚Unten' für das auch von dieser Christologie nicht (verbal) verneinte ‚Oben'. Ist diese Öffnung die ontologische Offenheit des Geschichtlichen für seinen ‚Sinn', so ist das ‚Oben' lediglich Korrelat des ‚Unten'. Es wird entdeckt, aber es offenbart sich nicht - sofern Offenbarung als Ereignis, als freie Tat verstanden wird und nicht ein anderes Wort für Entdecktwerden ist"[33].

c) Die Aporie beider christologischer Ansätze

Nach den bisherigen Überlegungen hat es den Anschein, daß der Weg der klassischen Christologie, der also „von oben nach unten", dem umgekehrten vorzuziehen ist. Aber, obwohl er „unaufgebbar Richtiges" enthält, kann Weber auch ihm nicht folgen. Vier schwerwiegende Hindernisse stehen ihm im Wege:

29 O. WEBER, *Grundlagen* Bd. II, 28.

30 EBD.

31 Siehe oben die Darlegungen zu Althaus sowie die einseitige Selektion im Rahmen der Passionsberichte durch W. Elert, vor allem aber die Ausklammerung des auferstandenen und verherrlichten Christus als christologischem Ansatz im Rationalismus und in der Ritschl-Schule.

32 WEBER, *Grundlagen* Bd. II, 29.

33 EBD. 29.

1. Unser Erkenntnisvermögen kann nur „von unten" ausgehen, da wir nicht „oben" sind. Wir sind in unserem Erkennen auf das angewiesen, was uns als *Geschehen* begegnet. Was somit Gott ist, das erkennen wir nur in dem, was er „unten" getan hat. Auch im Glauben, so führt Weber weiter aus, vermögen wir uns nicht abstrakt von uns loszulösen, um uns so nach „oben" zu schwingen, sondern der Glaube besteht eben darin, „daß wir uns Gottes Selbsterschließung *so* gefallen lassen, wie sie ist. Wenn Christologie die im Glauben vor sich gehende Besinnung auf Den ist, dem unser Glaube gilt, so kann sie nicht wohl bei einem ‚Oben' einsetzen, das wir doch einzig als das *uns* Zugewandte erkennen, so gewiß es sich eben *darin* als ‚Oben' erweist"[34].
2. Die klassische Christologie ist eine abstrakte Christologie. Damit meint Weber, daß diese Christologie von Gott spricht, ohne *zunächst* seine Selbsterschließung zu beachten; sie redet von „Gott-an-sich". Aber dies ist nicht möglich, da Gott der *ist*, der sich uns offenbart hat. Wenn wir also offenbarungstheologisch gerechtfertigt von Gott sprechen wollen, so kann dies nur in der Weise geschehen, so Weber, daß wir „*zugleich* und *eben damit* von der *uns* zugewandten Überlegenheit, d.h. von der freien *Gnade*, von der uns sich erschließenden Herrlichkeit, von der freien *Tat*, von den attributa incommunicabilia dessen" sprechen, „der sich relativ zum Geschöpf setzt, d.h., indem sie (die Theologie) von Gott-in-Christus redet"[35].

Wenn wir aber von „Gott-in-Christus" sprechen wollen, dann müssen wir aber auch zu der Aussage kommen: „Gott *ist* Gott-in-Relation. *Dies* hat die klassische Christologie nicht zu sagen vermocht". Die klassische Christologie konnte ebensowenig, so fügt Weber weiterhin an, deutlich machen, daß Gott in sich selber der ist, „der sich für die Zuwendung zum Geschöpf bestimmt". In ihr liegt die Gefahr, daß „Gottes *Tat* in seiner Selbsterschließung zu einem Willkürakt" wird, „statt als Tat *der* Freiheit verstanden zu werden, die Gott - Gott-in-Christus! - wesenhaft eigen ist, als Freiheit *zur* Selbsterschließung, als Freiheit *ewiger* Gnade"[36].
3. Die klassische Christologie sieht die Freiheit Gottes falsch, weil in ihrer Interpretation Gott die Freiheit zukommt, „Gott-für-das-Geschöpf zu sein oder es auch *nicht* zu sein"[37]. Freiheit wird somit

[34] Ebd. 30f.
[35] Ebd. 31.
[36] Ebd. 32.
[37] Ebd.

nur noch als Wahlfreiheit zwischen zwei Möglichkeiten gesehen. In Jesus erkennen wir aber eine Freiheit, so Weber, „als ewige *Selbst*bestimmung Gottes für den Menschen und als die antworthafte *Selbst*bestimmung des Menschen für Gott. [Diese] impliziert einen ‚Gottesbegriff', der bereits das Sein Gottes in *selbst*erwählter Relation, und d.h. Gottes Selbsterschließung in Jesus Christus voraussetzt"[38].

4. Diese Art der klassischen Christologie denkt geschichtslos, „weil und insofern sie *Gott-selbst* aus der Geschichte *heraushält*"[39]. Der Gottesbegriff der klassischen Christologie ist so absolut, daß Gott im Grunde genommen den Menschen gar nicht erreicht, obwohl, wie Weber eigens betont, es ihr doch gerade um den Menschen geht. „Sie erreicht den Sünder nicht in seiner wahren Situation"[40]. Die Christologie „von oben nach unten" denkt letztlich „nicht hoch genug" von Gott; seine Hoheit „erscheint lediglich als Hoheit über allem Hohen, das es ‚sonst' gibt, aber nicht als Hoheit der *Gnade*, der Herablassung"[41].

Abschließend ist also im Urteil Webers über die klassische Christologie „von oben nach unten" festzuhalten, daß sie im Grunde dem Gottesbegriff, so wie er im Neuen Testament deutlich wird, nicht gerecht wird. Die klassische Christologie impliziert eine Verkürzung der Gotteslehre!

In der Frage des Ansatzes einer Christologie „von oben nach unten" bzw. umgekehrt enden wir also, so Weber, in folgender Aporie: Der Weg „von oben nach unten" nimmt „die Freiheit der *Gnade* Gottes" nicht ernst, im umgekehrten Fall ist von der Freiheit der Gnade Gottes erst gar keine Rede, „da Gott innerhalb des Korrelationsschemas nicht im eigentlichen Sinn der Handelnde ist. Oder anders: ‚rein' von ‚oben' kann die Christologie nicht ausgehen, weil ‚Gott' nicht ‚rein oben', weil er vielmehr des Menschen Gott ist, in Christus; ‚rein' von ‚unten' kann die Christologie nicht ausgehen, weil das ‚Unten' einzig in *Gottes* Tat jenes ‚Unten' ist, demgegenüber der Glaube keine Apotheose unternimmt"[42].

Webers eigenen Lösungsversuch, aus dieser Aporie herauszukommen, können wir hier übergehen, da wir bei W. Pannenberg darauf eingehen werden. Darüber hinaus liegt ja auch unser Haupt-

[38] Ebd.

[39] Ebd. 33.

[40] Ebd.

[41] Ebd.

[42] Ebd. 35f.

interesse darin, die Aporie der beiden christologischen Ansätze in der Darstellung Webers aufzuzeigen.

7) Perspektiven einer Christologie „von unten" bei Wolfhart Pannenberg

Wie intensiv in den 60er Jahren die christologische Diskussion innerhalb der protestantischen Theologie geführt wurde, zeigen sowohl die Flut von Veröffentlichungen als auch die schnelle gegenseitige Bezugnahme der verschiedenen Autoren aufeinander[1]. Den zentralen Stellenwert der Christologie innerhalb der theologischen Diskussion verdeutlicht folgende Bemerkung Gerhard Sauters aus dem Jahre 1966: „Wenn heute eine theologische Arbeit sich um Grundsatzfragen bemüht, ohne diese sogleich christologisch zu verankern, dann gilt sie zumeist von vornherein als disqualifiziert"[2].

Erfreulicherweise ist auch zu beobachten, daß die Diskussion nicht allein innerkonfessionell stattfand, sondern konstruktiv über die Konfessionen hinausging. Dies geht wohl u.a. auf folgende Ereignisse zurück:

Als erstes nennen wir Ernst Käsemann, der mit seinem Vortrag *Das Problem des historischen Jesus*[3] seit 1953 die verstärkt einsetzende christologische Diskussion wesentlich mitbeeinflußt hat. Käsemann betont dort die dringende Notwendigkeit des Aufweises der Kontinuität zwischen dem historischen Jesus und dem nachöster-

1 Einen Überblick bietet W. G. KÜMMEL, *Dreißig Jahre Jesusforschung (1950-1980)*, hg. v. H. Merklein (= Bonner biblische Beiträge Bd. 60, Königstein 1985). Wir zitieren im folgenden nach diesem Band und nicht nach der jeweils ersten Veröffentlichung in den verschiedenen Heften der ThR.

2 G. SAUTER, *Fragestellungen der Christologie*, in: VF 11 (1966) 37-68; Zitat 38.

3 E. KÄSEMANN, *Das Problem des historischen Jesus*, in: ZThK 51 (1954) 125-153 (wiederveröffentlicht in: Ders., Exegetische Versuche und Besinnungen Bd. I [Göttingen 1960] 187-214). W. G. Kümmel hebt zwar ausdrücklich hervor, daß schon zu Beginn der 50er Jahre auf die Notwendigkeit der Frage nach dem historischen Jesus hingewiesen worden war, stimmt aber dennoch dem Urteil von P. Biehl zu, daß durch Käsemann die folgende lebhafte Diskussion ausgelöst wurde. W. G. KÜMMEL, *Dreißig Jahre Jesusforschung* 5. Siehe auch die Darstellung der sich anschliessenden Diskussion bei J. B. ROBINSON, *Kerygma und historischer Jesus* (Zürich 1960) sowie den Leitartikel *Die Frage nach dem historischen Jesus in der gegenwärtigen neutestamentlichen Forschung* von E. LOHSE, in: ThLZ 87 (1962) Sp. 161-174.

lichen Kerygma[4]. Wie wir sahen, wurde diese Forderung auch schon früher durch Systematiker wie Elert und Althaus erhoben[5]. Letztlich reichten aber deren exegetische Bemühungen nicht aus, um die eigentliche historische Rückfrage nach Jesus hinreichend zu untermauern[6]. Hinzu kam, daß insbesondere Althaus von falschen Voraussetzungen ausging: So gesteht W. G. Kümmel Althaus zwar zu, „daß ‚die Gestalt Jesu unverkennbar, unverwechselbar-eigen, innerhalb der Überlieferung sichtbar wird‘, aber“ - so weist Kümmel Althaus‘ Folgerung zurück - „das bedeutet gerade nicht, daß ‚durch alle Schichten der Überlieferung hindurch das eine und selbe Bild Jesu ... sich durchgehalten hat‘. Dieses Urteil ist schon durch die neuere redaktionsgeschichtliche Erforschung der Evangelien als falsch erwiesen, und es ist gerade die nicht nur fortbildende, sondern auch verfälschende Art des Traditionswandels, die die Auffindung der ältesten Überlieferung im Einzelfall so schwierig und darum umstritten macht“[7].

Des weiteren dürfte von der 1500Jahr-Feier (1951) des Konzils von Chalkedon eine Initialzündung ausgegangen sein. Einen Orientierungspunkt dafür bildet K. Rahners Artikel *Chalkedon - Ende oder Anfang?*[8], in dem er darlegt, „daß jede Konzilsdefinition das Ende und das Ergebnis einer Diskussion, den Sieg und die Eindeu-

4 Inwieweit Käsemann und Bultmann sich in ihren Aussagen und Forderungen wirklich unterschieden, ist in der Literatur hinreichend diskutiert worden. Siehe hierzu W. G. KÜMMEL, *Dreißig Jahre Jesusforschung* 524 sowie W. PANNENBERG, *Grundzüge der Christologie* (Gütersloh [5]1976) 51, Anm. 14-16. Jedenfalls hat Käsemann eindringlicher als Bultmann die „Legitimierung des Kerygmas durch den historischen Jesus“ als notwendig gefordert. Diese Forderung wurde von anderen Exegeten wie G. Bornkamm, E. Fuchs, H. Conzelmann aufgegriffen und erweitert. „Man sieht es nicht mehr mit Bultmann als nebensächlich an, ob Jesus selbst oder irgendein anderer der wirkliche Träger der von den Synoptikern überlieferten Botschaft war“, so PANNENBERG, *Grundzüge* 17.

5 S. o. die Ausführungen zu Elert und Althaus.

6 EBD.

7 So Kümmel gegen Althaus‘ These in dem Aufsatz: *Der gegenwärtige Stand der Frage nach dem historischen Jesus.* Das Zitat siehe W. G. KÜMMEL, *Dreißig Jahre Jesusforschung* 24f.

8 In: *Das Konzil von Chalkedon*, hg. v. A. Grillmeier und H. Bacht, Bd. III (Würzburg 1951-1954), hier Bd. III, 3-49. Siehe auch W. KASPER, *Jesus der Christus* 16ff. (Der Beitrag Rahners erschien erstmals in dem dreibändigen Standardwerk *Das Konzil von Chalkedon*, das für das ökumenisch-christologische Gespräch nicht außer acht gelassen werden darf).

tigkeit der Wahrheit bedeutet, daß sie aber zugleich ein Anfang ist für neue Fragen und tiefere Einsichten"[9].

Neben diesem Aufschwung innerhalb der Christologie tritt, wie schon angedeutet, auch zunehmend mehr deren Bedeutung für alle anderen theologischen Traktate in den Vordergrund. Dabei ist man jedoch bemüht, nicht der Gefahr einer „christologischen Engführung"[10] - so der Vorwurf H. U. v. Balthasars an K. Barth - zu verfallen. Inwieweit dies im einzelnen gelang, muß hier nicht dargelegt werden[11]. Jedenfalls geht Pannenberg - ebenso wie Althaus und Elert zuvor - davon aus, daß „alle theologischen Aussagen ihren christlichen Charakter nur durch ihren Zusammenhang mit Jesus [gewinnen]. Und es ist eben die Christologie, welche das Recht und die sachgemäße Form theologischer Bezugnahme auf Jesus methodisch erörtert und begründet"[12].

Je mehr wir jedoch ein Interesse an der Christologie aufzeigen können, umso tiefgreifender scheinen diese damals auftretenden Desiderata zu sein: „Die großen Fragen der christologischen Lehrentwicklung sind seit der altkirchlichen Zeit ohne gültige Lösung geblieben"[13]. Im eigentlichen bewege sich die Christologie immer noch zwischen „alexandrinischer Verschmelzung Jesu mit Gott und antiochenischer Trennung zwischen Jesus und Gott". Unüberhörbar erscheint daher der Ruf nach einer „Neubegründung der Christologie". Aber diese Neubegründung setzt nicht beim Punkte Null an: Obwohl Pannenberg es für gut hält, „endgültig Abschied zu nehmen von der Vorstellung, daß dogmatische Aussagen den Charakter zeitlos verbindlicher und unabänderlicher Wahrheiten haben müßten", weist er umgekehrt auf die Notwendigkeit „der Auseinandersetzung mit der christlichen Lehrtradi-

9 W. KASPER, *Jesus der Christus* 16.

10 H. U. v. BALTHASAR, *Karl Barth. Darstellung und Deutung seiner Theologie* (Köln ^{2}1962).

11 S. DERS., *Glaubhaft ist nur die Liebe* (Einsiedeln 1963) oder aber auch D. WIEDERKEHR, *Entwurf einer systematischen Christologie*, in: Mysterium Salutis. Grundriß heilsgeschichtlicher Dogmatik, hg. v. J. Feiner und M. Löhrer, Bd. III/1 (Einsiedeln/Zürich/Köln 1970) 477-648, besonders den 2. Abschnitt: „Die Wirklichkeit Christi im Horizont des Weltverhältnisses Gottes".

12 W. PANNENBERG, *Grundzüge* 9. W. Kasper weist in ähnliche Richtung, wenn er betont, daß die theologische Diskussion nach dem Vaticanum II insbesondere innerhalb der Ekklesiologie daran krankte, daß man nicht hinreichend auf den Grund und Sinn der Kirche, nämlich auf die Person Jesus Christus rekurrierte. W. KASPER, *Jesus der Christus* 13.

13 Dies und die folgenden Zitate bei PANNENBERG, *Grundzüge*, Vorwort 9-12.

tion" hin. „Die Vernachlässigung der christologischen Überlieferung", so begründet er diese Notwendigkeit, „hat gewöhnlich zur Folge gehabt, daß man die Gegenwartsbedeutung Jesu in erstaunlich kurzschlüssigen und flachen Verallgemeinerungen gewisser Züge seines Auftretens zu finden meinte".

In einleitenden Vorbemerkungen zu seinem Werk „Grundzüge der Christologie" hebt Pannenberg zunächst die Verklammerung von „Theologie und Christologie, Lehre von Gott und Lehre von Jesus als dem Christus"[14] hervor: Wenn auch der „Weg der Christologie ... bei Jesus selbst" einsetzt, „um in ihm Gott zu finden", muß „dabei der Gottesgedanke historisch und sachlich schon vorausgesetzt werden"[15]. Eine Christologie ist somit keineswegs voraussetzunglos durchführbar, ebensowenig wie die christliche Gotteslehre. Diese Prämisse darf insbesondere dann nicht übersehen werden, wenn sich die Frage nach dem Ausgangspunkt der Christologie stellt. Diesen Ausgangspunkt geht Pannenberg unter dem Leitgedanken an: „Die Christologie handelt von Jesus als dem Grund des Bekenntnisses und des Glaubens, daß er der Christus Gottes sei"[16].

a) Die Aufgabe der Christologie

Ausgehend von den christologischen Auseinandersetzungen zwischen M. Kähler und W. Herrmann hebt Pannenberg zunächst die berechtigten Anliegen beider, dann aber auch deren Vereinseitigungen hervor: Kähler weise zu Recht auf den Trugschluß der liberalen Theologie hin, die versuchte, „Gestalt und Botschaft Jesu der apostolischen Verkündigung derart entgegenzusetzen, daß zwischen beiden keinerlei Kontinuität mehr bestehen würde"[17]. Allerdings schieße Kähler in seiner Kritik über das Ziel hinaus, indem er aus seinem berechtigten Anliegen eine totale Kongruenz zwischen Jesus selbst und dem Zeugnis der Apostel ableite. Pannenberg hält dem entgegen: „Man kann und muß vom Zeugnis der Apostel auf Jesus selbst zurückschließen, indem man die jeweilige Situationsbezogenheit der neutestamentlichen Texte zu erkennen sucht und sozusagen in Abzug bringt"[18]. Zwar räumt Pannenberg ein, daß die Ergebnisse der formgeschichtlichen Me-

[14] Pannenberg, *Grundzüge* 13.
[15] Ebd. 14.
[16] Ebd. 15.
[17] Ebd. 16.
[18] Ebd. 17.

thode „den Fortgang der Darstellung in unseren Evangelien für eine Chronologie des Weges Jesu" verbiete, weil „die Darstellungsfolge ... sich in allen Evangelien als durch kompositorische Gesichtspunkte bedingt erwiesen" habe[19]. Dennoch sei aber „die Frage nach Anhaltspunkten in den Evangelien für eine Chronologie des Weges Jesu noch keineswegs vollständig erledigt, geschweige denn die Frage nach der Historie Jesu überhaupt"[20]. Nur müsse die „historische Rekonstruktion der Gestalt und der Verkündigung Jesu ... immer ... erklären, wie vom Geschick Jesu her die urchristliche Christusverkündigung entstehen konnte"[21].

Pannenberg hält also einen Rückgang vom „biblischen Christus" zum „historischen Jesus" nicht nur für möglich, sondern auch - und darin stimmt er W. Herrmann zu - für nötig, will man sich nicht der Gefahr aussetzen, „daß wir unseren Glauben auf etwas gründen wollen, was vielleicht gar nicht geschichtliche Tatsache, sondern Erzeugnis des Glaubens ist"[22]. Nicht zustimmen kann Pannenberg aber Herrmann - und darin stimmt Herrmann mit Kähler überein - in der Entscheidung dazu, „den Glauben nicht auf unser historisches Wissen gründen"[23] zu wollen, weil „die Resultate historischer Arbeit ... in beständigem Fluß" seien, der „Grund des Glaubens aber ... fest sein" soll[24].

Nach diesen Darlegungen wäre es indes voreilig, eine Neuauflage der Christologie „von unten" zu erwarten, wie wir sie etwa bei P. Althaus vorfanden, die dann lediglich um weiterführende Ergebnisse der biblischen Theologie ergänzt werde[25]. Denn schon in seiner Aufgabenbeschreibung der Christologie nimmt Pannenberg diesen Perspektivenwechsel gegenüber P. Althaus vor: Hatten wir bisher als letztlichen Ausgangspunkt einer Christologie „von unten" die jeweilige Glaubenssituation des heutigen Menschen, also

19 Ebd.

20 Ebd.

21 Ebd.

22 So W. Herrmann gegen M. Kähler in dem Artikel *Der geschichtliche Christus als Grund unseres Glaubens*, erstmals erschienen in ZThK 2 (1892) 232-273, hier 253. S. auch o. S. 38f., Anm. 18.

23 W. Pannenberg, *Grundzüge* 17.

24 W. Herrmann, *Der Verkehr des Christen mit Gott. Im Anschluß an Luther dargestellt* (Tübingen ^{7}1921) 60.

25 Über die Fülle der christologischen Literatur für den Zeitraum von 1950-1965 siehe W. G. Kümmel, *Dreißig Jahre Jesusforschung* 159 sowie oben, S. 66, Anm. 3.

die Frage, wer Jesus *ist*[26], um von da aus auf Jesus als den Grund des Glaubens zu kommen, vor Augen, so bildet für Pannenberg die Frage „Wer Jesus *war*" den Ansatz seiner Überlegung. Zwar ging auch Althaus sofort einen Schritt weiter, wenn er sagte: Wer Jesus ist, erkennen wir in dem, wer Jesus war. Dennoch zeigte unsere Kritik an Althaus bereits, daß sich seine Christologie letztlich nicht auf Jesus von Nazareth, genauer auf das, was wir von ihm wissen können, gründet[27]. Nach ihm liegt der Offenbarungscharakter letztlich ja in der gegenwärtigen Erfahrung begründet. Denn historische Fakten konnten für Althaus keinen Glaubensgrund abgeben[28].

Die christologische Aufgabe stellt sich daher für Pannenberg offensichtlich anders. Er geht nämlich von folgender Prämisse aus: „Wenn von Jesus als dem Grund unseres Bekenntnisses zu ihm die Rede sein soll, vom Grund unseres Glaubens an ihn, dann kann das nur der damalige Jesus sein. Dieser Grund unseres Glaubens bewährt sich allerdings und muß sich bewähren an unserer gegenwärtigen Wirklichkeitserfahrung, aber er selbst liegt ganz und gar in dem damals Geschehenen. Zwar weiß der Glaubende sehr wohl", so fährt Pannenberg fort, „daß Jesus nicht nur damals lebte, sondern daß er als der Auferstandene und Erhöhte auch der gegenwärtig Lebendige ist. Aber solches Wissen vom lebendig gegenwärtigen Herrn" - und hierin liegt eine eindeutige Abgrenzung gegenüber den bisherigen Ansätzen einer Christologie „von unten" - „kann nicht durch unmittelbare heutige Erfahrung im Umgang mit dem Erhöhten gewonnen werden"[29]. Expressis verbis wendet sich Pannenberg gegen Althaus: „Wir müssen also im Gegensatz zu Althaus formulieren: Der Glaube hat es primär zu tun mit dem, was Jesus *war*. Erst von daher erkennen wir, was er

[26] Das gilt auch für R. Bultmann, der von der „Begegnung mit dem verkündigten Christus" spricht; „der Kyrios Christos begegnet mit im Kerygma der Kirche" (in Kerygma und Mythos, Bd. I, hg. von H. W. Bartsch [1948] 148; Zitat nach PANNENBERG, *Grundzüge* 19). O. Weber spricht von der „den Glauben begründende[n] und tragende[n] Begegnung mit Jesus Christus" (O. WEBER, *Grundlagen der Dogmatik*, Bd. II, 36).

[27] S.o. S. 43-56.

[28] Deshalb stellte Bultmann an Althaus auch diese Frage: „Wenn der Glaube nicht der Wahrnehmung des Historischen entspringe, ‚wozu dann noch die Legitimation durch die Historie'?". Diesen Einwand R. Bultmanns macht Pannenberg sich hier zu eigen.

[29] W. PANNENBERG, *Grundzüge* 21.

für uns heute ist und wie Verkündigung von ihm heute möglich ist"[30].

Damit ist eine weitere Perspektive einer Christologie „von unten" angedeutet: Sie ist nicht mehr in erster Hinsicht *Entfaltung* des Christusbekenntnisses der Gemeinde; sie ist vielmehr *Begründung* des Christusglaubens: „aus dem Damals des Wirkens und Geschickes Jesu"[31]. Soll aber die Christologie Glaubensbegründung sein, dann kann sie sich - hier geht Pannenberg wieder mit den bisherigen Entwürfen einer Christologie „von unten" konform - nicht auf reine Behauptungen stützen - sei es die Konkordienformel, sei es das Chalcedonense oder sogar auch die Aussage „Jesus Christus ist der Herr" (Röm 1,4 bzw. 10,9 oder 1 Kor 12,3), sondern „aus der Geschichte Jesu ist die wahre Erkenntnis seiner Bedeutung zu begründen", die darin liegt, „daß in diesem Menschen Gott offenbar ist"[32]. Um diese Aufgabe zu bewältigen, müssen zusätzlich folgende Aspekte berücksichtigt werden: Zum einen geht es „um die rein systematische Herleitung bestimmter Einsichten in bezug auf Jesus aus der Geschichte Jesu"[33]. Zum anderen sind alle christologischen Aussagen innerhalb des Traditionsbildungsprozesses, „im

30 EBD.

31 EBD. 22.

32 EBD. 22f. In diesem Zusammenhang sei nochmals eigens auf die Abgrenzung dieser Christologie „von unten" gegenüber der von Althaus verwiesen: Althaus' Forderung, daß die Christologie zeigen müsse, „inwiefern diese Geschichte den Glauben an Jesus begründet", steht eben mit seiner anderen Prämisse in Widerspruch, daß der Offenbarungscharakter der Geschichte Jesu „nicht durch historische Besinnung und Begründung erkannt" werde. Zu Recht wendet Pannenberg hier ein: „Entweder gilt der Satz, das Wissen von der geschehenen Geschichte, das der Glaube voraussetzt, sei ‚noch nicht das Wissen von Gottes Offenbarung in den Geschehnissen. Dieses kommt erst mit dem Glauben zustande'. Oder es gilt, die Christologie habe zu fragen und zu zeigen, inwiefern die Geschichte Jesu den Glauben an Jesus begründet. Wie anders soll die Geschichte Jesu den Glauben begründen als so, daß sie sich als Gottes Offenbarung erweist?" (*Grundzüge* 23). Hierzu vgl. die kritische und konstruktive Besprechung *Offenbarung als Geschichte und Glaube. Bemerkungen zu Wolfhart Pannenbergs Begriff der Offenbarung* von P. ALTHAUS, in: ThLZ 87 (1962) Sp. 321-330. Die Antwort PANNENBERGS dazu: *Einsicht und Glaube*, in: ThLZ 88 (1963) sowie W. PANNENBERG, *Die Offenbarung Gottes in Jesus von Nazareth*, in: Theologie als Geschichte, hg. v. J. M. Robinson und J. B. Cobb (= Neuland der Theologie, Bd. III [Zürich/Stuttgart 1967]) 135-169, bes. 160-169. Ferner W. HAMILTON, *Die Eigenart der Theologie Pannenbergs*, ebd. 225-251 und schließlich im selben Sammelband W. PANNENBERG, *Stellungnahme zur Diskussion*, 285-351.

33 W. PANNENBERG, *Grundzüge* 24.

Lichte der Geschichte Jesu zu prüfen und haben für die Aufgabe unserer eigenen christologischen Urteilsbildung den Wert von Beispielen"[34].

b) Die Notwendigkeit einer Christologie „von unten" nach Wolfhart Pannenberg

Aus der Aufgabenstellung der Christologie ergibt sich die Frage nach ihrer Methode. Auch Pannenberg steht vor der Entscheidung: Christologie „von oben" oder Christologie „von unten"[35]? Mit den aus anderen Entwürfen einer Christologie „von unten" uns bereits bekannten Argumenten hält Pannenberg den Weg „von oben" für nicht gangbar:

1. Christologie „von oben" setzt die Gottheit Jesu voraus. Aufgabe der Christologie muß es aber sein, die Gründe für das Bekenntnis zur Gottheit Jesu darzulegen.
2. Eine Christologie „von oben" berücksichtigt den geschichtlichen Menschen Jesus in seiner Besonderheit nicht hinreichend; seine Stellung und sein Verhältnis zum zeitgenössischen Judentum, aber auch die eigentliche Gesamtperspektive des Todes Jesu kommen in ihr nicht hinreichend zum Tragen.
3. Methodologisch ist weder vom Offenbarungsverständnis noch vom menschlichen Erkenntnisvermögen her als Ansatz eine Christologie „von oben" geeignet. Sie setzt nämlich voraus, „daß man ... auf dem Standpunkt Gottes selbst stehen [müßte], um den Weg des Sohnes Gottes in die Welt hinein zu verfolgen. Wir denken aber faktisch immer von einer geschichtlich bestimmten menschlichen Situation aus. Wir können deren Grenzen nie einfach überspringen. Und so muß unser Ausgangspunkt in der Frage nach dem Menschen Jesus liegen; nur auf diesem Wege kann nach seiner Gottheit gefragt werden. Wie der göttliche Logos, die zweite Person der Trinität, abgesehen von der Inkarnation und also abgese-

[34] Ebd.

[35] Die Ausführungen Webers, der ja beide Ansätze zurückwies (s.o. S. 56-65) und einen Neuansatz jenseits dieser Alternativen unter der Perspektive „Begegnung mit Jesus Christus" versuchte, weist Pannenberg zurück; sein Urteil lautet: „Allein es bleibt die Frage, ob man es in solcher Begegnung nur mit einem Menschen wie anderen oder in einziger Weise zugleich mit Gott zu tun bekommt. Der Schärfe der Frage, inwiefern man es in Jesus mit Gott zu tun hat, kann man nicht durch den Begegnungsbegriff, der alles in der Schwebe läßt, ausweichen" (*Grundzüge* 26, Anm. 40).

hen von dem Menschen Jesus zu denken wäre, das entzieht sich vollständig unserer Vorstellung"[36].

Sekundär hält Pannenberg freilich auch für die Christologie „von oben" an diesem - eingeschränkten - Wert fest: „Man kann nicht behaupten, daß die die Geschichte der christologischen Lehrentwicklung beherrschende Inkarnationschristologie einfach ein Irrweg gewesen sei. Aber allerdings ist die geschichtliche Wirklichkeit Jesu dabei in einer oft extremen Weise eingeengt worden. Ihre Fülle und Vielfalt muß heute fruchtbar gemacht werden"[37].

Aufgrund der genannten Einwände entscheidet sich Pannenberg für den Ansatz einer Christologie „von unten". Dabei setzt er sich zunächst mit O. Webers Bedenken gegen den Weg „von unten nach oben" auseinander. Gleichermaßen weist er auch die Irrwege der Leben-Jesu-Forschung wie auch die des Rationalismus und die Vereinseitigung durch Schleiermacher zurück.

Webers Einwand, daß bei einer Christologie „von unten" das „Unten" für das „Oben" transparent sein müsse[38], hält Pannenberg deshalb nicht für stichhaltig, weil Weber das „Unten" „nicht im Blick auf die historische Besonderheit des Menschen Jesus" betrachte. „Sonst könnte er nicht behaupten, man wisse auf diesem Wege ‚schon *zuvor*, was der Glaubende allein aus der *Begegnung* mit Jesus Christus weiß und sonst schlechterdings nicht.' Zwar ist ein Verständnis des Wortes Gott und der dadurch bezeichneten Wirklichkeit in einem ganz bestimmten Sinne von Jesus selbst wie auch vom Urchristentum schon vorausgesetzt worden und muß auch von uns so oder so vorausgesetzt werden, wenn nach Jesus gefragt wird. Das eigentümlich Neue, Kontingente geschichtlichen Geschehens und zumal der Geschichte Jesu", so lautet Pannenbergs Haupteinwand gegen Weber, „durchkreuzt jedoch alles Vorwissen und auch das unumgänglich vorauszusetzende Vorwissen von Gott... Die besondere Weise, wie durch Jesus die Wirklichkeit Gottes, nach der mit dem allgemeinen Gedanken Gottes und dem darauf bezüglichen Wort ‚Gott' doch eigentlich nur gefragt ist, geschichtlich begegnet, kann erst von der geschichtlichen Besonderheit Jesu selbst her in den Blick kommen"[39].

36 W. PANNENBERG, *Grundzüge* 29. Gerade auf die oben genannte erkenntnistheoretische Voraussetzung des Zugangs zur Person des Logos werden wir in den Weiterführungen Schoonenbergs zu sprechen kommen.

37 W. PANNENBERG, *Grundzüge* 29.

38 S.o. S. 56-65.

39 W. PANNENBERG, *Grundzüge* 29f.

Die Kernfrage einer Christologie „von unten" lautet bei Pannenberg näherhin: Wie ist die Einheit Jesu mit Gott zu sehen? Jede andere Frage über den Menschen Jesu führe zu „krassen Verzeichnungen". In der Frage nach der Erkenntnis der Gottheit im historischen Jesus schließt Pannenberg sich durchaus A. Ritschl an, der wohl als erster seine Christologie so aufgebaut habe. Ihm seien neben der eigentlichen Ritschl-Schule andere Theologen wie W. Elert, P. Althaus, E. Brunner und C. H. Ratschow gefolgt[40].

Worin liegt dann aber die eigentliche Abgrenzung Pannenbergs gegenüber diesen Entwürfen? Das ist näherhin zu untersuchen.

c) Pannenbergs Neuansatz innerhalb einer Christologie „von unten"[41]

1. Zurückweisung der Christologien „von unten", die die Einheit Jesu mit Gott nur von dessen Vollmachtsanspruch her ableiten wollen.

Darunter fällt der Ansatz Elerts, der das entscheidende Argument darin sah, daß Jesus implizit sich selbst als der Sohn Gottes bezeichnet habe, insbesondere dann, wenn Jesus von *seinem* Vater und im Gegensatz zu den Jüngern von *euerm* Vater sprach. Elert glaubte damit Ritschl und Herrmann gegenüber nachgewiesen zu haben, daß die Bezeichnung „Sohn Gottes" nicht eine Prädizierung von seiten der Apostel sei, sondern auf Jesus selbst zurückging. Die Frage, ob diese Selbstbezeichnung implizit oder explizit gewesen sei, spielte für Elert keine Rolle. Wohl aber für Pannenberg. „Die

40 Ebd.

41 Außer der bereits erwähnten Literatur zu Pannenberg sei verwiesen auf: I. Berten, *Geschichte Offenbarung Glaube. Eine Einführung in die Theologie Wolfhart Pannenbergs.* Aus dem Französischen übersetzt von S. Martin (München 1970); Kl. Reinhardt, *Die überlieferungsgeschichtliche Schriftauslegung bei Wolfhart Pannenberg*, in: Der dogmatische Schriftgebrauch 317-330; Ders., *Die Einzigartigkeit der Person Jesu Christi* 206-224, bes. 217-219; W. Kasper, *Christologie von unten?* 149-151; P. C. Hodgson, *Jesus - Word and Presence* 70f.; D. Wiederkehr, *MySal* Bd. III/1 530ff.; J. Moltmann, *Der gekreuzigte Gott* (München 1972); B. Klappert, *Die Auferweckung des Gekreuzigten. Der Ansatz der Christologie Karl Barths im Zusammenhang der Christologie der Gegenwart* (Neukirchen 1971) 54ff.; A. Schilson u. W. Kasper, *Christologie im Präsens. Kritische Sichtung neuer Entwürfe* (Freiburg ²1977) 90-100; R. Slenczka, *Geschichtlichkeit und Personsein Jesu Christi* 316ff. A. Gesche, *Die Auferstehung Jesu in der dogmatischen Theologie*, in: Theologische Berichte II, hg. im Auftrag der Theologischen Hochschule Chur von J. Pfammatter und der Theologischen Fakultät Luzern von F. Furger (Zürich/Einsiedeln/Köln 1973) 275-324.

neuere Jesusforschung hat gezeigt, daß *die Prädikate*, die christologischen Titel, sehr wohl Folge des Glaubens sind, daß aber der Anspruch Jesu selbst, der implizit in seinem Wirken, nicht nur in seiner Botschaft, enthalten ist, dem Glauben der Jünger vorausgeht"[42]. Einen ähnlichen Grundansatz finden wir bei P. Althaus sowie bei H. Diem und auch bei E. Brunner. Daß der Vollmachtsanspruch Jesu im Mittelpunkt der christologischen Erörterungen stehe, sei auch in der biblischen Theologie zu beobachten, insbesondere in der Frage nach dem historischen Jesus.

Zwar will - obwohl in Gegenposition zu diesem Ansatz - Pannenberg den Vollmachtsanspruch Jesu keineswegs untergraben[43], aber sein Einwand gegen solch eine Glaubensbegründung besteht darin, daß der Vollmachtsanspruch Jesu auf Bestätigung in der Zukunft angewiesen war[44]. Jesus beansprucht für sich eine Autorität, die nur Gott legitimieren kann durch das Eintreffen des angekündigten Geschehens. „Damit ist die proleptische Struktur des Vollmachtsanspruches Jesu, analog derjenigen alttestamentlicher Prophetenworte, aufgewiesen. Das bedeutet aber: Der Vollmachtsanspruch Jesu kann nicht isoliert für sich, als ob es nur um die ‚Entscheidung' ihm gegenüber ginge, zur Grundlage einer Christologie gemacht werden. Eine solche Christologie - und eine so begründete Predigt - bliebe im Kern eine leere Behauptung. Vielmehr kommt alles an auf die Frage nach dem Zusammenhang zwischen dem Anspruch Jesu und seiner Bestätigung durch Gott"[45].

Damit ist die eigentliche Glaubensbegründung auf die Auferweckung Jesu zentriert. „Die Einheit mit Gott ist noch nicht durch den in seinem vorösterlichen Auftreten implizierten Anspruch Jesu begründet, sondern erst durch die Auferweckung von den

[42] *Grundzüge* 48. Pannenberg verweist hier auf G. BORNKAMM, *Jesus von Nazareth* (Stuttgart 1956) 155ff. sowie auf E. Käsemann. Des weiteren wäre noch F. HAHN, *Christologische Hoheitstitel. Ihre Geschichte im frühen Christentum* (Göttingen 1963) zu nennen.

[43] Er anerkennt die Besonderheit im Auftreten Jesu sowie in seiner Verkündigung, welche einen universalen Anspruch erkennen lassen: „Die Taten Jesu konnten zwar den Anbruch der Heilszeit zeigen, sie konnten aber nicht eindeutig erweisen, ob Jesus in Person derjenige sei, an dem sich Heil oder Gericht endgültig entscheidet" (*Grundzüge* 59).

[44] „Das ganze Wirken Jesu blieb also auf zukünftige Bewährung seines Vollmachtsanspruches angelegt, auf eine Bestätigung, die Jesus selbst nicht leisten konnte". EBD.60.

[45] EBD. 61.

Toten“[46]. So lautet Pannenbergs Leitsatz zum Problemkreis „Die Auferweckung Jesu als Grund seiner Einheit mit Gott“.

Bei oberflächlicher Betrachtungsweise könnte man den Eindruck gewinnen, daß dieses Postulat Pannenbergs letztlich doch nichts Neues bringe: Klang nämlich nicht schon bei Elert und Althaus Ähnliches durch? Auch bei Elert kommen die Jünger erst durch die Erscheinungen des Auferstandenen zum endgültigen Glauben und erst mit der Auferweckung ist der Beweis von Jesus außerordentlichem Anspruch erbracht. Und auch für Althaus gilt: „Jesu Tod stellt Jesu Anspruch in Frage“. „Der Glaube lebt von Ostern“. Hat Pannenberg diesen Sachverhalt bei beiden übersehen oder aber zielt er auf einen völlig anderen Ansatz hin?

Letzteres ist offensichtlich der Fall: Denn Pannenberg erörtert in einem Anhang sehr wohl das Auferstehungsverständnis bei Elert und Althaus. Dabei zeigt er, daß bei beiden Ostern als eine *nochmalige* Bestätigung dessen erscheint, was bereits am irdischen Jesus bestätigt war. Obwohl nämlich Elert durchaus betont, daß mit dem Kreuzestod Jesu Anspruch in Frage gestellt war und somit erst die Auferstehung zum Grund des Glaubens wird, stützt Elert „die Behauptung der Gottheit Jesu auf dessen vorösterlichen ‚Anspruch‘, der Sohn Gottes zu sein... Über die Bedeutung, die dann noch der Auferweckung Jesu verbleibt, äußert sich Elert nicht weiter“[47].

Bei Althaus wird die Frage nach der Bedeutung des Osterereignisses aus zwei Gründen problematisch: Zum einen ist für ihn das Osterereignis keine historisch nachweisbare Tatsache. Althaus will das *Wagnis* des Glaubens gewahrt wissen. Die Auferstehung kann somit nicht als Glaubensbeweis gelten. „Historisch erkennbar sind für Althaus die Erlebnisse der Jünger, die ‚Erscheinungen‘ Jesu nach seinem Tode und doch wohl auch die Tatsache des leeren Grabes“. Die Deutung dieser Facta ist „Sache des religiösen Urteils, des Glaubens, der an dem Gesamtzeugnis von Jesus entsteht“.

Dagegen wendet Pannenberg jedoch ein: Die Urchristenheit kannte nicht die von Althaus eingebrachte Unterscheidung zwischen Facta und Bedeutung. Vielmehr gehörten Geschehen und Bedeutung der Auferweckung Jesu aufs engste zusammen. Dies müsse auch heute berücksichtigt werden: „Historisches Fragen geschieht immer schon aus einem vorgegebenen Bedeutungszusammenhang, aus einem Vorverständnis der erfragten Sache, das

[46] Ebd. 47.
[47] Ebd. 106.

aber im Vollzug der Forschung von den Phänomenen her modifiziert und korrigiert wird. Wenn die Historie nicht in dogmatischer Weise von einem verengten Wirklichkeitsbegriff ... ausgeht, dann ist nicht einzusehen, weshalb die Historie grundsätzlich nicht in der Lage sein soll, auf Grund der Erscheinungserlebnisse der Jünger und der Auffindung des leeren Grabes von der Auferweckung Jesu als der bestbegründeten Deutung solcher Ereignisse zu reden. Wenn aber", so wirft Pannenberg massiv gegen Althaus ein, „die Historie sich für außerstande erklärt, festzustellen, was zu Ostern ‚eigentlich' geschehen ist, dann vermag der Glaube das erst recht nicht; denn der Glaube kann nichts Sicheres über Ereignisse der Vergangenheit ermitteln, was dem Historiker etwa unzugänglich wäre". Und an anderer Stelle betont Pannenberg: Ob vor zweitausend Jahren ein bestimmtes Ereignis stattgefunden hat oder nicht, darüber verschafft nicht etwa der Glaube uns Gewißheit, sondern allein die historische Forschung, soweit überhaupt Gewißheit über derartige Fragen zu gewinnen ist[48].

Damit eng zusammenhängend trägt Pannenberg einen zweiten Einwand gegen Althaus vor: In dem Bestreben, den Glauben als ein absolutes Wagnis zu betrachten[49], sieht er die Gefahr der Zerstörung des Glaubens. Denn der Grund des Glaubens muß so sicher wie möglich sein. Ein wagnishaftes Moment - aber nicht im Sinne eines blinden Wagnisses - ist ja immer noch gegeben in der eschatologischen Spannung von „Schon" und „Noch nicht".

All diesen Theologen, die das Osterereignis als *nochmalige Bestätigung* des Anspruchs des irdischen Jesus interpretieren[50], wirft Pannenberg vor, „die Zukunftsbezogenheit und darum auch Zukunftsabhängigkeit des gesamten vorösterlichen Auftretens Jesu, insbesondere die Angewiesenheit seines Anspruchs auf eine Bestätigung durch Gott selbst im Anbruch des Endes, verkannt"[51] zu haben. Daher erhält das Ostergeschehen bei Althaus nur noch die Bedeutung: „Jesu Vollmacht ‚als gegenwärtige und gültige' für den, der dem Vollmachtsanspruch Jesu glaubt, zu erweisen ... Durch das Ostergeschehen gibt der Gekreuzigte seinem Handeln ‚fortdauernd' Gegenwart"[52].

48 EBD. 107 und 96.

49 Das gilt nach Pannenberg ebenso für Ebeling u.a. protestantische Theologen.

50 Dazu zählt Pannenberg neben Elert und Althaus noch Käsemann, Bornkamm, Brunner, Tillich, Ebeling, Barth, aber auch K. Rahner (*Grundzüge* 108ff.).

51 W. PANNENBERG, *Grundzüge* 110.

52 EBD. 108.

2. Die Bedeutung der Auferweckung Jesu nach Pannenberg

Pannenbergs Ansatz einer Christologie „von unten“ verweist stärker als die bisherigen Entwürfe auf die Auferweckung Jesu als den entscheidenden Ort seiner Legitimation. Dieses Sachverhaltes sei sich auch Jesus selbst bewußt gewesen. Auch seine Erwartung richtete sich auf die Auferweckung von den Toten, - so vermutet Pannenberg weiter - „auf die nahe bevorstehende allgemeine Totenauferweckung, die natürlich auch ihm selbst, falls er zuvor sterben sollte, widerfahren wäre“[53]. Das bedeutet: Pannenberg ordnet Jesu eigene Auferweckungsvorstellung sowie deren Verständnis bei den ersten Jüngern in den „Horizont der apokalyptischen Zukunftserwartung“ ein[54]. Von diesem Hintergrund her lassen sich u.a. folgende Deutungsimplikationen für die Auferweckung Jesu aufzeigen[55]:

- Anbruch des Weltendes
- Bestätigung des vorösterlichen Auftretens Jesu durch Gott selbst
- Der Menschensohn ist der wiederkommende Jesus
- Wenn Jesus, von den Toten auferweckt, zu Gott erhöht ist, und wenn damit das Ende der Welt angebrochen ist, dann ist in Jesus Gott endgültig offenbar.

An dieser Stelle ist es notwendig, auf Pannenbergs Verständnis von *Offenbarung als Geschichte* kurz einzugehen; denn ohne dieses kann man seinem Ansatz nicht gerecht werden[56].

Nach Pannenberg hat sich die Selbstoffenbarung Gottes nicht direkt, sondern indirekt in Gottes Geschichtstaten vollzogen. Die endgültige Offenbarung Gottes steht somit noch aus, sie findet erst „am Ende der Geschichte statt“[57]. Der Mensch lebt im universalen Rahmen der Geschichte, deren letztgültiger Sinn ihm noch verborgen ist. Kein Ereignis innerhalb der Geschichte läßt sich letztgültig ausdeuten, da es sich erst von der Zukunft her und endgültig von der Selbstoffenbarung Gottes am Ende der Geschichte hinreichend erklären läßt.

Umgekehrt ist aber durch die Taten Gottes innerhalb der Geschichte „die Gottheit ... jedem, der Augen hat zu sehen, offen.

[53] EBD. 61.

[54] EBD. 62.

[55] EBD. 62-69.

[56] Vgl. dazu insbesondere W. PANNENBERG (Hg.), *Offenbarung als Geschichte* (Göttingen [5]1982) 91-114 sowie DERS., *Die Offenbarung Gottes in Jesus von Nazareth*, in: Theologie als Geschichte 135-169.

[57] W. PANNENBERG, *Dogmatische Thesen zur Lehre von der Offenbarung*, in: Offenbarung als Geschichte 95.

Die Geschichtsoffenbarung hat universalen Charakter"[58]. Das heißt, Gott offenbart sich nicht nur ausgewählten Gruppen; Offenbarung ist kein geheimes, mysterienhaftes Geschehen, sondern schon im AT ist vielmehr festzustellen, „daß durch das angekündigte Geschehen Jahwe sich nicht nur für Israel, sondern vor allen Völkern in seiner Gottheit erweist"[59]. Damit meint Pannenberg aber keineswegs eine Offenbarung im Sinne einer reinen Vernunftreligion. „Der Glaube wird nämlich durch das Wissen von Gottes Offenbarung nicht überflüssig"[60]. Der Glaube ist auf Zukunft ausgerichtet, wobei diese das Vertrauen auf Zukunft hin erst rechtfertigen muß. Aber das Vertrauen ist „nicht blind", sondern basiert auf einem als zuverlässig erachteten Gegebenen. Im Hinblick auf das Christentum heißt das: „Der Christ wagt sein Vertrauen, sein Leben, seine Zukunft daran, daß Gott in Jesu Geschick offenbar geworden ist"[61]. Somit zählt für Pannenberg nicht ein blinder „Sprung in den Glauben", sondern für ihn gilt: „Die Sache ist unzweifelhaft gewiß, und darum kannst du alles - dein Vertrauen, dein Leben, deine Zukunft - daran setzen. Das Wissen von Gottes Offenbarung in der seine Gottheit erweisenden Geschichte muß also Grund des Glaubens sein"[62].

An dieser Stelle taucht indes das Problem auf: Wie läßt sich die universale Offenbarung Gottes in Jesus Christus aufzeigen angesichts der Voraussetzung, daß die endgültige Offenbarung Gottes sich erst am Ende der Geschichte erweisen wird? Oder anders gefragt: Wie kann ein „einzelnes Faktum, nämlich der Mensch Jesus in seinem Auftreten und in seinem Geschick, Gott offenbaren können"[63]?

In drei Schritten versucht Pannenberg dies vom Offenbarungsgedanken her darzulegen:

1. „Das Christusgeschehen ist insofern Offenbarung Gottes ..., als es den Anbruch des Endes aller Dinge bringt. Darum ist die Auferweckung Jesu von den Toten, in der sich das allen Menschen bevorstehende Ende an Jesus im voraus ereignet hat, das eigentliche

[58] Ebd. 98.

[59] Ebd. 99.

[60] Ebd. 101.

[61] Ebd.

[62] Ebd.

[63] Kl. Reinhardt, *Der dogmatische Schriftgebrauch* 319. Vgl. zu dieser Frage W. Pannenberg, *Stellungnahme zur Diskussion*, in: Theologie als Geschichte 285-351, bes. 307 sowie *Grundzüge* 379-430. Ferner *Dogmatische Thesen zur Lehre von der Offenbarung*, in: Offenbarung als Geschichte, bes. 103-111.

Offenbarungsgeschehen". Nur deshalb kann auch von einer „Selbstoffenbarung Gottes in Jesus Christus gesprochen werden".
2. „Der Begriff der Selbstoffenbarung schließt ein, daß es nur eine einzige Offenbarung geben kann".
3. „Der Begriff der Selbstoffenbarung Gottes enthält schon den Gedanken, daß der Offenbarer und das Offenbarte identisch sind. Gott ist sowohl das Subjekt, der Urheber seiner Selbstoffenbarung, als auch ihr Inhalt. Von einer Selbstoffenbarung Gottes im Christusgeschehen zu reden, heißt also, daß das Christusgeschehen, daß Jesus zum Wesen Gottes selbst gehört"[64].

So steht, wie wir sahen, die Endoffenbarung Gottes zwar noch aus. „Einzelne Geschehnisse können", so Pannenberg, „jedoch das Ganze alles Geschehens antizipieren, in verschiedenen Weisen der Vorausdarstellung oder der Ankündigung, die auch eine Vorausdarstellung ist"[65]. Ja, letztlich hat nach Pannenberg das Ganze der Wirklichkeit und somit die ganze Geschichte einen antizipatorischen Charakter. „Einerseits hat jedes einzelne Geschehen seine Bedeutung und damit sein Wesen ... nur im Zusammenhang des Ganzen. Das Ganze der Wirklichkeit ist aber wegen ihrer Geschichtlichkeit noch nicht vollendet. Dennoch sprechen Worte den Ereignissen, den Dingen, ja sogar den Personen, mit denen wir umgehen, ihr Wesen, ihre Bedeutung zu. Das impliziert nach dem Gesagten eine *Antizipation* des Ganzen der Wirklichkeit. Sofern aber das Geschehen", so fährt Pannenberg fort, „solche ihm vom Wort zugesprochene Bedeutung ... in irgendeinem Sinne jetzt schon hat, ist alles Geschehen auch seinerseits (bis in seine ontologische Struktur hinein) als Antizipation künftiger Endgültigkeit ... zu verstehen, und das Wort bringt dieses sein nicht ohne weiteres an ihm vorfindliches Wesen zur Sprache. Die Kategorie der Antizipation oder Prolepse, die ursprünglich zur Beschreibung der eigentümlichen Struktur der Geschichte Jesu, besonders seiner Auferstehung eingeführt worden war, stellt sich damit als fundamentales Strukturmoment sowohl des Erkennens und der Sprache, als auch des Seins des Seienden in seiner Zeitlichkeit heraus"[66].

Diese Art von Antizipation oder Prolepse unterscheidet sich jedoch nochmals deutlich von der „Besonderheit des proleptischen Geschehens der Auferweckung Jesu"[67] insofern, als „im Geschick

[64] W. PANNENBERG, *Grundzüge* 127.
[65] *Theologie als Geschichte* 306.
[66] EBD. 331f.
[67] EBD. 335; *Grundzüge* 193.

Jesu Christi nach dem Zeugnis des Neuen Testaments das Ende nicht nur im voraus erschaut, sondern schon im voraus ereignet worden [ist]. Denn: An ihm ist mit der Auferweckung von den Toten bereits geschehen, was allen anderen Menschen noch bevorsteht"[68]. Insofern aber in der Auferweckung Jesu gleichsam „das Ende der Welt schon da ist, deshalb ist an ihm Gott schon selbst offenbar"[69].

Um aber Mißverständnissen vorzubeugen, sei hier nochmals darauf hingewiesen, daß Pannenberg keineswegs den Auferstehungsglauben gegen den Vollmachtsanspruch Jesu ausspielen will[70]. Vielmehr wird in der Auferstehung Jesu dessen Vollmachtsanspruch von Gott her legitimiert. „Erst von der Auferweckung Jesu her kann rückwirkend (retrospektiv oder noch eher retroaktiv)", so A. Schilson, „seine Einheit mit Gott behauptet und verstanden werden: als dieser Mensch ist Jesus Gott"[71]. Erst die Auferstehung entscheidet also mit „rückwirkender Kraft, daß Jesus als Person immer schon ‚Sohn Gottes' gewesen ist"[72]. „Die Auferweckung Jesu ist eben nicht nur für unsere Erkenntnis seiner Gottheit konstitutiv, sondern auch für ihr Sein. Abgesehen von der Auferweckung von den Toten wäre Jesus nicht Gott, obwohl er von der Auferweckung her rückwirkend in seinem ganzen vorösterlichen Leben mit Gott eins ist"[73].

Von der Ausdeutung der Auferweckung als Selbstoffenbarung Gottes kann Pannenberg dann fast alle christologischen Dogmen ableiten: So ist die Inkarnation „die Einheit des Auferstandenen mit dem Irdischen. In ihr erscheint die kommende Herrlichkeit des Auferstandenen in seiner Einheit mit dem Leben Gottes am Ganzen des irdischen Weges Jesu von seinem Beginn an"[74]. Der Bestä-

68 W. PANNENBERG, *Dogmatische Thesen zur Lehre von der Offenbarung* 103f. Ferner: *Dogmatische Erwägungen zur Auferstehung Jesu*, in: Grundfragen systematischer Theologie. Ges. Aufs. Bd. II (Göttingen 1980) 160-173; *Christologie und Theologie*, ebd. 129-145; *Tod und Auferstehung in der Sicht christlicher Dogmatik*, ebd. 146-159; *Die Auferstehung Jesu und die Zukunft des Menschen*, ebd. 174-187.

69 W. PANNENBERG, *Grundzüge* 64.

70 So ein Einwand von P. C. Hodgson gegen Pannenberg. *Grundzüge*, Nachwort zur 5. Aufl., S. 417f., Anm.3.

71 A. SCHILSON, *Christologie im Präsens* 95.

72 W. PANNENBERG, *Dogmatische Erwägungen zur Auferstehung Jesu* 163.

73 W. PANNENBERG, *Grundzüge* 230; ferner: *Dogmatische Erwägungen zur Auferstehung Jesu* 171.

74 W. PANNENBERG, *Dogmatische Erwägungen zur Auferstehung Jesu* 171.

tigungscharakter der Auferweckung Jesu zeigt, „daß Jesus immer schon mit Gott eins war, nicht erst von einem bestimmten Datum seines Weges ab“[75]. Ebenso zeigt die Christologie „von unten“ die innertrinitarische Struktur, weil „an der Verschiedenheit von Vater und Sohn in Gott selbst festgehalten werden [muß], weil diese Verschiedenheit, die das Verhältnis des geschichtlichen Jesus zu Gott kennzeichnet, für das Wesen Gottes selbst charakteristisch sein muß, wenn anders Jesus als Person die Offenbarung Gottes ist“[76].

Aus der Geschichte Jesu und letztlich aus der Auferweckung Jesu versucht Pannenberg die Gottheit Jesu aufzuzeigen. Das gleiche muß nun im Hinblick auf die Menschheit Jesu durchgeführt werden. Dabei ist nicht allein darzulegen, daß Jesus wirklich Mensch war. Dies hält Pannenberg für das geringere Problem[77]. Vielmehr geht es Pannenberg darum, aufzuzeigen, worin das Besondere dieses Menschen liegt, und zwar in dem Sinne, daß die Besonderheit und Individualität Jesu zugleich „allgemeine Bedeutung hat, ein Licht auf das Menschsein des Menschen überhaupt wirft. Genauer gesagt, es geht um die Besonderheit des Menschen Jesus, sofern ihr Heilsbedeutung für alle übrigen Menschen eignet“[78]. Dabei kann es nicht um eine Projektion menschlicher Vollkommenheitsvorstellungen auf Jesus hin gehen, sondern „die Frage nach der universalen Bedeutung der menschlichen Besonderheit Jesu hängt ... damit zusammen, daß die Christologie von Jesus nicht unter irgendeinem Aspekt, sondern von ihm als dem Christus, dem ‚Sohne Gottes‘ handelt, also von der Offenbarung Gottes in ihm. Das Bekenntnis zu Jesu Gottheit findet seine Bewährung an der soteriologischen Bedeutung Jesu, und das heißt an der universalen Bedeutung seines besonderen Menschseins“[79]. Das heißt: Nicht irgendein Menschenbild, welches auch immer, kann als Schablone für das Menschsein Jesu dienen. Das Menschsein Jesu eröffnet uns vielmehr den Blick für das Wesen des Menschen überhaupt, und dies einmal „durch Jesu Handeln, indem Jesus Gemeinschaft mit sich selbst und so Teilhabe am eschatologischen Heil gewährt oder zuspricht. Zweitens in Jesu Geschick, sofern die Bestimmung des

[75] W. Pannenberg, *Grundzüge* 152.

[76] Ebd. 160.

[77] „Und wo etwa die Aussage, daß Jesus Gott ist, der wirklichen Menschheit Jesu widersprechen würde, da würde man wohl eher das Bekenntnis zu seiner Gottheit fallenlassen, als daran zu zweifeln, daß Jesus wirklich Mensch war“. Ebd. 193. Siehe auch Kl. Reinhardt, *Der dogmatische Schriftgebrauch* 320.

[78] W. Pannenberg, *Grundzüge* 193.

[79] Ebd. 194.

Menschen zum Leben in der Auferstehung an Jesus selbst offenbar geworden ist“[80]. Aus der Auferweckung Jesu wird dann aber der Sinn des Menschseins deutlich, „dessen Wesen und Heil hier als Offenheit für Gott aufleuchtet und dessen Erfüllung im Leben der Auferstehung liegt“[81].

3. Die Einheit von Gott und Mensch in Jesus im Verständnis Pannenbergs

Pannenberg selbst nennt diesen Problembereich „das abschließende und krönende Thema der Christologie“[82]. In der Lösung dieses Problems führen alle Versuche, die von der Zweinaturenlehre ausgehen in unauflösliche Aporien. „Immer wieder mußten wir feststellen“, so Pannenbergs resümierendes Urteil des Kapitels „Aporetik der Zweinaturenlehre“[83], „daß entweder die Einheit Jesu Christi als Person oder seine wirkliche Menschheit einerseits, seine wahre Gottheit andererseits aus dem Blick gerieten“[84]. Der Hauptfehler, der zu diesem Dilemma führte, lag nach Pannenberg letztlich im Ansatzpunkt der Christologie. Seine Konsequenz daraus: Auch in der Frage der Einheit von Gott und Mensch in Jesus muß man von der Geschichte Jesu, d.h. „von unten“ ausgehen. Gegenüber der Orthodoxie „muß man sich ... heute darüber klar sein, daß die gottmenschliche Einheit von Jesus nie abgesehen vom Ostergeschehen ausgesagt werden kann. Zwar gilt von der Auferstehung her rückwirkend auch für das vorösterliche Leben, daß er in seiner Person mit Gott eins ist, aber wenn der vorösterliche Lebensgang Jesu als ein bereits unmittelbar gottmenschlicher dargestellt wird, dann fällt unsere Vorstellung von Jesus ins Mythologische zurück. Die Auferweckung Jesu ist eben nicht nur für unsere Erkenntnis seiner Gottheit konstitutiv, sondern auch für ihr Sein“[85].

80 EBD. 197. Zu den einzelnen Konkretisierungen siehe Pannenbergs Ausführungen ebd. S. 195-288. Ferner: *Die Auferstehung Jesu und die Zukunft des Menschen*, in: Grundfragen systematischer Theologie, Bd. II, 174-187.

81 A. SCHILSON, *Christologie im Präsens* 96.

82 W. PANNENBERG, *Grundzüge* 291.

83 EBD. 291-334.

84 EBD. 334. Dies gilt nach Pannenberg sowohl für die „Kontroverse des 5. Jh.s, dann im monotheletischen Streit, in den Auseinandersetzungen der lateinischen Scholastik, in den Gegensätzen über die Idiomenkommunikation, im Streit um die kenotischen Theorien des 17. und 19. Jh.s“.

85 EBD. 230.

Hier stellt sich nun aber die Frage: „Wie verhält sich das Gottsein Jesu, seine ewige Sohnschaft, zum Menschsein seiner Sendung und seines Geschicks", wobei es „unvermeidlich ist, die ewige Sohnschaft von seinem erst zu bestimmter Zeit entstandenen Menschsein zu unterscheiden"[86]? Bei der Erörterung dieser Frage kann Pannenberg nicht mehr das Personverständnis der traditionellen Christologie zugrunde legen, „wobei die Einheit von Gott und Mensch in Jesus als eine hypostatische oder personale bezeichnet" wurde. „Wir werden", so kündigt er schon in der Einleitung dieses Kapitels an, „auch den Begriff der Person - und also auch der personalen Einheit - in einem von der Tradition verschiedenen Sinn gebrauchen"[87].

Aus zwei Gründen geht Pannenberg diese Frage vom Selbstbewußtsein Jesu her an: Zum einen, weil „Selbstbewußtsein eine unumgängliche Bedingung von Personalität ist", zum anderen, weil die Frage nach dem Selbstbewußtsein zusammenhängt mit der Frage, „wie die in der Auferstehung Jesu begründete Einheit mit Gott im voraus im irdischen Dasein Jesu wirksam gewesen ist und so wirklich die Einheit schon seines irdischen Lebens konstituiert"[88].

In Anlehnung an die neutestamentlichen Untersuchungen von H. Conzelmann und F. Hahn geht Pannenberg davon aus, daß „Jesu Selbstbewußtsein nicht in der christologischen Titulatur greifbar ist, daß sich sein Bewußtsein einer einzigartigen Verbundenheit mit Gott vielmehr nur *indirekt* äußert"[89]. Unübersehbar ist Jesu Selbstbewußtsein durch seine Botschaft von der Nähe Gottes und seines Reiches entscheidend geprägt. Jesus wußte (und erfuhr) sich bezogen auf den Gott, „dessen in seiner Botschaft schon anbrechende Zukunft der Inhalt dieser Botschaft war, und dessen vollendete Zukunft mit dem Kommen des Menschensohnes über Recht und Unrecht auch seines eigenen Auftretens zu entscheiden hatte. In solchem Bezug auf die Zukunft Gottes war Jesus faktisch auf jene Bestätigung seiner Sendung durch Gott selbst aus, die durch seine Auferweckung von den Toten in einer allerdings wohl unvorhergesehenen Weise erfolgte und über seine Einheit mit Gott

[86] Ebd. 335.

[87] Ebd. 336. Die vom Chalcedonense herkommende christologische Überlieferung betrachtet Pannenberg als „Hinweis auf die tatsächliche personale Einheit von Gott und Mensch in Jesus Christus" (336).

[88] Ebd. 336.

[89] Ebd. 338. H. Conzelmann, Art. *Jesus Christus*, in: RGG Bd. III, Sp. 632; F. Hahn, *Christologische Hoheitstitel* 329.

endgültig entschied - endgültig im Sinne der Vorwegnahme der immer noch ausstehenden Endgültigkeit der allgemeinen eschatologischen Zukunft“[90].

Das bedeutet aber: Nicht die Person des göttlichen Logos ist in Jesu Selbstbewußtsein das Gegenüber. Dieses ist vielmehr auf die Person des Vaters gerichtet. Es ist immer der „Vater - und nicht eine von ihm unterschiedene göttliche Hypostase, mit dem Jesus sich eins wußte. Zugleich damit bestand für Jesus gewiß immer auch ein Unterschied, und zwar ein unendlicher Unterschied seines eigenen Ich gegenüber dem Vater“[91]. Im Hinblick auf die Frage nach der Personeinheit bedeutet dies: „Die Einheit des Menschen Jesus mit dem ewigen Sohne Gottes ergibt sich erst auf einem *Umweg*... Es ist der Umweg über das Verhältnis Jesu zu seinem ‚Vater‘, d.h. zu dem Gott Israels, den er den Vater genannt hat. Erst die Persongemeinschaft Jesu mit dem Vater erweist ihn selbst als identisch mit dem Sohn des Vaters“[92].

Diese „Persongemeinschaft zeigte sich konkret“ in der totalen und vollkommenen Hingabe an Gott und seinen Willen „bis zur Selbstpreisgabe“ in seinem Tod. Daß aber diese totale Hingabe keine „Hingabe an ein Phantom, sondern an den wirklichen Gott“ ist, hat die Auferweckung Jesu erwiesen: „Auferweckt ist Jesus *als* der so Gott Hingegebene“. Die „endgültige Offenbarung der Gottheit des Gottes Israels“ steht freilich noch aus. Doch „das Ereignis der Auferstehung Jesu war deren Vorwegereignung“. Daraus folgt: „Durch die ihm widerfahrene Auferweckung von den Toten ist Jesus gerade insofern der Offenbarer Gottes, als er durch sie darin bestätigt wird, der ganz und gar Gott Hingegebene gewesen zu sein, wie er es auch fortan ist. Eben als der dem Vater ganz Gehorsame ist er der Offenbarer der Gottheit Gottes und also untrennbar dem Wesen Gottes zugehörig. So ist er der Sohn“[93].

Für Pannenberg ergibt sich daraus, daß das Personverständnis geändert werden müsse. Person sei nämlich „ein Relationsbegriff, und da das Verhältnis, die Relation Jesu zum Vater in seiner Hingabe an ihn identisch ist mit dem in der Bezeichnung ‚der Sohn‘ gemeinten Verhältnis zum Vater, so ist Jesus in seiner mensch-

[90] PANNENBERG, *Grundzüge* 343.
[91] EBD. 345.
[92] EBD. 346.
[93] EBD. 346f.

lichen Hingabe an den Vater identisch mit dem ewigen Personsein des Sohnes Gottes"[94].

Doch welcher Art ist diese Identität? „In der Hingabe an den Vater lebt Jesus seine Personalität als Sohn". Daraus folgert Pannenberg indes weiter: „Besteht dieser Satz zu Recht", dann „ist die Gottheit Jesu keine zweite ‚Substanz' in dem Menschen Jesus neben seiner Menschheit, sondern dann ist Jesus gerade als dieser Mensch der Sohn Gottes und also selbst Gott. Er ist dann nicht als aus Göttlichem und Menschlichem zusammengesetzt zu denken. Die Einheit von Gott und Mensch in ihm ist viel intensiver als die Vorstellung einer Zusammensetzung es auszudrücken vermag. Und doch entsteht nicht aus einer Mischung beider etwas Neues, Drittes, noch wird das Menschliche in die Gottheit aufgesogen, so daß es verschwindet, sondern gerade *in* seiner besonderen Menschlichkeit ist Jesus der Sohn Gottes. Dabei macht nicht nur seine Gottessohnschaft das Besondere dieses Menschseins aus, sondern zuvor gilt umgekehrt, daß die Besonderheit seines Menschseins auf seinem Wege der Hingabe an den Vater das Bekenntnis zu Jesus als dem Gottessohn begründet hat ..."[95].

Die Personalität des irdischen Jesus wird in der Auferweckung zum Erkenntnisgrund seiner ewigen Sohnschaft. Diese aber bleibt umgekehrt der Seinsgrund für die „indirekte Einheit des menschlichen Daseins Jesu mit dem Vater. Dabei handelt es sich also um zwei ‚komplementäre Teilaspekte seines Daseins'"[96].

Die „Offenheit auf Gott hin" stellt Pannenberg als einen wesentlichen Zug menschlichen Seins heraus. In der so gesehenen personalen Einheit Jesu mit Gott liegt die unüberbietbare Erfüllung dieser menschlichen Bestimmung. „Die Person Jesu in diesem Sinne ist damit der Ort, in dem das Wesen Gottes (an dem sie als trinitarische Person teilhat) und das Wesen des Menschen, das durch eben diese Person integriert wird - zunächst in Gestalt des historischen Weges Jesu, dann aber von daher ausgreifend auf alle menschliche Wirklichkeit - vereint werden"[97].

Auf dem Weg dieser Christologie „von unten" meint Pannenberg alle christologischen Probleme lösen zu können. Zunächst sieht es auch wirklich so aus, als ob dieser Weg der einzig allein richtige sei. „Der Ansatz liegt eindeutig beim irdischen Jesus und

[94] Ebd. 351.

[95] Ebd. 354.

[96] A. Schilson, *Christologie im Präsens* 99.

[97] W. Pannenberg, *Grundzüge* 356f.

der Besonderheit seines Auftretens; dieser Anspruch aber wird bestätigt in der Auferweckung, die als Vorwegereignung des Endes aller Geschichte die eschatologische Selbstoffenbarung Gottes beinhaltet. Beide Perspektiven halten sich in den verschiedenen Problemstellungen durch und beweisen stets aufs neue ihre überzeugende Kraft"[98].

Dennoch erfährt Pannenbergs Entwurf vielfältige Kritik[99]. Allen Einwänden nachzugehen, würde den Rahmen unserer Fragestellung sprengen. Im Hinblick auf die Problematik Christologie „von unten" bzw. „von oben" stellen wir mit Kl. Reinhardt an Pannenberg vor allem aber die Frage: „Ist dieser Gegensatz einer Christologie von oben und einer Christologie von unten wirklich berechtigt? Kommt nicht bei Pannenberg der Bewegung von unten, von dem einzelnen geschichtlichen Ereignis, eine Bewegung vom Ganzen und vom Ende der Geschichte entgegen"[100]?

Pannenberg hat diese Problematik offensichtlich auch selbst gesehen. In seinem Aufsatz *Christologie und Theologie* aus dem Jahre 1975[101] sowie in seinem Nachwort zur 5. Auflage der *Grundzüge der Christologie*, wo er nochmals auf die Problematik Christologie „von unten" und „von oben" näher eingeht, wird das deutlich.

4. Erweiterung der Perspektive Christologie „von unten" gegenüber Pannenbergs „Grundzügen der Christologie"

Schon in den einleitenden Bemerkungen zu Pannenbergs christologischem Ansatz wiesen wir darauf hin, daß seine Christologie keineswegs voraussetzungsfrei sei, weil der Gottesgedanke immer schon vorausgesetzt werde. Davon geht Pannenberg aus, aber diese Voraussetzung selbst hat er, wie er selbst zugesteht, noch nicht hinreichend thematisiert[102]. An seine Christologie „von unten" stellt er selbst nämlich die Fragen: „Beruht eine solche Christologie ‚von unten'[103] aber nicht auf einer problematischen Voraussetzung,

98 A. SCHILSON, *Christologie im Präsens* 100.

99 Siehe dazu Pannenberg selbst im Nachwort zur 5. Aufl. der *Grundzüge* 415-426.

100 KL. REINHARDT, *Der dogmatische Schriftgebrauch* 321 und 329f.

101 Ges. Aufs., Bd. 2 (Göttingen 1980) 129-145.

102 W. PANNENBERG, *Grundzüge* 421, Nachwort zur 5. Aufl.

103 Gemeint ist eine Christologie „von unten", die „von der historischen Gestalt des Menschen Jesus von Nazareth ausgeht und die Sätze der Christologie über seine Person und sein Werk als Auslegung dieser besonderen menschlichen Gestalt entwickelt" (PANNENBERG, *Christologie und Theologie* 131).

nämlich darauf, daß der Mensch Jesus für sich Gegenstand der Untersuchung wird und sein Verhältnis zu Gott vorerst dahingestellt bleibt? Wird ein solches Verfahren dem Umstand gerecht, daß Jesus als in seiner Existenz durch den Gott, den er verkündete, bestimmt gedacht werden muß, wenn nicht das Scheitern seines Anspruches und seiner Botschaft schon vorausgesetzt werden soll"[104]? Konsequenterweise fordert deshalb Pannenberg, „die Geschichte Jesu nun auch als Handeln Gottes zu denken, und das besagt, sie als Ausdruck der Souveränität Gottes und so aus der Gottheit Gottes zu denken, auch dann, wenn die Gottheit Gottes selbst nur unter den geschichtlichen Bedingungen menschlicher Gotteserfahrung zugänglich ist"[105].

Von daher wird eine Erweiterung der Christologie „von unten" der Art gefordert, daß „die Christologie im Zusammenhang des Weltverhältnisses Gottes und besonders im Zusammenhang seiner Beziehungen zur Menschheit in ihrer Geschichte zu denken" ist, und zwar so, „daß die Geschichte Jesu sich dabei als Schlüssel zum Verständnis der Geschichte der Menschheit und zum Weltverhältnis Gottes überhaupt erweist"[106]. Zunächst muß also die „tatsächliche Verbundenheit des Menschen als solchen mit Gott zum Ausgangspunkt der christologischen Reflexion auf den Menschen Jesus von Nazareth gemacht werden". Konkreter bedeutet dies: Der Ausgangspunkt muß die „Menschheitsgeschichte in ihrer Bewegtheit durch die Gottesfrage" sein, „sofern darin zugleich die göttliche Wirklichkeit selbst [und in ihrer Verbundenheit mit ihr das Heil des Menschen] noch strittig ist, und Jesu Gottesverhältnis ist selbst als durch diese Geschichte vermittelt zu denken, unbeschadet seiner Unmittelbarkeit zu Gott, die gerade als Resultat solcher Vermittlung zu begreifen ist"[107].

Die Verwiesenheit der Menschheit auf Gott bildet somit eine fundamentale Voraussetzung einer Christologie „von unten"; wobei aber diese Menschheit und ihre Geschichte unabdingbar als Setzung Gottes zu denken ist, um Gott als die alles bestimmende Wirklichkeit denken zu können[108]. Das heißt dann auch: die Geschichte Jesu von Gott her verstehen, „ohne in die Aporien der alten Inkarnationstheologie" zurückzufallen. Die Inkarnation Got-

104 W. Pannenberg, *Christologie und Theologie* 131.

105 W. Pannenberg, *Grundzüge*, Nachwort zur 5. Auflage 422.

106 Ebd.

107 W. Pannenberg, *Christologie und Theologie* 137.

108 Ebd.

tes ist demgemäß nicht als Selbstentäußerung Gottes denkbar, sondern vielmehr „als Selbstverwirklichung Gottes zu denken"[109]. „Diese Selbstverwirklichung Gottes vollzieht sich, indem sich die Schöpfung zu Gott hinwendet... Die Selbstfindung Gottes geschieht, indem die Menschheit das Selbst Gottes findet"[110].

Wenn Pannenberg also heute von einer Christologie „von unten" spricht, so meint er damit eine Christologie, „gereinigt von der Einseitigkeit ihrer Konzentration auf den Menschen Jesus in seiner bloßen Unterschiedenheit von Gott, als Durchführung einer Christologie der wahren Christologie ‚von oben', als Durchführung einer Christologie der Selbstverwirklichung Gottes... Nicht die Unterschiedenheit Jesu von Gott, sondern seine Selbstunterscheidung von ihm bietet den Schlüssel zu einer Christologie, die zugleich das Zentrum einer christlichen Gotteslehre wäre"[111].

Eine Stellungnahme zu diesem Ansatz scheint uns hier verfrüht, da wir bei Schoonenbergs christologischem Entwurf, aber auch bei Nikolaus von Kues auf ähnliche Fragestellungen zurückkommen werden[112].

Mit der Darlegung der Christologie „von unten" nach Wolfhart Pannenberg möchten wir die Untersuchung über die Entwicklung der Christologie „von oben" und „von unten" innerhalb der protestantischen Theologie abschließen[113]. Außer den vorgestellten

[109] EBD. 142.

[110] EBD. 144. Zum Verständnis der Selbstverwirklichung Gottes siehe bes. die Seiten 142ff.

[111] W. PANNENBERG, *Christologie und Theologie* 145.

[112] Eine Gemeinsamkeit scheint - um dies vorweg zu nehmen - darin zu bestehen, daß Schoonenberg seinem Ansatz in *Ein Gott der Menschen* eine Studie über das Gott-Welt-Verhältnis voranstellt, die gleichsam die Voraussetzung seiner Christologie bildet. Und wenn Nikolaus von Kues die Einheit von Gott und Mensch in Jesus Christus als *maximum contractum* und als *universale concretum* denkt - klingt nicht da schon etwas von der Art einer Christologie „von unten" (im 15. Jh.!) an, die Pannenberg heute für denknotwendig hält? Zu Pannenberg siehe CH. V. SCHÖNBORN, *„Aporie der Zweinaturenlehre". Überlegungen zur Christologie Wolfhart Pannenbergs*, in: FZPhTh 24 (1977) 428-445.

[113] Eine ausführliche Erörterung der Christologie Albr. Ritschls und seiner Schule könnte man hierbei freilich vermissen. Aus mehreren Gründen hielten wir es aber für besser, nur punktuell auf diese Entwürfe einzugehen. Denn zum einen distanzierten sich, wie wir sahen, gerade die Hauptvertreter einer Christologie „von unten" von den Verkürzungen und Engführungen der Ritschlschen Christologie, zum anderen konnten die Darlegungen der Ansätze von Elert, Althaus, Weber und Pannenberg die Hauptperspektiven

Entwürfen wären im Rahmen der Fragestellung Christologie „von oben" bzw. „von unten" sicherlich auch die Untersuchungen von D. M. Baillie, E. Brunner sowohl in seinem Werk „Der Mittler" als auch in seiner Dogmatik, Bd. II - sowie die gesamte Auseinandersetzung innerhalb der dialektischen Theologie heranzuziehen. Last not least sei hier auch auf G. Ebeling, F. Buri, F. Gogarten und E. Jüngel verwiesen, - ohne den Anspruch, schon alle bedeutenden Christologien genannt zu haben, die sich im protestantischen Raum expressis verbis mit der Christologie „von oben" und „von unten" befaßt haben. Im Hinblick auf unsere Thematik führen schon die bisherigen Untersuchungen an die Grenze der Verhältnismäßigkeit. Eine Darstellung der gesamten Begriffsgeschichte der Termini Christologie „von oben" bzw. „von unten" würde zu weit führen und den Rahmen unserer Problemstellung sprengen. Sie muß auf eine spätere eigene Untersuchung verschoben werden.

Im folgenden sind in groben Zügen die Hauptakzente innerhalb der katholischen Theologie darzustellen. Dabei soll in der Auswahl der Entwürfe nicht minder der Bezug zu Piet Schoonenberg immer wieder mit durchklingen.

sowohl Ritschls als auch der sogenannten „Ritschlschen Linken" und der „Ritschlschen Rechten" mit einfließen lassen.

III. Perspektiven der Christologie „von unten" innerhalb der katholischen Theologie bis hin zu Piet Schoonenberg

1) Erste Hinwendungen bei Alois Grillmeier, Rudolf Haubst und Karl Rahner

Schon ein flüchtiger Vergleich der Beiträge zum Stichwort „Christologie"[1] sowie „Jesus Christus"[2] in der ersten Auflage des Lexikons für Theologie und Kirche mit dessen zweiter Auflage deutet Akzentverlagerungen auch innerhalb der katholischen Christologie an: E. Krebs definiert 1931 die Christologie als „Lehre von der *Person* Christi im *Gegensatz*[3] zur ‚Soteriologie' als der Lehre von seinem *Werke*", wobei er hervorhebt: „Der Schwerpunkt der Ch. ruht jedoch in der hypostatischen Union, deren Realität und Wesen gegen 2 häret. Extreme geschützt werden muß"[4]. Dagegen verweist A. Grillmeier eindringlicher auf das Ineinander von Christologie und Soteriologie[5]. Noch stärker hebt K. Rahner aus der Sicht der Soteriologie deren Einheit mit der Christologie hervor[6].

Aber auch die äußere Zuordnung der Termini Christologie „von oben" bzw. „von unten" im LThK läßt schon verschiedene

1 E. KREBS, Artikel *Christologie*, in: LThK 1. Aufl., Bd. II (1931) Sp. 933. A. GRILLMEIER, Artikel *Christologie*, in: LThK, Bd. II (^{2}1958) Sp. 1156-1166.

2 *Jesus Christus*. Teil A: *Leben und Lehre Jesu*, von J. SICKENBERGER, in: LThK, 1. Aufl., Bd. V (1933) Sp. 336-345. Teil B: *Lehre über Jesus Christus*, von L. KÖSTERS, ebd. Sp. 345-353.
Jesus Christus. I *Jesus Christus nach den geschichtlichen Quellen*, von A. VÖGTLE, in: LThK, Bd. V (^{2}1960) Sp. 922-932. II *Neutestamentliche Christologie*, von R. SCHNACKENBURG, ebd. Sp. 932-940. III *Die nachbiblische Christologie*: A) *Dogmengeschichte der kirchl. Christologie*, von A. GRILLMEIER, ebd. Sp. 941-953; B) *Systematik der kirchl. Christologie*, von K. RAHNER, ebd. Sp. 953-961; C) *Die protestantische Christologie*, von W. PANNENBERG, ebd. Sp. 961-964.

3 Hervorhebung von mir.

4 E. KREBS, a.a.O.

5 A. GRILLMEIER, in: LThK, Bd. V (^{2}1960) Sp. 1163-1165.

6 „Beide gehören enger zusammen, als es in den meisten heutigen Schultraktaten deutlich wird. Die Selbstaussagen des hist. Jesus sagen das mit Hypostatischer Union Gemeinte aus, indem sie seine heilsmittlerische Funktion aussprechen; die Auferstehung Christi läßt uns nur dann (wie es die apost. Kirche auffaßte) den Auferstandenen als Sohn Gottes sich erweisen, wenn sie als Höhepunkt u. Erweis der endgültigen, absoluten Heilstat Gottes an der Welt erscheint, also die S. erst an den Tag bringt, was Christologie meint". Artikel *Soteriologie*, in: LThK, Bd. IX (^{2}1964) Sp. 894-897.

Perspektiven zwischen katholischer und evangelischer Christologie vermuten: A. Grillmeier behandelt beide Sichtweisen unter dem Stichwort „Christologie“, wobei er in einer Anmerkung eigens darauf hinweist, daß es ihm „nicht um den Inhalt der Aussagen über Jesus Christus und die geschichtliche Entwicklung dieser Aussagen“ geht (diese werden unter dem Stichwort „Jesus Christus“ dargelegt), sondern „um das Wesen des Traktats der Ch., um seinen Ort im Ganzen der Theologie u. seinen Aufbau“[7]. Und gerade in dieser letzten Aufgabenstellung, „Aufbau der Christologie“, finden wir die Termini Christologie „von oben“ bzw. „von unten“.

Dagegen bringt W. Pannenberg die beiden Termini im Rahmen seiner Darlegungen zur „Christologie innerhalb der protestantischen Theologie“ unter dem Stichwort „Jesus Christus“[8], also dort, wo die inhaltlichen Aussagen zur Sprache kommen sollen. Ist diese unterschiedliche Zuordnung Zufall, vielleicht durch die Anordnung des LThK bedingt, nämlich dadurch, daß die erste Auflage auch ein eigenes Stichwort „Christologie“ hatte und insofern die Perspektiven einer Christologie „von oben“ bzw. „von unten“ auch diesem Stichwort zugeordnet werden können? Oder aber verstecken sich hinter der unterschiedlichen Einordnung auch inhaltliche Differenzen zwischen katholischer und protestantischer Christologie? Für die letztere Annahme scheint zu sprechen, daß der dem Beitrag Pannenbergs vorausgehende Artikel von K. Rahner „Systematik der kirchlichen Christologie“ nirgends auf den Aspekt einer Christologie „von oben“ oder „von unten“ eingeht. Allem Anschein nach bestätigt sich hier der Aspekt der vorangegangenen Untersuchung, daß innerhalb der protestantischen Christologie die Entscheidung für einen der beiden Wege auch eine Entscheidung über inhaltliche Aussagen über Jesus Christus impliziert.

In der katholischen Theologie scheint dagegen die Problematik deshalb anders zu liegen, weil in „einer *systematischen* Abfolge ... einer kath. Christologie die Lehre von Gott dem Einen und Dreifaltigen vorausgehen“ muß[9]. „Die Christologie ist seit Chalkedon in Ost und West aufgebaut auf den wenigen Begriffen der zwei Naturen, der einen Hypostase und der Annahme der menschl. Natur durch die Person des Wortes... Entsprechend der Tradition wird das Begriffspaar *Natur-Person* das letzte u. umfassende Aufbauschema der Ch. abgeben, in der üblichen Weise einer Ch. der

[7] LThK, Bd. II (^{2}1958) Sp. 1156f.
[8] LThK, Bd. V (^{2}1960) Sp. 961-964.
[9] LThK, Bd. II (^{2}1958) Sp. 1161.

absteigenden Annahme einer menschlichen Natur durch die Person des Logos"[10]. Aber gerade dieser methodische Aufbau war, so konnten wir bei den Vertretern einer Christologie „von unten" innerhalb der protestantischen Christologie feststellen, nicht mehr ohne weiteres akzeptabel.

Indirekt deutet auch A. Grillmeier bei aller Wertschätzung dieser traditionellen Ausgangsbasis eine Schwäche dieses Ansatzes an, wenn er in Anlehnung an K. Rahner schreibt: „Aber die Gefahr einer Blickverengung muß vermieden werden, um die ganze Fülle der christologischen Aussageweisen in Schrift und Tradition auszuschöpfen"[11]. Und wenn er im weiteren Verlauf seines Artikels einige Postulate für die Christologie aufstellt, so deutet er damit an, daß diese in den bisherigen Schultraktaten nicht hinreichend berücksichtigt wurden. So fordert er eine stärkere Berücksichtigung dogmengeschichtlicher Entwicklung christologischer Formeln bis zurück ins NT: „Eine sorgfältigere Untersuchung dieser ursprünglichen Formeln auf ihre Möglichkeit, Tragweite, ihren vielleicht volleren Sinn und Inhalt (im Vergleich zur heutigen Natur-Person-Schematik), ihre heutige kerygmatische Verwendbarkeit ist unerläßlich. Auch wir müssen die Frage nach dem ‚Sinn der neutestamentlichen Ch.' stellen, wenn wir sie auch nicht im Sinne R. Bultmanns beantworten"[12]. Und Grillmeier kommt zu dem Ergebnis: „Für Ch. und Soteriologie gilt jedenfalls, daß weder das reine Person-Natur-Schema noch der bloße Satisfaktionsgedanke ausreicht, um all das zu fassen, was die Christusgestalt u. das Christushandeln des Evangeliums u. ihre Deutung in der Schrift u. Patristik enthalten, sosehr gerade diese Aspekte im Verständnis der Kirche richtungweisend bleiben müssen"[13].

Für unsere Fragestellung ist hier festzuhalten: Innerhalb der katholischen Christologie werden ähnliche Problemstellungen wie in der protestantischen Christologie erkannt. Aber im gleichen Maße, wie diese neuen Postulate betont werden, wird auch der notwendige Rückbezug auf das Dogma von Chalkedon herausgestellt. Die katholische Christologie läuft so weniger Gefahr einer Aushöhlung und Reduzierung der Person Jesu Christi bis hin zu einer formalen Abstraktion, sei es in der Frage nach seiner Gottheit, sei es in der Frage nach seiner Menschheit. Ihr geht es viel-

10 Ebd. Sp. 1163.
11 Ebd.
12 Ebd. Sp. 1164.
13 Ebd.

mehr um eine Verlebendigung und Verinnerlichung des Glaubensartikels von Chalkedon.

„Bei einer solchen Darstellung", so Grillmeier, „wird sich ergeben, daß man mit einer diesem Traktat typischen *Spannung* zu rechnen hat, mit einer Ch. ‚von oben' u. einer solchen ‚von unten'". Dabei meint er mit „von oben" den Aufweis, wie „Gott in Christo" ist, aber nicht im Sinne Albr. Ritschls, sondern unter der Prämisse der traditionell katholischen Wegrichtung vom Sein Christi zum Werk Christi. Das heißt dann aber auch: „Die Ch. muß aus der Trinitätslehre eine wirkliche Lehre vom Logos u. Sohn des Vaters voraussetzen können, insofern dieser nicht nur ‚eine' der drei göttl. Personen ist, sondern gerade der, in dem ‚Gott' (als der ursprunglose Vater) sich ausspricht, wenn der Logos sich selbst als die Selbstmitteilung Gottes in die Welt hinein entäußert. ‚Wort' und ‚Sohn' enthalten einen besonderen Verweis nach ‚außen' u. zur Geburt, der keiner anderen Person zu eigen ist"[14].

„Dieser Christologie ‚von oben' muß", so Grillmeier, „eine Christologie ‚von unten' entsprechen"[15]. Ihr Hauptakzent müsse darauf liegen, aufzuzeigen, „*wie wir* zur Erkenntnis der Selbstpräsenz des Sohnes kommen, weil diese Erkenntnis über das Erkannte selbst Wesentliches aussagt"[16]. Dabei reiche nicht eine bloße Feststellung der Selbstaussagen Christi, sondern „auch andere Momente, die nicht nur als ‚Glaubenserkenntnis' im allgemeinen gekennzeichnet werden dürften"[17], müßten Gegenstand der Reflexion sein. „Denn in Christus u. mit Christus macht der Mensch eine Erfahrung - am Kreuz u. in der Auferstehung -, die nicht nur äußerliche Bezeugung für etwas Ausgesagtes ist, sondern selbst mit dem gottmenschlichen Dasein Christi in einem inneren Zusammenhang steht. Die ‚Glaubenserfahrung' mit Jesus ist dabei in einer unvermischten Einheit schon Dogmatik des Christus u. der Präsenz Gottes in der Welt u. Fundamentaltheologie im Sehen der wirklichen Geschichte Jesu (weil ja Christus nicht bloß der Verkündiger, sondern auch der Verkündigte ist, nicht nur Glaubensmotiv, sondern Glaubensinhalt). Die Glaubenserfahrung kommt in Christus zu ihrem Höhepunkt u. ist als Erfahrung der Realpräsenz Gottes

[14] Ebd. Grillmeier weist zwar ausdrücklich darauf hin, daß dies nur ein Aspekt der Christologie „von oben" - „neben vielen anderen" sei, führt aber keine weiteren mehr an.

[15] Ebd.

[16] Ebd.

[17] Ebd.

nicht nur irgend ein Fall der Glaubenserfahrung im allgemeinen, sondern deren Zusammenfassung und Vollendung"[18].

In dieser Form der Christologie „von unten", die aber auch immer eine Christologie „von oben" voraussetzt, wird also versucht, den Weg vom Tun zum Sein zu gehen. Für das Verständnis der Person Jesu Christi ist dieser unumgehbar. Aber dieser Weg gilt nicht ausschließlich: „Ohne das Überlieferte aufzugeben, können wir doch ein betont soteriologisches Christusbild - der Heiligen Schrift abgelesen - entwerfen. Es hat seinen Sinn, den Weg zweimal zu machen: vom Tun zum Sein, und vom Sein zum Werk zu gehen. Bevor wir die klassische Lehre von der Person Christi in den Formeln der alten Konzilien darstellen, sollten die Züge des biblischen Christusbildes entfaltet werden. Sie waren ja auch für die Väter-Theologie maßgebend. Vor allem wird es fruchtbar sein, am Sein und Wesen Christi, an seinem natürlichen Menschentum und seiner übernatürlichen Vollendung den Heilsbezug aufleuchten zu lassen"[19].

Werfen wir an dieser Stelle auch einen Blick auf A. Grillmeiers Aufriß der wichtigsten Themen der Christologie innerhalb der katholischen Theologie in den 50er Jahren, um zu sehen, ob er auch dort schon von einer Christologie „von oben" bzw. „von unten" spricht[20].

Die christologische Diskussion dieser Zeit zeigt er im Rahmen folgender drei Problemkreise auf:

1. Die Heilsordnung der Menschwerdung[21],
2. Um Wesen und Sein Christi[22] und schließlich
3. Person und Bewußtsein in Christus[23].

Dabei weist Grillmeier von vornherein darauf hin: „Vieles davon ist erst ein Postulat und trägt noch deutlich den Stempel des Vorläufigen. Für eine Zeit des theologischen Umbruchs, in der wir stehen, ist dies nicht weiter verwunderlich"[24]. Als den „eigentlichen Beitrag unserer Zeit zur Vertiefung und Weiterführung der überlieferten Christologie" bezeichnet Grillmeier „die Frage nach dem

18 Ebd. Sp. 1164f.

19 A. Grillmeier, *Zum Christusbild der heutigen Theologie*, in: Fragen der Theologie heute, hg. von J. Feiner, J. Trütsch und F. Böckle (Einsiedeln/Zürich/Köln 1957) 265-299; hier 272.

20 A. Grillmeier, *Zum Christusbild* 265-299.

21 Ebd. 266-274.

22 Ebd. 274-286.

23 Ebd. 286-298.

24 Ebd. 265.

menschlichen Bewußtsein Jesu Christi. Die Christo-Psychologie tritt zur Christ-Ontologie hinzu, zugleich immer auf ihr aufbauend"[25].

An drei Stellen weist Grillmeier dabei expressis verbis auf eine „Christologie ‚von oben' und eine solche ‚von unten'" hin[26]. Und jedesmal geht es dabei inhaltlich um die Christologie im „engeren Sinne", nämlich sowohl um die Frage nach „Wesen und Sein Christi", wie um die Frage nach „Person und Bewußtsein" Jesu Christi. Beide Perspektiven der Christologie finden sich, so Grillmeier, schon in den Evangelien und Apostelbriefen. Sie drücken eine unterschiedliche Christusdeutung aus: „Die einen betonen zuerst die Rechte der Gottheit in Christus, die anderen die der Menschheit. Hier liegt der Ton auf der ‚Einheit', dort auf der ‚Unterscheidung'"[27]. Das heißt für unsere Untersuchung: Die Perspektiven „von oben" und „von unten" sind letztlich Akzentsetzungen des Chalcedonense, nämlich des „unvermischt" und „ungetrennt". Es geht hier um die Frage des Gott-Mensch-Verhältnisses in Jesus Christus, dessen Geheimnis etwas erhellt werden soll, wobei die Christologie „von unten" den Akzent auf das volle Menschsein Jesu legt. Dabei kann es allerdings auch zu Verkürzungen kommen, wie wir sie etwa bei Déodat de Basly mit seiner extremen homo-assumptus-Theorie vorfinden[28].

Ähnlich scheint auch die Basis bei P. Galtier[29] zu sein, dessen christologischen Versuch A. Grillmeier als „von unten" kommend charakterisiert[30]. Galtier rückt nämlich die Frage nach der Autonomie des menschlichen Seelen- und Bewußtseinslebens in den Vordergrund. Dabei spürt man aber eindeutig den Ausgangspunkt beim Dogma von Chalkedon: „Christus ist nun Gott und Mensch. Die beiden Naturen sind unvermischt in ihm geeint. Von diesem ‚unvermischt' ist nach Galtier auszugehen, um die Frage des gottmenschlichen Bewußtseins zu klären", so beschreibt Grillmeier den Ansatz Galtiers[31].

[25] Ebd. 286.

[26] Ebd. 285, 288 und 291.

[27] Ebd. 285.

[28] Siehe ebd. 280-284 sowie J. Ternus, *Das Seelen- und Bewußtseinsleben Jesu*, in: Das Konzil von Chalkedon, Bd. III, 81-237; ferner R. Haubst, *Probleme der jüngsten Christologie*, in: ThRv 52 (1956) 145-162.

[29] P. Galtier, *L'unité du Christ* (Paris 1939).

[30] A. Grillmeier, *Zum Christusbild* 288.

[31] Ebd. 287.

Als ein weiteres Indiz dafür, daß es sich bei diesen Ansätzen um christologische Entwürfe innerhalb des Rahmens der Formel von Chalkedon handelt, läßt sich die Zuordnung von Parentes christologischem Ansatz als Christo-Psychologie „von oben“ durch Grillmeier werten, denn: Der wesentliche Unterschied zwischen Galtier und Parente ist der: Galtier ordnet das Bewußtsein der geistigen *Natur* zu und kann somit zu einem menschlich-psychologischen Ich in Christus vorstoßen, während Parente das Bewußtsein der *Person* zuordnet, was dann letztlich zu einer Logos-Hegemonie führt. „Der Logos ist vielmehr für seine Menschheit das einzige Wirkprinzip all ihrer Aktivität. Sie ist sein Instrument, das er in voller Hegemonie beherrscht“[32].

Für unsere Fragestellung nach den Implikationen einer Christologie „von unten“ innerhalb der katholischen Christologie in den 50er Jahren läßt sich demgemäß folgendes festhalten:

Will man von einer Christologie „von unten“ sprechen, so impliziert dies eine doppelte Perspektive: Die Fragen nach Person und Bewußtsein Jesu (insbesondere die nach dem Bewußtsein Jesu) erfordern von Natur aus eine stärkere Berücksichtigung des biblischen Jesusbildes, denn nur von ihm ausgehend lassen sich diese Probleme überhaupt artikulieren und erfassen[33]. Doch zu diesem Aspekt gehört unbedingt diese zweite Perspektive hinzu: Die Betrachtung des biblischen Jesus geschieht nämlich nicht „voraussetzungslos“, sondern durch die Brille des chalkedonischen Glaubenssatzes. Und die Wahl dieser oder jener Aussage dieser Formel als Ausgangsbasis, entscheidet über die Zuordnung zu einer Christologie „von oben“ oder „von unten“. Dabei haben beide Perspektiven - die „von oben“ ebenso wie die „von unten“ - letztlich eine Bestätigung - mag sie auch nicht immer gelingen - des Dogmas von Chalkedon zum Ziele.

32 EBD. 288f.

33 So führt R. Haubst die in den 50er Jahren insbesondere von Frankreich ausgehende Denkbemühung um eine „Christologie heute“ vor allem auf eine intensivere Berücksichtigung der Hl. Schrift zurück. S. *Nikolaus von Kues und die heutige Christologie*, in: Universitas. Festschrift für Bischof Dr. Albert Stohr, hg. von L. Lenhart, Bd. I (Mainz 1960) 165-175; hier 165.

2) Christologie „von unten" bei Rudolf Haubst und Karl Rahner auf dem Hintergrund des christologischen Ansatzes des Nikolaus von Kues

Seit Mitte/Ende der 50er Jahre war der Mainzer Dogmatiker R. Haubst wesentlich an der christologischen Diskussion dieser Zeit beteiligt. Einige Aufsatztitel weisen schon in die Richtung einer Christologie „von unten", sofern man damit den Akzent der Fragestellung auf die Perspektive der Menschheit Jesu Christi legt. Wir nennen hier insbesondere die Abhandlung *Die Gottanschauung und das natürliche Erkenntniswachstum Jesu Christi*[34] sowie den Aufsatz *Welches Ich spricht in Christus?*[35]. Gerade über den letzten Beitrag urteilt noch im Jahre 1986 J. Auer: „Die beste Zusammenfassung dieses Problems, das seit den 30er Jahren, vor allem nach 1950 reichlich behandelt worden ist, bringt R. Haubst..., dessen Gedankengang wir folgen und dessen Aussagen wir gemäß unserem oben vorgestellten ‚Personverständnis' etwas weiterzudenken versuchen"[36].

In seiner Antrittsvorlesung im Jahre 1958 verglich R. Haubst unter dem Thema *Nikolaus von Kues und die heutige Christologie*[37] die cusanische Christologie mit den Desideraten, wie sie K. Rahner vortrug[38]. Und für viele katholische Dogmatiker überraschend - insbesondere aber für K. Rahner selbst, wie das Zitat aus einem Brief Rahners an Haubst zeigt[39] - kommt Haubst zu dem unerwar-

[34] ThQS 137 (1957) 385-412.

[35] TThZ 66 (1957) 1-20.

[36] J. AUER, *Kleine Katholische Dogmatik*, Bd. IV/1: *Jesus Christus Gottes und Mariä „Sohn"* (Regensburg 1986) 329.

[37] S. Anm. 33.

[38] K. RAHNER, *Chalkedon - Ende oder Anfang?*

[39] R. Haubst erlaubte mir freundlicherweise, diesen Brief für die vorliegende Arbeit mit zu verwerten. Der Brief ist auf den 17.2.1959 datiert. Rahner schreibt u.a.: „Ich bin etwas beschämt und gerührt darüber, daß ich so etwas wie die Folie abgeben durfte für Ihre großartige Vorlesung über den Kusaner [!]. Sie werden es verstehen, wenn ich sage: ich bin froh und glücklich darüber, nichts Neues gesagt zu haben, und fast ein wenig stolz, mich (ohne es gewußt zu haben) in der Gefolgschaft dieses großen Mannes zu wissen. Was mich sachlich am meisten Neues gelehrt hat, ist die Anwendung des ‚Maximitätsprinzips' auf die Christologie. In der Tat: die allgemeine Idee, daß eine niedrigere Seinsstufe und -dimension gerade erst durch ihre Aufnahme in eine höhere nicht nur nicht in ihrem Bestand und ihrer Struktur verletzt wird, sondern erst dadurch zu ihrer eigenen Vollendung kommt, ist mir im allgemeinen geläufig gewesen. Aber die ausdrückliche Anwendung auf die Christologie war mir neu. Und ich habe so den beglückenden Eindruck, etwas sehr

teten Ergebnis: „Cusanus beginnt also, modern gesprochen, mit einer ‚Christologie von unten her‘ und läßt diese in eine ‚Christologie von oben‘ einmünden“[40].

Rahners eigene Identifikation seiner Gedankengänge mit denen des Cusanus legitimiert uns, die Perspektiven der „Christologie von unten“, wie wir sie bei R. Haubst finden, als Implikationen einer „Christologie von unten“ im Sinne von K. Rahner zu unterstellen. Dürfen wir somit die beiden Aufsätze - K. Rahner, *Chalkedon - Ende oder Anfang?* und R. Haubst, *Nikolaus von Kues und die heutige Christologie* - zu Grunde legen, so ergeben sich für das Verständnis dieser Christologie „von unten“ folgende Perspektiven:

a) Christologie „von unten“ ist kein dem Dogma von Chalkedon entgegenstehender Weg zum Verständnis der Person Jesu Christi. Die chalkedonische „Formel“ von der „einen Hypostase“ oder Person „in den zwei Naturen“ bildet „vielmehr nur einen noch recht weiten Rahmen gläubigen Christus-Verständnisses, der seit Chalkedon auch aufs beste der Aufgabe diente, den ursprünglichen Christus-Glauben gegen Entleerung oder Verfälschungen zu sichern. Jedem einzelnen ist es dabei anheimgestellt, diesen Rahmen persönlich aus dem Reichtum der Heiligen Schrift und der Tradition mit den Zügen eines konkreteren und lebendigeren Christusbildes zu füllen“[41]. Und wenn Papst Pius XII. in der Enzyklika *Humani generis* fordert, „immer wieder zu den Quellen der göttlichen Offenbarung zurückzukehren, die so reich sind, daß sie sich niemals ganz ausschöpfen lassen“[42], könnte man nach all dem, was wir bisher sahen, diese Aufforderung in wohlwollender Interpretation als einen Aufruf zu einer Christologie „von unten“ verstehen.

b) Mit Hilfe der sogenannten Christologie „von unten“ soll das konkrete Verhältnis der menschlichen Natur Jesu zu ihrer göttlichen Person näher konkretisiert und gewürdigt werden. Die Personeinheit in Jesus Christus ist bei Rahner so zu verstehen, daß sie den „einmaligen Höhepunkt eines Schöpfer-Geschöpf-Verhält-

Wichtiges und Fruchtbares auf wenigen Seiten und ohne viel Mühe neu gelernt zu haben. Dafür möchte ich Ihnen herzlich danken“.

40 Einen wesentlichen methodischen Ansatz dazu bildet das Maximitätsprinzip. Dazu aber mehr unter Punkt d. S. R. HAUBST, *Nikolaus von Kues und die heutige Christologie* 172.

41 EBD. 165.

42 ES 3875-3899: Litt. encycl. „Humani generis“, 12. Aug. 1950. Übers. von R. HAUBST, *Nikolaus von Kues und die heutige Christologie* 165.

nisses“ bildet. Das bedeutet für unsere Fragestellung: Der bis in die 50er Jahre noch weitestgehend vorherrschenden Logoshegemonie wird hier ein Korrektiv entgegengesetzt: Der Weg der Christologie „von unten“ versucht in „aufsteigender Sicht, und zwar nicht nur als den Höhepunkt der Heilsgeschichte ..., sondern von Grund auf auch als den ‚einmaligen Höhepunkt‘ sowie als ‚eindeutiges Ziel der Schöpfungsbewegung als Ganzer, im Verhältnis zu dem alles übrige vorher nur Vorbereitung und Umwelt ist‘“[43], die Einzigartigkeit und Universalität Jesu Christi zu verdeutlichen. Diese Perspektive drückt sich bei Cusanus in dem einfachen, aber fundamentalen Satz aus: „Perfectio universi in homine, perfectio hominis in Deo“ und eröffnet so zugleich die Frage nach dem Wie der größtmöglichen Vollendung des Menschen in Gott, welche wiederum auf die unio hypostatica verweist[44].

c) Christologie „von unten“ als „manuductio ad Christum“[45] und weiterführend Christus als „manuductio ad Trinitatem“.

Auf die Methode der cusanischen Christologie werden wir im Teil III unserer Untersuchung im Vergleich mit Schoonenbergs Christologie näher zu sprechen kommen. Deshalb seien hier nur thesenartig grundsätzliche Implikationen dieser Form einer Christologie „von unten“ genannt.

Wenn K. Rahner fordert, „vor der ‚aposteriorischen‘ Auswertung und systematischen Darstellung der in der Hl. Schrift enthaltenen Christusoffenbarung einen ‚apriorischen Entwurf der Idee Christi‘ aufzurollen“[46], so trifft er damit genau den christologischen Gedankengang des Cusanus, wie wir ihn in den ersten Kapiteln des dritten Buches *De Docta ignorantia* vorfinden können,

43 Aus dem Geleitwort von R. Haubst zu der Arbeit von ST. SCHNEIDER, *Die „kosmische“ Größe Christi als Ermöglichung seiner universalen Heilswirksamkeit an Hand des kosmogenetischen Entwurfes Teilhard de Chardins und der Christologie des Nikolaus von Kues* (= BCG Bd. VIII, Münster 1979) VII-X.

44 Aus der Fülle cusanischer Belegstellen verweisen wir hier lediglich auf *Sermo* XXII, *Dies sanctificatus*: h XVI/4, bes. N. 31-41. Zum gesamten Problem s. R. HAUBST, *Die Christologie des Nikolaus von Kues* 138-192.

45 Siehe hierzu R. HAUBST, *Nikolaus von Kues und die heutige Christologie*, bes. 170ff.; *Die Christologie des Nikolaus von Kues* 143-157; *Vom Sinn der Menschwerdung. Cur Deus Homo* (München 1969), bes. 131-163. Siehe ferner den jüngst erschienenen Beitrag von W. LENTZEN-DEIS, *Cusanische Prinzipien der Glaubensvermittlung*, in: TThZ 96 (1987) 98-110, bes. 103-106 sowie ST. SCHNEIDER, *Die „kosmische“ Größe Jesu Christi* 242-261.

46 K. RAHNER, *Chalkedon - Ende oder Anfang?* 36ff. S. R. HAUBST, *Nikolaus von Kues und die heutige Christologie* 169.

allerdings hier noch gründlicher durchdacht insofern, als Cusanus „nicht nur die Erlösung des Menschen, sondern auch die Verwirklichung einer letzten, natürlich-übernatürlichen Vollendung der Gesamt-Schöpfung im Menschen von der Verwirklichung einer hypostatischen Einung zwischen Gott und Mensch abhängig macht“[47]. Christologie „von unten“ als „manuductio ad Christum“ beinhaltet also einen Zugang zum Persongeheimnis Jesu Christi von der Gesamtschöpfung her gesehen. D.h. aber auch: Der Zugang eröffnet sich nicht mehr nur in formal abstrakten Begriffen, sondern in der Konfrontation und Integration jedes einzelnen Menschen mit und in dieser Person Jesus Christus, insofern jeder Mensch Teil der Schöpfung ist, Jesus Christus aber „Schöpfer und Geschöpf“ zugleich[48].

Aber diese „manuductio ad Christum“[49] bleibt nicht in einer bloßen Betrachtung der Person Jesu stehen, sondern führt darüber hinaus zur Erkenntnis Gottes. Sie und mehr noch Jesus Christus selbst ist nämlich zugleich „manuductio ad Trinitatem“[50]. Gerade diese letzte und auch jüngster Christologie und Gotteslehre(!)[51] ent-

[47] EBD. 170.

[48] Zu dieser Problematik siehe insbesondere *De vis.* 15, N. 65 u. 66. Diesem Buch des Nikolaus von Kues war im Jahre 1986 ein eigenes Symposion gewidmet: *Das Sehen Gottes nach Nikolaus von Kues*. Die Akten dieses Symposions sind veröffentlich in MFCG 18, hg. von R. Haubst (Trier, Paulinus-Verlag 1989).

[49] Zum Terminus *manuductio ad Christum* schreibt R. Haubst: „Die Methode der drei ersten Kapitel (De docta ignorantia III, 1-3) bleibt gleichsam im Bereich des Fundamental-Christologischen. Cusanus hätte sie vielleicht bezeichnet als ‚Handleitung (manuductio) zu Christus hin‘“ (*Christologie* 150). Haubst dürfte bei der Begriffsbildung von Kap. III, 4 inspiriert worden sein, wo es heißt: „*Manuducamur* aliqualiter ad ista hoc exemplo“ (h I, S. 131, Z. 14). Das dann von Cusanus genannte Beispiel wird im folgenden Abschnitt auf Jesus übertragen: „Quare quadam licet remota similitudine ita in Iesu considerandum, ubi humanitas in divinitate suppositatur, quoniam aliter in sua plenitudine maxima esse non posset“ (EBD. Z. 28-30).
Die von R. Haubst gewählte Formulierung wurde in der gängigen Cusanus-Interpretation übernommen (s. auswahlweise die genannte Lit. in Anm. 45 sowie die verschiedenen Beiträge innerhalb der MFCG).

[50] Zum Begriff *manuductio* (*ad Trinitatem*) siehe insbesondere Cusanus‘ *Cribratio Alkorani* (h VIII, edidit LUDOVICUS HAGEMANN [Hamburg 1986] N. 17; 18; 81; 99; 101; 103; 111).

[51] Wir verweisen hier stellvertretend auf W. KASPER, *Der Gott Jesu Christi* (Mainz 1982).

sprechende Perspektive findet sich verstärkt in den Predigten[52], vor allem aber in der *Cribratio Alkorani* des Nikolaus von Kues[53].

Wie eng Gotteslehre und Christologie des Nikolaus von Kues miteinander verbunden sind, zeigen die Untersuchungen von R. Haubst[54]. Der Herausgeber der *Cribratio Alkorani*, L. Hagemann, schließt sich R. Haubst an[55].

52 Schon in *Sermo* III (1431), *Hoc facite* (h XVI/1, N. 11, Z. 8f.) heißt es: Tua humanitas est scala, per quam creatura in Deum ascendit.

53 Wir verweisen hier auf folgende Kapitelüberschriften innerhalb der *Cribratio*: Digressio ad manuductionem divinorum (h VIII, N. 17, Z. 28); Manuductio ex his, quae in mundo sunt, ut videatur deus trinus (N. 18, Z. 9f.); Manuductio de intellectuali trinitate ad divinam (Z. 11); Manuductio eiusdem per amorem (Z. 12); Iterum ex tribus personis manuductio.

54 R. HAUBST, *Das Bild des Einen und Dreieinen Gottes in der Welt nach Nikolaus von Kues* (Trier 1952), bes. 162ff. zum manuduktorischen Charakter; *Die Christologie des Nikolaus von Kues*; *Die leitenden Gedanken und Motive der cusanischen Theologie*, in: MFCG 4 (1964) 275f.; *Vom Sinn der Menschwerdung* 94-96; *Theologie in der Philosophie - Philosophie in der Theologie des Nikolaus von Kues*, in: MFCG 11 (1975) 254ff.; *Die Wege der christologischen manuductio*, in: MFCG 16 (1984) 164-191 sowie das ebenfalls dort erschienene *Podiumsgespräch* 257-290 und den *Epilog* zu diesem Gespräch 291-297. Siehe ferner R. HAUBST, *Johannes von Segovia im Gespräch mit Nikolaus von Kues und Jean Germain über die göttliche Dreieinigkeit und ihre Verkündigung vor den Mohammedanern*, in: MThZ 2 (1951) 115-129.

55 Hagemann schreibt: „In seinen Erörterungen zur Trinität bedient er (Cusanus) sich ausdrücklich dieser Methode (der manuductio), seine Demonstrationsversuche des christlich-trinitarischen Gottesbegriffs will er explizit als ‚manuductiones ad trinitatem' verstanden wissen. Als solche dürfen sie als einzigartige Versuche eines Brückenschlages zum islamischen Glauben angesehen werden.
Das Motiv der ‚manuductio' als Methode wie Anliegen verbirgt sich somit hinter den zentralen Themen der *Cribratio Alkorani*, die als ganze insofern auch als manuductio ad Christum bezeichnet werden könnte, ist doch Jesus Christus die eigentliche Streitfrage zwischen Muslims und Christen, an der sich die Geister radikal scheiden. Denn sowohl aus der Bejahung wie aus der Verneinung seiner Gottessohnschaft resultiert zugleich die Entscheidung für oder gegen ein trinitarisches Gottesverständnis". *Der Kur'an in Verständnis und Kritik bei Nikolaus von Kues. Ein Beitrag zur Erhellung islamisch-christlicher Geschichte* (Frankfurt 1976) 73; S. ferner: DERS., *Die Sehnsucht des Menschen - Heil und Heilswege nach Nikolaus von Kues*, in: MFCG 13 (1978) 395-410; *Für das Gespräch mit Muslimen* (Altenberge 1982); *Christentum und Islam zwischen Konfrontation und Begegnung* (Altenberge 1983); *Nikolaus von Kues im Gespräch mit dem Islam* (Altenberge 1983). Siehe auch das Referat auf dem Trierer Symposion 1982 von KL. KREMER, *Die Hinführung (manuductio) von Polytheisten zum Einen, von Juden und Muslimen zum Dreieinen Gott*, in: MFCG 16 (1984) 126-163.

Als eindeutigsten Beleg für die manuductio ad Christum und von daher weiterführend zur Trinität sei aber auf *De visione Dei* verwiesen[56], woraus hier beispielhaft Kap. 25, N. 118 zitiert werden soll: „Doch Du hättest, Herr Gott, die Erfüllung (complementum) Deines Werkes noch nicht vollendet ohne Jesus, Deinen Sohn, der der Christus ist, den Du vor seinen Gefährten gesalbt hast (Hebr. 1,9). In seiner Einsicht findet die Vollendung der erschaffbaren Natur den Ruhepunkt. Denn Er ist das äußerste und vollkommenste Ähnlich-Bild (similitudo) des nicht multiplizierbaren Gottes. Nur *ein* solches höchstes Bild kann es geben.

Alle anderen einsichthaften Geister aber sind nur durch die Vermittlung dieses Geistes Ähnlich-Bilder; und je vollkommener sie sind, desto ähnlicher sind sie Ihm. Und alle finden ihre Erfüllung (quiescunt) in diesem Geist als in der höchsten Vollendung des Bildes Gottes. Mit diesem Bild haben sie Ähnlichkeit und so einen gewissen Grad der Vollkommenheit erlangt."

Im Rahmen unserer Untersuchung sollen hier vorerst nur Perspektiven einer Christologie „von unten" so wie wir sie bei K. Rahner und bei R. Haubst in Anlehnung an Nikolaus von Kues schon in den 50er Jahren innerhalb der katholischen Theologie vorfinden, angedeutet werden. Eine intensivere Darlegung und Würdigung wird später erfolgen müssen. Um Vorurteilen - wie wir sie etwa bei M. Gloßner vorfanden - vorzubeugen, sei hier aber schon dies unterstrichen: Cusanus versteht die hier angedeutete Christologie „von unten" keineswegs als einen philosophischen Beweis des Persongeheimnisses Jesu Christi! Sie ist und bleibt vielmehr auf eine Christologie „von oben" angewiesen. Denn Cusanus „läßt diese in eine ‚Christologie von oben' einmünden". Auch die cusanische manuductio vollzieht sich im Rahmen einer solchen Christologie „von oben", wie wir sie im Johannesprolog finden können. Sie ist aber mehr als manche gängige Lehrbuch-Christologie biblisch orientiert. „Auch in den Evangelien, das vierte nicht ausgenommen, ist ja ein solcher Weg [scil. von unten] sogar das Primäre, und Christus selber hat mit seiner schrittweise weiterführenden Selbstoffenbarung eine solche Christologie ‚von unten' schon inauguriert"[57]. Aber die Christologie „von unten"

[56] *De visione Dei* 25, N. 118. Der Text ist zitiert nach: *Nikolaus von Kues. Textauswahl in deutscher Übersetzung*, Heft 3: *De visione Dei. Das Sehen Gottes.* Übersetzt von H. PFEIFFER (Trier, Cusanus-Institut 1985).

[57] R. HAUBST, *Nikolaus von Kues und die heutige Christologie* 172.

allein würde uns vor die „Mauer der Koinzidenz"[58] führen. Sie zu übersteigen, ist nur „von oben" her möglich, weil unsere Grenzen nicht Gottes Grenzen sind[59].

d) Christologie „von unten" als Antwort auf die Frage nach dem Menschsein[60] und der Aufweis der Vollendung des Menschseins in Jesus Christus.

Allgemein bekannt ist Rahners Postulat, daß „Christologie als sich selbst transzendierende Anthropologie und diese als defiziente Christologie betrieben werden kann, Christologie die ... ‚Urkonzeption' der Anthropologie und Schöpfungslehre ist, wie Christus der πρωτότοκος πάσης κτίσεως ist (Kol 1,15)"[61].

Auch Cusanus entfaltet seine Christologie von einer Anthropologie her, „in der der Mensch als der Zielpunkt aller Schöpfung, Gott als dem maximum absolutum als maximum contractum ... gegenübersteht, so wie er als Mikrokosmos Zusammenfassung und Zielpunkt des Makrokosmos ist"[62]. So spricht Cusanus vom Mikrokosmosgedanken herkommend gleichsam vom Menschen als „humanus mundus"[63], und in Anwendung des Maximitätsprinzips

[58] Siehe den Vortrag von R. Haubst beim Symposion „Das Sehen Gottes nach Nikolaus von Kues", Trier 25.-27. Sept. 1986, mit dem Titel: *Die erkenntnistheoretische und mystische Bedeutung der „Mauer der Koinzidenz"*, in: MFCG 18, 167-195 (mit Diskussion). Aus christologischer Perspektive sei hier neben den anderen Referaten insbesondere auf das von KL. REINHARDT, *Christus, die ‚absolute Mitte', als der Mittler zur Gotteskindschaft*, (ebd. 196-226 mit Diskussion) verwiesen.

[59] Im Rückblick auf die Christologie des Nikolaus von Kues unterstreicht Haubst diese Perspektive: „Gewiß nahm Nikolaus von Kues in De Docta ignorantia und auch sonst die ganze Schärfe und Kraft dialektischen Denkens zu Hilfe, um aus dem Glaubensinhalt das rational Greifbare möglichst herauszuheben. Nie aber hat er daran gedacht, eine spekulative Fiktion an die Stelle der göttlichen Offenbarung zu setzen. Er wollte vielmehr nur ans Licht bringen, was die Geheimnis-Tiefe und Weite der Schriften schon irgendwie enthält". R. HAUBST, *Die Christologie des Nikolaus von Kues* 306.

[60] In Anlehnung an den Titel von TH. GERTLER, *Jesus Christus - Die Antwort der Kirche auf die Frage nach dem Menschsein* (= Erfurter Theologische Studien 52 [Leipzig 1986]).

[61] K. RAHNER, *Chalkedon - Ende oder Anfang?* Hier zitiert nach dem Abdruck dieses Artikels in: K. RAHNER, *Schriften zur Theologie*, Bd. I (Einsiedeln/ Zürich/Köln [8]1967) 184, Anm. 1.

[62] J. AUER, *Jesus Christus - Gottes und Mariä „Sohn"* 259.

[63] S. R. HAUBST, *Nikolaus von Kues und die heutige Christologie* 168.

kommt er auch zu Aussagen wie: „Humanus est igitur deus“ oder aber zu Begriffen wie „deus humanatus“[64].

Als weiteren Grund für die herausragende Stellung des Menschen innerhalb der Schöpfungsordnung nennt Cusanus den biblischen Schöpfungsbericht mit der Erkenntnis, daß der Mensch als Zusammenfassung und Abschluß des Alls auch die Kulmination der Dinge bildet, da alle auf ihn hin geschaffen sind, und in ihm gipfeln. Der Mensch ist gleichsam das „lebendige Bild Gottes“[65]. Aber damit ist zugleich der Gedanke verbunden, daß das Ziel des Menschen auf Gott hin orientiert ist[66]. Das bedeutet: Der Mensch hat die Mittel- und Schlüsselstellung der kosmischen Teleologie inne.

Damit allein ist, christologisch gesehen, aber noch nicht viel gewonnen. Der Gewinn dieser Perspektive kommt erst in Anwendung des cusanischen „Maximitätsprinzips“[67] in den Blick. Hierbei geht Cusanus von der Voraussetzung aus: „Kein Individuum irgendeiner Art ist bis zur Möglichkeitsgrenze der Art aktuierbar, wenn es nicht mehr ist als nur Individuum seiner Art. Da keine Art als solche existieren kann, auch keine Vollkommenheit als solche, läßt sich das auch - als Hebel für die Christologie - auf das Gott-Welt-Verhältnis anwenden: Es kann kein größtmögliches beschränktes Größtes geben, wenn dieses nicht zugleich auch absolut Größtes ist“[68]. Anders ausgedrückt heißt das: Kein Wesen irgendwelcher Art kann seine größtmögliche Entfaltung erreichen, wenn es nicht zugleich mehr ist als nur ein Individuum seiner Art[69].

64 EBD. 169.

65 Zum Menschenbild des Nikolaus von Kues siehe die Bde. MFCG 13 und 14. Hier sind insbesondere die Referate des Symposions vom 6.-8. Oktober 1977 in Trier zu nennen. Im konkreten Zusammenhang weisen wir auf den Beitrag von G. V. BREDOW, *Der Geist als lebendiges Bild Gottes (mens viva Dei imago)*, in: MFCG 13, 58-67 sowie W. DUPRE, *Der Mensch als Mikrokosmos*, ebd. 68-87 hin.

66 „Creavit autem ultimo Deus hominem, tamquam in quo complementum et creaturarum perfectio consisteret. Hominis autem perfectio in Deo est. Sic itaque omnis creatura per hominem in Deum ordinata est“, heißt es in *Sermo* I (h XVI/1, N. 15, Z. 3-7).

67 Zu seinen Implikationen siehe insbesondere: R. HAUBST, *Die Christologie des Nikolaus von Kues* 150-157 sowie 209-212.

68 EBD. 150.

69 R. HAUBST, *Nikolaus von Kues und die heutige Christologie* 171.

Wie sieht das nun aber auf den Menschen bezogen aus? - Fordert doch die Anwendung dieses Prinzips auf den Menschen die Frage nach einem noch höheren Seinsgrund, um die eigene Vollendung zu erreichen. Dieser Seinsgrund kann dann aber nur Gott sein. Dies bedeutet, „daß der Größte aller Menschen, um die ganze Fülle und Vollendung des Humanum in sich realisieren zu können, zugleich Gott sein muß“[70]. Dies ist in der Person Jesu Christi gegeben.

Wir finden also hier bei Cusanus eine „Anthropologie von oben“, die mit einer „Christologie von unten“[71] verbunden ist.

Diese Sichtweise des Cusanus hängt nicht einfach in der Luft, sie ist vielmehr trinitätstheologisch begründet, und, um mit Worten von W. Kasper zu sprechen, „als ein Geschehen im ‚Heiligen Geist‘ zu verstehen“[72]. Wie Kl. Reinhardt in seinem Vortrag *Christus, die „absolute Mitte“ als der Mittler zur Gotteskindschaft* eindrucksvoll herausarbeitete, kommt in der Trinitätsauffassung des Cusanus „dem Sohn, der zweiten göttlichen Person in Gott, eine Mittlerfunktion zu. Er ist der *conceptus*, der Entwurf, das Wort des Vaters. In ihm zeugt, erkennt, entwirft und liebt sich der göttliche Ursprung selbst; in ihm faltet er die ganze Fülle der Gottheit ein, die dann vom Heiligen Geist ausgefaltet wird. Der Geist“, so fährt Reinhardt fort, „ist nicht nur das Band der Einheit zwischen Vater und Sohn, sondern auch *finis, actus* und *motus* der innergöttlichen Selbstentfaltung, - eine sehr wichtige und treffende Charakterisierung des Geistes, die leider auch in den sonst so gut informierenden neueren Werken von Y. Congar und F. Courth keine Beachtung findet... (Der Sohn) ist *persona media*, die mittlere Person in der Trinität, wie Cusanus in *De docta ignorantia* sagt. Wenn er ihn in *De visione Dei medium absolutum* und *mediator absolutus* nennt, dann geht der Blick allerdings weniger auf die innertrinitarische Stellung des Logos als auf seine Schöpfermittlerschaft“[73].

Auch hier genügt es, diese Perspektive nur anzudeuten; denn im letzten Teil unserer Untersuchung werden wir auf Cusanus näher zu sprechen kommen. Freilich erstaunt uns immer wieder die Aktualität dieses großen Theologen, und man fragt sich, woran es

70 EBD. Siehe ferner insbesondere den dritten Teil des Beitrages von H. MEINHARDT, *Der christologische Impuls im Menschenbild des Nikolaus von Kues*, in: MFCG 13, 105-116, bes. 112-116.

71 S. a. *Sermo* XLI *„Confide filia“* (h XVII/2).

72 W. KASPER, *Jesus der Christus* 296.

73 MFCG 18, 203f.

liegen mag, daß die Theologie des Cusanus bei vielen heutigen Theologen noch relativ unbekannt ist.

3) Perspektiven einer Christologie „von unten" in der Pastoralkonstitution „Gaudium et spes"?

Bevor wir zu den Perspektiven einer Christologie „von unten" im Verständnis Piet Schoonenbergs kommen, seien Hauptakzente der Christologie, wie sie in „Gaudium et spes" zur Sprache kommen, kurz dargelegt. Den Terminus Christologie „von unten" enthalten die Akten des Konzils zwar nicht. Aber die Anliegen und Zielsetzungen des Konzils finden sich zum großen Teil in den Aspekten, die heute häufig mit Schlagworten wie „Theologie von unten", „Kirche von unten" und auch „Christologie von unten" belegt werden.

W. Beinert umschreibt die Leitlinien des II. Vatikanischen Konzils so: „Das Konzil nahm für seine Aussagen neu Maß an den Quellen. Die Heilige Schrift und die große Theologie der Väter waren die Orientierungspunkte. Weiter richtete es sich in bisher kaum je so ausgeprägter Weise an den Erfordernissen der Pastoral aus. Man wollte nicht irgendeine Antwort für das System, sondern für den Menschen heute finden... Es ging der Kirchenversammlung, mit einem Wort gesagt, nicht nur darum, den Glauben zu bestätigen, sondern ihn dem Menschen nahe zu bringen. Damit ergab sich aber", so fährt Beinert fort, „für die Theologie im allgemeinen und die Dogmatik im besonderen eine neue Situation. Ihre ursprüngliche Quelle wurde nun wieder die Heilige Schrift; darum mußte sie die Ergebnisse der historisch-kritischen Methode der Exegese zur Kenntnis nehmen und ihrerseits diese Methode auf die Glaubensaussagen anwenden... Für die dogmatische Methode hatte das zur Folge, daß nicht mehr die Kirche der Hauptgegenstand für die Theologie war, sondern der Herr der Kirche, jener Jesus Christus, den das Neue Testament verkündet hatte. Zum anderen war sie aber herausgefordert, mehr als bisher pastoral zu denken und zu arbeiten. Es war nun nicht mehr ausschließlich wichtig, die Dinge des Glaubens in sich zu betrachten, d.h. sie innerhalb des vorgegebenen und nicht weiter hinterfragten Systems zu orten, sondern vor allem ihre Plausibilität und Aktualität für den Zeitgenossen aufzuzeigen. Weil aber dieser Zeitgenosse nicht mehr das Produkt eines geschlossenen weltanschaulichen Milieus, sondern selber den unterschiedlichsten ideologischen Einflüssen unterworfen ist, konnte nicht mehr hinreichen, nur *eine* Form der Antwort zu entwerfen. Je nach der weltanschaulichen Basis der Menschen mußten unterschiedliche Weisen entwickelt werden. Das aber konnte ein einziges System nicht mehr leisten. Die Pluralität der Theologie, die es in der einen oder anderen Weise schon seit eh und je gegeben hatte, wurde zum Postulat und bald auch zum Ereignis"[74]. - Ist es allzu verwegen, in Anbetracht dieser Situationsanalyse, zu behaupten: Mit dem Vatikanum II nahm Theologie im Hinblick auf ihre Methode, aber auch im Hinblick auf ihre Zielsetzungen einen „manuduktorischen" Charakter an?

In dem schon mehrfach zitierten Aufsatz *Die christologische Entdeckung des Humanum* weist A. Grillmeier pointiert auf „Gaudium et spes" hin, wo Perspektiven angedeutet werden, „die sich von der Person Christi her für uns, d.h. für den Menschen, seine Person, seine Aktivität, seine Gemeinschaft ergeben"[75]. Th. Gertler deutet die Einzigartigkeit und Universalität Jesu Christi an, indem er seiner „Untersuchung zu Funktion und Inhalt der Christologie im ersten Teil der Pastoralkonstitution ‚Gaudium et spes' des Zweiten Vatikanischen Konzils"[76] den Titel „Jesus Christus - Die Antwort der Kirche auf die Frage nach dem Menschsein" gibt. Neben den üblichen Kommentaren kann unsere Darlegung dieser jüngst erschienenen Arbeit im wesentlichen folgen[77].

Für die christologischen Aussagen in GS sind insbesondere die Artikel 10, 22, 32, 38, 40, 41 und 45 relevant. Für unsere Fragestellung genügt indes eine Untersuchung der Artikel 10 und 22. In diesen kommt nämlich die Bedeutung Jesu Christi für die Vollendung des Menschseins in ihm besonders zum Tragen.

a) Christologische Perspektiven in GS, Artikel 10,2.

Den christologischen Rahmen des ersten Teils von GS bilden die Artikel 10,2 und 45,2. Entstehungsgeschichtlich besonders interessant ist die Tatsache, daß beide Artikel erst zum Schluß der Textentwicklung verfaßt wurden. Sie „stellen so den Schlußpunkt

74 W. BEINERT, *Dogmatik studieren. Einführung in dogmatisches Denken und Arbeiten* (Regensburg 1985) 98f.

75 MFCG 13 (1978) 317ff.

76 so der Untertitel des Werkes.

77 Insbesondere stützen wir uns dabei auf den III. Teil: „Systematische Darstellung und kritische Würdigung der Christologie von ‚Gaudium et spes'" 327-396.

der christologischen Entwicklung der Pastoralkonstitution dar"[78]. Überhaupt steht die ganze Pastoralkonstitution, wie Ch. Moeller in seinem Kommentar betont, „unter dem Zeichen Christi und der Kirche"[79]. Als das „Christologische Credo der Pastoralkonstitution" bezeichnet Gertler den Artikel 10,2[80]: „Credit autem Ecclesia Christum, pro omnibus mortuum et resuscitatum, homini lucem et vires per Spiritum suum praebere ut ille summae suae vocationi respondere possit; nec aliud nomen sub caelo datum esse hominibus, in quo oporteat eos salvos fieri. Similiter credit clavem, centrum et finem totius humanae historiae in Domino ac Magistro suo inveniri. Affirmat insuper Ecclesia omnibus mutationibus multa subesse quae non mutantur, quaeque fundamentum suum ultimum in Christo habent, qui est heri, hodie Ipse et in saecula. Sub lumine ergo Christi, Imaginis Dei invisibilis, Primogeniti omnis creaturae, Concilium, ad mysterium hominis illustrandum atque ad cooperandum in solutionem praecipuarum quaestionum nostri temporis inveniendam, omnes alloqui intendit". Wir heben hier dies hervor:

Der Bekenntnis-Charakter dieses Artikels wird durch die zweimalige Verwendung des Verbes credere sowie durch den Gebrauch von affirmare unterstrichen. Christologisch gesehen, setzen die Konzilsväter beim Paschamysterium ein (Christus, der für alle starb und auferstand), verlieren dabei aber die Perspektive der Inkarnation nicht aus dem Blick. Sie erklären nämlich weiter: „Die Kirche bekennt überdies, daß allen Wandlungen vieles Unwandelbare zugrunde liegt, was seinen letzten Grund in Christus hat, der derselbe ist gestern, heute und in Ewigkeit. Im Lichte Christi also, des Bildes des unsichtbaren Gottes, des Erstgeborenen vor aller Schöpfung, will das Konzil alle Menschen ansprechen, um das Geheimnis des Menschen zu erhellen". Dieser Anspruch ist aber letztlich nur möglich, weil die Kirche glaubt, „daß in ihrem Herrn und Meister der Schlüssel, der Mittelpunkt und das Ziel der ganzen

78 Th. Gertler, *Jesus Christus - Die Antwort der Kirche auf die Frage nach dem Menschsein* 94. In seiner beachtenswerten Darlegung der Entstehungsgeschichte von GS hebt er aufschlußreich das Bemühen der Konzilsväter hervor, von einer eher statischen Sichtweise zu einer geschichtstheologischen Perspektive der Christologie vorzustoßen.

79 Wir stützen uns hier auf den Text mit Kommentar, wie er in LThK, *Das Zweite Vatikanische Konzil*, Bd. III (Freiburg/Basel/Wien 1968) 241-592 vorliegt. Die verschiedenen Kommentatoren werden jeweils an Ort und Stelle genannt. Hier Moeller, 312.

80 Th. Gertler, *Jesus Christus - Die Antwort der Kirche auf die Frage nach dem Menschsein* 94.

Menschheitsgeschichte gegeben ist". Das heißt auch: Die Kirche kann ihrem Plan, das Geheimnis des Menschen zu erhellen, nicht aus eigener Kraft allein nachkommen. Das Geheimnis des Menschen ist nämlich nur erhellbar „im Lichte Jesu Christi, des Bildes des unsichtbaren Gottes". Dazu A. Grillmeier: „Je mehr der Mensch in das Licht Gottes tritt, umso heller leuchtet uns sein eigenes Wesen auf"[81]. Die Konzilsväter betonen überdies den universalen Charakter dieser christologischen Perspektive: daß Jesus Christus der Schlüssel, der Mittelpunkt und das Ziel der ganzen Menschheitsgeschichte ist. Das Konzil will im Lichte Christi dazu mitwirken, „daß für die dringlichen Fragen unserer Zeit eine Lösung gefunden wird". - Die heilsgeschichtliche Perspektive der Christologie in diesem Artikel ist unübersehbar. Sicherlich mit ein Grund dafür, daß die Konzilsväter des öfteren Texte des Irenäus von Lyon durchklingen lassen, der ja schon im 2. Jh. im Kampf gegen die Gnosis eine Theologie in heilsgeschichtlicher Perspektive entwickelte[82].

b) GS Artikel 22: Christus der „neue Mensch"

Josef Ratzinger weist diesem Text eine gewisse Schlüsselstellung zu, indem er in seinem Kommentar schon so beginnt: „Man wird wohl sagen dürfen, daß hier erstmals in einem lehramtlichen Text ein neuer Typus einer ganz christozentrischen Theologie auftritt, die von Christus her Theologie als Anthropologie wagt und dadurch gerade erst radikal theologisch wird, indem sie über Christus auch den Menschen in die Rede von Gott einbezieht, die tiefste Einheit der Theologie aufdeckend. Der sonst theologisch etwas zurückhaltende Text unserer Konstitution gewinnt hier eine beträchtliche Höhe und wird wegweisend für die Richtung des theologischen Denkens in unserer Situation"[83].

Im ersten Satz des Artikels 22 wird auf Jesus Christus als die Antwort auf die Frage nach dem Menschsein verwiesen: „Reapse nonnisi in mysterio Verbi incarnati mysterium hominis vere cla-

[81] A. GRILLMEIER, *Die christologische Entdeckung des Humanum* 319. Zur Gesamtexegese dieses Artikels siehe GERTLER, *Jesus Christus - Die Antwort der Kirche auf die Frage nach dem Menschsein* 107-114.

[82] Siehe zu Artikel 10 GERTLER, *Die Antwort der Kirche auf die Frage nach dem Menschsein* 114; zu Artikel 22 siehe den Kommentar von J. RATZINGER, in: LThK, *Das Zweite Vatikanische Konzil*, Bd. III, 350.

[83] J. RATZINGER, *Kommentar zu GS, Erstes Kapitel des Ersten Teils*, a.a.O. 350.

rescit"[84]. Das nonnisi unterstreicht, daß die Antwort *nur* in Jesus Christus gegeben ist. In Anlehnung an Röm 5,14 (genauer: 5,14b) verweist dieser Artikel auf Christus als den eschatologischen Adam, für den schon der erste Adam „figura futuri" war. Die Akzentsetzung wird aber durch das Tertullianzitat „quodcumque enim limus exprimebatur, Christus cogitabatur homo futurus" weniger auf die Antithese Adam - Christus gelegt, als vielmehr darauf, daß das Menschsein von Anfang an auf Christus hin ausgerichtet ist. Es geht also letztlich um eine heilstheologische Sicht der Verwiesenheit des Menschen auf Jesus Christus[85]. Das impliziert aber auch umgekehrt, wie J. Ratzinger eigens festhält: „Menschsein ist christologisch auszulegen"[86]. Denn durch den Rückbezug auf Adam als den Repräsentanten der Menschheit insgesamt gilt das Verständnis des Menschseins von Christus her auch für die Menschen insgesamt. Was aber Menschsein letztlich beinhaltet, das erfährt der Mensch in der Offenbarung des Geheimnisses des Vaters und seiner Liebe durch Jesus Christus, und in dieser Offenbarung erfährt der Mensch seine höchste Berufung[87].

Danach werden in Artikel 22 die Grundmysterien der Christologie herausgestellt: Inkarnation, Kreuz und Auferstehung. Dabei berufen die Konzilsväter sich deutlich auf die Schrift und die altkirchliche Tradition. Wo sie sich expressis verbis auf Kol 1,15

84 GS Artikel 22, in LThK, a.a.O. 350.

85 Vgl. die aus der Textgeschichte dieses Artikels sich ergebende Interpretation bei TH. GERTLER, *Jesus Christus - Die Antwort der Kirche auf die Frage nach dem Menschsein* 121, bes. Anm. 408 und 409. In Anm. 409 weist Gertler eigens auf die Umformulierung des Artikels hin: „Der Grund dafür war: ‚Unus Pater exoptat post (Rom 5,14) notam in qua citandus sit textus Tertulliani: quodcumque limus exprimebatur, Christus cogitabatur homo futurus. ... Weil auch die Kommission empfand, daß man nicht die Römerstelle direkt mit diesem Zitat ergänzen konnte, hat man beide nur in Anmerkung gesetzt und den Text umformuliert".

86 J. RATZINGER, a.a.O. 350. Wie Cusanus die Vollendung des Menschseins in Jesus Christus sieht, werden wir im Dritten Teil unserer Arbeit zur Sprache bringen.

87 „Der Versuch, das Gespräch mit den Nichtgläubigen auf der Basis der Humanitas-Idee zu führen, erreicht hier seinen Höhepunkt bei dem Bemühen, Menschsein christologisch auszulegen und damit die resolutio in theologiam zu gewinnen, die freilich umgekehrt auch eine resolutio in hominem bedeutet (wenn homo nur weit genug gefaßt wird)". GS Artikel 22,1 mit dem Kommentar RATZINGERS (LThK, Erg.Bd. III, 350). Auch hier dürfen wir auf denselben Versuch des Nikolaus von Kues in seinem Werk *De pace fidei* hinweisen, um zu untermauern, wie nahe Cusanus schon im 15. Jh. dem Vaticanum II stand.

beziehen, haben sie die ganze Person Jesu im Blick: „Es geht um den erhöhten Christus und um Jesus Christus Gott und Mensch. Die Aussagen über den präexistenten Christus sollen darüber hinaus den Glauben an den erhöhten Christus unter den Kolossern stärken. Dieser Glaube nämlich ist in Gefahr, eingeengt zu werden durch abergläubische Bindung an Geistermächte. Von Anfang an wird darum die Aufmerksamkeit auf den Menschgewordenen gelenkt, auf den Menschgewordenen in der Herrlichkeit seiner Erhöhung. Die Ausdrücke aufzuteilen in solche, die nur den Präexistenten, unabhängig vom Menschgewordenen meinen, und in solche, die den Menschgewordenen als solchen betreffen, ist nicht gerechtfertigt", so beantwortet A. Grillmeier die Frage nach dem „Subjekt der christologischen Ausdrücke von Kol 1,15f."[88]. Auch in diesem Artikel bündeln sich somit diese christologischen Implikationen: Christus nimmt das volle Menschsein an, „ohne daß die menschliche Natur dabei verschlungen wurde"; im Gegenteil: „sie ist dadurch auch schon in uns zu einer erhabenen Würde erhöht worden. Denn er, der Sohn Gottes, hat sich in seiner Menschwerdung gewissermaßen mit jedem Menschen vereinigt"[89]. Die Akzentsetzung der Konzilsväter weist hier eindeutig in mehrere Richtungen: Einerseits wird die Vervollkommnung des Menschseins im Inkarnationsgeschehen betont, was impliziert, daß mit dieser Vervollkommnung eine Einengung des Menschseins ausgeschlossen ist. Zum anderen gilt dieses Geschehen für das ganze Menschsein; es zielt also auf Christi Universalität hin. Und zum dritten kommt die Betonung der Annahme wirklichen Menschseins in Jesus Christus zum Ausdruck: „Humanis manibus opus fecit, humana mente cogitavit, humana voluntate egit, humano corde dilexit. Natus de Maria Virgine, vere unus ex nostris factus est, in omnibus nobis similis excepto peccato"[90].

Aber die Betrachtung der Person Jesu bleibt nicht im Zwei-Naturen-Modell stecken. Der zunächst ontologisch fundierte Gedanke der assumptio hominis „wird ... mehr auf die aktuale Ebene des konkreten menschlichen Existierens ausgeweitet: Menschliches Wirken, Denken, Wollen, Lieben ist Instrument des Logos geworden; was zunächst auf der Ebene des Seins gegeben ist,

[88] A. GRILLMEIER, *Christologische Formeln und Hymnen: Kol. 1,15-20 (zusammen mit 2 Kor.4,4)*, in: Ders. Jesus der Christus im Glauben der Kirche, Bd. 1: Von der Apostolischen Zeit bis zum Konzil von Chalcedon (451) (Freiburg 1979) 96-121, hier 99.

[89] GS Artikel 22, in: LThK a.a.O. 353.

[90] GS Artikel 22, a.a.O. 352.

gibt doch auf der Ebene des Handelns, dem aktualen Vollzug menschlicher Existenz eine neue Bedeutung"[91]. Das Konzil schlägt hier also eine Brücke von der Inkarnationschristologie zum Pascha-Mysterium insofern, als deutlich wird, „daß das Sein des Menschen nicht als bloßes Wesen besteht, sondern erst im Vollzug zu seiner Wirklichkeit kommt"[92], zu der aber auch Leid und letztlich die Hinnahme des Todes gehören.

Im folgenden Abschnitt des Artikels 22 ist vom Kreuzesleiden Christi die Rede. Der christologische Leitgedanke ist der des agnus innocens. Dabei wird ein Adressatenwechsel vorgenommen: vom pro nobis zum pro me. „..., ita ut unusquisque nostrum cum Apostolo dicere possit: Filius Dei dilexit me et tradidit semetipsum pro me"[93]. Der einzelne Mensch wird also nicht nur als Glied einer anonymen Masse gesehen, sondern jeder Einzelne ist in das Erlösungsgeschehen miteinbezogen. „Erst jetzt wird die ganz persönliche Betroffenheit von Christus sichtbar, der nicht einfach ein großes Super-Ego darstellt, in das die Ich-Monaden hineinorganisiert werden, sondern der konkreteste Mensch ist, der mich, gerade mich anblickt und nicht bloß in der Beziehung einer großen Korporativpersönlichkeit zu mir steht, sondern im persönlichen Gespräch der Liebe, in dem er ein Wort für mich hat, das nur mir gehört und das niemand sonst kennt"[94].

91 J. RATZINGER, a.a.O. 350.

92 EBD.

93 GS Artikel 22, a.a.O. 352.

94 J. RATZINGER, a.a.O. 351. Auch an dieser Stelle sei auf Nikolaus von Kues hingewiesen, dessen Gedankengang in *De visione Dei* der Interpretation dieses Artikels in GS durch J. Ratzinger sehr entgegenkommt:
Cusanus hatte den Tegernseern Mönchen eine Kopie eines sogenannten „Veronika-Bildes" zugeschickt, das Christus als „Alles-Sehenden" darstellte. Im Vorwort zu *De visione Dei* gibt Cusanus sozusagen diese „Gebrauchsanweisung": „während er [scil. der Betrachter] darauf achtet, daß dieser Blick niemanden verläßt, sieht er, daß er aufmerksam für einen jeden Sorge trägt, als ob er sich allein um den, der erfährt, daß er angeschaut wird, und um keinen anderen kümmere, und zwar so sehr, daß auch von keinem, den er anblickt, begriffen werden kann, dieser trage auch für einen anderen Sorge. Er wird auch sehen, daß dieser so die aufmerksamste Fürsorge gegenüber dem geringsten Geschöpf hegt, als sei es das größte und das gesamte Weltall" (vgl. das Vorwort von R. Haubst zu *De visione Dei. Das Sehen Gottes*. Dt. Übersetzung von H. PFEIFFER 3f. und N. 4, S. 7). Noch deutlicher wird das Spannungsverhältnis von „pro nobis" und „pro me" im 9. Kapitel dieser Schrift angesprochen, das die Überschrift trägt: „Das Sehen Gottes ist zugleich universal und auf jedes einzelne gerichtet, und der Weg zum Sehen Gottes". In ähnliche Richtung weist auch Kl. Reinhardt, der in seinem Vortrag *Christus,*

In Artikel 22 wird der Bogen vom Inkarnationsgeschehen zum Kreuzesmysterium gespannt, wobei aber das Ganze nicht „im Kreuze stecken bleibt", sondern die Antwort auf das Kreuz ist die Auferstehung. Kreuz und Auferstehung gehören unweigerlich zusammen. Wenn also gesagt wird: Menschsein muß christologisch ausgelegt werden, so heißt das konkret: „Beanspruchung und Sichbeanspruchen-Lassen durch das pro me Jesu Christi, das die spirituelle Wirklichkeit und Konkretheit der Zwei-Naturen-Lehre ausdrückt. Damit führt die inkarnationstheologische Grundlegung notwendig in eine kreuzestheologische Spiritualität hinein, für die nun freilich wichtig ist, daß die Hineinnahme der Passion des Menschseins in das pro me Jesu Christi zugleich die Hineinnahme in die Auferstehungsverheißung, in eine Existenz unter dem Zeichen der Hoffnung ist, die auf die ‚redemptio corporis' zu lebt"[95].

Zum Schluß sei noch kurz auf die trinitarische Struktur dieses Artikels hingewiesen. In Christus ist der Mensch dem Bild des Sohnes angeähnlicht und befähigt, Abba, Vater zu sagen. Aber nicht nur der Christ, sondern „alle Menschen guten Willens, in deren Herzen die Gnade unsichtbar wirkt", gehören in diese Gemeinschaft hinein. „Da nämlich Christus für alle gestorben ist und da es in Wahrheit nur eine letzte Berufung des Menschen gibt, die göttliche, müssen wir festhalten, daß der Heilige Geist allen die Möglichkeit anbietet, diesem österlichen Geheimnis in einer Gott bekannten Weise verbunden zu sein"[96]. Das drückt Th. Gertler so aus: „Das Mysterium Christi führt durch den Heiligen Geist weiter ins Mysterium des Vaters und seiner Liebe"[97].

c) Implizieren die christologischen Perspektiven in GS Artikel 10,2 und 22 Aspekte einer Christologie „von unten"?

Mehrmals beantwortet Th. Gertler diese Frage eindeutig negativ. Die entsprechenden Passagen innerhalb seines Werkes seien hier kurz angeführt:

die „absolute Mitte" als Mittler zur Gotteskindschaft folgendes hervorhebt: „So ist Jesus wirklich der Alles-Sehende, der die Tiefen der Gottheit erforscht, und der zugleich die Menschen kennt, alle insgesamt und jeden einzelnen" (MFCG 18, 212).

95 J. RATZINGER, a.a.O. 351.

96 GS Artikel 22, a.a.O. 355.

97 TH. GERTLER, *Jesus Christus - Die Antwort der Kirche auf die Frage nach dem Menschsein* 135.

„Die Gottheit Christi ist ganz fraglos und selbstverständlich für ‚Gaudium et spes'. Davon geht sie aus. Hier steht die Pastoralkonstitution ganz fest auf dem Fundament von Chalkedon und der bis in unser Jh. hinein im katholischen Bereich problemlosen Inkarnationschristologie bzw. ‚Christologie von oben'. Die induktive Methode der Konstitution, die unten ansetzt, darf nicht mit dem heutigen Begriff der Christologie ‚von unten' verwechselt werden. Bei aller Betonung der vollen Menschheit, Ausgangspunkt der Christologie von ‚Gaudium et spes' ist die Gottheit Jesu, präziser gesprochen die Menschwerdung des göttlichen Logos. Daran hängt ebenso selbstverständlich die Soteriologie. Hierin besteht ein Unterschied zur steril gewordenen scholastischen Christologie. Wie die großen christologischen Konzilien treibt die Pastoralkonstitution nicht Christologie um der Problematik einer inneren Vereinigung von Gottheit und Menschheit in der Person Jesu Christi willen, sondern um unseres Heiles willen. Wie oben schon gesagt, eine Christologie an sich und für sich gibt es in ‚Gaudium et spes' nicht. Hierin ist die Pastoralkonstitution der Patristik näher als der Scholastik, und darin geht sie eben über die scholastische Lehre vom Gottmenschen hinaus"[98].

Gertler führt weiter aus: „Den engen Zusammenhang zwischen Christologie und Eschatologie, der fast bis zur Identifizierung beider miteinander geht, wie er in vielen heutigen Entwürfen zu finden ist, gibt es so in ‚Gaudium et spes' nicht. Das hat seinen Grund darin, daß durch den anderen Ausgangspunkt der Christologie die Auferstehung nicht in der Weise einen qualitativen Sprung bedeutet wie für die heutige Christologie ‚von unten'. Das heißt nicht, daß die Auferstehung Christi nur zu einer bloß erkenntnistheoretischen Funktion, nämlich als Beweis seiner immer schon bestehenden Göttlichkeit, depotenziert würde"[99].

Auch „die bleibende Spannung zwischen Inkarnations- und Paschachristologie in ‚Gaudium et spes'" möchte Gertler nicht mit der heutigen Problemstellung einer Christologie „von oben" bzw. einer Christologie „von unten" verglichen wissen. Denn deren Hintergrund sieht er „nicht identisch mit der gegenwärtigen Fragestellung einer Christologie ‚von oben' oder ‚von unten', sosehr auch da die Inkarnation mit Tod und Auferstehung in Opposition tritt. Bei der Frage nach der Abstiegs- oder Aufstiegschristologie, wie man die derzeitige Problematik auch bezeichnen kann, geht es um den Zugang zum Geheimnis Christi". Dann gesteht Gertler aber doch so viel zu:

„Allerdings steht ein analoges Problem zur Debatte. Es geht nämlich darum, wie dem heutigen Menschen das Geheimnis der Person Jesu von Nazareth nahegebracht werden kann, ohne das neuzeitliche Bewußtsein des Menschen von sich selbst und seiner Welt außer acht zu lassen. Es geht also in einem noch umfänglicheren Sinn um die Deutung und das Verständnis von Welt. Will man es auf eine Formel bringen, so kann man sagen: Die Pastoralkonstitution stellt die Frage nach Inkarnation und Pascha mit dem Interesse an der Bewertung der heutigen

[98] Ebd. 367.
[99] Ebd. 373.

Welt. Die gegenwärtige Christologie stellt die grundsätzlichere Frage nach dem Ansatz der Christologie auf dem Hintergrund eines neuen geschichtlichen und anthropozentrischen Weltverständnisses. Zwar geht auch die Pastoralkonstitution von diesem neuen Verständnis der Welt aus, aber es prägt noch nicht sämtliche Einzelzüge der Konstitution. Vor allem hat es noch nicht zur Übernahme der wichtigsten systematischen Konsequenzen aus der historisch-kritischen Exegese geführt, auf die in der Hauptsache die derzeitige Frage nach einer Christologie von oben oder von unten zurückgeht. In der Pastoralkonstitution ist es von ihrem Grundthema her die anthropologische bzw. die soteriologische Ausrichtung, die nach der Bedeutung von Inkarnation und Pascha für das Verhältnis zur Welt fragen läßt"[100].

Auch die starke Betonung des Paschamysteriums ist Gertler noch kein hinreichendes Argument, um von einer Christologie „von unten" zu sprechen. Insbesondere Pannenbergs Verständnis einer Christologie „von unten" zugrunde legend, kommt Gertler zu folgendem Ergebnis:

„Für die neuere Christologie ist es charakteristisch, daß sie dem Ostergeschehen wieder den ihm zukommenden Platz in der Mitte des christlichen Glaubens und Lebens einräumt. Die Wurzeln dafür liegen vor allem in der historisch-kritischen Erforschung der Heiligen Schrift. Durch sie ist ans Licht gekommen, daß alle schriftlichen Zeugnisse des Glaubens an Jesus von Nazareth nachösterlich sind, und zwar nicht allein in ihrer zeitlichen Bestimmung, sondern auch in ihrer Verursachung. So sehr es auch schon vor Ostern einen Glauben der Jünger gegeben hat, er erreicht danach eine neue Qualität. Die Erfahrung, daß der Gekreuzigte lebt und begegnet, ist der Ursprung für die Urkunde des Glaubens, ja ist diese Ur-Kunde selbst. Die Erfahrung des Auferstandenen ist auch Grund dafür, in Jesus den Christus, in seiner Geschichte und seinem Geschick Gottes Offenbarung zu erkennen. Die Auferstehung ist göttliche Bestätigung des vorösterlichen Anspruchs Jesu und eschatologische Machttat Gottes, die unableitbar Neues wirkt. Die Erkenntnis dieses Neuen ist der erste Schritt zum Glauben an die Gottheit Christi. Diesen Weg des Glaubens der ersten Christen geht die heutige Christologie nach, um den Glauben an Jesus Christus zu begründen. Das ist, auf eine kurze Formel gebracht, in etwa der Weg und das Anliegen der Christologie von unten. Sie will den Erkenntnisweg der Jünger nachschreitend zum Geheimnis Jesu Christi hinführen. Hierin unterscheidet sich die Christologie von ‚Gaudium et spes' grundsätzlich von der gegenwärtigen. Für sie ist das Geheimnis der Person Jesu Christi, das als sein wahres Gottsein verstanden wird, schon vorgegeben und nicht erst zu erweisen. Hierin ist, wie oben schon gesagt, die Christologie der Pastoralkonstitution entsprechend der Definition von W. Pannenberg eindeutig eine Christologie von oben. Sie geht aus vom Glauben an Jesus als den Sohn Gottes im Sinne der christologischen Konzilien. Die Bedeutung der Auferstehung wird also nicht in dieser ‚erkenntnistheoretischen' Funktion gesehen. Tod und Auferstehung werden vielmehr in ihrer Gemeinsamkeit als entscheidende Antwort auf die Frage nach dem Menschsein, vor allem auf die Frage nach dem Sinn

[100] Ebd. 376.

des Lebens, dem Sinn des Leidens und Sterbens gesehen, also wie die Christologie der Pastoralkonstitution überhaupt in Beziehung zur Anthropologie“[101].

Und abschließend bringt Gertler folgende Bewertung der Christologie in Gaudium et spes zur Sprache:

„Es ist eine Christologie, die bewußt aus der neuscholastischen Beschränkung herauszukommen sucht. Aus der Beschränkung auf die aus dem Chalcedonense hervorgegangenen isolierten Fragestellung nach dem Verhältnis von Gottheit und Menschheit in Jesus Christus, die zum einen die viel größere Fülle des Christusgeschehens vergißt und zum anderen der Christologie die Relevanz nimmt, indem sie sie von der Soteriologie loslöst. Beides, und zwar beides miteinander, versucht die Pastoralkonstitution zu überwinden. Sie gewinnt aus der soteriologischen Fragestellung heraus auch die Fülle des Christusgeheimnisses zurück und kommt so von selbst zu einer neuen Stellung von Person und Werk Christi im Ganzen des Glaubens... Es ist damit eine Christologie, die bewußt im Dialog mit der Moderne und ihren beiden einander bedingenden Grundfragen steht: der Geschichte und der Anthropologie. Man kann sie so als eine moderne Christologie bezeichnen. In einem wesentlichen Punkt ist sie das aber nicht. Sie hat noch nicht die historisch-kritische Exegese mit den die Christologie revolutionierenden Ergebnissen und deren sytematische Konsequenzen assimiliert. Gerade die vom Ansatz her wichtigen Mysterien des Lebens Jesu bleiben so in vordergründiger Moralisierung und Erbaulichkeit stecken, ohne die Maßgeblichkeit zu erhalten, die ihnen die auf einem breiten Konsens aufruhenden Erkenntnisse historischer Kritik am Neuen Testament geben könnte. Hier ist auch der Grund dafür zu finden, daß die ganze Problematik einer Christologie ‚von unten‘ überhaupt nicht in den Blick kommt. Um es in einem Bild zu sagen: Bei der Christologie von ‚Gaudium et spes‘ handelt es sich, und das kann man von der Theologie der Pastoralkonstitution überhaupt sagen, um den Versuch einer Renovation des Gesamtgebäudes. Es ist durch das geschichtliche und anthropozentrische Denken von der Einheit her auf neue Fundamente gestellt. Der Umbau hat aber noch nicht alle Teile des Gebäudes erreicht. Manches ist durchaus unberührt davon. Es ist eine Christologie im Umbau und Übergang“[102].

So zieht Th. Gertler einen scharfen Trennungsstrich zwischen der sogenannten Christologie „von unten“ und den christologischen Aussagen in GS. Dabei ist ihm voll zuzustimmen, wenn er eine „Christologie an sich und für sich“[103] innerhalb von GS negiert, und wenn dabei „die Problematik einer inneren Vereinigung von Gottheit und Menschheit in der Person Jesu Christi“[104] verstanden wird. Gertler zieht diesen Trennungsstrich auch insofern zu Recht, als er unter Christologie „von unten“ die Ansätze versteht, die primär auf den Ergebnissen der historisch-kritischen

[101] Ebd. 382f.

[102] Ebd. 393f.

[103] Ebd. 366.

[104] Ebd. 368.

Exegese basieren[105]. Die Charakterisierung der Christologie in GS als Christologie „von oben“ ist insbesondere auch dann richtig, wenn man die Definition W. Pannenbergs zugrunde legt, nach der jede Christologie, die von vornherein vom Inkarnationsgeschehen ausgeht, als Christologie „von oben“ zu bezeichnen ist. Hauptargument für die scharfe Trennung zwischen gegenwärtiger christologischer Diskussion und der Christologie in GS bilden für Gertler aber die verschiedenen Akzentsetzungen: Bei der gegenwärtigen Diskussion um die Christologie „von oben“ bzw. „von unten“ gehe es um den „Zugang zum Geheimnis Christi“, die Pastoralkonstitution aber stelle die Frage nach Inkarnation und Pascha mit dem Interesse an der Bewertung der heutigen Welt[106].

Trotz der beachtenswerten scharf differenzierenden Argumentation Gertlers möchten wir seine strikte Trennung in dieser Schärfe nicht übernehmen, sondern folgendes zu bedenken geben:

Das Programm einer Christologie „von unten“ ist nicht so eindeutig zu fassen, wie es bei Gertler den Anschein hat. „Christologie von unten“ ist nämlich zunächst „ein Schlagwort, unter dem die einzelnen Autoren ... höchst Unterschiedliches verstehen“[107]. Freilich geht es dabei um einen Zugang zum Geheimnis Christi. Aber dieser „Zugang“ kann im Hinblick auf die Ausdeutung des Persongeheimnisses Jesu Christi solche inhaltliche Varianten und Diskrepanzen zur Folge haben, wie sie die bisherige Darstellung zeigte. Dies wird gerade insbesondere auch bei W. Pannenberg deutlich, der als Vertreter einer Christologie „von unten“ doch nachdrücklich - wir dürfen es hier wiederholen - schließlich dies zu bedenken gibt: „Aber eine Erweiterung der traditionsgeschichtlichen Reflexion der ‚Christologie von unten‘ erweist sich an dieser Stelle in der Tat als nötig. Es genügt nicht, Gott nur als *Voraussetzung* der Christologie zu denken. Vielmehr erfordern es die Aussagen, zu denen die Christologie gelangt, Gott als sich in Jesus Christus offenbarend zu denken... Dabei stellt sich die Aufgabe, die Christologie im Zusammenhang des Weltverhältnisses Gottes und besonders im Zusammenhang seiner Beziehungen zur Menschheit in ihrer Geschichte zu denken, so aber, daß die Geschichte Jesu sich dabei als Schlüssel zum Verständnis der Geschichte der Menschheit und zum Weltverhältnis Gottes überhaupt erweist“. Und Pannen-

105 EBD. 376.

106 EBD.

107 W. KASPER, *Alter Christusglaube und neue Christologie*, in: ThG 20 (1977) 2-11, hier 2.

berg fährt in seinem rückblickenden Ausblick fort: „Die Unabweisbarkeit der Forderung, den Gedanken der Inkarnation, wenn er denn als sachgerechte Interpretation des Sinngehalts der Geschichte Jesu zu beurteilen ist, auch aus der Gottheit Gottes selbst als Tat Gottes in Christus zu denken, enthält das Wahrheitsmoment auch der Kritik von R. Slenczka an meinen Ausführungen zum Verständnis der Person Christi"[108]. Hier deutet sich unserer Meinung nach an, daß eine völlig losgelöste Christologie „von unten" nicht durchführbar ist.

Auch K. Rahner bezeichnet selbst seine Christologie des öfteren als Christologie „von unten". Dabei setzt er diese mit seiner von Anfang an entworfenen transzendentalen Christologie gleich, „also mit jener ‚suchenden' und ‚anonymen Christologie', die ‚der Mensch in seinem Dasein, wenn er es entschlossen annimmt, eigentlich schon immer treibt'"[109]. Wir halten daher einen direkten Vergleich einer Christologie „von unten" mit der Christologie in GS deshalb für nicht möglich, weil sich *das* Programm einer Christologie „von unten" letztlich nicht eindeutig beschreiben läßt. Die Perspektiven sind zu vielfältig. Für die Entscheidung für oder gegen eine Christologie „von unten" sollte man aber nicht die Berücksichtigung der historisch-kritischen Forschungsergebnisse zum primären Maßstab nehmen. Denn damit würde man viele andere Akzentsetzungen der Christologie „von unten" von vornherein eliminieren.

Bei der Frage nach einer Christologie „von oben" oder „von unten" geht es ja letztlich um den Erkenntnisgrund der Christologie. Diese Frage rollt GS nicht auf. Insofern konnten wir mit Gertler darin übereinstimmen, daß in GS keine Christologie im eigentlichen Sinne betrieben wurde; es handelt sich letztlich um eine Entfaltung der Christologie. Dabei werden aber Grundintentionen deutlich, die zum Teil denen entsprechen, die einige Vertreter der sogenannten Christologie „von unten" zu deren Begründung heranziehen. Hier sind insbesondere folgende Aspekte zu nennen:

- das Ernstnehmen der defizienten Glaubenssituation, in der sich die meisten Menschen heute befinden. Es handelt sich also gerade um die gemeinsame pastoraltheologische Motivation;
- die Wiederbetonung des vollen Menschseins Jesu;

108 W. PANNENBERG, *Grundzüge der Christologie* 422f. S. a. W. PANNENBERG, *Christologie und Theologie*, in: KuD 21 (1975) 159-175.

109 W. KASPER, *Christologie von unten?* 155.

- der Versuch der engeren Verknüpfung von Christologie im engeren Sinne und der Soteriologie. Gerade bei diesem geht ja die Pastoralkonstitution nicht „scholastisch-neuscholastisch" vor. Sie legt vielmehr den Akzent gerade wieder darauf, daß mit der Menschwerdung nicht alles vollendet ist, sondern eine geschichtliche Einheit zwischen irdischem, erhöhtem und kommendem Christus besteht;
- die Betonung und Akzentuierung des Gott-Welt-Verhältnisses bildet einen Aspekt der Christologie „von unten".

Abschließend möchten wir hier festhalten: Ob die Christologie in GS eine Christologie „von oben" oder „von unten" ist: von den christologischen Akzentsetzungen her ist diese Fragestellung nicht zu beantworten. Die Entfaltung der christologischen Akzentsetzungen läßt aber beide Perspektiven nicht nur zu, sondern sie motiviert zu beiden, insbesondere aber zu einer anthropologisch vermittelten Christologie. Sowohl GS wie später auch die Enzyklika *Redemptor hominis* „sprechen im Vergleich mit früheren lehramtlichen Aussagen ... eine neue Sprache und stellen für das Heutigwerden von Verkündigung und Theologie einen beachtlichen Fortschritt dar. Mehr oder weniger bleibt es freilich bei einem unvermittelten Nebeneinander der neuen Akzente und der traditionellen, ontologisch bestimmten Christologie. Eine solche Vermittlung ist auch nicht Sache des Lehramts, sondern die der Theologie, die mit dieser Aufgabe einer kritischen Vermittlung eben erst begonnen hat"[110]. Insoweit stimmen wir mit Gertler wieder überein, wenn er die Theologie in GS mit der Renovation eines Gebäudes vergleicht, dessen Umbau begonnen hat, der aber noch nicht alle Teile des Gebäudes erfaßt hat[111]. Gertlers Beispiel aufnehmend, möchten wir lediglich hinzufügen: Die Statik dieses Gebäudes richtet sich sowohl nach den Akzentuierungen einer Christologie „von oben" als auch einer Christologie „von unten".

110 W. KASPER, *Christologie und Anthropologie*, in: ThQS 162 (1982) 202-221, hier 210.

111 TH. GERTLER, *Jesus Christus - Die Antwort der Kirche auf die Frage nach dem Menschsein* 394.

4) Akzentsetzungen einer Christologie „von unten" im Verständnis Piet Schoonenbergs

In seinem Buch *Ein Gott der Menschen*[112] gebraucht Schoonenberg den Begriff Christologie „von unten" nirgends. Dennoch wird er des öfteren auf seinen christologischen Entwurf angewandt. So stellt A. Schilson in seiner kritischen Sichtung neuer christologischer Entwürfe die Christologie Schoonenbergs unter die Überschrift: „Christologie ohne Zweiheit. Eine ‚Christologie von unten'"[113]. Auch W. Kasper findet bei Schoonenberg „erste Ansätze zu einer Christologie ‚von unten'"[114]. Joh. Auer ordnet ebenfalls Schoonenbergs christologischen Entwurf den „neueren Versuchen einer ‚Christologie von unten'"[115] zu. Der Verfasser der hier vorgelegten Arbeit befaßte sich schon im Jahre 1978 im Rahmen seiner Diplomarbeit mit Schoonenbergs Christologie „von unten"[116]. P. Schoonenberg arbeitete aufgrund dieser Untersuchung Ostern 1979 einige *Notizen zur Erläuterung und Ergänzung der in meinem Buch „Ein Gott der Menschen" vorgetragenen Christologie*[117] aus. Zum Teil wurden diese in einem späteren Aufsatz Schoonenbergs miteingearbeitet[118].

Aufgrund der oben erwähnten „Notizen" sowie der Seminardiskussion[119] in Mainz gilt es, folgendes festzuhalten:

[112] P. SCHOONENBERG, *Ein Gott der Menschen* (Zürich/Einsiedeln/Köln 1969).

[113] A. SCHILSON u. W. KASPER, *Christologie im Präsens* 8; 115.

[114] W. KASPER, *Christologie von unten?* 152.

[115] JOH. AUER, *Kleine Katholische Dogmatik* Bd. IV/1: *Jesus Christus - Gottes und Mariä „Sohn"* 59ff.

[116] *Sinn und Grenzen einer Christologie „von unten" in den Schriften Piet Schoonenbergs.* Zulassungsarbeit zur theologischen Diplomprüfung, vorgelegt der Theologischen Fakultät der Johannes Gutenberg-Universität Mainz im Januar 1978.

[117] Diese Notizen bildeten später auch ein grundlegendes Arbeitspapier für ein Blockseminar unter Leitung von R. Haubst im SS 1979 an der Theol. Fak. der Johannes Gutenberg-Universität Mainz mit dem Titel: *Die Vollendung des Menschseins in Jesus Christus nach Nikolaus von Kues, Teilhard de Chardin und Piet Schoonenberg.* An diesem Blockseminar nahm Piet Schoonenberg selbst teil.

[118] P. SCHOONENBERG, *Alternativen der heutigen Christologie*, in: ThPQ 128 (1980) 349-357, bes. 352ff.

[119] In einem Seminar in Mainz kamen diese Akzentuierungen zur Sprache. Darüber liegen noch Tonbandaufzeichnungen vor, die der Verf. dem Schoonenbergarchiv an der Universität in Löwen zur Verfügung stellt.

Zunächst setzt Schoonenberg sich bewußt von irgendwelchen Auffassungen anderer über diese beiden Termini ab. In seinem Verständnis gilt es, folgendes zu berücksichtigen:

a) Die beiden Termini sind keine exklusiv definierenden, sondern bildhafte Begriffe. Sie könnten ebenso gut durch andere wie „von außen nach innen, von der Erscheinung zur Wirklichkeit, von der Funktion zum Wesen" ersetzt werden. Mit dem Begriffspaar „unten" und „oben" glaubt Schoonenberg allerdings, den Schritt von der Menschheit zur Gottheit Jesu besonders hervorzuheben.

b) Die Verwendung des Bildbegriffs „*von* unten *nach* oben" impliziert zweierlei: Zum einen konzentriert er sich mehr auf den Ausgangspunkt christologischen Denkens. Zum anderen bedeutet das auch, daß man nicht „unten" stehenbleibt, sondern nach „oben" durchstößt. Dabei ist festzuhalten, daß mit dem Ausgangspunkt „von unten" nach Schoonenberg auf keinen Fall inhaltliche Aussagen über Jesus Christus eingeschränkt oder verkürzt werden sollen.

c) Wenn Schoonenberg mit dem Terminus „von unten nach oben" die Frage nach dem Ausgangspunkt der Christologie stellt, so meint er damit keineswegs den Ansatz beim heutigen Selbstverständnis des Menschen noch eine Anthropologie überhaupt. Sein Hauptargument gegen einen solchen Ansatz ist gerade christologisch motiviert: weil durch das Christusbekenntnis jedes Selbstverständnis des Menschen immer gesprengt wird. Das Selbstverständnis des Menschen kann zwar ein „Vorverständnis" sein, das Verstehenshilfen anbieten kann, darf aber nie zum Vorurteil werden. Man könnte also auch hier sagen: Wenn auch die Anthropologie nicht den christologischen Ausgangspunkt bilden kann, so ist ihr manuductorischer Charakter keinesfalls negiert.

d) Positiv ausgedrückt, bildet die menschliche Wirklichkeit Jesu, zumal seine menschliche Geschichte, zu der aber seine verherrlichte Existenz unbedingt hinzugefügt werden muß, die Geschichte Jesu also, insoweit sie mittels Schrift und nachbiblischer Tradition überliefert und im Glauben rezipiert ist, den Ansatz der Christologie.

e) Diese These Schoonenbergs ist exklusiv zu verstehen, insofern auf keinen Fall die Präexistenz Christi oder aber das Verständnis von der immanenten Trinität zum Ausgangspunkt der Christologie gemacht werden darf. Eine „trinitarische Christologie" lehnt Schoonenberg ab; er fordert vielmehr eine „christologische Trinitätslehre".

f) Mit dem christologischen Ansatz bei der menschlichen Geschichte Jesu ist für Schoonenberg keineswegs die Initiative Gottes im Christusereignis verneint. Wohl aber ist diese Initiative Gottes losgelöst von der menschlichen Geschichte Jesu her nicht erkennbar. Denn nur aufgrund dieser menschlichen Geschichte Jesu kann die Initiative Gottes bedacht werden. Nur von daher sind biblische Ausdrücke dieser Initiative wie die Sendung und das Kommen des Sohnes oder die Präexistenz des Wortes auf ihren Gehalt hin zu untersuchen.

g) Der so umschriebene christologische Ansatz Schoonenbergs ist dem Weg der natürlichen Gotteserkenntnis *aus* der Welt vergleichbar. Er ist aber auch, so Schoonenberg, im Bereich der Offenbarung der einzige Weg, denn Gottes (Selbst)Offenbarung ist seine Heilspräsenz in unserer Geschichte, die in einer glaubenden Gemeinschaft zur Sprache kommt.

h) Der bisher beschriebene Weg der Christologie ist ein Weg unserer Erkenntnis, insoweit diese sich in Begriffen und Urteilen ausprägt und schlußfolgernd voranschreitet. Aber dieser Denkvorgang schließt für Schoonenberg auch immer ein ganzheitliches Erfassen der Wirklichkeit ein, das intuitiv ist und unaufhebbar implizit bleibt. Ja, Schoonenberg verstärkt dies noch, indem er betont, daß diese Ganzheitsintuition sogar die treibende Kraft des Denkvorganges ist. Auf die Christologie angewandt heißt das: Im Glauben begegnet man dem ganzen Christus, aber bekennend gebraucht man Begriffe, die aus der menschlichen Geschichte Jesu und seiner Umwelt (besonders des Alten Testamentes) stammen, welche dann aber auf die Person Jesu hin gesprengt werden (Christus-gekreuzigt; Menschensohn schon auf Erden; Prophet - der das Wort Gottes *ist*)[120].

i) Mit dem christologischen Ansatz „von unten nach oben" ist aber der Denkweg „von oben nach unten" keineswegs hinfällig geworden. Im Gegenteil: Dieser Weg dient dazu, das auf dem ersten Weg Gefundene klar vorzustellen. Nur darf man sich nicht zu dem Trugschluß verleiten lassen, daß man von Gott aus konkludiert, was in Wirklichkeit von der Schöpfung her abgeleitet worden ist.

j) Wie aber sieht Schoonenberg das Verhältnis des Weges „von unten nach oben" zu dem „von oben nach unten"?

[120] Hier scheint uns eine gewisse docta ignorantia oder coincidentia oppositorum angedeutet zu sein.

1. Der Weg „von oben nach unten" kann nichts herabmindern von dem, was man auf dem Weg „von unten nach oben" erkannt hat. Beispielsweise kann nicht vom Gedanken der göttlichen Vorsehung auf die Verneinung der menschlichen Freiheit geschlossen werden. Oder aber, um ein christologisches Beispiel aufzugreifen: Aus einem Personsein des Wortes kann nicht, so Schoonenberg, auf die Abwesenheit menschlichen Personseins in Jesus geschlossen werden.

2. Auf dem Weg „von oben nach unten" kann nicht auf neue Informationen über innerweltliche Sachverhalte geschlossen werden. So besagt beispielsweise die Tatsache, daß in Jesus das göttliche Wort Fleisch geworden ist, nicht, daß die evangelischen Wundergeschichten historisch gesichert sind.

3. Wohl aber können auf dem Weg von „oben nach unten" neue *Perspektiven* zu den „von unten nach oben" gewonnenen Daten hinzugefügt werden. Als Beispiel führte Schoonenberg an: „Wenn man einmal aus Wirklichkeiten in der Welt Gott als deren Ursprung gesehen hat, kann man weiter schließen, daß *alle* Wirklichkeiten Gottes Geschöpfe sind". Im Hinblick auf die Christologie kann dies so verdeutlicht werden: „Wenn einmal aus der Auferstehung Jesu auf die Fülle des Heiligen Geistes oder die Fleischwerdung des Wortes in ihm geschlossen ist, kann sein *ganzes* Leben in allen Dimensionen (von Anfang an) als durch den Geist gewirkt (‚empfangen vom Heiligen Geist') und vom Logos personalisiert gesehen werden".

In diesen unseren Darlegungen geht es wohlgemerkt um Schoonenbergs Beschreibung und Verständnis des Weges einer Christologie „von unten". Man könnte diesen kurz als *Ein auf Gott hin Denken*[121] beschreiben. Damit treffen wir exakt das Grundanliegen von Schoonenbergs gesamter Theologie. „Innerhalb der systematischen Theologie beabsichtige ich immer auf Gott hin zu denken, nicht von Gott ausgehend, denn wir stehen ja nicht auf Gottes Seite"[122].

Schoonenbergs Darlegungen klingen auf den ersten Blick sehr positiv. Vor allem lassen sie eine - im Gegensatz zu vielen traditionellen Christologie-Entwürfen - konkrete Christologie erwarten,

[121] So ein jüngst erschienener Titel: P. SCHOONENBERG, *Auf Gott hin denken. Deutschsprachige Schriften zur Theologie.* Hg. von W. Zauner (Wien 1986). Auf diesen Sammelband werden wir noch näher eingehen.

[122] EBD. 16. Siehe auch P. SCHOONENBERG, *Rückkehr zur Vergangenheit: Weg in die Zukunft? Prolegomena zu einem Entwurf der Theologie*, in: Joh. B. Bauer (Hg.) Entwürfe der Theologie (Graz/Wien/Köln 1985) 291-307.

der Art, daß man Christus nicht als ein fremdes übergeschichtliches Wesen betrachtet, sondern als eine konkrete Wirklichkeit, die sich auch dem heutigen Menschen innerhalb eines veränderten Weltbildes noch als *das Angebot*, als die Antwort auf die Frage nach dem Menschen erweist. Im folgenden soll die Durchführung dieses Ansatzes dargestellt und kritisch betrachtet werden.

Da Schoonenbergs Christologie selbst eine Entwicklung durchgemacht hat und diese bei der durch ihn entfachten christologischen Diskussion im Laufe der Zeit stark modifiziert wurde, werden wir im darstellenden Teil chronologisch vorgehen. Dabei können wir allerdings auf die ersten Darlegungen von 1967[123] verzichten und mit dem Entwurf in *Ein Gott der Menschen* einsetzen. Denn, wie Schoonenberg selbst sagt, sind die Gedanken von 1967 ausführlicher in *Ein Gott der Menschen* dargelegt worden[124].

123 P. SCHOONENBERG, *Jezus Christus vandaag dezelfde*, in: Geloof bij kenterend getij: Peilingen in een seculariserend christendom (Roermond/Maaseik 1967) 163-184. Zuvor noch: *Over de Godmens*, in: Bijdr. 25 (1964) 406-415; *De eenheid van Christus en de preexistentie van de Zoon*, in: Werkgenootschap van katholieke theologen in Nederland, Jaarboek 1963/64 (Hilversum 1965) 92-111; Diskussion 112-119 (zum größten Teil identisch mit „Over de Godmens"); *Christus zonder tweeheid?*, in: TTh 6 (1966) 289-306.

124 P. SCHOONENBERG, *Antwoord aan p. Jean Galot*, in: TTh 20 (1980) 86-92, hier 87, Anm. 4. Deutsche Übersetzung: *Arianische Christologie?*, in: ThG 23 (1980) 50-56.

ZWEITER TEIL:

DARSTELLUNG UND UNTERSUCHUNG VON SCHOONENBERGS CHRISTOLOGIE IN „EIN GOTT DER MENSCHEN“

I. Darstellender Teil

1) Der Mensch, der Gottes Sohn ist

Aus den bisherigen Darlegungen wurde ersichtlich, daß sowohl innerhalb der katholischen wie innerhalb der protestantischen Christologie immer häufiger eine Christologie „von unten“ entwickelt wird, wobei aber Ansatz und Durchführung durchaus verschieden sein können. Auch Piet Schoonenbergs christologischer Entwurf ist Christologie „von unten“. Aufgabe des folgenden Teils wird es sein, diesen Entwurf darzulegen[1]. Eine ausführliche Darstellung scheint uns deshalb geboten, weil unserer Meinung nach mancherlei harte Kritik an Schoonenberg auf Mißverständnissen beruht.

a) Absicht und Zweck der Studie Schoonenbergs

In seiner Veröffentlichung *Ein Gott der Menschen* legt Schoonenberg zwei theologische Entwürfe vor. Der erste steht unter dem Thema „Gott oder Mensch - eine falsche Alternative“[2], der andere trägt den Titel „Gott und Mensch oder Gott im Menschen?“ [52-189]. Beide Entwürfe dienen dem Ziel, aufzuzeigen: Gott ist nicht ein Konkurrent des Menschen - unser Menschsein findet erst in Gott sein Ziel und seine Verwirklichung. „Gott ist kein Konkurrent, Gott entfremdet und verfremdet nicht, er entmenschlicht uns

1 Diese Darlegung soll freilich kein wörtliches Reportat sein; es soll aber auch hier noch keine eigene Stellungnahme bezogen werden, außer wenn grundlegende Bedenken angemeldet werden müssen, oder aber um Verständnisschwierigkeiten vorzubeugen.

2 P. SCHOONENBERG, *Ein Gott der Menschen* (Zürich/Einsiedeln/Köln 1969) 9-51. Im „Darstellenden Teil“ unserer Untersuchung bezeichnen die Zahlenangaben in eckigen Klammern innerhalb des Textes die entsprechenden Seiten in *Ein Gott der Menschen*.

nicht, sondern vermenschlicht uns durch sein menschgewordenes Wort... Unsere Vergöttlichung ist unsere Vermenschlichung; nun könnte ich dem hinzufügen: denn Jesu göttliche Sohnschaft ist sein Menschsein bis zum Letzten" [7]. Diese Einsicht - Schoonenberg selbst nennt sie eine Glaubenseinsicht - ist der „Motor" für beide Studien.

Uns wird insbesondere die zweite Studie interessieren, die Schoonenberg „eine Durchdenkung des in der Kirche (vor allem um das Konzil von Chalkedon) gewachsenen Christusbildes" [7] nennt. Dabei dürfen wir nicht aus den Augen verlieren, daß diese „Durchdenkung" nicht etwas Endgültiges sein soll, sondern eine gewisse Vorläufigkeit und Unfertigkeit in sich birgt. Denn Schoonenberg selbst schreibt, daß er bei all dem „suchend an die Arbeit" geht, und daß er für jegliche „verständnisvolle Kritik von Theologen sowie der gläubigen christlichen Gemeinschaft" [7] dankbar ist[3].

Wie schon aus dem Vorwort zu beiden Studien hervorgeht, ist Schoonenberg sich auch einer gewissen Brisanz seiner Entwürfe bewußt. So rechnet er offensichtlich einerseits damit, seiner „progressiven Ideen" wegen auf Ablehnung zu stoßen[4]. Andererseits schließt er auch einen Vorwurf in Richtung „Konservatismus" nicht aus, weil er „nicht weit genug" gehe „und nur die Nachhut" verteidige [7]. Beiden Einwänden versucht er von vornherein wie folgt zu begegnen: „Der eigene Weg, auf dem ich übrigens mit anderen gemeinsam gehe, scheint mir darin zu bestehen, daß ich Tradition, Überlieferung pflege, indem ich die Vergangenheit zur Gegenwart und Zukunft hin öffne. Die vergangene Tradition selbst ist eine Bewegung; vor allem ein Studium der christologischen

3 Wie wir später sehen werden, nimmt Schoonenberg die an ihn herangetragene Kritik immer ernst, indem er die kritischen Punkte zu verdeutlichen oder aber zu verbessern sucht. So versuchte er schon bald nach Bekanntwerden auf die in meiner Dissertation angemeldeten Verdeutlichungswünsche zu seiner Christologie näher einzugehen und den christologischen Entwurf zu vervollständigen. S. P. SCHOONENBERG, *Der Christus von oben und die Christologie von unten*, in: TThZ 99 (1990) 95-124. Eine überarbeitete Fassung findet sich in: TTh 31 (1991) 3-27: *De Christus „van boven" en de christologie „van beneden"*. Dieses Ernstnehmen seiner Kritiker dürfte mit dazu beigetragen haben, daß bei ihm selbst eine gewisse theologische Weiterentwicklung seiner Gedanken feststellbar ist. Leider hat man nicht immer den Eindruck, daß seine Kritiker diese „Weiterentwicklung" gebührend berücksichtigen.

4 Schoonenberg selbst spricht zurückhaltender davon, „daß manche Glaubensschwestern und Glaubensbrüder durch die hier sichtbar werdenden Entwicklungen beunruhigt" sein könnten [7].

Diskussionen hat mir das klar gemacht. Deshalb wirkt die Überlieferung heute weiter und kommt so zur Erfüllung ihrer tiefsten Absichten. Wird Vergangenheit so gesehen, dann ist sie kein Museumsstück, das von Konservativen hartnäckig verteidigt werden muß und von Progressiven um des Pluralismus willen geduldet wird. Vielmehr ist das Vergangene dann ‚Geschichte geworden', nicht in der Bedeutung, die dieses Wort für gewöhnlich hat, sondern in jener Bedeutung, die es eigentlich haben müßte: Beitrag zum Fortgang unserer Geschichte zu sein; ein Beitrag, der zu weiterer Entwicklung drängt und gleichzeitig eine Formkraft gegen die Auflösung ist" [8].

Schoonenbergs theologischer Ansatz kann somit unter die Leitmotive „Rückkehr und Fortschritt"[5] gestellt werden. Unter diesen Leitmotiven hofft er, die Bedeutung der früheren Kirchenlehre und Theologie, in unserem Falle hieße das die Bedeutung der Lehre von der Person Jesu Christi, für heute herausarbeiten zu können. Dieser positiv klingende Leitsatz läßt den Leser gespannt sein sowohl auf die Beantwortung der Frage: Rückkehr - wohin? als auch der Frage: Fortschritt - worauf hinaus?

An das gängige Christusbild, mit dem Schoonenberg zunächst einmal das Zwei-Naturen-Modell meint, werden, so eröffnet er seinen christologischen Entwurf, heute von verschiedensten Seiten viele Fragen gestellt. Diese können so schwerwiegend sein, daß sogar viele Christen „ihre Überzeugung im Bild Jesu als Gott und Mensch nicht mehr wiedererkennen" [52]. Für die Theologie stellt sich so die Frage: „Was verlangt eine wirklich schöpferische Treue zu unserm Glauben an Jesus als den Christus? Wie kann dieser Glaube heute ohne Verkürzung und Verzeichnung bekannt werden, aber auch ohne daß man sich auf Denkmodelle festlegt, die heute nicht mehr aussprechen, was früher gemeint war"? [52] Wir sehen, es geht Schoonenberg hier sowohl um das „WAS" des Glaubens als auch um das „WIE" einer aktuellen Glaubensvermittlung, um den Übersetzungsprozeß. Dies wird auch in seinen anderen Veröffentlichungen immer wieder deutlich: „Alles, was man in der Theologie - in welchem Maße auch immer - als modern und fortschrittlich bezeichnet, wird von der Sorge getragen, die Heilsbotschaft dem heutigen Menschen verständlich zu machen. Die Theologen, die sich dafür einsetzen, sind selber, jeder auf seine Art, Menschen von heute; sie versuchen daher, die christliche Botschaft

5 So formuliert er selbst eine Zwischenüberschrift in seinem Beitrag: *Rückkehr zur Vergangenheit: Weg in die Zukunft? Prolegomena zu einem Entwurf der Theologie* 294.

von der Erlösung und Sünde auf dieser Tonhöhe oder Wellenlänge aufzufangen. Diejenigen, die mit diesen Theologen in Diskussion treten, haben das volle Recht, an sie Fragen zu stellen, ob sie die Botschaft unversehrt weitergeben. Sie müßten aber zunächst einmal begreifen, in welchem Ausmaß die Erstgenannten vom heutigen Verständnis des Menschen ausgehen"[6]. Es geht also Schoonenberg letztlich um die Treue zum christlichen Glauben, aber um eine Treue, die nicht „in der mechanischen Wiederholung früherer Formulierungen" besteht, „sondern darin, daß dasjenige, was einmal mit den Mitteln der seinerzeitigen Situation gesagt wurde, jetzt in der Denksituation von heute wiedergegeben wird"[7].

Die Christologie hat in der Lehre des Konzils von Chalkedon einen gewissen Abschluß gefunden. Deshalb bildet zunächst das Dogma von Chalkedon den Ausgangspunkt seiner Untersuchung: „In dieser Studie wird die chalkedonische Christologie sorgfältiger auseinandergefaltet, indem aus ihr nicht nur weitere Folgerungen gezogen werden, sondern auch und vor allem das spätere Dogma wieder mit der vorausgehenden Überlieferung verbunden wird, mit der Christologie des Neuen Testamentes, mit dem ihr zugrundeliegenden Kerygma und mit der Gestalt Jesu selbst, die uns in diesem Dogma entgegentritt" [53].

Schoonenbergs Christologie setzt beim Symbolum Chalcedonense ein. Dies soll untersucht werden:

a) auf seine impliziten Schlußfolgerungen
b) auf die Kongruenz zwischen Dogma und vorausgehender Überlieferung
c) auf Übereinstimmung von Dogma und der Person Jesu Christi, wie sie im Neuen Testament faßbar ist.

Ohne hier bereits eine Stellungnahme abgeben zu wollen, möchten wir doch der Verdeutlichung halber auf folgendes hinweisen: Von der Konzeption her steht das Chalcedonense im Zentrum

[6] P. SCHOONENBERG, *Theologie und Lehramt*, in: WuW 22 (1967) 737f. Zusätzlich sei auf folgende Veröffentlichungen hingewiesen: SCHOONENBERG, *Ereignis und Geschehen. Einfache hermeneutische Überlegungen zu einigen gegenwärtig diskutierten Fragen*, in: ZKTh 90 (1968) 1-21, bes. These 1, 4, 8 und 9. DERS., *Orthodoxie und Orthopraxis*, in: Die Antwort der Theologen, hg. von K. Rahner u.a. (Düsseldorf ²1969) 36-42. Dort schreibt Schoonenberg S. 38: „Deshalb scheint es mir Aufgabe des Theologen zu sein, die Lehre der Kirche wieder als frohe Botschaft des Evangeliums neu zu formulieren und sie nicht als eine Sammlung von Erklärungen zu sehen - ‚wie die Dinge sind' -, sondern als die Botschaft von dem, was Gott für uns ist".

[7] P. SCHOONENBERG, *Theologie und Lehramt* 745.

der Studie Schoonenbergs. Wenn dessen Inhalt auch am neutestamentlichen Jesusbild überprüft werden soll, so ist dieser Ansatz dennoch nicht ohne weiteres mit den christologischen Ansätzen vergleichbar, die sich bisher insbesondere innerhalb der protestantischen Christologie als Christologie „von unten" heraus kristallisierten. Dort bestand das Hauptanliegen ja darin, zuerst Christi Gottheit am geschichtlichen Jesus[8] nachweisen zu wollen, bevor man überhaupt von ihr sprechen konnte. Schoonenbergs Anliegen besteht hingegen in der Interpretation des Chalcedonense. Dies zeigt sich auch im groben Aufbau seiner Studie. Denn erst deren *Zweiter* Teil trägt die Überschrift: *Das irdische und das verherrlichte Leben Christi* [112]. So konstatiert Schoonenberg im Ersten Teil auch die Personeinheit Jesu [70] dazu, um dann innerhalb der Problematik des Zwei-Naturen-Modells den Ausgang beim Menschsein Jesu zu nehmen. Es geht Schoonenberg also offensichtlich nicht um eine Begründung der Gottheit im geschichtlichen Jesus, wie wir es bei Ritschl, Herrmann, Elert und Althaus als Hauptaufgabe der Christologie herausstellen konnten. Schoonenberg spricht ja von vornherein auch von der Gottheit Jesu, da er schon den Ersten Teil seiner Untersuchung mit dem Untertitel *Der Mensch, der Gottes Sohn ist* [70] überschreibt. Schoonenberg geht es vom Ansatz her um die Entfaltung und Durchdringung des Persongeheimnisses Jesu Christi. Entsprechend seinen erkenntnistheoretischen Voraussetzungen[9] setzt er dabei aber beim Menschsein Jesu Christi an. Insofern stimmt Schoonenberg mit den Perspektiven einer Christologie „von unten", wie wir sie in ersten Ansätzen innerhalb der katholischen Theologie feststellen konnten, und bei denen das Symbolum Chalcedonense nicht in Frage gestellt war, durchaus überein. Aus protestantischer Sicht ist sein Ansatz von der Konzeption her wohl am ehesten noch mit den Überlegungen I.A. Dorners zu vergleichen, allerdings mit dem wesentlichen Unterschied, daß Dorner auch in der Christologie von der Gotteslehre ausgehen will[10]. Schoonenberg geht dagegen von dem Menschsein Jesu aus, um dann zu fragen: Wie ist es möglich, beide Aussagen im Hinblick auf die Naturen voll aufrecht zu erhalten, und insbeson-

[8] Sei es, daß man damit nur den irdischen Jesus meinte, sei es daß man den Irdischen und Verherrlichten im Blick hatte.

[9] S.o. S. 122-126.

[10] „Die Fundamentallehre hat also die Aufgabe, die Notwendigkeit nachzuweisen, daß Jesus Christus der Gottmensch sei. Dazu hat sie von der Gotteslehre auszugehen", so J. ROTHERMUND, *Personale Synthese* 140.

dere das Menschsein Jesu voll zur Geltung zu bringen trotz der einen Person?

Inwieweit ihm das gelingt, steht hier noch nicht zur Debatte. Diesen Hinweis halten wir aber auch schon im darstellenden Teil für notwendig, um einem möglichen Vorurteil vorzubeugen: Bei manchen Kritikern hat es nämlich den Anschein, daß sie in dem Moment, da Schoonenberg von der menschlichen Person Jesu Christi spricht, sofort um das Personsein des Logos fürchten und von daher Schoonenberg allzu sehr durch die „Trinitätsbrille" weiterlesen. Die sich dabei ergebenden Schwierigkeiten muß man voll im Auge behalten, aber man sollte zunächst einmal Schoonenbergs Weg weiter mitgehen, um ihn dann rückblickend zu überprüfen.

Seine Christologie als Interpretation des Chalcedonense widerspricht an sich auch nicht seiner These in dem Beitrag *Trinität - der vollendete Bund*. Im Hinblick auf die Christologie sagt er dort:

a) „Daß nicht der präexistente Logos, sondern nur Jesus Christus, wie er gelebt hat, gestorben ist und als der Auferstandene lebt, Ausgangspunkt der Christologie sein kann".
b) „Daß der Inhalt der göttlichen Präexistenz Christi nur von seinem irdischen und verherrlichten Leben her zu bestimmen ist"[11].

So hängt unser Glauben an Jesus Christus - auch für Schoonenberg - nicht mythenhaft in der Luft, sondern er bezieht sich ebenso wie das Chalcedonense und das Dogma von Nikaia auf den irdischen und verherrlichten Christus[12]. Wir werden indes im Auge

[11] P. SCHOONENBERG, *Trinität - der vollendete Bund*, in: Orien. 37 (1973) 115-117, hier These 4.

[12] S. W. KASPER, *Christologie von unten?* 142. Im Vorausblick auf den Dritten Teil unserer Arbeit sei hier wieder ein Hinweis auf Nikolaus von Kues erlaubt. Auf die Frage: „Wie müssen wir Christus verkündigen, damit man Ihn auch erkenne?", und: „Wie kann ich Christus dem Volke als Weg und Türe zum Paradies oder zum Reich des Lebens verkünden?" antwortet Cusanus christologisch und bibeltheologisch so: „Nam Deus Pater etsi non potest cognosci nisi per Filium, nemo enim Patrem ut Patrem cognoscit nisi Filius et nemo cognoscit Filium ut Filium nisi Pater, tamen Pater et Filius cognoscuntur revelatione fidei. Si enim pervenerimus ut Christum Filium Dei habeamus per fidem, ipse nobis revelat Patrem. Ad hoc autem ostium habemus humanitatis, quia dum ea quae Christus homo gessit inspexerimus, reperiemus in homine virtutem divinam supra omnem hominem, ex quibus sibi credimus, in eo enim quod se dicebat Filium Dei esse et missum Patris. Testimonia enim efficacissima atque certissima produxit, ita quod nemo in hoc haesitare potest, qui ratione utitur. Dicimus enim populo quomodo Christus venit natus de Virgine, quae miracula operatus, quae docuit, quae promisit, quomodo mortuus est, ut testimonium perhiberet veritati per ipsum. Praedicate quomodo

behalten müssen, wie weit Schoonenbergs eigene Interpretation die Differenzierung von *ratio essendi* und *ratio cognoscendi* berücksichtigt.

Mit diesem Hinweis meinen wir, unsere Konzeption, in diesem Teil der Arbeit in erster Hinsicht Schoonenbergs Entwurf darzustellen und keine definitive Stellung zu beziehen, nicht zu beeinträchtigen. Dieser Hinweis soll nämlich nichts anderes, als auf ein kritisches Verständnis der Christologie Schoonenbergs vorzubereiten.

Wenden wir uns nun dem christologischen Entwurf Schoonenbergs inhaltlich näher zu.

b) Schoonenbergs Darstellung des Symbolum Chalcedonense und seine Bedenken dagegen

1. Der Modellcharakter des Chalcedonense und seine Entwicklungsgeschichte

Zunächst fällt auf, daß Schoonenberg in Anlehnung an Untersuchungen aus dem englischsprachigen Raum[13] vom „Modellcha-

resurrexit a mortuis, quomodo apparuit post resurrectionem et quomodo illi, quibus apparuit, receperunt Spiritum Sanctum, in quo confortati testimonium perhibuerunt resurrectioni usque ad mortem inclusive, et non solum illi, sed et alii infiniti. Ex illis enim ascendimus usque ad fidem, scilicet quod ille homo fuit etiam Filius Dei et quod ei ut Filio Dei oboediendum atque credendum sit. Deinde convertimur ad evangelizationem, doctrinam et mandata ipsius Filii Dei, et quomodo aperuit scripturas, quia ostendit se esse illum, de quo loquuntur scripturae, et quomodo recipiendo ipsum per fidem formatam oboediendo doctrinae et praeceptis eius et respiciendo ad ipsum tamquam ad exemplar viae nostrae, sperare debemus sibi conformari et beatitudinem secum possidere.“ (*Sermo* CCLXXX [277] vom 2. Mai 1457 [V_2, Fol. 263ra - 266vb]). Siehe R. HAUBST, *Die Christologie des Nikolaus von Kues* 6. Zu der Predigtzählung siehe die *Praefatio generalis* in h XVI.
Überspitzt formuliert finden wir auch bei Cusanus die Aussage: Gott der Vater ist nur von Jesus her erkennbar. Erkenntnis Christi heißt den Ausgang der Erkenntnis nehmen bei den Glaubenswahrheiten der Schrift: Bibeltheologie ist in erster Hinsicht der Weg zur Erkenntnis Jesu Christi. Der „Sitz im Leben“ oben genannter Predigt ist eine pastorale Situation: Die Anweisung zur Hinwendung zur Hl. Schrift gibt Cusanus nämlich als Bischof von Brixen seinem Diözesanklerus auf einer Synode in Brixen. Die Notwendigkeit einer Hinwendung zur Hl. Schrift für die Erkenntnis der Person Jesu hat schon Cusanus offensichtlich voll erkannt.

13 Schoonenberg verweist auf folgende Veröffentlichingen: I. RAMSEY, *Religious Language* (London 1964); J. MCINTYRE, *The shape of Christology* (London 1966); J. KNOX, *The Humanity and Divinity of Christ. A Study of Pattern in Christology* (Cambridge 1967). (*S. Ein Gott der Menschen* 54, Anm. 2). Eine

rakter“ des Chalcedonense spricht, wobei er die Problematik des „Modell-Denkens“ kurz andeutet: Dessen Vorteil sieht er darin, daß es bereits erworbenes Wissen zusammenfassend darstellen kann und so eine Basis für weiteres Fragen und Suchen abgibt. Andererseits birgt ein Modell aber auch die Gefahr einer Blickverengung in sich, insofern es ja das weitere Suchen mitbestimmt und möglicherweise in fest eingefahrene Schemata zwängt. Der Benutzer von Modellen muß also die Bereitschaft mitbringen, diese gegebenenfalls zu durchbrechen, um gerade so ihre Allgemeingültigkeit zu erweitern. Dies gilt auch für theologische Modelle, die nicht nur erlaubt, sondern auch notwendig sind[14]. Als Beispiel dafür führt Schoonenberg die „göttliche Inspiration des Glaubensaktes“ an, „dessen Inhalt in der ‚heiligen‘ Theologie erklärt wird. Außerdem können sie [scil. die Befürworter von Modellen] auf die göttliche Person selbst hinweisen... Damit ist aber weder die Menschlichkeit von Glauben, Bekennen und Glaubensdenken, noch die menschliche Erkennbarkeit Christi ausgeschlossen. Der Glaube ist ohne Unterbrechung eine Gabe des Heiligen Geistes, aber er ist gleichzeitig und ebensosehr eine menschliche Entscheidung und eine menschliche Äußerung, mitbestimmt durch die Geschichte des Menschen, der glaubt, durch die Einsichten, die seine Welt ihm zuträgt, und die Fragen, die sie ihm stellt. Darum führt der Heilige Geist die Kirche auf den Wegen des menschlichen Denkens selbst zur vollen Wahrheit, und ein wahrhaft gläubiger Theologe braucht sich nicht zu schämen, diese Wege in der Vergangenheit zu erkennen und heute (wenn nötig) zu korrigieren. Auch Gottes Sohn fällt durch seine Erkennbarkeit als Mensch unter unsere menschlichen Denkmodelle. Gerade der ganz einzigartige Eindruck, den seine Person auf jene machte, die an ihn glaubten, ließ sie [scil. die Glaubenden] nach vertrauten Modellen greifen, die aber zugleich durchbrochen wurden“ [54f.][15].

Auseinandersetzung über Modelle des theologischen Denkens gibt der amerikanische Theologe A. Dulles. Dazu siehe *Umrisse meiner theologischen Methode*, in: Entwürfe der Theologie, hg. v. Joh. B. Bauer (Graz 1985) 51-70, bes. 60-65. Zum verwandten Begriff „Paradigma“ vgl. H. KÜNG, *Theologie auf dem Weg zu einem neuen Paradigma* 181-207.

14 Zu diesem Fragenkomplex s. P. SCHOONENBERG, *Die Interpretation des Dogmas* (Düsseldorf 1969).

15 In der späteren Würdigung von Schoonenberg werden wir hier seine Orientierung an biblischen „Modellen“ und an der Dogmengeschichte im Auge halten müssen.

Entsprechend seinem Leitsatz „Rückkehr und Fortschritt" und ausgehend vom Modellcharakter christologischer Aussagen weist Schoonenberg zunächst biblische Modelle auf, wobei er vom AT ausgeht [55ff.], um schließlich über das „Denkmodell der klassischen, vornehmlich von Chalkedon inspirierten Christologie" [57-61] die „Entstehung des chalkedonischen Modells" [55] aufzuzeigen. Dabei scheint es ihm wichtig zu sein, daß die biblischen Modelle, insbesondere die des AT[16], keine allgemeinen Begriffs-Modelle, sondern Bild-Modelle sind. Sie sind „einzigartig, indem sie eine Fülle oder eine Endgültigkeit aussagen" [55]. In Anlehnung an die christologischen Untersuchungen von O. Cullmann[17] und F. Hahn[18] weist Schoonenberg auf die Übernahme, Verbesserung und Verknüpfung dieser alttestamentlichen Modelle in Anwendung auf die Christologie im NT hin, bei denen auch „eine Wechselwirkung zwischen den Modellen jüdischen und hellenistischen Ursprungs" [55], insbesondere in Phil 2,6-11, unübersehbar ist. Die verschiedenen neutestamentlichen Denkmodelle lassen sich schließlich nach Schoonenberg wie folgt schematisieren:

- Das Verhältnis Jesu zu Gott und zugleich Jesu Verhältnis zu seinen Mitmenschen. Dieser Kerngedanke trifft nach Schoonenberg auf „alle christologischen Titel" zu [55ff.].
- Jesu eigene Geschichte. Diese Perspektive ist nochmals unterteilbar in:
    - Jesu irdisches Leben und Sterben
    - Jesu Wiederkunft
    - seine beständige Gegenwart in der Kirche
- Das Verhältnis von irdischem und verherrlichtem Leben als das Thema, das jede Evangelienperikope durchzieht.
- Modelle, die gleichsam rückblickend von der Verherrlichung Jesu her auf sein irdisches Leben übertragen werden. Hier wären zu nennen:
    - alle adoptianischen Modelle, beispielsweise solche von der Einsetzung Jesu bei seiner Auferweckung zum Herrn, Messias und Hohen Priester (Apg 2,36; Röm 10,9; Phil 2,9; Hebr 1,3f.; 5,9). Allerdings meint Schoonenberg, daß diese Modelle die Prädikate des Verherrlichten gerade nicht auf Jesu irdisches Leben übertra-

[16] Er verweist hier insbesondere auf die Titel „Gottes Sohn", „Knecht Jahwes" und „Menschensohn".

[17] O. CULLMANN, *Die Christologie des Neuen Testaments* (Tübingen ^{3}1963).

[18] F. HAHN, *Christologische Hoheitstitel* (Göttingen ^{4}1974).

gen, sondern diese stellen die Auferweckung Jesu deutlich als einen Grenzübergang dar.

- solche, die Jesu göttliche Sohnschaft mit der Auferstehung verbinden, wie Apg 13,33; Röm 1,4; Hebr 1,5.

- Modelle, die Jesu einzigartiges Verhältnis zum Vater ausdrücken (Mt 12,27). Auch hierbei ist wieder zu unterscheiden zwischen Modellen, die

- Jesu Ursprung ganz Gott zuschreiben, entweder durch „seine Empfängnis aus dem Heiligen Geist“ oder

- „durch seine Präexistenz“.

Gerade bei dem letzten Motiv möchten wir darauf hinweisen, daß Schoonenberg bei Ablehnung einiger protestantischer Meinungen eigens hervorhebt, daß diese beiden Motive, mögen sie auch im NT nebeneinanderstehen, durchaus miteinander verbunden werden können und sich nicht widersprechen. „Sie würden sich erst widersprechen, wenn die jungfräuliche Empfängnis in dem Sinne ein Grund für die göttliche Sohnschaft Jesu wäre, daß er erst von seiner Empfängnis in Mariens Schoß an Sohn Gottes ist. Das wird aber in Lk 1,35 nicht gesagt: Die jungfräuliche Zeugung Jesu kann dort auch so aufgefaßt werden, daß sie einerseits für uns ein Grund ist, Jesus als Sohn des Allerhöchsten anzuerkennen, während sie anderseits eine Folge von Jesu göttlicher Sohnschaft oder mindestens seiner Präexistenz als Pneuma ist. Insofern hat die spätere Tradition nichts Unberechtigtes getan, als sie beide Denkmodelle miteinander verband“ [57][19].

Vergleicht man die angedeutete Vielfalt christologischer Aussagen in der Hl. Schrift mit der sogenannten „klassischen, vornehmlich von Chalkedon inspirierten Christologie, so betreten wir“ - eine heute oft zu findende, fast schon negative Feststellung - „eine andere Welt: Die verschiedenen biblischen Titel sind in einem einzigen aufgegangen, dem vom ‚Sohn Gottes‘“ [57][20]. Innerhalb dieser

[19] Manche Kritiker werfen Schoonenberg die Leugnung der jungfräulichen Empfängnis vor. Hier bleibt aber festzuhalten, daß er sich positiv für diese einsetzt.

[20] Wir erinnern hier an L. Hödl, der im neutestamentlichen Jesus-Bild eine ganze Bilder-Galerie sieht, die in der klassischen Christologie aber auf ein Jesus-Plakat reduziert zu sein scheint (S. o. S. 7, Anm. 7).
Schoonenbergs „Galopp durch die Geschichte der Christologie“ ist äußerst komprimiert und dürfte auch nicht in allem der heutigen Forschung standhalten. Dennoch müssen wir hier Schoonenbergs Darlegung der „Entstehung des chalkedonischen Modells“ kurz skizzieren, da ja aus seinen Fragen an dieses Modell von seiner Entwicklung her die Basis für seinen Entwurf gegeben ist.

Konzentration finde indes eine Polarisierung auf den Aspekt der „Verbundenheit mit dem Vater“ [57] statt. „Diese ist zur Einheit des göttlichen Wesens geworden, und zwar durch Anwendung eines anderen der schon erwähnten Denkmodelle, des Modells der Präexistenz“ [57]. Auch in der nachbiblischen Tradition klingen zwar noch andere Motive, wie die stärkere Betonung des Weltverhältnisses des Logos sowie das Verhältnis des Logos zum Menschen durch - Schoonenberg verweist hier u.a. auf Hippolyts Homilie gegen Noetos 15, wo es heißt, daß „der Logos an sich und ohne das Fleisch nicht vollends Sohn war“ -, aber letztlich „wird der Logos immer deutlicher zur Person neben dem Vater, auch in seiner Präexistenz“ [57]. Den Hintergrund für diese einseitige Blickverlagerung sieht Schoonenberg

- im Kampf gegen den Adoptianismus
- im Kampf gegen den Modalismus und vor allem aber
- in der Präexistenz-Theologie des Origenes [57].

Zu einem ersten Höhepunkt in der Überbetonung der Präexistenz kam es nach Schoonenberg dann auf dem Konzil von Nikaia. Auch hier scheint er eine gewisse Zeitbedingtheit anzudeuten, indem er einerseits anerkennend, andererseits dann aber wieder mehr zurückhaltend formuliert: „Wenn die Kirche in dieser Auseinandersetzung die biblische Lehre aufrechterhält, daß in Jesus Christus ‚die ganze Fülle der Gottheit wohnt‘ (Kol 2,9), so kann sie das in der gegebenen Situation kaum anders aussprechen, als daß sie den Logos ganz zum Sohn erklärt, der mit dem Vater wesenseins ist. Diese Lehre von Nizäa ist zum Teil in der näheren Präzisierung eines bestehenden Taufsymbolums in Worte gebracht. Das hat zur Folge, daß alles, was vom Sohn gesagt wird, letzten Endes dem ‚Herrn Jesus Christus‘ zuerkannt wird, denn ‚Gottes eingeborener Sohn‘ ist eine Apposition dieses seines Namens. Anderseits aber wird im Symbolum von Nizäa die ganze Wesenseinheit des Sohnes mit dem Vater noch vor der Menschwerdung des Sohnes erwähnt, so daß der Sohn schon vor seiner Menschwerdung als Person bezeichnet wird, wenn auch nicht ohne Verweis auf ‚Jesus Christus‘... Diese Präexistenz wird dadurch noch deutlicher, daß im Canon, der dem Symbolum beigefügt wurde, der Ursprung des Sohnes aller Zeit enthoben wird ... und das erste Konzil von Konstantinopel die Aussage des Nizänischen Symbolums ‚geboren aus dem Wesen des Vaters‘ durch die Worte ‚aus dem Vater geboren vor aller Zeit‘ ersetzt... Seitdem beherrscht die Präexistenz des Sohnes immer mehr das christologische Glaubensbekenntnis und Denken“ [58).

Als weitere wichtige Entwicklungskomponente, die zur Entstehung des Chalcedonense beitrug, führt Schoonenberg zu Recht den Streit der beiden Schulrichtungen von Alexandrien und Antiochien[21] an. Das Ergebnis des wichtigsten christologischen Konzils umschreibt er mit Hinweis auf A. Grillmeier und R. V. Sellers so: „Das Konzil hat diese Christologien zueinander gebracht, aber es hat sie nicht miteinander versöhnt. Das Konzil hat den Beitrag beider für die Kirche ehren wollen, indem es jedem den Punkt zeigte, in dem sie anwendbar sind. Die alexandrinische Christologie der Einheit ist im Recht bezüglich der Person Jesu Christi, nicht aber bezüglich seiner Natur, die Zweiheitschristologie von Antiochien gilt für die Naturen Christi, aber nicht für seine Person. So entsteht das Denkmodell von dem einen Christus in zwei Naturen, der göttlichen und der menschlichen. In dieses Modell wird alles Göttliche und alles Menschliche, das die Schrift Jesus zuerkennt, aufgenommen; aber es wird auch etwas hinzugefügt, das die Schrift nicht kennt: die Unterscheidung der Naturen" [59]. Letztlich befand sich das Konzil daher nach Schoonenberg in einer gewissen „Zwangssituation". Auch er anerkennt ja, daß die nichtbiblische Unterscheidung der zwei Naturen notwendig war aufgrund der Voraussetzung, die Nikaia durch die Einführung der „präexistenten Person des Logos" geschaffen hatte und die „im antiochenischen Denken neben den Menschen Jesus trat. In dieser Situation konnte die Kirche das Wahrheitselement von Antiochien nur dadurch mit dem von Alexandrien versöhnen, indem sie der einen Person Jesus Christus zwei Naturen zuerkannte. Oder negativ ausgedrückt: Nur so konnte unser Christusglaube vor Monophysitismus und Nestorianismus bewahrt bleiben" [59f.].

21 Schoonenberg beschreibt die beiden Strömungen als „zwei christologische Typen mit eigener Prägung, die schwerlich noch lediglich als Steigerungen zweier Typen der christlichen Anthropologie gelten können. In gewissem Sinne kann das vielleicht noch von jener Christologie gesagt werden, die das Göttliche betont und diesem Akzent irgendwie die Selbständigkeit des Menschlichen in Jesus (aber nicht mehr die Realität seines Fleisches, wie im Doketismus) opfert. Das ist die alexandrinische Christologie mit ihrem Logos-sarx-Schema, die ihren häretischen Ausläufer im Monophysitismus hat (soweit dieser nicht rein terminologisch ist). Aber der Gegenpol dieser Richtung betont nicht nur das Menschliche in Jesus und dessen Selbständigkeit, sondern bejaht auch (mit Nizäa) den präexistenten Logos oder Sohn und kommt so zu einer Zweiheit von Tätigkeiten, Naturen, Subjekten oder Personen. Das ist die antiochenische Christologie mit ihrem Logos-anthropos-Schema, die der alexandrinischen Christologie der Einheit als Zweiheitschristologie gegenübergestellt werden kann" [59].

Schließlich konzediert Schoonenberg auch noch, daß das Dilemma weniger im Modell von Chalkedon selbst liegt, da mit diesem Modell in erster Hinsicht vor Irrlehren bewahrt werden sollte. Der eigentliche Fehler liegt vielmehr in der späteren Interpretation. Denn später wird vor allem unter alexandrinischem Einfluß, insbesondere im Neu-Chalkedonismus, die eine Person in Christus immer exklusiver die göttliche Person.

Letztlich sieht Schoonenberg das Problem in der mit Leontios von Byzanz gegebenen Anwendung des Begriffes „Hypostase". „Für Leontios ist die menschliche Natur Christi ‚*enhypostatisch*', d.h. daß sie *in* der göttlichen Hypostase des Wortes existiert (adv. Nestorianos et Eutychianos, 1. I passim). Das ist eine Antwort, die zwar von jedem späteren Anhänger des Konzils von Chalkedon übernommen wird, aber die selbst Anlaß zu sehr vielen Fragen gibt" [61][22].

[22] Diese Darstellung der christologischen Modellentwicklung bis zu Nikaia und Chalkedon bereitet hier eine gewisse Schwierigkeit: Es ist zwar eine vereinseitigende Konzentration in der Entwicklung feststellbar, aber diese Entwicklung gründet nach Schoonenbergs eigener Aussage doch noch auf „biblischem Boden": „Wenn die Kirche in dieser Auseinandersetzung die biblische Lehre aufrechterhält, daß in Jesus Christus ‚die ganze Fülle der Gottheit wohnt' (Kol 2,9), so kann sie das in der gegebenen Situation kaum anders aussprechen, als daß sie den Logos ganz zum Sohn erklärt, der mit dem Vater wesenseins ist". An anderer Stelle schreibt Schoonenberg hingegen, daß sich Nikaia gerade durch die Einführung des homoousios vom NT entfernte: „Nicht nur die Kommentatoren, sondern auch die Konzilsväter waren sich bewußt, daß sie einen Terminus einführten, der nicht biblisch ist: ‚wesenseins' (homoousios)" (P. SCHOONENBERG, *Christologische Diskussion heute*, in: ThPQ 123 [1975] 105-117, hier 106). Offen bleibt hier die Frage: Impliziert das „nicht biblisch": entgegen der Bibel? Oder ist das mit inbegriffen, was A. GRILLMEIER (*Jesus der Christus im Glauben der Kirche* Bd. I, 640f.) zu berücksichtigen aufgibt, wenn man hier von „nicht biblisch" spricht: „Das Kerygma der apostolischen und nachapostolischen Zeit über Christus ist so in ein hellenistisch formuliertes Dogma eingefangen, das die Theologie von drei Jahrhunderten vorbereitet hat. Wir scheinen weit von der Bibel entfernt zu sein. Immerhin ist bemerkenswert, wie stark ein entscheidender Begriff, Hypostasis nämlich, in seinem Gehalt gerade von seinem Gebrauch in Hebr 1,3 her bestimmt wird. *Die Begriffe aber entscheiden nicht über Nähe und Ferne von der Bibel* (Hervorhebung von mir). *Es kommt auf das Verständnis von der Person Jesu Christi an. Das kirchliche Dogma von der Person Jesu Christi will gerade das biblische Kerygma von Jesus Christus schützen und aufrechterhalten - und dies gegen rationalistische oder mystizierende Auflösungen, ob diese nun in Wirklichkeit gegeben waren oder nicht*". Nach meiner Ansicht ist dieser Grundgedanke Grillmeiers auch auf das homoousios zu übertragen. Damit soll indes nicht jedem Begriffseinlesen in die Schrift hinein Tür und Tor geöffnet werden. An

2. Die „innere“ Problematik des chalkedonischen Modells

Im chalkedonischen Modell sieht Schoonenberg - im Einklang mit der Geschichte der Christologie - diese größeren Problemkreise impliziert:

a) „Die Fragen um den göttlichen Charakter der Menschheit Jesu oder Jesu in seiner Menschheit“ [61]. Dazu zählt er insbesondere die Fragen nach der Adoptivsohnschaft Jesu sowie solche nach dem Handeln Jesu, nach seinem Wissen und Nichtwissen, dies alles aber angesichts der Entscheidung von Nikaia, „denn die natürliche Sohnschaft des Wortes steht nunmehr außer Zweifel“ [61]. Der zweite Fragenkomplex basiert auf dem anthropologischen Aspekt und läuft auf das Problem hinaus:

b) „Hat Jesu menschliche Natur ein *eigenmenschliches* Personsein oder nicht? Ist sie enhypostatisch im Logos auf eine Art und Weise, die ihre eigene Hypostase bestehen läßt (und echt zum Dasein bringt), oder ist sie durch diese Enhypostasie sogar ‚*an-hypostatisch*‘“ [62]?

Eine gewisse Ausgewogenheit in der Beantwortung dieser Frage schreibt Schoonenberg der Scholastik zu. So habe nach Thomas Christi Menschheit einen eigenen Seinsakt, der gegenüber dem Seinsakt des Wortes sekundär sei [62][23]. Sonst hätten sich in Früh- und Spätscholastik aber „seltsame ontologische Konstruktionen“ ergeben. Und schließlich kommt er aufgrund der in diesem Jh. durch L. Billot neuauflebenden „Theorie der Seinsekstase“ zu dem Ergebnis: „Diese Theorie macht vielleicht am schärfsten deutlich, in welche Ratlosigkeit das chalkedonische Modell führen kann. Auf der einen Seite scheint sie ja die logische Konsequenz von Christi Einheit als Person zu sein: ein Wesen, das wirklich *ein* Wesen ist - und eine Person wird doch gerade in höchstem Maße als solch *ein* Wesen aufgefaßt -, kann nur *einen* Seinsakt haben. Anderseits macht gerade das Fehlen eines eigenen geschaffenen Seinsaktes die menschliche Natur Christi ganz und gar unwirklich“

unserer Stelle erwies sich aber, daß die Einführung des homoousios das Kerygma der Bibel rettete. Insofern halten wir auch seine Einführung durchaus für „biblisch“.

23 S. L. OTT, *Das Konzil von Chalkedon in der Frühscholsatik*, in: Das Konzil von Chalkedon, Bd. II, 874-922 sowie ebd. den Beitrag von I. BACKES, *Die christologische Problematik der Hochscholastik und ihre Beziehung zu Chalkedon.* Ferner: PH. KAISER, *Die gottmenschliche Einigung in Christus als Problem der spekulativen Theologie seit der Scholastik* (= MThS Bd. 36 [München 1968]).

[63][24]. Im Hinblick auf diese (heute aber durchweg aufgegebene) Konzeption[25] erklärt Schoonenberg freilich mit Recht: „Hier kommt man eigentlich zu einem ontologischen Doketismus" [63]. Im Gegenzug dazu entwickelte sich in den sechziger Jahren die Theorie von der Annahme eines „psychologischen Ichs" oder „Aktzentrums", dem Schoonenberg hier im Rahmen seiner kurzgefaßten Darlegung zur „Entwicklungsgeschichte der Christologie" mehr Erfolg zuspricht [64].

Die Problematik, im gewissen Sinne sogar Aporie, in der wir uns hier bewegen, lautet: Bewahren wir die Einheit in Jesus, so geht es entweder zu Lasten des göttlichen oder des menschlichen Seinsaktes. Nehmen wir beide voll und ganz an, so besteht die Gefahr, daß wir die Einheit in Jesus aufgeben. Gerade der letzte Aspekt wurde immer wieder deutlich zurückgewiesen. Als eine Folge davon zeigte sich aber, daß die menschliche Personalität Jesu bisher zu wenig beachtet wurde.

3. Die Mängel des chalkedonischen Modells

Wurden im vorhergehenden Spannungen aufgezeigt, die im Dogma von Chalkedon selbst begründet sind, so soll im folgenden auf Gefahren hingewiesen werden, die das chalkedonische Modell erst gar nicht mitberücksichtigt.

Zu Beginn dieses Abschnitts greift Schoonenberg nochmals seine Überlegungen zum Modellcharakter auf und weist ausdrücklich auf dessen „Gefährlichkeit" hin. Dabei bezieht er auch die biblischen Titel vom „Messias", „Herrn" und „Knecht Gottes" mit ein, weil auch sie „Modelle" sind und schon allein aufgrund ihrer historischen Prägung und ihrer Mannigfaltigkeit ihre „Gefährlichkeit" haben. Sie können daher nicht einfach übernommen werden, sondern bedürfen einer „Übertragung", evtl. auch einer Verknüpfung[26].

24 L. BILLOT, *De verbo incarnato* (Romae ^{6}1949) bes. Theses VII, S. 99ff. Siehe dazu auch J. TERNUS, *Das Seelen- und Bewußtseinsleben Jesu. Problemgeschichtlich-systematische Untersuchung*, in: Das Konzil von Chalkedon Bd. III, 81-237, bes. 224 mit Anm. 40 sowie 229ff.

25 Vgl. O. SCHWEIZER, *Person und hypostatische Union bei Thomas von Aquin* (1957) 118.

26 Eine biblische Christologie will Schoonenberg offensichtlich an dieser Stelle nicht entfalten, sondern nur das Modell von Chalkedon den verschiedenen biblischen Christologien gegenüberstellen. Schoonenberg selbst erklärt: „Es ist eine Erklärung der kirchlichen Christologie zu geben; das chalkedonische Modell soll also durchdacht werden. Daß dabei von der biblischen Christologie viel Gebrauch gemacht werden kann, kann schon aus dem bisher Gesag-

Wenden wir uns zunächst Schoonenbergs Einwänden gegen das Chalcedonense zu. Dabei werden wir sehen, daß das ein oder andere Bedenken sich mit solchen deckt, die wir im vorhergehenden Teil unserer Untersuchung als Begründung für die Notwendigkeit einer Christologie „von unten" auffinden konnten. Insgesamt trägt Schoonenberg sechs Einwände vor:

a) Einen allgemeinen Einwand bringt er aufgrund der Begriffsgeschichte des Terminus „Natur" ein: Das heutige Bedeutungsfeld dieses Begriffes ist nicht mehr kongruent mit dem, was dieser ursprünglich in der Formulierung des Chalcedonense implizierte. Heute stehe dieser Begriff, so führt Schoonenberg aus, der Person gegenüber, ja sei ihr sogar untergeordnet; Natur sei eine unterpersonale Wirklichkeit.

Der patristische Begriff φύσις dagegen habe diese Beschränkung nicht gehabt, sondern einfach die Wirklichkeit eines Wesens bezeichnet. „In Chalkedon ging es um die ganze Wirklichkeit, die dem göttlichen und menschlichen Wesen entspricht" [65]. Es sollte also hier die Wirklichkeit der „Wesensgleichheit oder Wesenseinheit" mitausgesagt werden, was durch die Verwendung des auf Nikaia fußenden Begriffs ὁμοούσιος mitausgedrückt ist. Die Aussage von Nikaia, „wesenseins mit dem Vater" wird also durch Chalkedon ergänzt um das „zugleich wesenseins mit uns bezüglich der Menschheit". Daraus zieht Schoonenberg den Schluß, in diesem christologischen Zusammenhang φύσις und ουσία als Synonyme zu verstehen. „Göttliche und menschliche Natur sind einfach Bezeichnungen für alles, was zum göttlichen bzw. menschlichen Wesen gehört, alles, durch das Jesus Christus also mit dem Vater bzw. mit uns wesenseins ist" [65].

b) Chalkedon birgt die Gefahr in sich, daß man die „zwei Naturen", ohne ihren inneren Bezug zu beachten, addiert; daß man

ten ersichtlich werden. Es wird noch klarer, wenn wir nunmehr die Bedenken besprechen, die gegen das chalkedonische Modell erhoben werden können" [GM65].

Damit ist in der Tat eine schwere Aufgabe gestellt: Einerseits ist Schoonenberg sich des Modellcharakters auch der biblischen Christologien mit all seinen Gefahren bewußt; er schafft aber dennoch nicht im voraus eine entsprechend feste bibeltheologische Grundlage, und doch will er die kirchliche Christologie mit den biblischen Christologien „vergleichen". Hier deutet sich doch die Notwendigkeit an, zunächst beides klar gegenüberzustellen.

Mit diesem Hinweis soll kein Vorurteil gegenüber dem Versuch Schoonenbergs suggeriert werden. Wir dürfen jedoch um so mehr gespannt sein, wie Schoonenberg die Gesamtaufgabe angeht und zu lösen versucht.

gleichsam die Person Jesu zu je einem bestimmten Anteil aus „menschlicher Natur" und aus „göttlicher Natur" bestehen läßt. Damit, so betont Schoonenberg, trifft man aber keineswegs die Intention der Väter von Chalkedon. Es ging ja „nicht um ein Verhältnis zwischen Gott und Geschöpf, sondern lediglich um die Gegenwart alles Göttlichen und alles Menschlichen in dem einen Jesus Christus. Den Abstand vom Göttlichen zum Menschlichen erkannten sie an (z.B. mit den Formeln von Nizäa), aber sie arbeiteten ihn in Christus selbst nicht heraus" [66]. Will man also vom „Zwei-Naturen-Modell" sprechen, so muß man „sich immer wieder auf die Ungleichheit dieser ‚zwei' besinnen. Denn wäre man immer davon durchdrungen gewesen, daß wegen dieser Ungleichheit das Göttliche und das Menschliche niemals in einem konkurrierenden Verhältnis auftreten, wären die Theorien von der Anhypostasie der Menschheit Christi als einem tatsächlichen Mangel an geschaffener Vollständigkeit niemals entstanden" [66]. Berücksichtigen wir hier die in *Ein Gott der Menschen* dargelegte erste Studie „Gott oder Mensch - eine falsche Alternative" [9-51] sowie die Überschrift des christologischen Entwurfs: „Gott und Mensch oder Gott im Menschen?", so sehen wir hier angedeutet, in welche Richtung die im letzten Titel ausgesprochene Frage führen soll: Offenbar soll das „Gott und Mensch" durch „Gott im Menschen" ersetzt werden [52]!
c) Durch das „Zwei-Naturen-Modell" wird Christus in bestimmter Weise zum Objekt unserer Erkenntnis gemacht. Dabei wird der existentielle Bezug Christi zum jeweiligen Menschen häufig übersehen, mit anderen Wortem: der soteriologische Aspekt kommt zu kurz, ja wird - wie auch die Geschichte der Christologie zeigt - fast abgelöst. Schoonenberg konstatiert, daß dies immer dann der Fall ist, wenn die Formel von Chalkedon „aus ihrem Zusammenhang mit Aussagen außerhalb und innerhalb dieses Konzils herausgerissen wird" [66f.]. Das „für uns Menschen und um unseres Heiles willen" gehört eindeutig zum Kontext von Chalkedon hinzu [67]. Deshalb läßt eine situationsgerechte Interpretation des Chalcedonense die Trennung von Christologie und Soteriologie nicht zu. Zur Ergänzung des christologischen Modells von Chalkedon muß indes ausgeführt werden, „wie die Erlösung, die im Göttlichen und im Menschlichen Sein Jesu enthalten ist, über die Wege der menschlichen Mitteilung zu uns gelangt. Die Annahme unserer Natur ist in Wirklichkeit die Gemeinschaft Jesu mit uns in Wort, Tat und Verhalten, in Leiden und Sterben und als der Auferstandene. Deshalb muß das Zwei-Naturen-Schema durch biblische

Kategorien ergänzt werden, wie die vom ‚Herrn‘ und vom ‚Knecht‘ und durch unsere Kategorien der Interpersonalität“ [67].

d) Im chalkedonischen Modell liegt ein weiterer Mangel darin, daß über die Stellung Jesu innerhalb der Heilsgeschichte nichts ausgesagt ist. Daraus ergibt sich für Schoonenberg die Aufgabe, „die Transzendenz, die in der göttlichen Natur Christi liegt, auch in der Heilsgeschichte sichtbar zu machen und ihre eschatologische Bedeutung klar werden zu lassen“ [67][27].

e) Jesu eigene Geschichte kommt im Chalcedonense ebenfalls nicht zum Zuge; vor allem sagt es über das Verhältnis von Jesu irdischem und verherrlichtem Leben nichts aus; die Spannung von Jesu Erniedrigung und Verherrlichung verflacht. Daraus ergibt sich die Forderung, „das an sich leere Zwei-Naturen-Schema so weit wie möglich mit Jesu Geschichte zu füllen und es für das irdische und verherrlichte Leben Jesu auszuarbeiten. Verhalten sich das Göttliche und das Menschliche während dieser zwei Existenzphasen des menschgewordenen Wortes vielleicht jeweils anders“? [68][28]

Als Kernproblem ergibt sicht die Frage: Wie ist die „Person“ Jesu zu verstehen? Ist er als Mensch wirklicher Sohn Gottes oder angenommener Sohn Gottes? Ist näherhin das menschliche Personsein integriert und aufgrund dessen das eigentliche menschliche Personsein mangelhaft?(!) Oder aber müssen wir zwei Aktzentren annehmen? Und bedeutet das nicht eine personale Teilung?

Mit diesen kritischen Einwänden hat Schoonenberg in der Tat Grenzen des chalkedonischen Modells aufgewiesen, auch solche, die nicht nur in einer unsachgemäßen Interpretation des Dogmas

27 Auffallend ist hier (gerade im Hinblick auf manche Kritik an Schoonenberg), daß er die Transzendenz in der göttlichen Natur Christi begründet sieht.

28 Auch hier möchten wir uns erlauben, auf einen Problemkreis aufmerksam zu machen: Schoonenberg spricht von Jesu eigener Geschichte. Gewiß, wenn er den Akzent auf den irdischen Jesus legt, so fängt die mit der Geburt an. Aber er spricht ja auch vom gottmenschlichen Dasein. Müßte hier, so fragen wir uns, wenn er von der Heilsgeschichte spricht, nicht stärker differenziert werden? Das Heilshandeln des dreieinen Gottes am Menschen fängt ja nicht erst mit dem irdischen Jesus an. Somit müßten aber sicher - auch „von unten“ betrachtet - folgende Perspektiven mit berücksichtigt werden (vor allem, wenn man das Umfeld von Chalkedon, zu dem ja Nikaia auch hinzugehört, betrachtet): die göttliche Präexistenz des (menschgewordenen) Logos; die irdische Existenz des menschgewordenen Wortes; die verherrlichte Existenz des menschgewordenen Wortes. Dabei müßte ja die Frage nach der Präexistenz nicht als erste behandelt werden. Aber sie ist doch mit Sicherheit eine biblische und heilstheologische Frage, denn ohne die göttliche Präexistenz des Logos wäre die soteriologische Fragestellung wohl auch nicht zu beantworten.

von Chalkedon gründen; vielmehr, so führt er an, muß das Dogma ergänzt werden, will man dem biblischen Reichtum der christologischen Aussagen nachkommen. Dabei ergibt sich aber offensichtlich als Kernproblem die Frage nach der Personalität Jesu: „Ist die Behauptung der *göttlichen* Sohnschaft des *Menschen* Jesus tatsächlich die letzte Auskunft, oder wird dadurch nicht in unzulässiger und dem Zeugnis des Neuen Testaments klar widersprechender Weise die menschliche Wirklichkeit Jesu verkürzt?“[29] Wie wir weiterhin gesehen haben, deutete Schoonenberg im Rahmen seiner Kritik an Chalkedon gleichzeitig die Lösung im Rahmen seines eigenen Neuansatzes an. Seine weitere Auseinandersetzung teilt er in diese zwei Aufgaben ein: „eine mehr zeitlose Betrachtung: *Der Mensch, der Gottes Sohn ist*, und die menschliche Geschichte dieses Sohnes Gottes: *Das irdische und verherrlichte Dasein des Christus*“ [69]. Dabei legt er den Akzent darauf, eine Christologie zu entwickeln, in der „Christus nicht weniger göttlich geglaubt und bekannt“ wird, „als die Kirche es getan hat, auch vor allem in Chalkedon“ [69].

c) Der Mensch, der Gottes Sohn ist

Den ersten Teil seines christologischen Versuchs entwickelt Schoonenberg in diesen vier Gedankenschritten:

1. Hervorhebung der faktisch oft übersehenen Tatsache, daß Jesus Christus *eine* Person ist.
2. Das vollständige Menschsein Jesu als Ansatz der Christologie.
3. Christi göttliche Sohnschaft.
4. Die menschliche Transzendenz Jesu Christi, aufweisbar aus seinem Verhältnis zu Gott und zum Menschen.

Schon dieser Aufbau weicht von den üblichen Christologien ab, insofern er nicht die personale Praexistenz des Logos voraussetzt, sondern nach der Feststellung der *Personeinheit* Jesu Christi bei dem Aufweis von dessen vollem Menschsein einsetzt. Dieser Ansatz ist uns von den sogenannten Christologien „von unten“ vertraut. Dennoch darf Schoonenbergs Ansatz nicht mit solchen verwechselt werden, insbesondere nicht mit denen, die ihren Ausgang beim irdischen Jesus nehmen; und schon gar nicht mit denen, die vom Auferstehungsereignis ausgehen. Denn zum einen brauchten diese Entwürfe gar nicht von der Frage nach der Personeinheit auszugehen; diese Frage konnte sich ja erst aufgrund der Erkennt-

[29] A. SCHILSON u. W. KASPER, *Christologie im Präsens* 118.

nis der Gottheit in Jesus, aufweisbar in seinem Menschsein, entwickeln. Zum anderen betreibt Schoonenberg hier keine genuine „biblische" Christologie, wie wir schon feststellten. Bei allem Rekurrieren auf die Schrift geht es Schoonenberg vielmehr um eine Interpretation bzw. Korrektur des Chalcedonense! Und da „das chalkedonische Modell von der Theologie je länger desto ausführlicher auf ahistorische Weise verarbeitet" wurde, glaubt er „mit seiner Korrektur am besten beginnen zu können, indem wir von der Geschichte Jesu abstrahieren" [69], um erst dann auf Jesu eigene Heilsgeschichte zu sprechen zu kommen. Um es nochmals zu betonen: Schoonenbergs Ansatz „von unten" bedeutet nicht „Begründung der Gottheit in Jesus Christus", sondern „Darlegung und Entfaltung der Person Jesu Christi". Und dabei bildet den Ausgang dann die menschliche Person (!) Jesus Christus.

1. Die eine Person Jesus Christus

Ausgang für Schoonenberg ist die Tatsache, daß Jesus Christus[30] *eine* Person ist. Für die Verfasser der neutestamentlichen Schriften war dies eine Selbstverständlichkeit, womit sich für ihn auch erklärt, warum dort der Begriff „Person" nirgends vorkommt. Die „Personproblematik" wurde halt erst dann akut, als die Einheit Jesu problematisch wurde; und das war insbesondere in der antiochenischen Christologie der Fall, und auch dort erst auf der Basis von Nikaia. „Seitdem gehört die Verschiedenheit, ja die Zweiheit von Göttlichem und Menschlichem in Christus zu den Themen der antiochenischen Christologie" [71]. Vom heutigen Sprachgebrauch her gesehen stellt sich hier allerdings ein Problem bei den Autoren, „die unsere Unterscheidung von Natur und Person noch nicht machten": Bezieht sich die Zweiheit auf die Personen oder die Naturen? Schoonenberg tendiert eindeutig in Richtung der Einheit der Person; ja, er hält es sogar für sehr wahrscheinlich, daß auch die antiochenischen Theologen keine reine Zweiheit der Person annahmen, „wenn es ihnen auch schwer fiel, überall und immer die Einheit des Göttlichen mit dem Menschlichen in ihm zu sehen, besonders in seinem Leiden. Diese Tendenz der antiochenischen Schule finden wir in allen Christologien wieder, die nach dem Konzil von Nizäa ... das Menschliche in Jesus betonen wollen" [71].

Insgesamt gesehen geht es Schoonenberg also darum, aufzuzeigen, daß eine Personeinheit implizit schon immer gedacht wurde,

[30] Jesus = Eigenname für Jesus von Nazareth. Christus = Titel, Übersetzung von „Messias", der zum zweiten Eigennamen wird.

sowohl in der Schrift wie in der späteren Tradition [70ff.]. Von dieser Personeinheit her lehnt Schoonenberg dann solche Theorien ab, die versuchen, einen inneren Dialog zwischen „Mensch - Gott" in Jesus Christus zu verlagern[31], oder aber auch solche, in denen Christus - in seiner einen Person (!) - einmal als Hoherpriester ein Opfer darbringt und als Sohn dasselbe Opfer annimmt. Solche personspaltenden Vorstellungen bezeichnet Schoonenberg (zu Recht) als völlig unbiblisch: „Nicht ein göttlicher Sohn, sondern der himmliche Vater ist das Du des Menschen Jesus. Soweit in den Evangelien etwas von Jesu Innerem hineinstrahlt, ist dieses Innere nicht zunächst die Selbstaussage eines Ich, sondern das Erfülltsein von einem Du, vom Vater" [73][32].

Auch die Annahme eines nur-psychologischen Ich, das zur göttlichen Person hinzukäme, schließt Schoonenberg aus. Zwar gilt diese Möglichkeit in Anbetracht der Enzyklika *Sempiternus Rex* nicht als häretisch; aber Schoonenberg merkt hier schon an, „daß diese Meinung auf keinen Fall die Einheit der Person Christi folgerichtig aussagt" [74] und daß sie letztlich auch nicht bibelkongruent sei. Dabei scheint Schoonenberg dieses Ich zugleich als Real-Person anzusehen[33], da er schreibt: „Was ist denn eine ontologische Person, die nicht auch psychologisch in Bewußtsein und Freiheit als ein Ich und Aktzentrum existiert? Und umgekehrt: Ist ein psychologisches Aktzentrum oder Bewußtsein wohl ein vollständiges Ich oder ein vollständiges Selbstbewußtsein, wenn die ontologische Person, die es trägt, darin nicht fortwährend gegenwärtig ist, sicherlich mitbewußt, aber doch so auch den ganzen Bewußtseinsinhalt bestimmend? Wenn in Jesus Christus", so folgert er schließlich, „das menschliche Ich oder Aktzentrum psychologisch außerhalb seiner ontologischen Person bleibt, ist es doch nicht das Ich oder Aktzentrum Jesu! Und wenn sich darin die ontologische Person Christi ihrer selbst nicht bewußt wird und zu uns spricht, dann ist Jesus als Mensch in dieser Hinsicht nicht von uns unterschieden und, was mehr sagt, dann ist der Christus oder der Sohn

[31] Diese Theorie findet ihren Höhepunkt bei Déodat de Basly. Siehe dazu u.a. R. HAUBST, *Probleme der jüngsten Christologie*, in: ThRv 52 (1956) Sp. 145-162.

[32] Wenn auch der Vater das Gegenüber des Menschen Jesus ist, ist damit aber, so stellt sich die Frage, ein Sich-Bewußtsein (-werden) der göttlichen Sohnschaft auszuschließen? Man könnte ja auch fragen: Wie sieht der Mensch Jesus den Vater?

[33] Womit seine Ablehnung dann vollauf berechtigt wäre.

hinter dem Menschen Jesus verschwunden, ohne für unser Heil von Bedeutung zu sein" [74][34].

Wir sehen also: Es geht Schoonenberg ganz vehement um die Personeinheit Jesu. Nur was unter „Person" zu verstehen ist, das kommt noch nicht hinreichend zum Ausdruck. Soviel wird aber hier schon erkennbar: Das ontologische Personverständnis Jesu Christi darf in keinster Weise das menschliche Personsein (!) Jesu einschränken.

2. Die Vollständigkeit des Menschseins Christi

Anbetracht der neutestamentlichen Schriften ist es ebenso unübersehbar, daß Jesus Mensch ist, wie die Tatsache, daß er *eine* Person ist. Das Menschsein Jesu, so zeigt ein Gesamtüberblick, wird „ausdrücklich in den Vordergrund gerückt, vor allem da, wo es mit der göttlichen Würde kontrastiert, die Christus von Anfang an eigen ist (Phil 2,7; Joh 1,1 bis 14), oder wo es sich darin äußert, daß Jesus Versuchung und Leiden unterliegt (Hebr 2,9; 4,15)" [76]. Die Verbindung „Jesu Menschsein - Jesu Leiden" durchzieht die gesamte hellenistische Tradition[35] und ist auch schon lange vor Chalkedon nachweisbar.

Das Menschsein Jesu geht aber nicht in seiner Leidensfähigkeit auf. Vielmehr umfaßt es alles, was auch zu unserer Existenz gehört, außer der Sünde. Und von daher zeigt sich auch eine Parallele gegeben zwischen der nizänischen Aussage „wesensgleich dem Vater" und dem „wesensgleich mit uns". „Christus ist seiner Natur nach (φύσις) oder seinem Wesen nach (οὐσία) jedem Menschen gleich" [76]. Und damit, so betont Schoonenberg, ist bei der Interpretation des Chalcedonense eine Grundvoraussetzung: das unumgehbare Verbot, unseren heutigen Natur/Person Begriff in das Chalcedonense hineinzutragen. Interpretiert man nämlich das Dogma von Chalkedon von seinem geschichtlichen Umfeld her, dann darf man die „Frage, ob Christus eine menschliche Person ist

34 Zur Frage nach dem „psychologischen Ich" siehe auch F. MALMBERG, *Über den Gottmenschen* (= QD 9, Freiburg/Basel/Wien 1960) bes. 106-114. Malmberg lehnt die Annahme eines psychologischen Ich ab. Seine Argumentation ähnelt der Schoonenbergs sehr. Sicher dürfte Schoonenberg hier von Malmberg beeinflußt sein, da dieser ja einer seiner Lehrer war, über den Schoonenberg aussagt: „... verdanke ich viel meinem damaligen Professor der Fundamentaltheologie, Felix Malmberg, einem Jesuiten, der in den 70er Jahren gestorben ist" (Ein biographisches Interview, in: *Auf Gott hin denken* 17).

35 Schoonenberg verweist auf Justin: ὁμοιοπαθής ἡμῖν (Dial. cum Tryphone 48,3) sowie Nestorius, der gerade beim Leiden Christi geneigt gewesen sei, in Christus zwei Subjekte zu sehen.

... nicht negativ entscheiden, indem man sagt, das Konzil von Chalkedon habe ihm lediglich eine menschliche Natur zuerkannt; die Antwort auf diese Frage wird vom Ausgangspunkt dieses Glaubensbekenntnisses selbst her gesucht werden müssen" [77]. Die tragende Rückversicherung unserer Antwort muß vom ganzen Bild der Schrift und der Tradition her gestützt und ausgefüllt werden [77]. Legt man aber diese Erkenntnisquellen zugrunde, dann erhalten wir auch eine eindeutige Antwort, die Schoonenberg so formuliert: „... von diesem Bild her darf ein menschliches Personsein und damit ein eigenes menschliches Sein und Werden und ein menschliches In-der-Geschichte-Stehen nicht nur nicht ausgeschlossen werden; sie müssen Jesus positiv zuerkannt werden" [77]. Täte man dies nicht, dann, so zieht Schoonenberg die Konsequenz, müßten wir Jesus die Menschheit absprechen. Verneine man in Christus einen menschlichen, geschaffenen Seinsakt, dann sei Christus mehr verstümmelt als im Apollinarismus. Dasselbe gelte auch weiterhin für alle Erklärungsmodelle, „die Christi menschliche Natur anhypostatisch machen, die ein menschliches Personsein in Christus verneinen, wenigstens insofern eine positive Vollständigkeit gemeint ist" [77].

Genau an dieser Stelle kommt Schoonenbergs erste Studie „Gott oder Mensch - eine falsche Alternative" [9-51] für ihn zum Tragen. Dort war er schon zu dem Ergebnis gekommen, „daß Gott von innen her in seine Schöpfung eingreift". D.h. für Schoonenberg, „daß Gott als immanent in seinen Geschöpfen, also in seiner Verbundenheit mit ihnen, also gemeinsam mit ihnen, eine bestimmte Wirklichkeit zustande kommen läßt. Das hieße aber mit anderen Worten noch einmal, daß er bei der Verwirklichung von etwas Neuem das bereits Bestehende einschaltet" [19]. Weiter führt er an: „Als Schöpfer schenkt Gott uns ... ein Sein, das wir nicht empfangen, da es uns erst als Empfangende konstituiert. In der Gnade begegnet Gott unserer Person überdies als schon bestehende Person; er setzt sie voraus". „Die Tatsache, daß in der Welt *bestimmte* Wesen entstehen, *bestimmte* Ereignisse stattfinden, *bestimmte* Verhältnisse zustande kommen, kann niemals mit Gott allein erklärt werden, sondern mit Gott *und* einer innerweltlichen Ursache, mit Gott als demjenigen, der eine innerweltliche Ursache verwirklicht" [35 u. 40]. Dieses Schöpfer-Geschöpf-Verhältnis ließe es also nach Schoonenberg gar nicht zu, daß Gott dem menschlichen Personsein sein Personsein nähme, um dem Personsein des Logos „Platz zu machen". „Vom Verhältnis zwischen Gott und Geschöpf her spricht also alles gegen die Verneinung eines eigenen menschlichen

Personseins und menschlichen Seins in Jesus Christus. Und mehr noch: Vom Schöpfer-Geschöpf-Verhältnis her spricht alles für die Bejahung dieses menschlichen Personseins" [78], da ja, so könnte man hier ergänzen, Gott sein Geschöpf bei seiner Offenbarung nicht ausschaltet, sondern sich seiner bedient. Eine Konsequenz daraus scheint dann aber zu sein, daß die Annahme einer göttlich präexistenten Personalität zumindest beschränkt werden müsse zugunsten der „unbestreitbaren" menschlichen Personalität. Doch Schoonenberg drückt sich vorsichtiger aus: „Eine Person kann nicht ein menschliches Personsein neben dem göttlichen Personsein in sich tragen, eine Person kann nicht zwei Seinsakte haben. Das ist wahr, aber die Argumente für ein eigenes menschliches Personsein sind damit nicht hinfällig" [79]. Das eröffnet die Frage nach dem göttlichen Personsein. Was heißt „göttliche Person"?

3. Christi göttliche Sohnschaft

Schoonenbergs „didaktisch-methodischer" Ansatz lautet: „Von sicher Gegebenem Ausgehen" [70]. Als gesichert sieht er an, daß Jesus Christus *eine* Person ist, und alles spricht dafür, daß er eine *menschliche Person* ist[36]. Das steht aber mit der klassischen Christologie in einer gewissen Spannung insofern, als diese von der *göttlichen Person des Logos* ausgeht. Wie Schoonenberg eigens hervorhebt, tut indes die Konzilsformel selbst dies nicht, sondern - von Nikaia mitbedingt - hatte sich bei den Vätern dieser eine Entwicklungsstrang immer mehr herausgebildet. „Vom Konzil von Chalkedon wird dagegen die eine Person des Christus nicht in oder von seiner Präexistenz her bestimmt, sondern sie ist vielmehr das Resultat der Gemeinschaft oder Einheit der Naturen. Bald aber, namentlich im Neu-Chalkedonismus wird der alexandrinische Einfluß stärker, und seitdem sind, ... sowohl die Probleme der Theologen wie die unreflexen Glaubensaussagen über Christus durch die präexistente göttliche Person bestimmt. Jesus Christus ist eine göttliche Person, denn er ist der Person nach derselbe wie der ewige Sohn des Vaters, die Zweite Person der Allerheiligsten Dreifaltigkeit" [79f.].

Schoonenberg legt also hier die Frage nach der göttlichen Personalität nicht einfach „ad acta". Im Gegenteil, bisher hat er sie noch keinesfalls ausdrücklich bestritten, wenn auch kaum noch

[36] Vgl. die noch stärkere Akzentuierung bei W. Pannenberg: „Und wo etwa die Aussage, daß Jesus Gott ist, der wirklichen Menschheit Jesu widersprechen würde, da würde man wohl eher das Bekenntnis in seine Gottheit fallenlassen, als daran zu zweifeln, daß Jesus wirklich Mensch war". S.o. S. 66-91.

etwas für sie zu sprechen schien, da der Personbegriff ja mit der „menschlichen Person" belegt ist. Schoonenberg glaubt ja, einen Lösungsvorschlag anbieten zu können, der aus dieser Aporie herausführt. Dabei versucht er, sich durch eine „Hintergrundanalyse" des Chalcedonense eine größere Freiheit zu schaffen, um dann auch die Präexistenzaussagen kritisch unter die Lupe nehmen zu können. Zuvor stellt er aber noch andere Lösungsversuche, nämlich „Kenotische Theorien" und die „thomistische Dreifaltigkeitslehre" vor. Beide führen, nach ihm, zu einem unbefriedigenden Ergebnis: Für die Kenotiker wird Jesus keine menschliche Person: „Der Logos oder der Sohn bleibt die göttliche Person, die sich freiwillig ihrer relativen Eigenschaften entäußert, so daß sie während der Entäußerung trotzdem eine göttliche Person ist". Und darüber hinaus: „Selbst wenn sie das Problem der einen Person Christi für sein irdisches Leben lösten, ist diese Lösung keine mehr, wenn sein irdisches Leben aufhört und die Entäußerung sich in Herrlichkeit wandelt. So aber steht Christus jetzt vor uns" [82].

Aber auch ein Einblick in die traditionelle Trinitätslehre, insbesondere die der Kirchenväter und der Scholastik, führt, so Schoonenberg, letztlich nicht weiter, da der Begriff *persona* (für ὑπόστασις) nicht mit unserem heutigen Personbegriff deckungsgleich ist: In diesem stehen ja Bewußtsein und Freiheit im Vordergrund. Der Personbegriff aber, der aus der Kirchenväterzeit an die Scholastik herangetragen wurde, wird bekanntlich von Boethius definiert als „individua substantia rationalis naturae - individuelle Substanz einer vernünftigen Natur" [83]. So kommt Schoonenberg schließlich zu dem Ergebnis: „Daß Bewußtsein und Freiheit gerade die höchsten Formen des In-Sich-Existierens sind, ist ein Gedanke, der in der scholastischen Trinitätslehre keine Rolle spielt... Bewußtsein und Freiheit werden bei Thomas und im Thomismus ausdrücklich aus dem trinitarischen Personbegriff ausgeschaltet; die göttlichen Personen haben einzeln kein eigenes Bewußtsein und keine eigene Freiheit, sondern sie verwirklichen in der Weise der Relation die den Drei gemeinsamen Eigenschaften des Bewußtsein und der Freiheit" [83f.]. Die christologische Konsequenz, die Edw. Schillebeeckx daraus zieht, „daß der Sohn sich seines Sohnseins nicht in einem eigenen göttlichen, sondern nur in seinem menschlichen Bewußtsein bewußt ist", aufgreifend, glaubt Schoonenberg indes, mit dem Personbegriff des Thomas von Aquin der Lösung ein Stück näher zu kommen: „Für die Christologie aber hat sie" [die thomistische Theorie der Person] „ein großes Verdienst; ... Sie läßt uns erkennen, daß Thomas mit der Einheit der Person keine

Schwierigkeiten hatte und daß er sogar einmal die menschliche Natur Christi die Person des Wortes nennt. Wenn nämlich der Sohn als göttliche Person tatsächlich kein eigenes Bewußtsein und keine eigene Freiheit hat, während Jesus diese als menschliche Person wohl hat, dann gibt es in Christus bestimmt nicht zwei Subjekte, die auf dieselbe Art und Weise Person sind; dann ist da kein Zusammengehen zweier bewußter Freiheiten; dann ist da kein Dialog" [84][37]. Dennoch ist auch dies noch keine endgültige Lösung: „Es bleibt immer noch die Schwierigkeit, daß die menschliche Person in Christus eine göttliche Person neben sich hat, obwohl dieser Christus doch *eine* Person ist. Es lohnt sich also, in der eingeschlagenen Richtung weiterzusuchen, indem wir fragen, was die Aussage von der göttlichen Person des Sohnes in Zusammenhang mit der ganzen christlichen Heilsbotschaft bedeutet" [84]. Diese weitere Fragestellung erörtert Schoonenberg unter der Überschrift „Hermeneutik der Präexistenztexte".

Eine Antwort auf unsere Problemstellung verspricht er sich davon, daß die theologische und lehramtliche Aussage „vom Sohn als göttlicher transzendenter und präexistenter Person" [85] im Rahmen ihres ursprünglichen Zusammenhanges „entsprechend dem [zu] interpretieren [sei], was [sie] in jenem Zusammenhang sagen wollte" [85][38]. Für das christologische Dogma bedeutet dies,

[37] In Anm. 14 weist Schoonenberg auf *Summa theol.* III q.2 a.10c hin:„Humana natura assumpta est ad hoc quod sit persona Filii Dei". So die handschriftliche Tradition gegenüber der Korrektur der Editio Leonina: „quod sit personae" und der Marietti-Ausgabe: „quod sit in persona". Für die Gewähr dieser Korrektur beruft sich Schoonenberg auf EDW. SCHILLEBEECKX, *Persoonlijke openbaringsgestalte van de Vader*, in: TTh 6 (1966) 274-288, bes. 278, Anm. 5.

[38] Die Notwendigkeit, auch Dogmeninterpretation aus ihrem historischen Kontext zu betreiben, zeigen auf vorbildliche Weise die christologischen Untersuchungen von A. Grillmeier. Allerdings machen diese auch deutlich, welche mühevolle Kleinstarbeit damit verbunden ist. Das wiederum sollte vor allzu „voreiligen Beweisen" aus der Dogmengeschichte und vor allzu voreiligen Versuchen, manche Dogmen erst vom Geröll der Geschichte befreien zu wollen, warnen. Zur Problematik *„Dogmengeschichte und Theologie"* siehe die von W. Löser hg. Festschrift für H. Bacht, A. Grillmeier und A. Schönmetzer mit dem gleichnamigen Titel (Würzburg 1985). Zur christologischen Problematik bemerkt Grillmeier im Hinblick auf die Hellenisierungsfrage: Entscheidungskriterium ist nicht die Verwendung bestimmter griechischer Begriffe oder Wörter als solche. „Vielmehr muß der gesamte geistige Prozeß analysiert und verstanden werden, der zur Einführung solcher Begriffe oder zur Schaffung bestimmter Glaubensformeln geführt hat" (A. GRILLMEIER, *Die altkirchliche Christologie und die moderne Hermeneutik. Zur Diskussion um die chalkedonische Christologie heute*, in: Theologische Berichte Bd. I, hg. im Auftrag der

daß sein Bezugspunkt „das weitergegebene Glaubensbekenntnis an die einzigartige und letztgültige Heilsbedeutung Jesu“ [85] ist. Das veranlaßt Schoonenberg zur Formulierung dieser hermeneutischen Grundregel: *„Alles also, was über dessen Göttlichkeit in ihrer Präexistenz gesagt wird, ist in Zusammenhang mit Jesus Christus gesagt, und nichts davon steht außerhalb dieses Zusammenhangs“* [85].

Die Bestätigung dieser Grundregel findet Schoonenberg sowohl im NT als auch in der darauf folgenden Tradition: Auch die neutestamentlichen Präexistenzaussagen, seien es Röm 8,29; Eph 1,9-11; Kol 1,15-17 oder aber auch die Texte, bei denen eine persönliche Präexistenz stärker durchklinge, wie Gal 4,4; Hebr 10,5; 1 Tim 3,16; Joh 3,13.31; 6,62; 13,3; 16,28; 1 Joh 4,2; 2 Joh 7, all diese Texte zielten letztlich darauf hin, auszusagen, „was Jesus Christus jetzt ist und jetzt für uns bedeutet“ [85].

Werden mit dieser Formulierung Schoonenbergs, so fragen wir hier, aber nicht alle christologischen Aussagen zu rein „funktionalen“ Aussagen reduziert? Eine eindeutige Antwort darauf wird erst möglich sein auf Grund von Schoonenbergs weiterer Interpretation seines Verständnisses von Jesu göttlicher Sohnschaft[39]. Dabei zeigt ein Blick in die Tradition, „daß der Zusammenhang mit dem konkreten Jesus Christus beim Sprechen über die Präexistenz nie verloren geht“, daß auch Hippolyt, wenn er vom „Logos“ oder „Sohn“ spricht, die Begriffe in einem Kontext verwendet, „der letzten Endes von Jesus Christus und dessen Heilswerk spricht“, daß auch die „Spekulation des Origenes ... ein Prolog zur frohen Botschaft der Erlösung durch den aus Maria geborenen Christus“ ist [86]. Und schließlich will Schoonenberg auch die Dogmen von Nikaia und Chalkedon in diese Richtung interpretiert wissen: „Wenn das Konzil von Nizäa den eingeborenen Sohn mit dem Vater wesensgleich nennt, bevor es seine Fleischwerdung erwähnt, und wenn das Erste Konzil von Konstantinopel diese Geburt aus der Substanz des Vaters als eine Geburt ‚vor aller Zeit‘ wiedergibt,

Theologischen Hochschule Chur von J. Pfanmatter und der Theologischen Fakultät Luzern von F. Furger [Zürich/Einsiedeln/Köln 1972] 69-169, hier 114). Ob Schoonenbergs Ergebnis tatsächlich solcher dogmengeschichtlichen Prüfung standhält?

39 Zu der Fragestellung „Funktionale oder ontologische Christologie“ nimmt Schoonenberg in einem späteren Aufsatz Stellung. Da Schoonenbergs Christologie selbst eine „Entwicklung“ durchmacht, werden wir prüfen müssen, inwieweit oben genannte Stellungnahme noch auf die hier dargelegte Christologie zutrifft, oder ob sie selbst schon auf dieser „Entwicklung“ beruht. Siehe P. SCHOONENBERG, *Alternativen der heutigen Christologie* 354f. und 357.

darf doch nicht vergessen werden, daß die Worte ‚Gottes eingeborener Sohn' mit allem darauf Folgenden Apposition zu dem ‚einen Herrn Jesus Christus' sind, also zu einer Bezeichnung, die seine Inkarnation bereits voraussetzt. Wie wenig es im lehramtlichen Wort der Kirche um die Präexistenz des Sohnes selbst ging, mag daraus hervorgehen, daß Papst Leo I. und das Konzil von Chalkedon über das Zusammenkommen von Gottheit und Menschheit in *einer* Person sprechen. Diese Redeweise setzt ebenso sehr eine Präexistenz der menschlichen Natur wie der Natur des Sohnes voraus; die Konzilien haben denn auch die monophysitische Formel ‚*aus* zwei Naturen' nicht kritisiert; sie haben ihr nur ‚*in* zwei Naturen' hinzugefügt. Demnach ist dort, wo Leo und Chalkedon über ein ‚Zusammenkommen' zu *einer* Person sprechen, diese eine Person des Christus eher gottmenschlich als rein göttlich zu nennen" [86f.]. Dieser am NT und an der Tradition abgelesene Verständnishorizont veranlaßt Schoonenberg zu dieser weiteren Grundregel: „*Was von der präexistenten göttlichen Person gesagt wird, kann nie diese eine und menschliche Person aufheben*".

Schoonenbergs Schlußfolgerung daraus lautet: „Wir dürfen die göttliche Person also niemals als eine irgendwie geartete Hinzufügung zum Menschen Jesu auffassen, als ob der Christus nicht mehr einer oder nicht mehr Mensch wäre. Aber was bedeutet das? Was wir bisher sagten, war eine Verneinung. Müssen wir mit den Verneinungen fortfahren und sagen: Also keine Dreieinigkeit und kein Gottmensch? Wir werden sehen, daß das, was mit diesen Worten bezeichnet wird, nun viel positiver in den Vordergrund tritt" [87].

Schoonenbergs Anliegen wird immer wieder deutlich: Es geht ihm um eine Übersetzung des Chalcedonense, aber nicht nur um eine Translation in die heutige Zeit, sondern um eine verstehensmäßige Durchdringung dessen, was das Dogma alles impliziert, um aus Schrift und Tradition selbst dessen Verstehensreichtum zu erhellen. Dabei hat er auch den Bezug zum Trinitätsdogma und dessen Basis für das Dogma von Chalkedon im Blick. Eine tiefere „Ausleuchtung" des Trinitätsgeheimnisses geht somit mit der Frage nach dem „Gottmenschen" Jesus Christus Hand in Hand.

Von dieser Basis her muß Schoonenberg sein Trinitätsverständnis kurz darlegen. Zu Recht stellt er fest, daß wir „diese Dreieinigkeit ohne ihre Offenbarung nicht kennen, und diese Offenbarung geschieht im Wort, das Fleisch ist, und in dem Geist, der ausgegossen ist, in dem wir Kindschaft haben im Hinblick auf den Gott und Vater Jesu Christi. In der ‚heilsökonomischen Trinität' erkennen wir die ‚immanente Trinität' (d.h.: die in Gott immanente und für uns eben transzendente Dreifaltigkeit)" [87]. Wir können deshalb in unseren Aussagen nicht über das hinausgehen, was Gott uns in seinem Heilswerk erschlossen hat [87f.]. Aber: Die heilsökonomische Trinität, so Schoonenberg weiter, läßt nicht einen zwingenden Schluß der Art zu, daß Gott auch in seiner Transzendenz schon dreifaltig sei. Wenn solch ein Schluß innerhalb der Theologie auch oft gezogen werde, dann aber unter der Voraussetzung: unter der Annahme von Gottes Unveränderlichkeit. Diese sei aber nicht ohne weiteres zu beweisen. Schoonenberg räumt freilich ebenso ein, daß eine Trinität in Gottes Transzendenz nicht zu verneinen sei, da eine solche Aussage nicht von „Gottes Offenbarung in seiner Heilsökonomie gedeckt" sei [88]. Die daraus resultierende trinitätstheologisch relevante Schlußfolgerung drückt Schoonenberg dann positiv so aus, „daß wir auf Gottes Dreifaltigkeit in Jesus Christus und dem uns geschenkten Geist hingewiesen werden; abstrahiert man davon, ist die Trinität für uns irrelevant (und irrevelant!). Aber in Christus und dem ausgegossenen Geist ist es dann auch Gott selbst, der dreifaltig ist (eventuell: geworden ist, in einem göttlichen Werden, indem er sich selbst an seinen Geschöpfen ändert, indem er mehr *unser* Gott wird). Deshalb ist die also verstandene Trinität zugleich die immanente Trinität Gottes selbst. Wenn unser Sprechen mit der Heilsgeschichte verknüpft bleibt, dann darf der Christ sagen, Gott nicht anders zu kennen als er sich in Christus endgültig mitgeteilt hat. Weil er außerhalb dieser Heilsgeschichte von Gott nichts weiß, kann er sagen: Gott ist oder ‚wird' aus seiner Ewigkeit, d.h. aus seinem tiefsten Wesen heraus derjenige, der für uns Vater, Sohn und Geist ist. Gott ist dazu in seinem ganzen Wesen auf dem Weg; er hat sich in seiner Herzenstiefe entschlossen, so zu sein" [88-90].

Obwohl es hier in erster Hinsicht um die Entfaltung von Schoonenbergs christologischem Versuch geht, müssen wir doch bei diesem Passus etwas länger verweilen, da er letztlich eine, wenn nicht die Schlüsselposition für Schoonenbergs weitere christologischen Schlußfolgerungen ist. Dabei stößt eine eindeutige Interpretation aber auf gewisse Verständnisschwierigkeiten. Auch Schoonenberg selbst scheint dies zu spüren. Denn nicht umsonst versucht er die Konsequenz seiner These durch lange Anmerkungen abzugrenzen, was ansonsten nicht seine Art ist[40].

[40] Im gesamten Ersten Teil dieser christologischen Studie Schoonenbergs finden wir nur 26 Fußnoten. Hier aber gleich zwei, die sich auch in Kleinstdruck über etwa 2½ Seiten erstrecken. Dabei geht es ihm ausschließlich um die

In Christus und dem ausgegossenen Geist ist die heilsökonomische Trinität (das Gegenüber Christi ist der Vater) feststellbar. Über eine immanente (im Sinne von transzendente) Trinität vermögen wir keine Aussage zu treffen. Weiterhin schließt Schoonenberg ein Werden Gottes nicht aus; aber er spricht von einem „göttlichen Werden“! Dabei geht er von folgender Vorüberlegung aus: Im Gegensatz zur scholastischen Tradition hält er dafür, „daß wir auch die Beziehungen Gottes zum Geschöpf als wirklich denken können und müssen“. Nur muß dabei die Vorstellung einer Abhängigkeit Gottes von seinen Geschöpfen völlig ausgeschlossen werden. Beziehung und Abhängigkeit, so Schoonenberg, müssen auch nicht unbedingt miteinander verbunden sein. Die scholastische Trinitätslehre selbst durchbreche eine solche zwangsläufige Verbindung, „und zwar für die Beziehungen der göttlichen Personen *zueinander*. Dabei nennt sie nicht nur die Beziehungen des Sohnes und des Geistes zum Vater wirklich, Beziehungen, in denen man eine ‚Abhängigkeit‘ (wenn auch eine göttliche Abhängigkeit) sehen kann, sondern auch die Beziehungen des Vaters selbst zum Sohn und Geist. Der Vater selbst aber, als ‚Quell der ganzen Gottheit‘, ist gegenüber den beiden göttlichen Personen in keinerlei Hinsicht abhängig, nicht empfangend, sondern nur aktiv und schenkend. Damit erkennt die Scholastik selbst eine Beziehung an, die rein aktiv ist. Und sie muß das auch“, fährt Schoonenberg fort, „wenn nicht alles Bewirken und Schenken eine Immanenz sein soll, die nicht auf den anderen ausgeht. Das ist auch der Grund dafür, warum die Beziehungen Gottes zum Geschöpf, wenn sie möglich sind, auch für real erklärt werden *müssen*. Sonst beeinträchtigen wir die ganze Heilsbotschaft von Gott als unserm Schöpfer und Erlöser, die Heilsbotschaft, daß er unser Gott sein will. Es ist dann ja ein unnötiges Reduzieren, und also ein Aushöhlen, der frohen Botschaft, daß Gott unser Schöpfer ist, daß er uns lieb hat und mit uns einen Bund eingeht, daß der Sohn Gottes unser Mitmensch ist und durch uns für uns leidet, wenn das damit ausgesprochene Verhältnis lediglich in uns Wirklichkeit ist und nicht in Gott“.

Wir sehen, in dieser radikalen Schlußfolgerung steht letztlich unser ganzer Glaube auf dem Spiel. Und gerade das Ernstnehmen

Frage des „göttlichen Werdens“. Wir werden den Verdacht nicht los, daß die hierin getroffenen Versuche der Abgrenzung in den Kritiken nicht immer hinreichend berücksichtigt werden. Zum „Werden Gottes“ siehe auch P. SCHOONENBERG, *Christus zonder tweeheit*, in: TTh 6 (1966) 289-306. In der hiesigen Anm. 15 versucht Schoonenberg sich gegenüber dort geäußerten Postulaten zu verdeutlichen.

der gesamten Schöpfungs- und Erlösungsordnung veranlaßt Schoonenberg, von einem Werden Gottes zu sprechen, aber von einem „göttlichen Werden", das offensichtlich dem Werden der Geschöpfe entgegengesetzt ist. Von realen Beziehungen in Gott selbst schließt Schoonenberg auf ein „göttliches Werden". Gottes wirkliche Beziehungen zu uns bringen es danach mit sich, daß auch Wandel, Entstehen, Werden in Gott anerkannt werden müssen, wenn sie auch auf durchaus göttliche Weise geschehen. Mit „göttlichem Werden" schließt Schoonenberg eine Veränderung, „die auf der eigenen Unvollkommenheit des sich verändernden Subjekts beruht, auf dem Übergang von Potenz zum Akt, auf Wachstum und Reifung im weitesten Sinn des Wortes" aus. Das heißt: Einerseits die Unveränderlichkeit Gottes bejahend, schließt er doch dessen Veränderlichkeit nicht aus im Sinne von Karl Rahners Formel: „Gott ändert sich am Andern"[41]. Die folgende Passage seiner Anmerkung liest sich dann - als wolle Schoonenberg die Problematik beim Sprechen von einem „Werden Gottes" regelrecht einhämmern - so: „Noch einmal: Gott ändert sich nicht oder wird nicht zur eigenen Entfaltung verändert: Diese thomistische und katholische Lehre wird hier nicht geleugnet, sondern immer vorausgesetzt. Aber wir sagen auch zu wenig, wenn wir ihn zu einem in jeder Hinsicht unbewegten Beweger machen. Er bewegt sich, indem er bewegt, er verändert sich, indem er die Wirklichkeit außer sich selbst sein und werden läßt, und er tut das ganz göttlich, ohne Zwang oder Beeinflussung, aus Freiheit, aus Liebe. Der zwingende Grund, in Gott eine solche Veränderung anzunehmen, liegt gerade in der Wirklichkeit seiner Beziehungen. Er wird anders für uns, er ‚stellt sich anders dar' mit Beziehung zu uns, aber er tut das selbst. Wer meint, durch die Annahme einer solchen Realität von Gottes Beziehungen und Selbstbewegungen würde seine göttliche Vollkommenheit geleugnet, der möge sich fragen, ob die Vollkommenheit, die er Gott zuerkennt, wohl in Wirklichkeit eine unendliche Vollkommenheit ist, eine Vollkommenheit, die für Überraschungen offen ist und nicht von vornherein durch *unsern Begriff* von Vollkommenheit begrenzt und umschlossen wird" [90].

Die daraus folgende „trinitarische Konsequenz" klingt zugleich sympathisch wie abschreckend: „Aus dieser Sicht ist es nicht un-

[41] K. RAHNER, *Theos im Neuen Testament*, in: Schriften zur Theologie Bd. I (Einsiedeln [8]1967) 91-167, bes. 125-128. Vgl. auch RAHNER, *Schriften* Bd. I, 202, Anm. 2 und Schriften Bd. IV, 147, Anm. 3.

möglich" (!)[42], „daß Gott trinitarisch wird, indem er sich auf totale Weise dem Menschen Jesus als Wort mitteilt und in ihm als solches gegenwärtig ist, und indem er in der Kirche als Geist ist. Das bedeutet ein Trinitarischwerden Gottes selbst, also eine Weiterentwicklung göttlicher Hypostasen in Gottes eigenem Wesen. Gottes Trinität wird also nicht auf sabellianische oder rein funktionalistische Weise auf drei Rollen reduziert, die von Gott gespielt werden, oder auf drei Phasen unserer Heilsgeschichte. Das innere Trinitarischwerden Gottes wird nicht von außen her in ihm zuwege gebracht, es wird nicht durch die Menschen verursacht, auch nicht durch den Menschen Jesus, der vor oder außer der Hypostase von Gottes Wort im ganzen nicht besteht. Gott selbst spricht sein Wort ganz aus, um Jesus in all seinen Dimensionen, also auch von seinem ersten Entstehen an zu umfassen und zu tragen" [90].

Was hier so einleuchtend und auch erfreulich insofern erscheint, als Schoonenberg Probleme eines Modalismus, Tritheismus und auch des Hegelianismus ausschalten kann, hat doch einen bitteren Beigeschmack: Denn, ob Schoonenberg mit diesen differenzierenden und sich abgrenzenden Überlegungen den biblischen Präexistenz- und Sendungsaussagen gerecht wird, bleibt noch zweifelhaft, zumindest ist eine gewisse Skepsis angebracht[43].

Betrachten wir nun die christologische Konsequenz dieser trinitätstheologischen Überlegungen Schoonenbergs. Von Gott dem Sohn oder dem Logos haben wir „nur Kenntnis in Verbindung mit Christus", wobei Christus auch schon „im AT und in der ganzen Menschengeschichte" seine Vorgeschichte hat. „Außerhalb dieser Geschichte und der gesamten Schöpfung gilt vom Wort alles, was wir soeben von der Dreifaltigkeit im allgemeinen sagten" [91]. In Verbindung mit dem Inkarnationsgeschehen lassen sich dann nach Schoonenberg zwei Möglichkeiten denken, wobei er offen lassen will, welche der beiden die richtige ist: Möglich ist ein *verbum incarnandum*, d.h. ein von Ewigkeit her bestehendes Wort, das auf seine Fleischwerdung ausgerichtet ist, oder ein *verbum incarnatum*, d.h. ein Wort, das nur dadurch entsteht, daß es Fleisch

[42] Wir weisen eigens darauf hin, daß hier in der dt. Ausgabe ein Übersetzungsfehler vorliegt, der meines Wissens bisher noch nicht bemerkt wurde! Im dt. Text heißt es „nicht möglich". Es muß aber „nicht *un*möglich" heißen, wie sowohl der Sinn als auch der Vergleich mit der holländischen Ausgabe [S. 177] belegen. Dort heißt es: „NIET ONMOGELIJK".

[43] Vgl. A. SCHILSON, *Christologie im Präsens* 119. Schoonenberg versucht auch gerade diese Problematik in späteren Veröffentlichungen immer wieder neu zu bedenken. Wir werden darauf noch zu sprechen kommen.

wird [91]. Diese Fragestellung, „ob das Wort in Gott *vor* der Inkarnation bestand oder nicht“ hält Schoonenberg indes für sinnlos. „In Gott gibt es ja keine Zeit. Wohl können wir von ‚vor‘ und ‚nach‘ sprechen, insofern Gott auf unsere Geschichte bezogen ist, oder besser: insofern er sich auf unsere Geschichte bezieht. Wir können deshalb sagen, daß Gott für uns Gottes Wort oder Gottes eingeborener Sohn nicht nur in Jesus Christus *besteht*, sondern auch in dessen Vorgeschichte *entsteht*. Was es auch immer mit seinem transzendenten oder präexistenten oder ewigen Dasein bei Gott sein möge - das Dasein des Wortes als auf uns bezogenes Wort beginnt in der Vorgeschichte Jesu, als Gott oftmals und auf viele Weisen zu den Vätern sprach. Der Johannesprolog beschreibt dies als Selbstmitteilung und Aufleuchten des Wortes, Justinus als eine Geschichte begrenzter Teilhabe und Vorbereitung auf die Erscheinung als Mensch“ [91].

Hier scheint uns Schoonenbergs Verständnis von Inkarnation selbst offen zu bleiben. Müßte in letzter Konsequenz das Dasein des Wortes als auf uns bezogen nicht schon das Inkarnationsgeschehen in sich sein?

Jedenfalls hat Schoonenberg sich eine neue Basis geschaffen, da er von diesen hermeneutischen Grundsätzen ausgehend sagen kann, „daß wir die göttliche Person in ihm [Jesus Christus] nur so kennen, wie er eben ganz Mensch ist ..., daß er *göttliche* Person und zugleich völlig *menschliche* Person ist“ [92]. Damit meint er, daß „dieselbe Person göttlich und menschlich [ist], und zwar eben als Person“ [92]. Schoonenberg sieht auch für den, der vom *verbum incarnandum* ausgehen möchte, und somit vom „menschgewordenen Wort auf ein ewiges Wort meint schließen zu können“, in seinem Ansatz kein Problem. Denn auch dann muß man zugeben, „daß dieses Wort durch die Menschwerdung ein besonderes persönliches Verhältnis zum Vater bekommt“ [92]. Soll also das Sprechen über Jesus Christus nicht leer bleiben, nicht lediglich in einer Namennennung bestehen, dann, so Schoonenberg, ist es am besten „von Jesus Christus als gottmenschlicher Person zu sprechen“ [92].

Schoonenbergs Anliegen besteht darin, eine für den heutigen Menschen verstehbare Interpretation und darüber hinausgehend: eine insgesamt tiefere Auslotung des Chalcedonense zu bieten, damit die Spannungen, die in diesem selbst begründet sind, beseitigt werden können. Hat er dies, so müssen wir fragen, erreicht? Er selbst charakterisiert seine Lösung so: „Die hier entwickelte Auffassung von Christi Personsein ist eine Umkehrung des chalkedonischen Modells, soweit es alexandrinisch beeinflußt ist, zumal des Neu-Chalkedonismus, der unsere gängige Christologie geworden ist. Jetzt ist nicht die menschliche, sondern die göttliche Natur in Christus anhypostatisch - übrigens mit der Bemerkung, daß dieses gilt, insofern wir das Personsein des Wortes ohne den Menschen Jesus nicht kennen können. Vor allem aber ist in unserer Auffassung nicht die menschliche Natur enhypostatisch in der göttlichen Person, sondern die göttliche Natur enhypostatisch in der menschlichen Person" [92].

Dafür scheinen Schoonenberg außer seinen hermeneutischen Überlegungen noch folgende weitere Gründe zu sprechen:

a) Er glaubt so die Einpersonalität, menschliches Personsein und göttliches Personsein für vereinbar.
b) Hatte Schoonenberg bisher primär aus hermeneutischer Perspektive argumentiert, so meint er auch aus ontologischer Sicht, mit seiner „Umkehrung von Chalkedon" besser gestellt zu sein, da er nun vom menschlichen Personbegriff ausgehen kann. Das betrifft „die Seinsvollkommenheit des In-Sich-Selbst-Bestehens, zugespitzt zu Bewußtsein und Freiheit; aber zugleich ist er [der Mensch] darin begrenzt durch seine Individualität" [93]. Diesen Personbegriff glaubt Schoonenberg unter Ausschluß aller einschränkenden Begrenzungen auf Gott übertragen zu können. Dann aber, so meint er, können wir nicht ohne weiteres von mehreren Personen in Gott sprechen, denn das würde ja wiederum Begrenzung implizieren, die es in Gott nicht geben kann, es sei denn, daß er sich mit seinem Geschöpf identifiziert. „Einerseits würde also, ... ein Aufgehen der menschlichen Person in einer göttlichen durch eine wirkliche Anhypostasie oder ‚Seinsekstase' das menschliche Personsein aufheben; anderseits bringt gerade die Identifizierung von Gottes Wesen mit einer menschlichen Person in Gott selbst eine neue Person und also eine Mehrheit von Personen zustande" [93]. - Geht Schoonenberg aber hier noch von demselben Personbegriff aus wie die Tradition?
c) Des weiteren hält Schoonenberg sich zugute, die im Chalcedonense liegenden Aporien beseitigt zu haben, insbesondere die, „zwischen einer antiochenischen Betonung der Menschheit Christi ... und einer alexandrinischen Betonung der Einheit der göttlichen Person ... wählen zu müssen" [94].

Gerade die letzte Möglichkeit veranlaßt Schoonenberg auch dazu, seine These „die Theorie von der Enhypostasie des Wortes" zu nennen oder „die Theorie von der Gegenwart des Gotteswortes oder Gottes durch sein Wort in Jesus Christus, und zwar Gegenwart auf die Weise, daß dieses Wort ganz in ihn eingeht; daß es in ihm eine geschichtliche Person wird; daß es Fleisch wird" [94]. Damit möchte Schoonenberg der Gottheit Jesu nichts genommen haben. Denn in Anlehnung an Kol 1,19 und 2,9 spricht er von der ganzen Fülle Gottes, die in Jesus wohnt. „Jesus Christus ist die Krönung von Gottes vorhergehender Heilsmitteilung; eine Krönung aber, die kein zufälliger Endpunkt oder etwa nur ein relativer Höhepunkt ist, sondern eine echte Vollendung, die die Fülle dessen bringt, was bisher erst teilweise gegeben wurde" [94].

Doch Schoonenberg hebt weiter hervor: diese Fülle ist „ein Anfang und Ausgangspunkt. Die Fülle der Gottheit, die sich zuvor teilweise mitgeteilt hatte, wohnt in ihm ganz, auf daß wir erfüllt werden ‚mit der ganzen Fülle', d.h.: bis diese ganze Fülle unser geworden ist" [95]. Das bereitet gleichsam die Frage nach der Einzigartigkeit und Universalität Jesu Christi vor. Schoonenberg selbst überschreibt diese „Die menschliche Transzendenz Jesu Christi".

4. Die menschliche Transzendenz Jesu Christi

Auch hier möchten wir zunächst einem möglichen Mißverständnis vorbeugen, und zwar von Äußerungen Schoonenbergs wie „Es ging ausschließlich um Gottes Gegenwart in diesem Menschen, der dadurch Gottes eingeborener Sohn ist. Das stellt uns vor eine wichtige Aufgabe, nämlich die *Transzendenz des Sohnes Gottes gerade in seinem Menschsein* aufzuweisen" [95] oder aber solch eine: „Dabei fehlen aber die persönlichen Entscheidungen der menschlichen Person Jesu Christi, und es ist unsere Aufgabe, gerade darin seine Transzendenz und Heilsbedeutung aufzuzeigen" [96].

Solche Äußerungen ähneln sehr stark den Anliegen, wie wir sie in den christologischen Ansätzen „von unten" bei Ritschl, Elert, Althaus, aber auch bei W. Pannenberg vorfinden konnten. Als weitere Gemeinsamkeit kommt dazu, daß die genannten Ansätze, ebenso wie Schoonenberg, Jesu Transzendenz nicht ohne weiteres von vornherein aus seiner Gottheit ableiten konnten, etwa nach dem Motto: „Christus kann ‚gewöhnlicher' Mensch sein, denn er ist ja ‚außerdem noch' Gottes Sohn" [95].

Trotz dieser äußeren scheinbaren „Übereinstimmungen" ist aber auch hier darauf hinzuweisen, daß es Schoonenberg um die Interpretation des Chalcedonense geht, das die Gottheit Jesu von vornherein einschließt! Diese braucht nicht erst aus dem Menschen Jesus begründet zu werden. Auch seine Gedankenführung im vierten Abschnitt zeigt in diese Richtung: Es geht ihm nicht um den

Aufweis etwa von Jesu Sündenlosigkeit oder Jesu Selbstzeugnis oder aber auch um die Auferstehung Jesu als letztgültigen „Beweis" für Jesu Gottheit[44]. Überhaupt befaßt sich ja erst der Zweite Teil seiner christologischen Studie mit dem irdischen und verherrlichten Leben Christi. Es geht hier Schoonenberg weiterhin um den Versuch, unter Wahrung der Personeinheit Jesu sein Gottsein und volles Menschsein zusammenzudenken. Dabei stellt er sich die Aufgabe, „die Möglichkeit" eines ‚integralen' christologischen Humanismus ..., der die göttliche Sohnschaft in den Menschen Jesus verlegt" aufzuzeigen. Damit intendiert er einen „Humanismus, der die Epiphanie der Gottheit sich *in* seinem Menschsein vollziehen sieht, der durch diesen Menschen Gott vollkommen hindurchscheinen sieht" [96].

In drei Ansätzen versucht Schoonenberg zu erhellen, wieweit seine Christologie in diese Richtung trägt. Er versteht diese als

- eine Christologie ohne Zweiheit
- eine Christologie der Gegenwart Gottes
- eine Christologie menschlicher Transzendenz und Heilsbedeutung [96].

a) Christologie ohne Zweiheit

Hierbei geht es Schoonenberg näherhin „um den Ersatz der zwei Naturen einer einzigen Person durch die allesbeherrschende Gegenwart Gottes in dieser menschlichen Person" [97]. Dabei soll aber keineswegs, wie man zunächst befürchten könnte, der Unterschied zwischen Schöpfung und transzendentem Gott verwischt werden. Schoonenberg glaubt im Gegenteil, diesen Unterschied noch mehr verdeutlichen zu können, als es im Zwei-Naturen-Modell möglich ist, „denn es ist nicht die Fülle seiner eigenen Person, sondern die seines Gottes und Vaters, die in Christus wohnt" [97]. Durch eine Uminterpretation „der göttlichen Person des Wortes mit ihrer göttlichen Natur" - also unter Vernachlässigung einer personalen Präexistenz des Logos - zu einer „ganze[n] Gegenwart Gottes in Jesu menschlicher Person" [98] kann Schoonenberg - wie er ausdrücklich darlegt, auf dem Boden des Dritten Konzils von Konstantinopel - einen Dualismus zwischen göttlichem Handeln des Logos und menschlichem Handeln Jesu ausschließen. Alles Handeln Jesu ist menschliches Handeln. Als „ganz von Gott erfüllt bringt [es] Gottes Gegenwart zum Ausdruck und teilt sie mit, und ist deshalb heilbringend. Wir dürfen Christus kein göttliches Handeln zuschreiben, das seinem menschlichen

[44] Siehe den Ersten Teil unserer Untersuchung die Punkte II. 4. 5 und 7.

Handeln widerspricht: z.B. eine Weltschöpfung, während er als Mensch ein abhängiges Geschöpf ist. Vielmehr ist der Schöpfer so in seinem menschlichen Sein und Handeln gegenwärtig, daß dieses Menschliche selbst für die ganze Schöpfung heilbringend wird; daß dieser Mensch der Mittler zwischen Gott und Menschen ist (1 Tim 2,5); daß in ihm alles Bestand hat, und in seinem menschlichen Blut Himmel und Erde versöhnt werden (Kol 1,16.20)" [98].

Schoonenberg hat so eine „Zweipersonalität" ausgeschlossen. Gerade hier scheint es uns aber für ein ausgewogenes Verständnis Schoonenbergs hinderlich zu sein, daß er sich im Hinblick auf Präexistenzaussagen meist negativ verhält. Mit „negativ" meinen wir nicht eine Ablehnung präexistenter Vorstellungsmodelle, sondern es fehlt eine positive Interpretation solcher biblischen Aussagen. Der bloße hermeneutische Grundsatz, daß solche biblischen Aussagen immer im Hinblick auf die menschliche Person Jesu zu sehen sind, beantwortet ja eine positive Rückfrage auf deren vorinkarnatorisches Verständnis nicht. Schoonenberg selbst deutet diese Möglichkeit im Rahmen seiner Ausführungen zum Ansatz einer Christologie „von unten" - wie wir sahen - durchaus an. Räumt er doch ein, daß auf dem Weg „von oben nach unten" neue *Perspektiven* zu den „von unten nach oben" gewonnenen Daten hinzugefügt werden können[45].

b) Christologie der Präsenz Gottes

Den ersten Punkt a) betrachtet Schoonenberg selbst noch als eine mehr formale Beschreibung. Danach entfaltet er einen positiveren Charakterzug seiner Christologie: „Sie ist eine *Christologie der Gegenwart Gottes*, seiner *vollen* Gegenwart" [98].

In einer knappen Auseinandersetzung mit K. Rahner versucht Schoonenberg dabei seine Position zu verdeutlichen: „Jesus ist Gott" versteht er als eine „dynamische Identifikation", d.h. „daß, wenn von einem ‚in' *im vollen und endgültigen Sinn* die Rede ist,

[45] S. o. S.125. Überhaupt scheint es uns, daß Schoonenberg generell in seinem christologischen Versuch die Möglichkeit, auf dem Weg „von oben nach unten" neue Perspektiven zu gewinnen, grob vernachlässigt hat. Wir dürften an dieser Stelle auch eine tiefergehende Einzelexegese von Kol 1,16 oder 1 Kor 8,6 erwarten. Vgl. beispielsweise GERH. SCHNEIDER, *Christologische Präexistenzaussagen im Neuen Testament*, in: IKaZ 6 (1977) 21-30. Darauf werden wir später zurückkommen. Hier möchten wir lediglich auf bestimmte sich ergebende Verständnisschwierigkeiten hinweisen. Inwieweit die Vernachlässigung einer positiven Füllung der Präexistenzaussagen sich auf Schoonenbergs christologischen Versuch in GM insgesamt auswirkt, steht hier noch nicht zur Debatte.

gerade dasselbe gesagt wird, was Rahner durch seine Auslegung ‚ist' sagen will. Gott ist so ganz und endgültig in Jesus, daß Jesus Gott ist. Und umgekehrt: Jesus ist Gott, nicht weil seine menschliche Natur und menschliche Person mit Gott einfach identisch sind, sondern weil Gott darin *endgültig* präsent ist" [98, Anm. 18a]. Das bedeutet näherhin, daß der ganze Mensch Jesus Christus von der Fülle der Gottheit ergriffen ist, daß diese in ihm „leibhaft" (Kol 2,9) wohnt. „Gottes mitteilendes Wort ist in ihm ‚Fleisch geworden' (Joh 1,14)" [99].

Um diese ganze Fülle der Gottheit in Jesus auszudrücken, war, wie Schoonenberg fortfährt, eine bloße Adoptionschristologie nicht hinreichend; vielmehr mußte diese durch eine Inkarnationschristologie ergänzt werden, und hier haben die zwei christologischen Modelle, das der Empfängnis durch den Heiligen Geist und das vom Wort, das in ihm Fleisch wurde, ihren Platz[46]. Schoonenberg erklärt dazu: „Ohne diese Darstellung sähen wir in Jesus nicht mehr als einen Berufenen, der zunächst Gott fern war, einen, über den der Geist erst später herabgekommen ist". Und seine oben dargelegte Position verdeutlichend und abgrenzend fährt er fort: „All das also, was wir an den Gedanken über ein präexistentes Wort Gottes kritisiert haben, betraf nur die Auffassung, daß dieses Wort schon in seiner Präexistenz Person sei, wenigstens insoweit diese sein menschliches Personsein ausschließt. Es betrifft nicht die Präexistenz, oder richtiger: die Inkarnation, insoweit diese besagt, daß dieser Mensch in allem, also auch in seinem ersten Entstehen, aus Gott ist" [99].

Unsere oben eingewandte Überlegung wird hier nur teilweise aufgefangen. Wir müssen deshalb darauf achten, daß Schoonenberg zwar keineswegs eine Präexistenz (oder eine präexistente göttliche Natur?) ablehnt; daß seine Kritik vielmehr sich gegen eine *personale* Präexistenz (und diese auch nur insoweit sie das menschliche Personsein beeinträchtigen würde?) richtet. Ob diese Interpretation aber hinreichend ist, bleibt noch offen. Alles menschliche Handeln ist somit von Gottes Gegenwart erfüllt und durchdrungen. Dabei ist freilich eine unterschiedliche Heilsbedeutung zu berücksichtigen.

c) Die menschliche Transzendenz Christi

Schoonenbergs Christologie „von Gottes voller Gegenwart in dem ganzen Menschen Jesus Christus" veranlaßt ihn, seine Christologie „zugleich eine *Christologie von Jesu menschlicher Transzen-*

[46] Von der Bibelexegese her würde man heute sagen ihren „Sitz im Leben".

denz" zu bezeichnen. „Die Transzendenz, und damit die Heilsbedeutung Christi, liegt jetzt nicht mehr in einer göttlichen Person, die seine menschliche Natur trüge, sondern in dieser menschlichen Natur und vor allem in dieser menschlichen Person selbst" [100]. Diese Aussage bereitet so, wie sie dasteht, doch einige Schwierigkeiten. Man könnte ja fragen: Steht sie nicht in gewissen Spannungen zu vorhergehenden Statements?[47] Denn danach besteht ja auch der Mensch Jesus nicht „vor oder außer der Hypostase von Gottes Wort. Gott selbst spricht sein Wort ganz aus, um Jesus in all seinen Dimensionen, also auch von seinem ersten Entstehen an zu umfassen und zu tragen" [90]. Etwas später [92] betont Schoonenberg, daß derselbe Christus *göttliche* Person und zugleich völlig *menschliche* Person ist, womit er sagen will, daß dieselbe Person göttlich und menschlich ist, und zwar eben als Person. Eine Reduzierung der Heilsbedeutung Jesu Christi in die menschliche Natur Jesu ist daher unverständlich, wenn nicht sogar widersprüchlich. Auch der Folgesatz bei Schoonenberg „und vor allem in dieser menschlichen Person selbst" hätte zumindest aus dem bisherigen Aufbau erweitert werden müssen in: „gottmenschliche Person selbst", ganz abgesehen davon, daß Schoonenberg selbst sich die Aufgabe gestellt hatte, „die Transzendenz, die in der göttlichen Natur Christi liegt, auch in der Heilsgeschichte sichtbar zu machen und ihre eschatologische Bedeutung klar werden zu lassen" [67]. In der Formulierung, wie Schoonenberg sie zu Anfang dieses Abschnittes gewählt hatte, liegt die Gefahr, die „gottmenschliche Person" abzuschwächen zu einer besonders begnadeten menschlichen Person. Das aber kann wiederum gar nicht seine Intention sein. Denn, wie wir oben sahen, war sein Ergebnis: „Gott erfüllt diesen Menschen in all seinen Dimensionen, also auch in seinem Ursprung" [99]. Gerät also Schoonenbergs Intention letztlich hier nicht doch auf dieselbe Ebene - des Aufweises von Jesu Gottheit in seiner Menschheit - wie in der protestantischen Christologie „von unten"?

Ein wesentlicher Unterschied scheint hierin zu bestehen: Elert, Althaus und auch Pannenberg versuchen allein vom irdischen bzw. vom irdischen und verherrlichten Jesus Christus her zur Erklärung einer immanenten Trinität vorzustoßen. So kommt bei Althaus ja der Glaube im Fahrwasser der ntl. Christologie zu Präexistenz und Inkarnation. Elert sprach dem Sohn Gottes das Personbildende in Jesus Christus zu. Und Pannenberg kommt zu dem Ergebnis, daß

[47] S. o. S. 155ff.

die ewige Sohnschaft der Seinsgrund für die indirekte Einheit des menschlichen Daseins Jesu mit deren Natur sei. Er spricht von zwei „komplementären Teilaspekten seines Daseins“. Diesen Weg hat sich aber Schoonenberg gerade dadurch, daß für ihn eine Frage, die hinter die Heilsökonomie zurückgeht, irrelevant und irrevelant ist, verbaut (freilich so, daß er eine immanente Trinität nicht abgelehnt hat). Für Schoonenberg spielt in der Frage der menschlichen Transzendenz der persönliche Gott und Vater Jesu Christi die entscheidende Rolle. Anderseits stellt er nicht, wie Pannenberg, die Frage nach dem personalen präexistenten Logos als Seinsgrund des Gottmenschen Jesus Christus. Im Gegenteil: Schoonenberg kommt in GM zu dem Ergebnis, daß es für ihn „unmöglich wäre, eine Christologie zu schreiben, ohne den Gott und Vater Jesu als Wirklichkeit, ja als alles tragende Wirklichkeit seiner und unserer Existenz anzuerkennen ..., daß zwar diese persönliche Präexistenz des Sohnes aus der Botschaft des Neuen Testaments fortgedacht werden kann ..., nicht aber die Person des Vaters“ [105][48].

Wenn Schoonenberg also die Frage nach der menschlichen Transzendenz Christi stellt, so will er aufzeigen, inwiefern sich die Christologie der Präsenz Gottes in Jesus Christus aufweisen läßt. Das ist bei ihm im Grunde ein deduktives Vorgehen, nicht ein induktives! Denn die Frage geht hier nicht von der Betrachtung des irdischen oder verherrlichten Jesus aus, um von daher zu dem Ergebnis der vollen Gegenwart Gottes in ihm zu gelangen, sondern umgekehrt: Aus Schoonenbergs Interpretation des Chalcedonense soll in Rückfrage an die vorhergehende Tradition und in Rückfrage an die Schrift Christi Transzendenz im irdischen Menschen Jesus (der aber der Gottmensch ist) und auch im verherrlichten Christus erwiesen werden; oder besser: es soll aufgezeigt werden, „was menschliche Transzendenz Jesu“ beinhaltet.

Dabei ergeben sich schon einige Schwierigkeiten grundlegender Art: Die „menschliche Transzendenz Christi ist nicht objektiviert aufzeigbar oder auch nur darlegbar“ [100]. Sie ist und bleibt ein Glaubensmysterium und läßt sich nicht in etwas Bestimmtem objektiv einordnen, auch nicht in der Wundertätigkeit oder etwa in der Sündenlosigkeit Jesu. Weiterhin läßt sich, objektiv betrach-

48 Inwieweit Schoonenberg in späteren Veröffentlichungen sich auch mehr auf eine „ewige Trinität“ bzw. „immanente Trinität“ konzentriert, wird noch zu erörtern sein. In GM rächt es sich jedenfalls, daß Schoonenberg einerseits den Status eines präexistenten Logos offenläßt, andererseits aber selbst für eine noch-nicht-personale Präexistenz des Wortes optiert.

tet, nichts in ihm nachweisen, das nur in ihm zu finden sei und sonst bei niemandem. Er ist eben total Mensch. Das bedeutet, Jesu Transzendenz liegt im Verborgenen und in seiner Übereinstimmung mit anderen. Von daher ist dann aber auch ein Hinweis auf ein Verständnis Gottes und des Menschen erschließbar: Gott offenbart sich nicht spektakulär, sondern: „Gerade weil alles seine Schöpfung ist, offenbart er sich nicht neben der Welt und nicht durch Eingriffe, durch die er seine Geschöpfe ausschaltet, sondern indem er diese Schöpfung zur Fülle bringt, und das am meisten im Menschen, den er als sein Bild geschaffen hat und den er zur Nachfolge und zu seinem geliebten Kinde beruft. Deshalb ist das Menschliche als solches der Ort der Erscheinung Gottes und ebensosehr seiner Verborgenheit. Aber auch das Menschliche selbst macht die Transzendenz Christi schwer aufweisbar. Es verbindet die Menschen, indem es sie differenziert: Das Personsein unterscheidet und schafft im selben Maße Gemeinschaft. Bestimmte Verschiedenheiten oder Besonderheiten heben ihre Träger zunächst auf einen einsamen Gipfel und machen sie erst auf Umwegen für die Gemeinschaft fruchtbar" [102].

Weil Gott sich also zu seiner Selbstoffenbarung seiner Schöpfung, insbesondere des Menschen bedient, ist der Mensch der Ort der Offenbarung, wobei das, was den Menschen ausmacht, nicht ausgeschaltet werden darf, im Gegenteil, voll einzuschalten ist. Unterscheidet sich dann aber, so stellt Schoonenberg sich die folgende Frage, Christus „essentiell oder akzidentell" von den anderen Menschen? „Ist seine Transzendenz absolut oder relativ" [103]? Diese Fragestellung ist für Schoonenberg in dieser Form falsch. Denn sie birgt die Gefahr in sich, entweder Jesus außerhalb des Menschseins zu stellen (essentiell/absolut unterschieden) oder aber zu wenig über ihn auszusagen (akzidentell/relativ). Jesus ist für Schoonenberg der absolute Höhepunkt, „aber dann innerhalb des Menschseins und der menschlichen Heilsgeschichte... Jesus Christus ist der eschatologische Höhepunkt des göttlichen Heilshandelns und also unserer Heilsgeschichte... Christus bleibt somit die Vollendung; er bleibt sie als derjenige, der selbst vollendet ist" [103f.]. Negativ drückt sich das in Jesu Sündenlosigkeit aus, positiv in seiner Heiligkeit. Darum ist er der Weg vom Menschen auf Gott hin. Demgemäß nennt Schoonenberg schließlich seine Christologie eine *Christologie der menschlichen Endvollendung*.

Mit Sicherheit will Schoonenberg die menschliche Transzendenz Jesu damit nicht auf das Verhältnis zu dessen Mitmenschen reduzieren. Im Gegenteil! Der Bezugspunkt ist ja der Gott und

Vater Jesu Christi als die alles beherrschende Wirklichkeit seiner und unserer Existenz [105]. Und eben dies Verhältnis zu seinem Vater, das in all seinem Tun und Verhalten, wie Schoonenberg sagt, von „Lauterkeit und Unmittelbarkeit" geprägt ist, verweist schließlich auf seine Transzendenz. Lauterkeit und Unmittelbarkeit zeigen sich in Jesus total darin, daß er sich völlig Gott überläßt. Im Erfülltsein Jesu vom Vater konnte Jesus mehr als irgendein anderer Mensch Gott in sich erfahren. Dabei hält Schoonenberg an der Gnadenhaftigkeit dieser Erfahrung fest. „Alles, in dem er die anderen Menschen transzendiert - in jenem Sinn, wie wir es oben darlegten: wie er sich vor ihnen auszeichnet *und* sich mit ihnen vereinigt - ist Werk und Gabe des Vaters" [108], ist unter der Führung des Hl. Geistes, also von Gott her geschehen.

Als weitere Kriterien für das Aufleuchten von Jesu Transzendenz nennt Schoonenberg Jesu völlig selbstlose Menschenliebe und seine Freiheit. Gott ist in Jesus ganz, und offenbart sich in ihm als Liebe zu uns, als eine Liebe, die grenzenlos ist. So interpretiert Schoonenberg den Kreuzestod Jesu zu Recht nicht nur als eine Gehorsamstat gegenüber seinem Sendungsauftrag, sondern auch als Folge von Jesu Treue zu uns.

Diese Bipolarität und Totalität wird auch in Jesu Freiheit sichtbar. Es ist sowohl eine Freiheit „von" (Gesetz, Sünde, sozialen Fesseln und Bindungen) als auch eine Freiheit „zu", nämlich eine Freiheit zu dem Auftrag, den der Vater ihm gab. Gerade die Freiheit Jesu und sein Vollmachtsanspruch lassen uns den richtigen Maßstab und die Besonderheit seiner „Transzendenz" erkennen: „Mehr als äußere Taten garantiert diese Freiheit, daß Jesu doppelte Liebe ohne Grenzen und Bedingungen ist. Gleichzeitig aber zeigt sie, wie weit die menschliche Transzendenz nur für den Glauben in der Person Jesu zugänglich ist, wie wir oben bereits gesagt haben. Nur indem sie sich für seine Person öffneten, nicht durch Bewertung seiner Leistungen, konnten andere während des irdischen Lebens Jesu zu diesem Bild von ihm gelangen, und nur auf dieselbe Weise können wir ihn so erfahren. Viel stärker ist das heute der Fall, weil Freiheit und Liebe Jesu seit seinem Tod und seiner Auferstehung zwar im Wort der Verkündigung hörbar sind, aber sichtbar sind sie nur in den Gläubigen selbst. Wir müssen deshalb Jesu Transzendenz und Heilsbedeutung auch selbst durch unsern Glauben und unser Leben realisieren, obwohl sie uns zunächst zum Glauben gegeben werden und so unsern Glauben wecken" [111].

Mit dieser, wie er selbst zu Beginn seiner Untersuchung sagt, mehr zeitlosen Betrachtung der Person Jesu unter dem Motto:

„Der Mensch, der Gottes Sohn ist", glaubt Schoonenberg die Dualität in Jesus Christus, wie er sie in der klassischen Christologie, insbesondere nach Chalkedon gelehrt sieht, ausgeschlossen zu haben. Vor allem glaubt er das von Chalkedon so betonte „wesenseins mit uns" unter Wahrung der Personeinheit Jesu Christi nicht nur gerettet, sondern wieder zur vollen Geltung gebracht zu haben, ohne das Gottsein Jesu zu eliminieren oder auch nur zu vermindern.

In dem folgenden Zweiten Teil seiner christologischen Studie geht es Schoonenberg um die eigentliche Geschichte Jesu, insbesondere um das irdische und verherrlichte Leben Jesu. „In beiden Leben ist er ebensosehr Gottes ewiger Sohn, wie er in beiden Mensch ist" [112].

Da sich das bereits skizzierte christologische Modell auch im Folgenden bewähren muß, ist es angebracht, erst auch diesen Teil darzustellen, bevor wir die Kritiken zum ersten Gesamtentwurf Schoonenbergs zur Sprache bringen.

2) Das irdische und verherrlichte Leben Christi

Schoonenbergs „Sprengung" der in sich geschlossenen Zwei-Naturen-Lehre[49] bietet ihm zweifelsfrei die Möglichkeit, nicht nur das Leben des irdischen, sondern auch des verherrlichten Christus neu zu durchdenken; sie eröffnet ihm Wege der „Ergänzungen und Korrekturen zur scholastischen Christologie, die teilweise bereits im Zwei-Naturen-Modell möglich waren, die aber aus unserer heutigen Sicht mit noch mehr Logik möglich sind" [112].

Der Gewinn von Schoonenbergs Christologie, die „sich durch eine letzte Einfachheit und Durchschaubarkeit"[50] auszeichnen soll, tritt näherhin in diesen vier Themenkreisen in Erscheinung:

a) das Leben des irdischen Jesus im allgemeinen mit der These: Jesus, in die Geschichte aufgenommen [112-131]
b) Jesu irdisches Wissen [132-145]
c) Jesu irdisches Wollen [145-165] und schließlich

49 „Der unverstellte Bezug zwischen Jesus und Gott - in der einen Richtung die gnädige Präsenz des Vaters in die Person Jesu hinein, in der andern Richtung die offene Selbsttranszendenz Jesu auf den Vater hin - ist wiederhergestellt". So D. WIEDERKEHR, *Konfrontationen und Integrationen der Christologie* 90.

50 A. SCHILSON, *Christologie im Präsens* 121.

d) Überlegungen zu seinem verherrlichten Leben: Die himmlische Vollendung Jesu [165-189].

Bei der Durchführung dieser vier Aspekte schränkt Schoonenberg seine Aufgabenstellung nochmals wie folgt ein: „Die Heilsbedeutung des irdischen Lebens, des Sterbens und der Verherrlichung des Christus soll jedoch in diesem Kapitel nicht direkt zur Sprache kommen. Vielmehr soll der geschichtliche Raum gezeigt werden, in dem sich die Heilstatsachen abgespielt und die heilvollen Entscheidungen Jesu Christi stattgefunden haben“ [112].

a) Jesus, in die Geschichte aufgenommen

Wer das Menschsein Jesu ernst nimmt, wird auch der These zustimmen können, daß Jesus ebenso wie jeder andere Mensch in der Geschichte steht, und daß er ebenso durch Geschichte bestimmt wird, wie er Geschichte mitbestimmt. Entsprechend seiner in Teil I erarbeiteten Christologie ist für Schoonenberg damit - wenn auch nicht als Möglichkeit, so aber doch als Ausgangspunkt - eine Wahl der äußeren anfänglichen Lebensbedingungen durch einen präexistenten Sohn ausgeschlossen: „In Teil I haben wir die personale Präexistenz des Wortes oder des Sohnes weder behaupten noch verneinen können; deshalb ist es uns auch jetzt unmöglich zu behaupten oder zu verneinen, daß Gott der Sohn seine eigene Mutter, seine Familie oder sein Volk, seine bescheidene Existenzweise oder irgendeine andere Lage seines Ursprungs selbst gewählt hat“. Seinen vorhergehenden Standpunkt bekräftigend, fährt Schoonenberg fort: „Wie es bestimmt keine präexistente Person des Wortes gibt, *soweit* diese das eigene menschliche Personsein Jesu zunichte macht oder mindert, so gibt es bestimmt auch keine präexistente Wahl eigener Lebensumstände, *soweit* diese ein wahrhaft menschliches Schicksal Jesu zunichte macht oder mindert“ [113f.][51].

[51] Hier wird diese „innere Spannung“ in Schoonenbergs Entwurf deutlich: Er selbst hatte es sich versagt, über das Verhältnis von immanenter und heilsgeschichtlicher Trinität eine Aussage zu treffen [88]. Er will eine präexistente Dreifaltigkeit zwar nicht grundsätzlich verneinen - eine solche Verneinung würde, wie er selbst sagt, von Gottes Offenbarung in der Heilsgeschichte nicht gedeckt. Hier verneint er sie aber dennoch. Zumindest deutet er solch eine Verneinung an, allerdings mit der Einschränkung: soweit sie das menschliche Personsein Christi beeinträchtigt. Man darf Schoonenberg sicherlich nicht unterstellen, daß diese Einschränkung eine bloße verbale Rückversicherung sein solle, um nicht mit dem Trinitätsdogma der Kirche in Konflikt zu kommen. Umso bedauerlicher ist es, wie sich auch hier wieder zeigt, daß Schoonenberg keinen positiven Interpretationsversuch seines Verständnisses

Traditionelle Denkvorstellungen, wie etwa die Kenosistheorie oder auch Erklärungen vieler Lebenswiderfahrnisse Jesu als „gemäß den Schriften" geschehen, können die menschliche Freiheit oder die historische Entwicklung Jesu nicht aufheben. Er lebt vielmehr ganz auf den unverfügbaren Willen des Vaters hin. Dabei müssen wir freilich wieder - entsprechend Schoonenbergs erster Studie - „diesen Willen Gottes in all seiner Transzendenz sehen, so daß er nicht neben den innerweltlichen Ursachen steht oder sie gar ersetzt und damit die Zufälligkeit oder mannigfache Ursächlichkeit der menschlichen Geschichte aufhöbe. Ebenso wenig wie Gottes Wille die menschliche Freiheit weniger freimacht, macht er unser Schicksal weniger zum Schicksal" [114][52].

Zum Problemkreis „Jesus, in die Geschichte aufgenommen", gehört auch die Frage, „was von Jesus her durch die Geschichte zu uns kommt". Das bedeutet für die Christologie: Angesichts des heutigen Verständnisses von Historie im Sinne der reinen „Fakten und Daten", also im Fahrwasser des Ideals einer sogenannten „objektiven Wissenschaft", muß das eigene Génre der Evangelien-„Geschichtsschreibung" berücksichtigt werden: Im literarischen Genus „Evangelium" ist die gläubige Interpretation in die Geschichtserzählung selbst verlegt, und ihr nicht etwa nur hinzugefügt. „Diese Interpretation sagt nicht nur, daß im irdischen Leben

einer immanenten Trinität startet. Im Gegenteil, die weiteren Ausführungen in seiner Christologie in GM (!) legen aufgrund seines „menschlichen" Personbegriffes eine Negation der präexistenten Dreifaltigkeit näher. Der Leser wird durch Schoonenbergs „Bevorzugung" der „negativen Denkrichtung" verunsichert. Dieser Mangel in GM dürfte in Verbindung mit Schoonenbergs Thesen in *Trinität - der vollendete Bund*, in: Orien. 37 (1973) 115-117, mit dazu beigetragen haben, daß W. Kasper Schoonenberg einen „eklatanten Widerspruch" vorwirft (W. KASPER, *Jesus der Christus* 215 u. 289) und W. Löser Schoonenberg zu den Verneinern einer Kenntnis der immanenten Trinität rechnet (W. LÖSER, *Trinitätstheologie heute. Ansätze und Entwürfe*, in: Trinität. Aktuelle Perspektiven der Theologie, hg. von W. Breuning [= QD, Bd. 101, Herder 1984] 21). In wieweit diese Vorwürfe in solcher Härte berechtigt sind, kann hier noch offen bleiben. Jedenfalls läßt sich in GM eine gewisse Inkonsequenz aufgrund von Schoonenbergs primär „negativen" Ausführung seiner Darlegungen zur immanenten Trinität nicht ganz übersehen (Vgl. auch D. WIEDERKEHR, *Konfrontationen und Integrationen der Christologie* 93).

52 Vorweg verweisen wir hier schon einmal auf KL. KREMER, *Gottes Vorsehung und die menschliche Freiheit (Sis tu tuus, et Ego ero tuus)*, um einen Blick auf Nikolaus von Kues zu werfen. Kremer hielt diesen Vortrag auf dem Symposion „Das Sehen Gottes nach Nikolaus von Kues", Trier 1986. Er ist veröffentlicht in MFCG 18 (1989) 227-261 (mit Diskussion).

zu uns gesprochen hat, sondern auch, daß er diesen Jesus von Nazareth auferweckt und verherrlicht hat" [118f.].

Die Spannung von historischem Jesus und kerygmatischem Christus treibt aber Schoonenberg weder zu christologischen Aushöhlungen, wie wir sie im 19. Jh., vor allem bei Strauß, Renan oder Harnack finden können, noch in die Konsequenzen Bultmanns, der im Ausmachen von historischen Fakten (Wissen) die Gefahr sieht, daß der Glaube überflüssig werde; wobei nicht klar wird, „ob bei ihm diese historische Existenz [Jesu] selbst im Kerygma dem Glauben verkündigt und vom Glauben bekräftigt wird" [121]. Darauf antwortet Schoonenberg: „Ein ausgedehntes historisches Wissen braucht dem Glauben weder zu schaden, noch macht es ihn leichter. Wohl könnte es den Inhalt unseres Glaubens schärfer artikulieren. Anderseits gibt uns der Glaube selbst die Sicherheit für ein Minimum an historischem Inhalt. Wir glauben nämlich nicht nur an die Möglichkeit, sondern an die Wirklichkeit von Gottes ganzer Heilsgegenwart in Jesus Christus. Gott *hat* in ihm gesprochen, und Jesus *hat* existiert" [121].

Die Spannung von historischem Jesus und kerygmatischem Christus bringt in der Sicht Schoonenbergs vielmehr diese gewichtige Aufgabe mit sich: sich wirklich bewußt zu machen und gebührend zu würdigen, welche Rolle „die Interpretation von Jesu Person und Bedeutung einnimmt" [122]. Sie läßt sich nicht mehr mit dem Schlagwort eines reinen Subjektivismus abtun. Die Interpretation „ist zwar tatsächlich subjektiv, insofern sie ein Akt der interpretierenden Person selbst ist, aber in diesem Akt liegt eine Anerkennung jenes Sinns beschlossen, den das Material zuläßt; und insofern durchbricht die Interpretation den Subjektivismus. Sinngebung ist *auch* Hinnahme des Sinns, ist aktives Sinnempfangen und Anerkennen. In Jesus selbst liegt der Grund", so fährt Schoonenberg fort, „ihn als Knecht Jahwes, als Messias usw. anzuerkennen: Er hat entsprechend gehandelt, und Gott hat ihn als solchen besiegelt. In ihm liegt aber solch eine Sinnfülle, daß mehrere Christologien möglich sind und sich tatsächlich auch finden lassen, besonders im Neuen Testament selbst. Sie zeigen sich in den verschiedenen christologischen Titeln, aber auch in dem Gegensatz Adoptionschristologie und Inkarnationschristologie mit allen Abstufungen, die zwischen diesen möglich sind" [122].

Angesichts der Vielfalt von Christologien im Neuen Testament warnt Schoonenberg davor, die älteste Christologie von vornherein als die wertvollste anzusehen. Damit würde ja doch ein Entwicklungsgedanke im theologischen Denken ausgeschlossen[53]. Seine Christologie soll vielmehr auf einer Gesamtschau christologischer Modelle basieren und vor allem auch solche wieder aufnehmen, deren Interpretationsmöglichkeiten im Laufe der Geschichte vernachlässigt wurden. Vor allem aber soll sich seine Christologie an eben der Person Jesus Christus orientieren.

Jesus, in die Geschichte aufgenommen, das bedeutet auch: Kein „Halt!“ bei der Schrift, also kein „sola scriptura“!, sondern Mitberücksichtigung der folgenden Tradition, wenn auch der Schrift der Vorrang einzuräumen ist. Dieser Vorrang ist aber nicht absolut; vielmehr ist auch hier Fortschritt möglich, „da der Primat der Schrift gegenüber der nachbiblischen Tradition“, wie Schoonenberg in Anlehnung an J. Ratzinger betont, „trotzdem wieder durch die Tatsache beschränkt wird, daß über beiden die sich je neu ereignende Botschaft des Evangeliums steht“ [123][54]. Fortschritt heißt somit für Schoonenberg: Wahrung des als richtig Erkannten, aber nicht dessen Versteinerung, sondern Hervorhebung der insgesamt vorhandenen Perspektiven, auch der ungenutzten Möglichkeiten, um deren Sinnrichtung auf dem Hintergrund des Gesamtverständnisses genauer zu erfassen. Das hat indes für Schoonenberg im Hinblick auf die Christologie zunächst die Konsequenz, „daß wir Möglichkeit und Tatsächlichkeit einer Entwicklung, oder wenigstens der Aufrechterhaltung des einmal erreichten Ziels, in der Christologie von Chalkedon und in dem darauf aufgebauten Denken anerkennen müssen. Sie ist ein Weiterbauen auf dem Titel ‚Sohn Gottes‘ und auf der Inkarnationschristologie. Was in ihr über die Transzendenz Jesu Christi und zugleich über sein Mensch-Sein-mit-uns gesagt wurde, ist in der damals möglichen Form mit Nachdruck und großer Erhabenheit ausgesprochen worden. Deshalb müssen wir auch den Aussagen des Konzils von Chalkedon treu bleiben. Aber anderseits läßt uns gerade die oben beschriebene Sackgasse des Zwei-Naturen-Modells erkennen, daß wir die Inkarnationschristologie auch ohne die personale Präexi-

[53] Dies erinnert zunächst sehr stark an F. Chr. Baurs These, daß auch die Evangeliengeschichtsschreibung schon Dogmenentwicklung ist. Dennoch darf Schoonenbergs „Entwicklungsgedanke“ nicht mit der Vorstellung Baurs verwechselt werden. Schoonenberg schwebt ja eine Christologie vor, die alle verschiedenen christologischen Modelle berücksichtigen und integrieren will.

[54] Mit Verweis auf J. RATZINGER, *Ein Versuch zur Frage des Traditionsbegriffes*, in: K. Rahner u. J. Ratzinger, Offenbarung und Überlieferung (Freiburg 1965) 25-49. Vgl. weiter: P. SCHOONENBERG (Hg.), *Die Interpretation des Dogmas* (Düsseldorf 1969).

stenz annehmen können. Dann wird sie zugleich eine größere Beweglichkeit und damit eine Synthese mit der ungenutzten Möglichkeit der Adoptionschristologie zulassen" [123f.].

Eine solche Synthese sieht Schoonenberg in der Charakterisierung von Jesu eigener Geschichte als „Heils- und Unheilsgeschichte" [124] gegeben. „Jesu Schicksal ist ein Heilsschicksal, das über sich hinauswächst (transzendiert), und ein Unheilsschicksal, das überwunden wird. Als Vollendung von Gottes Heilsgeschichte ist Jesus Christus darin auch aufgenommen. Er ist auch Erbe dessen, was er vollendet" [124]. „Jesus Christus ist derjenige, in dem die ganze Fülle der Gottheit wohnt und der deshalb die Begnadung der Menschen aufnimmt und auf tiefste Weise ausspricht. Gottes Wort, in dem für die Menschen das Leben wohnt, ist in ihm Fleisch geworden" [124].

Jesus Christus ist aber auch von der Unheilsgeschichte mitbestimmt. Dies zwar nicht in dem Sinne, daß er der Sünde unterworfen sei. In seinem Kampf gegen die Sünde ist er vielmehr mit ihr so konfrontiert, daß sie selbst auch nicht im geringsten Macht über ihn hat. „Der Tod, die Fortsetzung der Sünde, herrscht bis zu Christus (Röm 5,14f.); durch ihn werden wir gerade von der Herrschaft der Sünde erlöst (Röm 6 und 7). Das ist aber nur möglich, weil er selbst [Jesus Christus] der ganz freie Mensch ist, in dem die Macht der Sünde nicht bis zu ihrem Siege gegenwärtig ist, sondern um in ihm besiegt zu werden (das allerdings in einer menschlichen Geschichte)" [125].

Auf dem Hintergrund einer Vernachlässigung der personalen Präexistenz[55], hier aber stärker sogar deren Ablehnung in Kauf nehmend(!)[56], kommt Schoonenberg vom Gedanken der Vollendung der Person Jesu Christi in der Geschichte auch zur Zurückweisung des Prinzips vom „viator simul et comprehensor" [126-131], weil man nicht zugleich vollendet und auf dem Weg zur Vollendung sein könne. Aus diesem Widerspruch helfe auch eine Unterscheidung von „scientia beata" und „scientia experimentalis" nicht heraus, im Gegenteil: „Eigentlich vermehrt sie alle Schwierigkeiten, die gegen die Zwei-Naturen-Christologie vorgebracht werden können. Zu der göttlichen Person, die die menschliche Person verdrängt, tritt nun ein menschlich allumfassendes Wissen, welches

[55] S. o., S. 166, Anm. 48.

[56] „Wer aber in Jesus eine präexistente göttliche Person annimmt, stellt diese außerhalb seiner Geschichte, und je mehr jemand das menschliche Personsein Jesu seiner göttlichen Person opfert, wird die Geschichte Jesu ihrer eigentlichen Quelle, der personalen Entscheidungen des Menschen beraubt" [126].

das menschlich wachsende Wissen doch wohl mindestens sehr problematisch macht." Ähnliches gelte, so fährt Schoonenberg fort, auch für den Willen Jesu und es zeigten sich auf diesem Hintergrund noch größere Probleme als wir sie innerhalb der Zwei-Naturen-Lehre schon sahen: „Während die Scholastik, bestimmt im Thomismus, die göttliche Person des Wortes nicht mit *eigenem* göttlichem Bewußtsein und *eigener* göttlicher Freiheit ausrüstete, so daß es in dieser Theorie wenigstens nicht ausdrücklich einen Konflikt zwischen göttlichem und menschlichem Wissen und Wollen gibt, wird dieser Konflikt nun in das menschliche Wissen und Wollen Jesu eingeführt. Denn es ist nicht einzusehen, wie diese in *einem* menschlichen Subjekt bestehen können, ohne daß sie sich entweder gegenseitig aufheben oder daß dieses Subjekt in zwei menschliche Bewußtseinsschichten zerfällt". Schoonenbergs Fazit aufgrund dieses Dilemmas: „Es wäre besser, diese Sicht (des simul comprehensor et viator) aufzugeben" [127f.][57]. Ja, was sogar noch mehr wiegen sollte: Die Argumente, die für dieses Prinzip ins Feld geführt werden, widersprechen nach Schoonenberg dem chalkedonischen „unverändert, unvermischt" [128]. Die Lösung des Gesamtproblems sieht Schoonenberg letztlich in seiner „Umkehrung von Chalkedon", wenn er schreibt: „Wieviel weniger braucht aber eine Vollendung oder Ewigkeit im irdischen Menschenleben Christi angenommen zu werden, wenn man an seiner menschlichen Person festhält und eine ewige göttliche Person nur für möglich ansieht, insofern diese der menschlichen Person nicht im Wege steht! Eine Vollendung, mit der Jesus während seines irdischen Lebens, ja von seinem menschlichen Ursprung an, ausgestattet sein soll, wäre doch desto unwahrscheinlicher, je mehr man den Aufbau seiner selbst in der menschlichen Person für wesentlich hält" [129].

Das Hauptargument, das Schoonenberg zur Ablehnung des „simul viator et comprehensor" veranlaßt, sieht er aber in dessen Widerspruch zum Neuen Testament(!): Das Johannesevangelium

57 In diesem Zusammenhang sei auf den Artikel *Die Gottanschauung und das natürliche Erkenntniswachstum Christi* von R. HAUBST, in: ThQS 137 (1957) 385-412 aufmerksam gemacht. Im Unterschied zu Thomas, der zudem eine scientia infusa zwischen visio und Erfahrungswissen schaltet, kommt Haubst, eher mit Bonaventura, zu dem Ergebnis: „Dem lebendigen Bild, das das Neue Testament von Christus entwirft, dürfte nämlich die eine polare Grundgegebenheit genügen und aufs beste entsprechen, daß Er in Seinem irdischen Leben comprehensor und viator zugleich oder - beides in einem - ‚Erdenpilger in der Gottesschau' war" (412). Vgl. auch *Die Christologie* 261-276.

bietet keinen Grund zur Annahme eines ontologischen „viator simul et comprehensor", und das neutestamentliche Modell der Adoptionschristologie widerspricht ihm sogar [130]. „Diese ist eine älteste Schicht in den Interpretationen der Person Jesu; hier werden ihm die messianischen Titel erst bei seiner Auferstehung oder Himmelfahrt zuerkannt: da erst wird er Herr und Messias (Apg 2,36; Röm 10,9; Phil 2,9), da erst ganz Hoher Priester (Hebr 1,3; 5,9), ja sogar da erst Sohn (Apg 13,33; Röm 1,4; Hebr 1,5). Hier stehen wir am anderen Rand des comprehensor-Seins im irdischen Leben Christi. Bei Entwicklung der Christologie rückt die Adoption im Leben Jesu immer mehr an den Anfang, bis sie mit dem Ursprung Jesu zusammenfällt und zur Inkarnation wird" [130][58].

Letztlich besteht auch hier Schoonenbergs Hauptanliegen darin, aufzuzeigen, „daß es für die Evangelien kein Widerspruch war, daß derjenige, der durch Inkarnation von Gott zu uns gekommen ist, in seiner Beziehung zu Gott und in den Gaben Gottes selbst gewachsen ist". Dabei ist sich Schoonenberg bewußt, daß im Neuen Testament die Synthese von Inkarnationschristologie und Adoptionschristologie noch nicht ausgereift ist. „Aber gerade so lädt es uns desto mehr zur Bewunderung für die Fülle Gottes ein, die ganz in jenem Menschen wohnt, und zwar so ‚leibhaft', daß sie mitwächst. Das heißt, daß dieses Wachsen ein Wachstum ist, das unseren Mißwuchs besiegt und immer mehr zu einer Selbstmitteilung an alle reift" [131].

Mit D. Wiederkehr läßt sich die Bedeutung und Auswirkung von Schoonenbergs christologischem Ansatz im Hinblick auf die Geschichtlichkeit Jesu wie folgt zusammenfassen: „Die Versuchung zur Geschichtslosigkeit, die durch die Annahme einer göttlichen präexistenten Person insinuiert wurde, ist ... von ihm beseitigt worden. So wird Jesus in seiner Bestimmtheit durch die Geschichte, aber auch in seiner aktiven bestimmenden Einwirkung auf die Geschichte sichtbar gemacht. Auf Jesus selber kommt eine von ihm nicht verfügte, nicht vorausgesehene und auch nicht vorausgewählte Geschichte zu, vielmehr lebt auch er in der Offenheit auf den unverfügbaren Willen des Vaters; die traditionelle Vorstellung eines freien Kommens Christi aus der göttlichen Präexistenz in die menschliche Geschichte", so stimmt Wiederkehr Schoonenberg zu,

58 Interessant ist hier Schoonenbergs Hinweis, daß die Adoptionschristologie eine älteste Schicht in den Interpretationen der Person Jesu sei, während er vorher eigens vor dem „falschen Kult mit dem Historischen" warnte, der u.a. darin besteht, daß „man die älteste Christologie für die wertvollere hält, was praktisch auf das Adoptionsmodell hinausläuft" [122].

„entzog ihn auf nicht unbedenkliche Weise der menschlichen Solidarität, weil sonst kein Mensch Stunde und Weg seines Lebens vorher frei wählen kann. Hier trifft Schoonenberg sicher Fehlentwicklungen einer Christologie, die die Menschlichkeit Christi auf Kosten seiner göttlichen Natur und Person verkürzte und sie höchstens in der verbalen aber inhaltlosen Wahrung einer menschlichen ,Natur' beließ. In den gleichen Problemkreis gehört es auch, wenn Schoonenberg Christus in einer unpriviligierten pilgerschaftlichen Existenz und lebensgeschichtlichen Ausgesetztheit zeigen kann, so daß er nicht durch eine gleichzeitige Vorwegnahme der comprehensio in eine Ausnahmestellung entrückt wird"[59].

Wir sehen also deutlich, daß Schoonenbergs christologische Anliegen ein positives Echo finden, daß seine Konzeption fürs erste auch geeignet zu sein scheint, aus den Aporien, wie sie insbesondere aus der neuchalkedonischen Interpretation des Zwei-Naturen-Modelles erwuchsen, herauszuführen. Dennoch können wir an dieser Stelle nicht verhehlen, daß der Preis (die Vernachlässigung der personalen Präexistenz) für diesen christologischen Gewinn zu hoch ist. So versucht Wiederkehr die gleichen Probleme auf anderen Wegen zu lösen[60].

Schoonenberg betont die innere Entwicklung Jesu noch stärker im Hinblick auf das Wissen und Wollen Jesu [132-144]. Daher legen wir im folgenden das irdische Wissen Jesu in der Sichtweise Schoonenbergs dar.

b) Jesu irdisches Wissen[61]

Auch hier glaubt Schoonenberg wieder eine bessere Ausgangsbasis zu haben, „wenn die ewige göttliche Person in Christus durch Gottes völlige Präsenz ersetzt wird" [133]. In Anlehnung an E. Gutwenger[62] und K. Rahner[63] sieht Schoonenberg das scholastische „Bild vom menschlichen Leben Christi" ganz eingebettet in der

59 D. WIEDERKEHR, *Konfrontationen und Integrationen der Christologie* 92. Siehe weiter auch die Kritik Wiederkehrs ebd. 92-99.

60 Vgl. Theol. Ber. 2, 92-99 sowie *Entwurf einer systematischen Christologie*, in: MySal, Bd. III/1 (Einsiedeln/Zürich/Köln 1970) 477-648.

61 Siehe hierzu PH. KAISER, *Das Wissen Jesu Christi in der lateinischen (westlichen) Theologie* 229-233 sowie die Besprechung dieses Werkes durch R. HAUBST in ThRv 80 (1984) Sp. 50-52.

62 E. GUTWENGER, *Bewußtsein und Wissen Christi* (Innsbruck 1960).

63 K. RAHNER, *Dogmatische Erwägungen über das Wissen und Selbstbewußtsein Christi*, in: Schriften, Bd. V (Einsiedeln ^{3}1968) 222-245.

scholastischen Anthropologie, die „zutiefst hellenistisch" ist, „und zwar in zwei Punkten. Erstens mißt sie die Vollkommenheit des Menschen an seinem Wissen, ja an der Klarheit seiner Erkenntnis, seiner Schau. Und zweitens sieht sie die Geschichte am menschlichen Wesen rein äußerlich und akzidentell, sie sieht den Menschen nicht als Wesen des Selbstaufbaus" [133][64]. Versteht man aber den Menschen als „Wesen des Selbstaufbaus", dann ist Nichtwissen nicht einfach eine Unvollkommenheit, sondern Nichtwissen schafft dann „ebenso den Raum für eine Freiheit, die selbst Zukunft schafft"[65]; Nichtwissen ist dann „der Ort für das höhere Gut, seine Zukunft selbst zu wagen und sich damit selbst sowie seinem Verhältnis zu den andern und zur Welt aus sich heraus Form zu geben" [133]. Mit dieser geänderten Bewertung und Bedeutung des Nichtwissens kann Schoonenberg dann auch im Hinblick auf das Wissen bzw. Nichtwissen Jesu konstatieren: „Für Jesus ist es gut, seinen Tag nicht zu kennen und - so dürfen wir voraussetzen - den Verlauf seiner Sendung nicht in seinem Wissen als festgelegt gegenwärtig zu haben, wenn er diese Sendung wirklich *selbst* erfüllen will. Damit ist auch gesagt, daß er diese Sendung,

64 Siehe in Abgrenzung dazu *Das Menschenbild des Nikolaus von Kues* (MFCG 13, 1978) bes. die Beiträge von J. STALLMACH, *Der Mensch zwischen Wissen und Nichtwissen*; M. ALVAREZ-GOMEZ, *Der Mensch als Schöpfer seiner Welt*; H. SCHNARR, *Das Wort Idea bei Nikolaus von Kues*; aber auch G. v. BREDOW, *Der Geist als lebendiges Bild Gottes.* Einerseits liegt auch bei Cusanus die höchste Erfüllung des Menschseins in der Schau Gottes (s. *De visione Dei* und dazu die Akten des Symposions „Das Sehen Gottes nach Nikolaus von Kues", in: MFCG 18). Andererseits betont gerade Cusanus die Schöpferkraft des menschlichen Geistes. Dies sogar so stark, daß er von einem „zweiten Gott" sprechen kann; der Mensch ist Schöpfer ähnlich wie Gott (H. SCHNARR, *Das Wort Idea bei Nikolaus von Kues*, bes. 189ff. mit den dazugehörenden Stellenverweisen in den Anmerkungen).

65 Siehe dazu im Hinblick auf Nikolaus von Kues: KL. KREMER, *Erkennen bei Nikolaus von Kues. Apriorismus-Assimilisation-Abstraktion*; W. DUPRE, *Der Mensch als Mikrokosmos im Denken des Nikolaus von Kues* und schließlich J. STALLMACH, *Der Mensch zwischen Wissen und Nichtwissen* (alle Beiträge in MFCG 13). Ferner möchten wir noch auf den Vortrag von E. COLOMER, *Das Menschenbild des Nikolaus von Kues in der Geschichte des christlichen Humanismus* (MFCG 13) 117-143, bes. 129f. hinweisen. Zum Thema „Freiheit zur Selbstgestaltung" siehe R. HAUBST, *Die Christologie des Nikolaus von Kues*; DERS., *Vom Sinn der Menschwerdung* bes. 146ff.; *Die leitenden Gedanken und Motive der cusanischen Theologie* (MFCG 4, 1964) 257-277; *Gottes Wirken und die menschliche Freiheit*, in: TThZ 88 (1979) 175-193, bes. 189ff. sowie KL. KREMER, *Gottes Vorsehung und die menschliche Freiheit*, in: MFCG 18, 227-261.

und damit seine ganze Person und Lebensaufgabe, erst langsam entdeckt" [133]. Kann man sich dieser Auffassung anschließen, dann wird auch das Gesamtauftreten Jesu verständlicher: „Die ganze Skala des ungeklärten Bewußtseins seiner selbst - Fragen, vorläufige Interpretationen und Entschlüsse, klare Einsichten - sind in ihm zu erwarten" [133f.].

Im Hinblick auf Äußerungen des kirchlichen Lehramtes, die theologische Argumente für Jesu himmlische Schau anführen[66], gibt Schoonenberg folgendes zu bedenken: Einerseits stehen diese noch im Schatten des Zwei-Naturen-Schemas, woraus sich dann die Konsequenz ableiten läßt, daß mit dem Anzweifeln dieses Schemas auch seine „Ableger" in Frage gestellt werden können; zum anderen ist unübersehbar, „daß die These von der scientia beata Christi auf Erden heute von maßgeblichen Theologen wesentlich modifiziert wird, ohne daß die Lehrautorität dagegen Protest erhebt" [135]. Solche Modifizierungen werden insbesondere bei K. Rahner deutlich: Die scientia beata wird bei ihm, so Schoonenberg, „nicht als Schau eines Objekts aufgefaßt, sondern als Bewußtsein, das Jesus von seinem eigenen göttlichen Personsein hat. Also braucht sie nicht ausdrücklich das Bewußtsein Jesu zu beschäftigen und es mit genau darstellbarem Wissensinhalt zu füllen" [135]. Als zweite Modifikation führt Schoonenberg an, daß die visio beata „als eine unmittelbare Schau oder (besser) als ein unmittelbares (immediata) Bewußtsein aufgefaßt [wird], aber nicht als selige (beatifica) Vollendung... Damit bleibt die Bezeichnung ‚visio' oder ‚scientia visionis' erhalten, aber sie ist zum menschlichen Selbstbewußtsein des ewigen Sohns Gottes geworden, aus dem die Allwissenheit und die Vollendung ... verschwunden ist" [135f.]. Diese Modifikationen glaubt Schoonenberg aber voll für sich verbuchen zu können: „Man kann sich fragen, ob in solch einer Auffassung sich die göttliche Person ihrer selbst wohl menschlich bewußt werden kann, in Anbetracht des Unterschieds der Naturen. Jedenfalls paßt diese Reduzierung der visio auf das Selbstbewußtsein Jesu am besten in unsere Christologie der Gegenwart Gottes. Darin liegt das Eigenartige des Selbstbewußtseins Jesu, daß er Gott in sich selbst ganz gegenwärtig weiß; daß der Vater in ihm und er im Vater ist" [136].

Wie bei jedem anderen Menschen „kommt das unveräußerliche Ich [Jesu] zum Selbstbesitz und zur Selbstaussage in seiner Berührung mit der Welt, im Dialog mit dem Mitmenschen, und bei all

[66] Schoonenberg verweist auf den Brief des Papstes Vigilius aus dem Jahre 553 (ES 419); auf das Dekret „Lamentabili" (1907); „Mystici corporis" (1943); „Haurietis aquas" (1956) [134f.].

dem auch in seiner Ausrichtung auf Gott", wobei allerdings „die beherrschende Unmittelbarkeit" des „Gotteskontaktes" Jesu nicht übersehen werden darf. „Von hier aus interpretiert er die Welt und kündigt er ihr das Gottesreich an. Aber anderseits ist sein Selbstbewußtsein als Sohn gegenüber dem Vater ganz in seinen Kontakt mit Welt und Mitmensch aufgenommen. Darin bekommt das eigengeartete Ichbewußtsein Jesu, das ihm unveräußerlich und immer eigen ist, wie das Ichbewußtsein jedes anderen, erst Inhalt und wird zum Sendungsbewußtsein" [136].

Daher kann Schoonenberg auch Jesu Zukunftskenntnis so interpretieren: Jesus hatte kein von vornherein eindeutiges Zukunftswissen. Er lernte auch von den Menschen, von seinem Volke. In vielem war er voll von seiner Umwelt abhängig. Seine Aufgabe sah er nicht im Einholen und Erfüllen dessen, was ihm schon längst bekannt war, seine Sorge galt vielmehr der Predigt vom Reiche Gottes; und von daher und daraufhin sieht er all seine Erfahrungen. Vorhersagen wie die Verleugnung des Petrus oder der Verrat des Judas basieren zumindest in Jesu Menschenkenntnis. „Die Evangelien schreiben ihm denn auch eine Herzenskenntnis zu, eine tiefe Einsicht in die Haltung der Personen", wie Schoonenberg es ausdrückt. Die Evangelisten haben diese später detailliert [137]. Ähnlich interpretiert Schoonenberg auch Jesu Leidensvoraussagen, die seines Todes und die Vorhersage seiner Auferstehung. Angesichts seiner eigenen Situation erahnte Jesus sein Schicksal, er sah seinen Tod kommen, hatte aber davon kein vorgegebenes Vorherwissen bis in alle Einzelheiten hinein. Im Hinblick auf die Parusie hält Schoonenberg es in Anlehnung an E. Brown[67] „für möglich und sogar wahrscheinlich, daß Jesus mit diesem Nichtwissen die gängige Auffassung seiner Zeitgenossen nicht korrigiert, sondern in seinen Aussagen von selbst ihre Redeweise übernimmt" [140]. Ließe sich doch andernfalls kaum die Krise der Gemeinden beim Nichteintreffen der Parusie erklären. Nicht aus einem differenzierten „Vorherwissen, sondern aus einem sicheren Vertrauen auf den Sieg Gottes und des Gottesreiches" [140] erklärt sich auch diese Zukunftsaussage Jesu.

[67] E. BROWN, *Jesus God and Man. Modern Biblical Reflections* (Milwaukee 1967). Schoonenberg bezieht sich hier auf Mk 13,32, nicht auf Mk 9,1, wonach A. Vögtle „die Naherwartung auf das Konto der palästinensischen Gemeinde bucht", was Schoonenberg durchaus einräumt [139, Anm. 42] S. A. VÖGTLE, *Exegetische Erwägungen über das Wissen und Selbstbewußtsein Jesu*, in: Gott in Welt. Festgabe für Karl Rahner, Bd. I (Freiburg 1964) 608-667.

Jesu Selbst- und Sendungsbewußtsein unterliegen nach Schoonenberg - ebenso wie das Messias- und Sohnesbewußtsein - ebenfalls den Gesetzen von Entwicklung und Wandlung. Von Schoonenbergs Basis her ist dies auch darum konsequent, weil aus seiner Sicht „das Wissen, in welches das Selbst- und Sendungsbewußtsein Jesu eingebettet liegt, in hohem Maße vom Wissen der Umwelt bestimmt" wird [140][68]. Dem gemäß ist eine bestimmte Zurückhaltung Jesu im Hinblick auf eine Aneignung bestimmter Titel[69] unübersehbar. Seiner Sonderstellung ist sich Jesus aber nichtsdestoweniger bewußt. „Er unterscheidet ja sehr deutlich Gottes bisheriges Reden und Handeln von dem, was jetzt in ihm und durch ihn selbst geschieht, und dieser Unterschied betrifft sowohl das Ereignis Jesu wie auch die Worte und die Person Jesu selbst. Was jetzt in ihm geschieht, haben Propheten und Könige nicht gesehen, die Jünger aber sehen es; deshalb sind sie selig (Mt 13,16f.par)" [142f.]. Ja, Jesu Sonderstellung geht auch noch darüber hinaus: Denn „das Bewußtsein der Neuheit und der Transzendenz beschränkt sich bei Jesus ... nicht auf das Geschehen in ihm und auf die Botschaft, die er zu bringen hat. Er ist sich auch bewußt, eine Person zu sein, die dafür zuständig ist, Gottes Wort weiterzusprechen, mit einer Zuständigkeit, die von der Gemeinde, vielleicht sogar schon von Zeitgenossen Jesu, als Macht, Gewalt oder Autorität (ἐξουσία) charakterisiert wird, eine Autorität, die ausdrücklich größer genannt wird als die der Schriftgelehrten ... und die auch sichtbar die der Propheten übertrifft. Diese Macht wird bestimmt von Jesus in seiner bekannten Sprechweise ausgeübt: ‚Fürwahr (Amen), ich sage euch', wobei in diesem Amen vielleicht auch eine Antwort auf das gehört werden darf, was der Vater ihm zu sagen und zu tun aufträgt" [143].

c) Der Wille Jesu in seinem irdischen Leben

Die Annahme einer präexistenten göttlichen Person in Jesus Christus, die die menschliche Natur Jesu anhypostatisch macht, und die daraus resultierende These vom irdischen Jesus als comprehensor sind angesichts der neutestamentlichen Aussagen über den Willen Jesu für Schoonenberg unannehmbar, ebenso wie es sich bereits in seinen Darlegungen zum Wissen Jesu erwies. Denn damit würde zumindest Jesu Wahlfreiheit völlig eingeschränkt.

68 Zu Jesu Selbst- und Sendungsbewußtsein siehe GM 140-145.

69 Auf die Titel „Messias", „Menschensohn", „Sohn" geht Schoonenberg hier kurz ein.

Dies gilt auch dann, wenn man nicht von einem Konkurrenzverhältnis zwischen Gott und Menschen ausgeht, sondern davon, wie Schoonenberg es in seiner ersten Studie in GM ausführlich darlegte, daß „Gott ... in einer fortwährenden Schöpfung den Menschen als eigene Person, und also dessen Willensentscheidung als eigene Entscheidungen des Menschen, als freie Wahl, die vom Menschen selbst ausgeht", verwirklicht [145]. Gerade dieses Schöpfer-Geschöpf-Verhältnis weist nach ihm nämlich auf ein dialoges Verhältnis *zweier* Personen hin: „Gott realisiert den Menschen als eine Freiheit *gegenüber* sich selbst. Das wäre aber gerade *nicht* der Fall", so fährt Schoonenberg fort, „wenn eine göttliche Person eine anhypostatische menschliche Natur trüge. Dann wäre die göttliche Person selbst das Subjekt des menschlichen Willens; oder umgekehrt: Dann wäre dieses Wollen die Entscheidung jener göttlichen Person selbst. Dann hätte dieses menschliche Wollen aber nicht die eigene Entscheidung oder die eigene Initiative, die aus einer menschlichen Freiheit (mit Gottes schöpferischer Verwirklichung) hervorgeht" [146].

Damit kämpft Schoonenberg hier nicht nur gegen eine (letztlich die alexandrinische) Logos-Hegemonie, die die menschliche Seele entweder vergäße oder zu einem bloßen Instrument herabsetze. Indem er das homoousios hemin völlig ernst nimmt, trifft vielmehr auch auf Jesus zu, daß sein Menschsein vom Vater als ein *Gegenüber* sich selbst realisiert wird. Das Gegenüber zum menschlichen Wollen Jesu ist ja nicht der Logos, sondern der Vater; und diesem unterwirft sich die menschliche Person Jesus Christus in voller Freiheit. Dem gemäß will Schoonenberg auch die Lehrentscheidung des Konzils von Konstantinopel (ES 556) parallel zum Chalcedonense interpretieren, „nämlich indem wir das Modell von der göttlichen Person mit zwei Naturen und also zwei Willen und zwei Handlungsweisen ersetzen durch das Modell von Gottes ganzer Gegenwart in der menschlichen Person Jesus Christus mit eigenem menschlichem Willen und Handeln... In ihm und in seinen menschlichen Entscheidungen ist das Wort Gottes Person und verwirklicht es sich immer mehr als Person" [146].

Zugleich veranlaßt das Ernstnehmen eines freien menschlichen Willens der Person Jesu Schoonenberg dazu, den comprehensor-Gedanken aufzugeben. Er impliziere nämlich den Ausschluß des vollen homoousios hemin, da Jesus keine menschliche Person mehr wäre, die sich existentiell in ihren Entscheidungen selbst aufbaut. Eine solche These könnte die biblisch berichteten Versuchungen Jesu nicht ernst nehmen. Es blieben immer nur „äußerliche“ Versuchungen. Und Schoonenberg fragt weiter: Sind solche „Scheinversuchungen“ nicht letztlich eine Farce?

Vom comprehensor-Gedanken her ist auch folgende Frage nicht hinreichend zu beantworten: Wie und aufgrund wovon soll die Zunahme von Jesu Wohlgefallen vor Gott und den Menschen, von dem das NT berichtet, zu verstehen sein? Ist auf der konstanten Grundlage des comprehensor-Gedankens diese biblische Aussage nicht eine heterogene Illusion? Dann sind ja „die Akte des sittlichen und religiösen Lebens Jesu nur immer größere Offenbarungen einer Liebe, die selbst jedoch nicht wächst. Das würde auf einem einseitigen Verhältnis zwischen Innerem und Äußerem beruhen: die innere Vollkommenheit bringt immer vortrefflichere äußere Akte hervor, wächst aber dabei selbst nicht. Das widerspricht schon der scholastischen Aufassung, daß der habitus durch die Akte stärker wird, wieviel mehr aber noch jener Auffassung, nach der sich die Person durch ihre Entscheidungen selbst aufbaut“ [147].

Eine schriftgemäße Betrachtung des Willens Jesu läßt nach Schoonenberg folgende Strukturen erkennen: Jesu Entscheidungen sind eigene, menschliche und persönliche Entscheidungen, die zugleich Antwort auf den Anruf des Vaters und Initiative auf diesen hin sind. Sie sind darüber hinaus „reifende“ Entscheidungen, mit abhängig von der geschichtlichen Situation, was auch wiederum eine gewisse Vorläufigkeit impliziert. Gleichzeitig aber zeigt sich als Konstante, daß alle Entscheidungen Jesu ausgerichtet sind auf die Verkündigung des Reiches Gottes.

Antwort auf den Anruf des Vaters und Ausrichtung auf das Reich Gottes implizieren auch den totalen Gehorsam Jesu gegenüber dem Vater, dies auch gerade anbetracht wechselnder Situationen im Leben Jesu. Diese Hingabe zeigt sich insbesondere im Tod Jesu. „Jesus führt seine Sendung bewußt einer Vollendung von Leben und Tod entgegen und wird schließlich den Tod auf sich nehmen. Trotzdem bedeutet auch das nicht, daß dieser Tod für die Zukunft sein unvermeidliches Schicksal ist. Auch die Geschichte um Jesus hätte anders verlaufen können“. Das zeigt sich besonders deutlich in Jesu Gebet im Ölgarten: „Jeder der Synoptiker weist auf die Möglichkeit hin, daß es anders kommen konnte, am ausdrücklichsten Markus: ‚Abba, Vater, für dich ist alles möglich: Laß diesen Kelch an mir vorübergehen‘(Mk 14,36). Auch hier also ein Offenbleiben der anderen Möglichkeit. Es geht um den Willen des Vaters: am liebsten im Leben; aber wenn es sein muß: im Tode“ [149].

Schoonenbergs These von der vollen Gegenwart Gottes in Jesus Christus läßt auch eine andere Interpretation der Sündelosigkeit Jesu zu, die insbesondere das damit verbundene spätscholastische Problem: „die Frage ... nach der Freiheit Christi während seines irdischen Lebens“ [151][70] besser in den Griff bekommt. Zunächst bleibt nach Schoonenberg festzuhalten, daß die Sündelosogkeit Jesu nicht historisch nachweisbar ist. Sie „konnte nur für diejenigen erkennbar werden, die die Grundhaltung seiner Person verstanden, und das waren seine Jünger während der Tage, ‚als der Herr bei uns ein- und ausging‘(Apg 1,21) und als ihnen dieses Verständnis durch die Auferstehung bestätigt wurde“ [151f.]. Des weiteren will Schoonenberg das Verständnis der Sündelosigkeit Jesu in der Bedeutungsrichtung „Gerechtigkeit, Heiligkeit, Gehorsam, Dienst und Liebe“ positiv ausgedrückt wissen. Gerade im Hebräerbrief[71] und dem Johannesevangelium[72] sieht er das begründet. Von daher eröffnet sich ihm der Weg, weniger von der Unmöglichkeit zu sündigen zu sprechen (also von der impeccabilitas), als vielmehr die tatsächliche Sündenfreiheit Jesu in den Blick zu stellen (die impeccantia), womit dann auch die Freiheit Jesu keineswegs eingeschränkt würde. Diese Perspektive scheint von der Schrift her vollauf berechtigt. Sagt sie doch, so Schoonenberg, „daß Jesus nicht gesündigt *hat*, sie spricht sich nicht darüber aus, ob er sündigen *konnte* oder nicht“ [153].

In Vergleich zur impeccabilitas soll dies indes keinerlei Einschränkung der Heiligkeit und Heilsbedeutung Jesu bedeuten. Jesus hat ja auch bei der Ausdeutung der Sündelosigkeit als impeccantia „ebensosehr das Böse besiegt und den Satan zurückgewiesen und steht ebensosehr vor uns als der Hohepriester, der nicht für seine eigenen Sünden opfert; als der Erlöser, der nicht vorher selbst erlöst werden mußte. Auch zur Sündenlosigkeit Mariens ... bleibt ein qualitativer Unterschied, insofern es nicht die *Fülle* der Gegenwart Gottes ist, die sie vor Sünden behütete. Indem wir bei Christus lediglich von Sündenfreiheit sprechen“, so versucht Schoonenberg seine Position zu verdeutlichen, „legt man den erlösenden Sieg über die Sünde, der in ihm zustande kam, nur anders aus, allerdings auch besser, menschlicher, wirklicher. Bei einer Unsündlichkeit wäre das Ergebnis immer schon vor dem

[70] Siehe dazu auch die entsprechenden Anmerkungen zum Problemkreis über das Wissen Jesu Christi, bes. 168, 195 u. 196.

[71] Schoonenberg verweist insbes. auf Hebr 4,15; 7,26.

[72] Joh 8,46; 8,29; 8,55; 4,34.

menschlichen Willenseinsatz Jesu bestimmt gewesen: Bei solch einem Gang der Dinge wäre aber sein menschlicher Wille nicht erlösend, und unser menschlicher Wille wäre nicht erlöst. Jesus stünde dann wieder außerhalb der Geschichte. Vor allem aber würden wir dann dem nicht gerecht, was uns das Neue Testament über seine *Versuchungen* sagt" [153f.].

Schoonenberg sieht seine Ausdeutung der Sündelosigkeit Jesu durch die biblischen Berichte über die Versuchungen Jesu, insbesondere aber durch deren Ausweitung und Vertiefung im Hebräerbrief vollauf bestätigt [154-158]. Im Hinblick auf die zeitliche Erstreckung ist dabei nach ihm bemerkenswert, daß die Versuchungen Jesu nicht als einmalige Geschehnisse zu verstehen sind, sondern sich wie gerade die literarische Komposition der Versuchungs-Geschichten zeigt, auf das ganze Erdenleben Jesu beziehen [154f.]. Der Inhalt der Versuchungen Jesu tendierte nach Schoonenberg darauf: „den auf Erfolg *ohne* Leiden gerichteten Willen des Menschen über den Willen Gottes zu stellen, der Treue bis ins Leiden verlangte" [155]. Wie dagegen gerade die Ölbergszene oder auch Jesu Leidensvoraussage in Joh 12,27-32 zeigen, enden alle Versuchungen „mit gleicher Intensität in seiner Hingabe an den Vater" [155]. Am deutlichsten zeigt sich Schoonenbergs Ausdeutung der Versuchungen Jesu in Hebr 4,15, wo es heißt: „Wir haben ja nicht einen Hohenpriester, der nicht mitfühlen konnte mit unserer Schwäche, sondern einen, der in allem wie wir in Versuchung geführt worden ist, aber nicht gesündigt hat"[73]. Daraus geht, wie auch sonst aus dem Hebräerbrief „doch wohl die Möglichkeit [hervor], daß Jesus das Leiden verweigern konnte. Seine Versuchungen, die ‚in allem' dieselben sind wie die unseren, lassen also die Möglichkeit zur Ablehnung, d.h. zur Sünde weit mehr offen, als daß sie diese von vornherein ausschließen". Dies führt dann aber auch zu der Folgerung, daß Jesu Sündelosigkeit nicht von der göttlichen Person des Logos her begründet sei: Jesus ist „sündelos, nicht durch eine Unmöglichkeit zu sündigen, sondern durch Gottes Stärkung und Erhörung, durch die Jesus die in sich vorhandene reale Möglichkeit zu sündigen überwindet. Gerade das macht die Würde Jesu zu einer göttlichen Sohnschaft in Menschlichkeit, und zwar in einer werdenden, sich entfaltenden Menschlichkeit" [157].

Dabei sieht Schoonenberg, insbesondere unter Berufung auf Hebr 5,9f.; 5,5f., aber auch auf Apg 13,33; 2,36 und Röm 1,4 zu-

[73] Wir übernehmen hier die Einheitsübersetzung und nicht Schoonenbergs Übersetzung in GM 156.

gleich seine christologische Grundforderung bestätigt: „Die Adoptionschristologie muß in die Inkarnationschristologie aufgenommen werden. Die Gottessohnschaft Jesu ist, zugleich mit seinem Menschsein, eine werdende Wirklichkeit: Die ganze Fülle der Gottheit nimmt stets mehr Besitz von ihm, indem sie Jesus im Gehorsam stärkt und ihn Sünde und Satan überwinden läßt" [158].

Als letztes Thema innerhalb des Problemkreises „Der Wille Jesu in seinem irdischen Leben" geht Schoonenberg auf Jesu Glauben [158-165] ein. Zunächst stellt er fest, daß im NT Jesus nirgends „eindeutig als Subjekt des Glaubens dargestellt wird" [159]. Einen gewissen Hinweis sieht Schoonenberg wieder im Hebräerbrief (12,1-3), wo seiner Interpretation nach „Grundlage und Vollendung des Glaubens wohl aktiv zu verstehen sind, so daß wir Jesus als denjenigen sehen, der die Glaubenshaltung anregt und der im Wettlauf des Glaubens das gute Ziel erreicht" [158f.].

Glaube, so stellt Schoonenberg heraus, ist in der Schrift eine Gesamthaltung der ganzen Person, eine Hingabe an Gott und ein Sichverlassen auf Gott, verbunden mit Hoffnung und Gehorsam, wie insbesondere in der Abrahamsgeschichte im AT deutlich wird [159ff.]. Im NT rückt neben diesen Perspektiven allerdings das Bekenntnis derer, die auf Jesus hoffen, stärker in den Vordergrund, so daß die Betrachtung von Jesu eigener Glaubenshaltung zurücktritt[74]. Doch das bedeutet nicht, daß darüber nichts ausgesagt werden kann. Insbesondere die Passionberichte verdeutlichen dies: „Matthäus läßt die Feinde Jesu ihn am Kreuz mit Worten beschimpfen, die für das gläubige Vertrauen Jesu Zeugnis geben: ‚Er vertraut auf Gott; da soll der ihn befreien, wenn er Gefallen an ihm findet'... Alle Evangelisten geben Worte Jesu am Kreuz wieder, die sein Vertrauen auf Gott zeigen: Markus und Matthäus in Worten des Psalm 22 ..., Lukas in der Sicherheit Jesu über seinen Eintritt ins Paradies ... und in seinem Gebet: ‚Vater, in Deine Hände gebe ich meinen Geist' ..., Johannes endlich in dem Schrei: ‚Es ist vollbracht'... Auch und gerade in der Verlassenheit war der Vater für Jesus der Zielpunkt, so daß Johannes ihn vor dem Leiden sagen lassen konnte: ‚Siehe, es kommt eine Stunde, ja sie ist schon da, daß ihr nach allen Seiten verstreut werdet und mich allein laßt. Doch ich bin nicht allein, denn der Vater ist bei mir'(Joh 16,32). Rechtfertigt das nicht alles", so faßt Schoonenberg zusammen, „das

[74] Siehe zu der gerafften Analyse des ntl. Glaubensverständnisses bes. GM 159-161.

Wort aus Hebr 12,2, daß Jesus ‚Grundlage und Vollendung des Glaubens' ist?" [162]

Im Hebräerbrief, der Jesus sowohl als Glaubensinhalt, als Grundlage und Vollendung des Glaubens darstellt, aber auch als Begründer und Vollender, Stifter und Erfüller, findet Schoonenberg sozusagen alle Glaubensperspektiven im NT gebündelt, und zwar so: Jesus ist „während seines irdischen Lebens zuerst der Glaubende an seine eigene Vollendung, der Prophet seiner eigenen Herrlichkeit, und diese Vollendung und Herrlichkeit bedeuten für uns das Heil". Das verdeutlicht Schoonenberg damit, „daß er von keinem anderen das Heil zu erhoffen brauchte"; ja, „daß er seine Vollendung und unser Heil von Gott als in ihm selbst gewirkt erhoffen mußte: Durch Gott vollendet, ist er Heilsursache geworden für jeden, der ihm gehorsam ist ..., zweifellos zuerst dadurch, daß er an ihn glaubt... Aber gerade die Worte aus dem Hebräerbrief lassen erkennen, daß seine Glaubenshaltung trotzdem dieselbe ist wie die unsere; daß er als Vorbild und Vorläufer unseren Glauben gegangen ist. Die Hingabe des Glaubens bleibt in der Vollendung bei Jesus und bei uns. Aber Jesus ist auch unseren Glaubensweg in irdischer Finsternis gegangen; er hat Hoffnung und Gehorsam unter dem Widerspruch der Sünder und unter lautem Flehen und Tränen geübt. Sein Ekel und seine Angst sind aber durch Glauben überwunden und zur Liebe für uns umgeschmiedet worden. Das war seine irdische Geschichte" [164f.].

d) Die himmlische Vollendung Jesu

In der Theologie der letzten Jahrzehnte tritt die Bedeutung der Auferstehung Jesu immer mehr in das Blickfeld der christologischen Diskussion. Dies gilt sowohl für die protestantische[75] als auch für die katholische[76] Theologie. A. Gesché eröffnet seinen

[75] Wir verweisen hier lediglich auf W. KÜNNETH, *Entscheidung heute. Jesu Auferstehung, Brennpunkt der theologischen Diskussion* (Hamburg 1966); DERS., *Die Offenbarung Gottes in Kreuz und Auferstehung. Die Einheit von Wirklichkeit und Wahrheit*, in: B. Klappert, Diskussion um Kreuz und Auferstehung (Wuppertal [3]1968) 162-170. Insbesondere sind diese Untersuchungen von W. PANNENBERG zu berücksichtigen: *Grundzüge der Christologie*; *Dogmatische Erwägungen zur Auferstehung Jesu*, in: Grundfragen systematischer Theologie, Bd. II (Göttingen 1980) 160-173; *Die Auferstehung Jesu und die Zukunft des Menschen*, ebd. 174-187.

[76] Wir nennen hier nur KL. REINHARDT mit seinen Überlegungen zur Auferstehung Jesu als Ausgangspunkt der Christologie (vgl. o. S. 12ff.) sowie

Beitrag „Die Auferstehung Jesu in der dogmatischen Theologie" mit einer die Dogmatiker letztlich beschämenden Situationsanalyse: „Die Auferstehung Jesu ist von der dogmatischen Theologie fast zu jeder Zeit sehr stiefmütterlich behandelt worden. Diese Sachlage steht in auffallendem Gegensatz zum Befund in Exegese, Liturgiewissenschaft und Patristik. Das ist noch überraschender, wenn man vergleicht, in welch hohem Maße die anderen christologischen Geheimnisse innerhalb der dogmatischen Theologie als solcher erarbeitet und entwickelt worden sind. Man hat für diese merkwürdige Tatsache mancherlei Erklärungen zu geben versucht. Aber können sie überzeugen? Stoßen sie, wie auch immer, tief genug vor bis an den Kern des Problems? Und wie sollte man die Dinge in Zukunft zum Besseren wenden können, wenn man sich nicht vorher mit diesen unzureichenden Erklärungen [sc. hinreichend] auseinandersetzt?"[77] Gesché kann im weiteren eine Reihe von Gründen anführen, mit denen die Dogmatiker häufig versucht haben, diesen Mangel zu entschuldigen; aber letztlich sind sie alle nicht hinreichend tragfähig.

Für unser Thema ist es nun interessant, daß als ein Grund für die Vernachlässigung einer Theologie der Auferstehung letztlich die Inkarnationschristologie angeführt wird. In Anlehnung an K. Rahner[78] faßt Gesché diese Position wie folgt zusammen:

> „In einem fünften Erklärungsversuch, der offenbar am meisten Verbreitung fand, und auf den ersten Blick am ehesten zutrifft, wird dargelegt, daß die Theologie der Auferstehung schon sehr früh zurückgedrängt worden sei, und zwar bei den Lateinern durch den betont starken Ausbau einer Soteriologie, die die Verdienste der Passion und des Kreuzestodes in den Mittelpunkt stellte, bei den Griechen aber durch die Vorrangstellung einer Theologie der Inkarnation, derzufolge die Erlösung dadurch gewirkt wird, daß das göttliche Wort sich in der Inkarnation mit unserer menschlichen Natur verbindet und diese vergöttlicht. Von diesen beiden Perspektiven her, zumal wenn sie kombiniert werden, ist es offensichtlich nur schwer zu vermeiden, daß die Auferstehung Jesu einen untergeordneten Stellenwert bekommt. Im ersten Falle dient sie zur Bestätigung, daß der Vater das freiwillige Opfer des Sohnes annimmt; sie ist Verherrlichung seiner menschlichen Natur und wird dieser als Lohn für seine Verdienste zugesprochen. Im zweiten Falle neigt man dazu, die Auferstehung anzusehen sei es als Beweis seiner Gottheit - was kaum ausreichen dürfte -, sei es als die Krönung - die einfache Krönung - des

A. Gesché, *Die Auferstehung Jesu in der dogmatischen Theologie*, in: Theologische Berichte 2, 275-324.

[77] A. Gesché, in: Theologische Berichte 2, 275. Dieser Beitrag erschien erstmals in der RTL 2 (1971) 257-306 und wurde für die Theologischen Berichte 2 von E. Labonté ins Deutsche übersetzt.

[78] K. Rahner, *Dogmatische Fragen zur Osterfrömmigkeit*, in: Schriften, Bd. IV (Einsiedeln 1960) 157-172.

in der Inkarnation begonnenen und im Grunde schon vollzogenen Erlösungswerkes. Es leuchtet ein, daß man von keiner dieser Koordinationen her dem Geheimnis der Auferstehung voll gerecht zu werden vermag".

Noch schärfer tritt in der folgenden Passage der Versuch in den Vordergrund, gerade den christologischen Ansatz bei der präexistenten göttlichen Person des Logos für eine unzureichende Christologie verantwortlich zu machen. Gesché fährt nämlich fort:

„Diese Befunde aus der Entwicklungsgeschichte der Christologie sind unanfechtbar. Sie bekommen gar noch mehr Gewicht durch den Hinweis auf eine andere Tendenz der Christologie, die sich ganz besonders zeigte nach dem arianischen Streit und der nizänischen Formulierung, in der die Idee der Gottheit Christi die eigentlich wirksame christologische Vorstellung ist. Wenn man die Gottheit Jesu so betont und zum beherrschenden Gesichtspunkt macht, dann kann man offensichtlich auf die Auferstehung nicht mehr solches Gewicht legen, weil das ein Grenzfall, wenn nicht unbegreiflich, so doch in jedem Falle verwirrend wäre. Und zwar im Rahmen der Christologie, weil die Auferstehung letzten Endes nur als eine einleuchtende und unvermeidliche Konsequenz der Göttlichkeit erschiene, ohne daß ihr eine ganz besondere Bedeutung zukäme. Vor allem aber im Rahmen der Soteriologie, weil hier - wie übrigens auch in der Theologie des Kreuzes und der Inkarnation - ein oft wiederholtes Prinzip zur Anwendung kommt, daß nämlich der Mensch durch Christus erlöst werden konnte, weil dieser Gott war; nur Gott kann ja die Erlösung bewirken. Wenn das derartig betont wird", so fährt Gesché fort, „ist es offensichtlich schwieriger, die Bedeutung der Auferstehung für die Verwirklichung des Heiles wahrzunehmen und zu begründen. Von daher ist es nicht verwunderlich, daß der Fortgang der theologischen Reflexion, soweit es noch möglich ist und angestrebt wird, im Grunde auf drei weniger wichtigen Linien verläuft. Auf der Linie der Apologetik, der Fundamentaltheologie, muß die Tatsache der Auferstehung, entsprechend begründet, als Beweis der Gottheit Jesu und demgemäß der Legitimität seiner Sendung dienen. In der Christologie diente sie, sehr eingeschränkt, als Erweis der Vollkommenheit, die die Menschheit Jesu erlangte, indem sie nach der erlittenen Erniedrigung derart verherrlicht wurde. Auf der Linie einer ziemlich dürftigen Soteriologie schließlich sah man in der Auferstehung die Bestätigung der Heilswirksamkeit des Kreuzes. Unter solchen Umständen darf man sich eben nicht wundern, wenn die Theologie, wo es um die Auferstehung als solche geht, aufs Ganze gesehen beharrlich auf Neben- und manchmal gar auf kleine Irrwege abschweifte, wobei man die Fragestellung einschränkte auf untergeordnete, manchmal sogar unlösbare anthropologische Überlegungen (etwa über die Natur des auferstandenen Leibes) oder auch auf teilweise ganz ausgefallene Scheinprobleme (wie etwa die Frage, wie die Seele sich wieder mit ihrem auferstandenen Leib verbinde)"[79].

In dieser hart formulierten Situation kann eine neue Hinwendung zur Theologie der Auferstehung nur zu begrüßen sein, besonders anbetracht von 1 Kor 15,17: „Ward Christus nicht auferweckt, seid ihr noch in euren Sünden".

[79] A. GESCHÉ, *Die Auferstehung Jesu in der dogmatischen Theologie* 278-280.

Auch Schoonenberg stellt die entscheidende Bedeutung der Auferstehung heraus, wenn er schreibt: „Die Auferstehung und die Herrlichkeit, die damit begann, sind also nicht eine zufällige Belohnung oder Krönung des Erlösungswerkes Christi, sondern mit ihnen steht oder fällt es. Ohne Auferstehung ist deshalb die Verkündigung inhaltlos und unser Glaube ohne Grund und Wert (1 Kor 15,14.17). Gleichzeitig wird damit gesagt, daß unsere Christologie durch das rechte Bekenntnis zur Auferstehung und Herrlichkeit erst ihren Wert erweist. Denn dann war Jesus nicht nur derjenige, in dem Gott in Fülle unser Heil sein *will*, sondern er ist es auch. Die Christologie ... fordert von uns besonders, daß wir die Auferstehung und Herrlichkeit Christi als wirklich darstellen" [165f.]. Dabei möchte Schoonenberg eine falsche Vorstellung abwehren, die seiner Meinung nach wieder mit der Annahme einer personalen Präexistenz des Logos verbunden ist: die Vorstellung, den Auferstandenen „in der Herrlichkeit nach seinem irdischen Leben nur als Gott zu sehen, ebenso wie in der Präexistenz. Seine Herrlichkeit wird dann zur Abwesenheit der angenommenen menschlichen Natur" [165].

Dabei legt Schoonenberg auf eine „realistische, persönlich wie leiblich verstandene Auferweckung Jesu" besonderes Gewicht. „Denn darin wird die vorgelegte Christologie der irdischen Wirklichkeit Jesu und Gottes erfüllende Gegenwart in ihm erst gerechtfertigt. Fern aller Versuchung, nun (endlich) die irdisch-leibliche Hülle abzustreifen und sein Gottsein voll auszuleben, bleibt Jesus auch in seiner himmlischen Vollendung dieselbe Person"[80]. Diese

[80] A. SCHILSON, *Christologie im Präsens* 121. Es fällt auf, daß D. Wiederkehr in seiner ausführlichen Darlegung und Kritik von Schoonenbergs christologischem Entwurf dessen Überlegungen und Schlußfolgerungen zur Auferstehungsproblematik nicht erwähnt. Schoonenberg glaubt, mit seiner Ausdeutung der Auferstehung und Verherrlichung Jesu die Einheit von irdischem Jesus und erhöhtem Christus aufgezeigt zu haben. Wir fragen uns daher, warum Wiederkehr - ob Schoonenbergs Lösungsvorschlag nun annehmbar ist oder nicht - diese Überlegungen nicht mitberücksichtigt hat.
Ergänzend sei noch auf P. SCHOONENBERG, *Wege nach Emmaus. Unser Glaube an die Auferstehung Jesu* (Graz/Wien/Köln 1974) verwiesen. Auch hier klingt im Vorwort wieder das Grundmotiv von Schoonenbergs Theologie durch: „Mit vielen Zeitgenossen gehe ich den alten Weg der Emmausjünger und hoffe, durch die Präsenz des Herrn zum Verständnis der Schriften und durch die Schriften wieder zur Anerkennung der Präsenz des Auferstandenen gebracht zu werden". Vgl. auch: *Der Erste der Entschlafenen*, in: Auf Gott hin denken 244-267.

kurze vorweggenommene Zusammenfassung des Anliegens Schoonenbergs soll nun im folgenden verdeutlicht werden:

Als erstes grenzt Schoonenberg das Bild von Jesu Auferstehung gegenüber den Totenauferweckungen von anderen Personen im NT ab: Mit der Auferstehung Jesu ist keineswegs eine „Rückkehr zu unserer irdischen Existenzweise und ihrer endlosen Fortsetzung“ [169] gemeint. Solche Auferweckungen finden wir beispielsweise bei Lazarus, der nach seiner Auferweckung erst einmal von seinen Binden befreit werden muß, sowie bei der Tochter des Jairus, der, wieder mitten im Leben stehend, man etwas zu essen geben soll. Aus diesen Beispielen wird deutlich: Die berichteten Auferweckungen durch Jesus während seines irdischen Lebens führen wieder zurück in ein „normales“ Leben, mit all seinen Nöten und Sorgen, vor allem aber mit dem erneuten Ende dieses Lebens im Tod.

Spricht man von Jesu Auferweckung, so setzen die biblischen Zeugen eines voraus: Jesu unwiderruflichen Tod. „Jesus ist unseren Tod gestorben, ohne zurückzukehren“ [166]. So ist auch nach Schoonenberg in erster Hinsicht der Glaubensartikel von Jesu Abstieg ins Totenreich zu verstehen: „Jesus starb wirklich; er kam ins Totenreich, in die Scheol der Psalmen, aus der man nicht mehr auf unsere Erde zurückkehrt. Sein Tod ist denn auch ein Sterben ‚ein für allemal‘(Röm 6,10)“ [166][81]. Wenn aber der erweckte Christus nicht in dieses irdische Leben zurückkehrt, so ist auch mit Jesu Auferweckung ein anderes Leben gemeint: er „durchschreitet das Tor des Todes in das andere Leben, das Leben der Vollendung“ [166], das „seit seiner Himmelfahrt himmlisch ist“ [167]. Damit ist eine Seinsweise gemeint, „die vollendete Seinsweise, vollendet zum Guten, vollendet in Gott“ [167]. Eine totale Bezugslosigkeit Jesu zur Erde hin, wie es in Apg 1,9-11 und 3,21 angedeutet sein könnte, soll damit indes nicht ausgesagt sein. Einer solchen Vorstellung hält Schoonenberg vielmehr entgegen: „Die Glaubenserkenntnis, daß er schon jetzt anwesend ist und wirkt und herrscht, ist doch, vor allem durch die Anwendung von Ps 110,1 vorherrschend geworden. Sie wird durchkreuzt von der Gegenwartserfahrung des Heiligen Geistes; aber dieser Geist kommt vom erhöhten Christus (Apg 1,33; Joh 16,17), und beide werden miteinander gleichgesetzt (2 Kor 3,17). So scheint das Sein Christi im Himmel mit seiner Heilsmacht auf Erden identisch zu sein“ [167].

81 In wieweit das „ein für allemal“ in diesem Zusammenhang ein hinreichender Beleg ist, muß noch offen bleiben. Es heißt ja in Röm 6,10: ein für allemal gestorben für die Sünde, sein Leben aber lebt er in Gott.

Aus dem bisher Gesagten wird aber eine zweite Voraussetzung zum Verständnis der Auferstehung Jesu deutlich: Diese ist nicht objektivierbar. Der Auferstandene ist nicht vorzeigbar, nicht vorführbar, wie etwa Lazarus oder der Jüngling von Naim. In der Apostelgeschichte weist Petrus eindeutig darauf hin, indem er sagt: „Gott aber hat ihn am dritten Tage auferweckt und hat ihn erscheinen lassen, zwar nicht dem ganzen Volk, wohl aber den von Gott vorherbestimmten Zeugen"[82]. Diese Predigtaussage des Petrus aufgreifend, weist Schoonenberg auf die Notwendigkeit des *Glaubens* gerade im Hinblick auf Jesu Auferstehung hin: „Auch in seinen Erscheinungen kann man dem himmlischen Herrn nur im Glauben begegnen, ob die Begegnung nun beschrieben werden mag als Sehen, Betasten oder gemeinsames Essen. Schon jetzt wird klar sein ..., daß dies keineswegs Subjektivismus bedeutet. Wohl wird gesagt, daß der auferstandene Herr nur in Intersubjektivität erkannt wird; daß das Sehen und Betasten seiner selbst nicht durch Feststellung überzeugte, sondern zum *Glauben* brachte: bei allen Jüngern, am meisten bei Thomas und Saul (Paulus)... Der von Gott auferweckte Christus steht nicht zur Schau da, sondern *gibt* sich zu erkennen; er tritt mit uns nur auf die tiefste persönliche Weise in Gemeinschaft und kann nur durch persönliche Bejahung, in der Personerschließung des Glaubens gefunden werden... Das Wagnis des Glaubens ... gilt auch gegenüber dem auferstandenen Christus, ja es gilt erst recht ihm gegenüber. Jesus ist uns allen auf dem Glaubensweg vorangegangen und ist auf diesem Weg zur Vollendung gekommen; so bezeugt es der Hebräerbrief. Wir aber sehen ihn nicht von Angesicht zu Angesicht in dieser Vollendung; unser Glaube ist auch - und gerade in Hinsicht auf ihn - das Festhalten an der Hoffnung, die Überzeugung vom Ungesehenen (Hebr 11,1)" [168f.].

Im Fahrwasser von Bultmanns Entmythologisierungsprogramm, so Schoonenberg, war in den 60er Jahren die Bedeutung von Jesu Auferstehung und das Weiterleben des Verherrlichten ziemlich aus dem Blick geraten, ja gewissermaßen sogar ausgehöhlt worden. Gegenüber W. Marxsen[83] stellt Schoonenberg diese Ver-

[82] Apg 10,40.

[83] W. MARXSEN, *Die Auferstehung Jesu als historisches und theologisches Problem* (Gütersloh ^{5}1967). Zur Problematik siehe auch R. PESCH, *Zur Entstehung des Glaubens an die Auferstehung Jesu*, in: ThQS 153 (1973) 201-228. In dessen Fahrwasser scheint auch E. SCHILLEBEECKX' Werk: *Jesus. Die Geschichte von einem Lebenden* (Freiburg 1975) betrachtet werden zu müssen. Dazu kritisch: KL. REINHARDT, *Neue Wege in der Christologie der Gegenwart* 17-20.

kürzung des Auferstehungsgeheimnisses so dar: Wenn auch die Auferstehung keine historisch feststellbare und objektivierbare Tatsache ist, so darf sie dennoch nicht auf ein Interpretament der Art reduziert werden, daß lediglich die „Sache Jesu [noch] weitergeht"[84]. Gegen Marxsen hebt Schoonenberg hervor, „daß ‚Ostern' ein Ereignis ist, nicht nur in den Jüngern, sondern auch in Jesus. Dieses Ereignis kann wirklich und nicht nur Ergebnis oder immanenter Inhalt unseres Glaubens sein. Der Auferstandene kann als Person sowohl für die ersten Zeugen wie auch für uns gegenwärtig sein, ohne lediglich nur durch unsere Erinnerung gerufen zu werden. Er kann im Gegenteil derjenige sein, der zuerst uns ruft und uns zum Glauben bringt. Das ist nicht nur möglich, wir meinen auch bekennen zu müssen und vor allem zu dürfen, daß es so *ist*: daß Jesus Christus also in der Vollendung und in uns lebt" [174].

Darin besteht für Schoonenberg das Zeugnis der Schrift, insbesondere von Mt 28, Lk 24 und Joh 20. Wenn im NT mit den Erscheinungserzählungen sowohl die Auferstehung als auch die Sendung bezeugt werden, so darf man diese zwei Aspekte nicht auseinanderdividieren: Vielmehr ist der auferstandene und sendende „Herr Person: für unseren Glauben, nicht nur durch diesen Glauben" [174]. Der Inhalt des Auferstehungsgeschehens darf mit anderen Worten nicht auf eine bloße Fiktion reduziert werden; sondern die Auferstehung selbst wird eine immerzu neue Initiation des Glaubens. Sie gehört wesentlich zum Verständnis von Gottes Heil in Jesus Christus hinzu. Gottes Heil ist so groß, daß es über den Tod hinausreicht und den Garanten für diese Heilszusage haben wir in Jesus Christus. Aufgrund seiner Auferstehung braucht der Grund unseres Glaubens und unserer Hoffnung auf das Heil nicht erst auf die Auferstehung am Jüngsten Tag verschoben zu werden, wie wir dies beispielsweise in der spätjüdischen Apokalyptik finden. In Jesu Auferstehung handelt es sich vielmehr „um eine Vorwegnahme der [allgemeinen eschatischen] Auferstehung, die sich schon jetzt vollzogen hat, so daß Christus der ‚Erstling' ist..." [176], der personhaft weiterlebt, sitzend zur Rechten des Vaters.

Wie aber soll man sich dieses personhafte Weiterleben vorstellen? Schoonenberg erörtert dieses Problem in dem Abschnitt „Verherrlichte Person und verherrlichter Leib" [180-185].

In seiner Betrachtung legt er zunächst dar, was mit der Anwendung des Begriffs „Person" auf den Auferstandenen ausgeschlossen wird: „Wir nennen den verherrlichten Christus ‚Person', um zu sa-

[84] Vgl. die Wiedergabe Marxsens durch Schoonenberg, GM 170-173, hier 171.

gen, daß er nicht auf einen Inhalt oder eine Projektion unserer Gedanken reduziert werden kann; daß er nicht durch unseren Glauben ins Dasein gerufen wird, sondern im Gegenteil unseren Glauben aufruft; daß er selbst lebt und sich uns gegenwärtig macht". Für das Verständnis der leiblichen Auferstehung muß nun noch berücksichtigt werden, daß „Personsein für das semitische Menschenbild selbstverständlich Leiblichkeit einschließt" [180f.]. Damit kommt zugleich die positive Perspektive zum Vorschein, daß wir „die Identität von irdischem und auferstandenem Leib in erster Linie als eine Konkretisierung der Identität von irdischer und auferstandener Person aufzufassen haben. Nichts von dem, was uns eigen ist, verschwindet. Leiblichkeit und Verbundenheit mit der Erde sind nicht etwas, *aus* dem, sondern im Gegenteil etwas, *mit* dem und *in* dem wir endgültig erlöst werden. Gerade in dem Maße sie uns *eigen* sind, ... in dem Maße sie in unsere Person integriert sind, dürfen wir mit Leiblichkeit und irdischer Verbundenheit auferstehen, wie Christus damit auferstanden ist" [181].

Personsein erweist sich, so Schoonenberg, „vor allem als ein In-sich-Existieren, und zwar so, daß dieses sich zum bewußten Selbstbesitz und freien Ursprung entfaltet" [182]. Dabei hält er den scholastischen Begriff der incommunibilitas als unmitteilbar für irreführend und möchte ihn eher im Sinne von „unverfremdbar" verstanden wissen. „Denn gerade die Person teilt sich in der Liebe selbst mit, und umgekehrt macht den Menschen erst die liebevolle Selbstmitteilung an den anderen ganz zur Person. Deshalb muß die im ewigen Leben endgültig vollendete Person auch als eine Person gesehen werden, die sich in und von Gott her gerade den anderen mitteilt" [182]. Und diese Mitteilung vollzieht sich auch vom verherrlichten Christus her: „Der Himmel Christi ist seine Heilsmacht auf Erden. Er ist kein ruhender Erlöser, sondern er vollendet seine Erlösung, indem er - wie sein Vater - gerade in seiner Sabbatruhe wirkt... Seine Gabe *für* die vielen im Kreuzesopfer ... ist in seiner Verherrlichung eine Selbstgabe *an* die vielen geworden" [182f.].

Von dem so umschriebenen Personsein des Verherrlichten her, bestimmt Schoonenberg im folgenden auch dessen Leiblichkeit. Unter Leib versteht er dabei nicht die rein biologische Gesamtheit der Zellen und Moleküle eines Menschen, „sondern Leib ist dieses Stück Welt, soweit es uns ‚eigen' ist. Wir werden insoweit mit unserm ‚eigenen' Leib auferstehen, wie dieser in unserer Lebensgeschichte unser eigen geworden ist" [183]. Leib meint also nicht den irdischen Körper, der ißt und trinkt, sondern auferweckt werden wir mit einem Leib, „der durch unser Herz, das heißt durch das Tiefste unserer Person ... unrein oder auch rein und heilig geworden ist" [183].

Mit dieser Umschreibung ist einer Ganz-Tod-Theorie der Boden entzogen. Denn deutlich wird der Bezug des Auferstandenen zu seinem irdischen Leben hergestellt: Der Auferstandene zeigt seine Wunden, die ihm im Kreuzesleiden zugefügt wurden (Lk 24,39f.; Joh 20,20.27). Die Offenbarung des Johannes spricht vom Lamm, das geschlachtet wurde (5,6; 5,11). „So ist der auferstandene Leib des Herrn der Ausdruck der Person, die er in seinem irdischen Leben gewesen und geworden ist. So sehr dürfen wir diesen auferstandenen Leib den seinen nennen, daß er darin nicht für andere objektivierbar, sondern ganz freies Subjekt ist: Er steht nicht zur Schau, sondern gibt sich zu erkennen" [183].

Mit dieser Akzentuierung der Leiblichkeit wird aber eine weitere Perspektive deutlich, die mit dem Vaticanum II, insbesondere in „Gaudium et Spes" (wieder) hervorgehoben wurde: Die Hoffnung auf unsere Vollendung verdrängt nicht das Interesse für das irdische Heil. Im Gegenteil: „Damit wird Raum geschaffen für eine Würdigung der irdischen Werte aus dem Glauben und für eine Übung der Liebe und also die Gabe des Gottesreiches an den profanen Raum der Geschichte. Wir werden dabei niemals die Verheißung des ewigen Lebens vergessen dürfen, aber vielleicht können wir diese Verheißung auf eine endgültige Zukunft erst in ganzer Fülle bejahen, wenn wir das vorletzte Wort über das Heil und die Zukunft auf Erden gesagt haben" [177], oder wie der Katholische Erwachsenenkatechismus es im Hinblick auf 2 Kor 4,8-11 ausdrückt: „So ist der Apostel selbst in seinen apostolischen Mühen ein Aufleuchten ... der Wirklichkeit von Tod und Auferstehung Jesu Christi; wie er soll jeder Christ in seinem Leben, Wirken und Sterben Tod und Auferstehung Jesu Christi zum Ausdruck bringen. Er soll nach dem streben, was im Himmel ist, wo Christus zur Rechten des Vaters sitzt; er soll seinen Sinn auf das Himmlische und nicht auf das Irdische richten... Das bedeutet, wie der Apostel Paulus selbst am besten zeigt, keine Geringschätzung der irdischen Güter oder ein Nachlassen im Einsatz für die Sache Gottes in dieser Welt. Es geht vielmehr darum, das Irdische auf die endgültige Zukunft auszurichten und aus der Hoffnung auf das

Himmlische Kraft zu schöpfen für das Leben und Wirken in der Welt"[85].

Abschließend können wir Schoonenbergs Verständnis der Auferstehung Jesu Christi - im Einklang mit dem Katholischen Erwachsenenkatechismus - wie folgt charakterisieren: Die Auferstehung Christi ist Erfüllung der Hoffnung, Offenbarung Gottes und Verherrlichung Jesu Christi. Dieses Verständnis ist allerdings nur dem Gläubigen zugänglich, wobei aber auch hier die Initiative in Christus liegt. Nicht unser Glaube provoziert den auferstandenen Christus, sondern Christus ruft uns zum Glauben. Auf diesen Ruf müssen wir antworten, und dies eben intendiert Christus für uns, um durch unsere positive Antwort an seiner Zukunft teilhaben zu können.

3) Zusammenfassung

Das Grundanliegen Schoonenbergs ist an sich klar und einfach: In der traditionellen Christologie besteht die Gefahr, daß „Christus, der Gottes ewiger und wesensgleicher Sohn ist" [193], entmenschlicht wird. „Der Mensch in ihm ist in Gefahr, zugunsten der göttlichen Person ausgehöhlt zu werden" [193]. Schoonenberg ist daher besonders bemüht, die Einheit, Vollständigkeit und Wahrheit des Menschseins Jesu Christi herauszustellen; dies so sehr, daß auch „kein Rest mehr von ‚Schein' und Scheinwirklichkeit"[86] bleibt.

Ausgangsbasis für das theologische Denken Schoonenbergs ist dabei dieser Ansatz: Gott und Mensch stehen nicht in einem konkurrierenden Verhältnis einander gegenüber, sondern Gott wirkt die Erfüllung des Menschseins, nicht in dem er den Menschen ausschaltet, sondern er bringt diese Schöpfung zur Fülle, und das am meisten im Menschen, indem er sich gerade des Menschen bedient, den Menschen (im cusanischen Sinne) als „deus secundus" einsetzt,

[85] *Katholischer Erwachsenenkatechismus. Das Glaubensbekenntnis der Kirche*, hg. von der Deutschen Bischofskonferenz (Verlage der Verlagsgruppe „engagement" ²1985) 207.

[86] PH. KAISER, *Das Wissen Jesu Christi in der lateinischen (westlichen) Theologie* 234.

um die Schöpfung zu vollenden[87]. Dies zeigt sich in höchstem Maße in Christus: Wir erkennen die liebevolle Initiative Gottes, der das Heil allen schenken will, und der diese Initiative aufs vollkommenste in Christus verwirklicht, indem er sich in ihm selbst endgültig für uns gegenwärtig macht. Gerade in Christus erweist sich, daß die Alternative Gott *oder* Mensch falsch ist.

Den Aufhänger für seinen christologischen Entwurf bildet für Schoonenberg das Dogma von Chalkedon, genauer (in seinem Sprachgebrauch): das chalkedonische Modell. Wenn und wo er dieses chalkedonische Modell kritisiert, richtet sich seine Kritik offensichtlich weniger gegen den Inhalt des Dogmas in sich, als vielmehr gegen die auf diesem Dogma aufbauende Interpretation, insbesondere gegen die Verkürzung des Humanums im Neuchalkedonismus. Diesen Folgeentwicklungen wirft Schoonenberg vor, das volle Menschsein Jesu ausgehöhlt, ja zum Teil unterschlagen zu haben.

In seiner eigenen Interpretation des Glaubenssatzes von Chalkedon läßt Schoonenberg sich von zwei Hauptanliegen leiten:
1. Wie kann dieser Glaube heute ohne Verkürzung und Verzeichnung bekannt werden; und 2. wie ist ein Bekenntnis dieses selben Glaubens möglich, ohne daß man sich auf Denkmodelle festlegt, die heute nicht mehr ansprechen, was früher gemeint war. Aus dieser Sicht und Intention interpretiert er das Dogma von Chalkedon in Rückfrage an Schrift und Tradition und versucht auf dieser Basis eine Weiterentwicklung des im Dogma Gemeinten in unsere heutige Zeit hinein. Auch für Schoonenberg gilt das, was W. Kasper im Hinblick auf die Dogmeninterpretation so ausdrückt: „Die Tradition [ist] im theologischen Sinn des Wortes kein Arsenal steriler Sätze ..., sondern eine in der Kirche gelebte und lebendig geglaubte Wirklichkeit ..., die über sich selbst hinaus- und in das Geheimnis Gottes hineinweist“[88].

Schoonenberg baut seine Christologie „von unten“ auf. Sein Ansatz dazu ist die Feststellung, daß Jesus Christus laut Zeugnis der Schrift *eine* Person und zwar eine *menschliche* Person ist. Damit will er keineswegs die göttliche Personalität leugnen; es geht ihm vielmehr bei Jesus Christus um eine göttliche Person, die zugleich und ungeschmälert menschliche Person ist [92].

87 Mit Cusanus ausgedrückt: Perfectio mundi in homine, perfectio hominis in Deo. Siehe dazu auch die Predigt *Confide filia* (XLI nach der kritischen Edition in h XVII) sowie das Werk *De filiatione Dei*. Insgesamt zu Cusanus: R. HAUBST, *Die Christologie des Nikolaus von Kues*.

88 W. KASPER, *Christologie von unten?* 152.

Dabei ist freilich auch eine Uminterpretation des Personverständnisses gegenüber dem gängigen traditionellen Verständnis unübersehbar: Davon ausgehend, daß wir Jesu göttliches Personsein nur von seinem menschlichen Personsein her kennen, muß auch alles, was über Jesu göttliches Personsein gesagt wird, immer im Hinblick auf seine menschliche Person gesagt werden. Dies gilt auch für solche christologischen Modelle der Hl. Schrift, die auf Jesu Sendung oder Präexistenz hinweisen. Ein göttliches Personsein, das so verstanden wird, daß es das menschliche Personsein einengt, ist für Schoonenberg unbiblisch und geht am wirklichen Jesus Christus vorbei - es ist darum für Schoonenberg abzulehnen.

Schoonenberg geht indes auch so weit, daß er sein Verständnis von Christi Personsein selbst als eine Umkehrung des chalkedonischen Modelles bezeichnet, weil nicht die menschliche, sondern die göttliche Natur in Christus von sich aus anhypostatisch sei, und sich erst in der menschlichen Person enhypostasiere. Das impliziert die Konsequenz, daß Schoonenberg die Einzigartigkeit und Unüberbietbarkeit Jesu Christi nicht mehr ohne weiteres aus dem personalen präexistenten Logos herleiten kann; vielmehr liegt nach Schoonenberg Jesu Transzendenz in der vollen Gegenwart Gottes in Jesu menschlicher Person. Im Menschen Jesus bringt Gott selbst sich in Erscheinung und Gegenwart, bis hin zu der dynamischen Identifikation: Jesus ist Gott.

Mit dieser Neuinterpretation glaubt Schoonenberg einige traditionelle christologische Probleme besser in den Griff zu bekommen: Denn es bereitet ihm keine Schwierigkeit, herauszustellen, daß Jesus ein Mensch ist, der als solcher ebenso wie jeder andere Mensch in der Geschichte geschichtlich bestimmt ist und selber Geschichte mitbestimmt. Jesus kann alle seine Entscheidungen in voller menschlicher Freiheit treffen. Er erscheint nicht mehr von vornherein „deterministisch festgelegt“ wegen seiner - in sich abgeschlossenen - göttlichen Personalität. Er wird als Mensch unserem menschlichen Denken und unserem heutigen Verständnis zugänglicher. Dieser Zug zeigt sich auch bei dem Problem des Erkenntniswachstums und zunehmenden Wissens Jesu.

Deutlich kann Schoonenberg aufzeigen, daß in den Evangelien Jesu Gegenüber der Vater ist; einen inneren Dialog zwischen dem Logos und dem Menschen Jesus in Jesus selbst gibt es nicht! „Die göttliche Person des Wortes kann kein ‚Gegenüber‘ des Menschen Jesus sein, wie es der Vater ist. Das Wort ist also Person - und er ist Sohn - nicht gegenüber dem Menschen Jesus, sondern *in* ihm; er ist enhypostatisch in dem Menschen, der der Christus ist, der Sohn des lebendigen Gottes" [194].

Diese Vorteile von Schoonenbergs Christologie, die sich insbesondere im Zweiten Teil seiner Studie zeigen, lassen andererseits eine bedenkliche Unklarheit im Hinblick auf die Trinitätslehre spüren. Diese zeigt sich besonders deutlich bei den Stellungnahmen und Abgrenzungen Schoonenbergs zum Trinitätsgeheimnis selbst: Nirgends in GM leugnet er eine immanente Trinität. Im Gegenteil: er verteidigt diese insbesondere gegen solche Vorwürfe, die ein gewisses Konkurrenzdenken zwischen Gott und Jesus aufkommen lassen. Denen gegenüber betont Schoonenberg: „Die Anerkennung einer göttlichen Person in Jesus macht ihn an sich nicht zum Konkurrenten des Vaters; denn diese Person ist ja gerade der *Sohn*, der zwar wesenseins ist mit dem Vater, aber indem er aus des Vaters Wesen geboren wurde, wie das Konzil von Nizäa sagt" [192]. Auch im Hinblick auf die östliche Theologie hält Schoonenberg an der Trinitätslehre fest: „Die Dreieinigkeitslehre des Abendlandes und noch mehr die des Ostens, die ja zuerst die Personen betrachtet und dann erst ihr eigenes Wesen, sagen von der Person des Sohnes, daß sie in ihrer ganzen Eigenheit aus dem Vater hervorgeht, auf den Vater gerichtet ist und zum Vater hin durchsichtig ist... In diesem Punkt braucht gegen die Dreieinigkeitslehre nicht protestiert zu werden, und die christologische Studie in diesem Buch richtet sich nicht gegen sie" [193].

Wie schon gesagt: Schoonenberg wendet sich gegen die Annahme einer personalen Präexistenz, *insoweit* (oder wenn) damit das menschliche Personsein Jesu Christi eliminiert wird und insofern man die gottmenschliche Person Jesus Christus von einer personalen Präexistenz her bestimmen will und nicht den umgekehrten Weg geht: Gottes Dreieinigkeit von seiner Offenbarung in Jesus Christus her zu erklären. Von daher aber ergibt sich für Schoonenberg nur eine Konsequenz: „ein *Logos asarkos* kann in Glaube und Theologie nur als *verbum incarnandum* gedacht werden. Gott ist dreieinig in seiner Selbstgabe an uns, und er ist von Ewigkeit her dreieinig, insofern diese Selbstgabe seinem ursprünglichen Wesen und seinem tiefsten Herzen entspringt" [194].

Wie auf einen Kronzeugen beruft Schoonenberg sich in seiner christologischen Perspektive auf K. Rahner: „Gottes eigene, ihm immanente - und deshalb gerade für uns transzendente - Dreifaltigkeit *ist* seine Dreifaltigkeit in unsrer Heilsgeschichte. Rahner fügt hinzu: ‚und umgekehrt'. Vielleicht ist in der christologischen Studie des Buches ... dieses ‚und umgekehrt' noch stärker betont.

Wenigstens mit Beziehung auf Vater und Sohn wurde es getan" [197].

Wir sehen: Verbunden mit Schoonenbergs Christologie zieht sich die Problematik seiner Trinitätslehre wie ein roter Faden durch den ganzen Entwurf. Dabei wollte Schoonenberg ja keineswegs die Inkarnationschristologie ad absurdum führen; er wollte diese vielmehr durch die anderen biblischen Modelle ergänzen. Dies wird insbesondere in seinem Nachwort [191-204] deutlich.

Aber gerade die Angst um eine Aushöhlung des Trinitätsverständnisses sowie eine damit verbundene Angst einer Minderung der vollen Gottheit Jesu Christi führte zu massiver Kritik an Schoonenbergs Entwurf. Im folgenden wird daher das Echo auf seinen christologischen Entwurf skizziert, und im Anschluß daran werden die Reaktionen Schoonenbergs auf seine Kritiker untersucht.

II. Schoonenberg im Kreuzfeuer der Kritik

Kritische Auseinandersetzungen mit Schoonenbergs Christologie führten bis zu heftigen Ablehnungen seines christologischen Entwurfes. Schon 1968, also vor Erscheinen von GM setzte sich A. van Roey[1] mit Schoonenbergs Neuansatz, den dieser in der Tijdschrift voor theologie erstmals vorgestellt hatte, auseinander. Auch aus dem Jahre 1969 sind kritische Stimmen nachweisbar[2]. Die Fülle der Rezensionen zeigt sowohl die Aktualität als auch die Brisanz von Schoonenbergs Fragestellung, wenn auch die Radikalität seiner Lösungsvorschläge - um dies hier schon vorweg zu nehmen - im allgemeinen zurückgewiesen wurde.

Die Haupteinwände gegen Schoonenberg kamen aus methodologischen, dogmenhistorischen und hermeneutischen Überlegungen, aber auch aus bibeltheologischer und systematischer Sicht.

Am schwersten wiegen die Vorwürfe der Verkürzung der Gottheit Jesu und, eng damit verbunden, der Vorwurf der Aushöhlung des Trinitätsgeheimnisses. Diese Verkürzungen wurden als so massiv dargestellt, daß auch das offizielle kirchliche Lehramt glaubte, gegen Schoonenberg vorgehen zu müssen.

1) Schoonenbergs christologischer Entwurf in der Kritik kirchlicher Dokumente

a) Der Vorwurf der Verkürzung der Gottheit Jesu und der Verfälschung des Trinitätsglaubens in der Declaratio der Sacra Congregatio pro doctrina fidei

Innerhalb kurzer Zeit erfährt der genannte Vorwurf einen ersten Höhepunkt in der Erklärung durch die Sacra congregatio pro doctrina fidei vom 21. Februar 1972[3]. Schoonenberg wird zwar

[1] A. VAN ROEY, *Contemporary Christological Questions*, in: LouvSt 2 (1968) 158-169.

[2] Wir nennen hier stellvertretend: J. COPPENS, *La personne de Jésus Christ*, in: EThL 45 (1969) 127-137; R. NORTH, *In search of the human Jesus* (New York/ Cleveland 1969); A. VAN ROEY, *De nieuwe christologie*, in: Onze Alma Mater 23 (1969) 3-18.

[3] *Declaratio ad fidem tuendam in mysteria Incarnationis et Sanctissimae Trinitatis a quibusdam recentibus erroribus*, in: AAS 64 (1972) 237-241 (im folgenden zitiert als *Mysterium Filii Dei* mit Seitenangabe aus AAS 64).

nicht eigens genannt; doch lassen die Punkte 3 und 5 keinen Zweifel, daß er gemeint ist[4].

In dieser Declaratio werden „christologische Versuche, die nicht die ewige Präexistenz des Gottessohnes und seine göttliche Personalität anerkennen, als dem katholischen Glauben widersprechend zurückgewiesen“[5]. Ein bloßes Sprechen von der unüberbietbaren und einzigartigen Gegenwart Gottes in Jesus Christus und eine daraus resultierende Annahme, daß Jesus der höchste und letzte Gipfel der göttlichen Offenbarung sei, genügt nicht[6]. Selbst die Identifikation Jesu mit Gott, so führt die Glaubenskongregation weiter aus, sei nicht hinreichend. Gegen die, auf die die Kritik zielt, wird gesagt, daß sie noch weit vom christlichen Glauben entfernt sind, auch wenn sie nicht den wahren Glauben an die Gottheit Jesu leugnen wollen, cum addunt Iesum dici posse Deum, eo quod, in eius humana, quam dicunt, persona, Deus summe praesens sit“[7].

Wir sehen hier: Die Glaubenskongregation weist Schoonenbergs „Umkehrung von Chalkedon“ eindeutig zurück. Gleichzeitig lehnt sie auch seinen hermeneutischen Ansatz deshalb ab, weil dieses Denken „von unten“ letztlich nicht zum Geheimnis des ewigen personalen Seins in Christus vordringe. Denn dieser Ansatz führe (in Schoonenbergs Version) dazu, daß wir über Art und Weise des ewigen Seins Christi nichts sagen könnten, weil es uns nicht geoffenbart sei. Massiv erklärt dagegen die Congregatio fidei: „Huic fidei aperte adversantur opiniones iuxta quas nobis revelatum notumque non esset Filium Dei ab aeterno in mysterio Deitatis subsistere distinctum a Patre et Spiritu Sancto; itemque opiniones secundum quas evacuanda esset notio unius personae Iesu Christi, genitae a Patre ante saecula secundum divinam naturam et in tempore ex Maria Virgine secundum naturam humanam; ac denique assertio secundum quam humanitas Iesu existeret, non ut assumpta in personam aeternam Filii Dei, sed potius in seipsa ut persona humana, ideoque mysterium Iesu Christi in eo consisteret quod Deus se revelans summo modo praesens esset in persona humana Iesu“[8].

4 *Mysterium Filii Dei* 238ff.

5 Kl. Reinhardt, *Die Einzigartigkeit der Person Jesu Christi*, in: IKaZ 2 (1973) 206-224, hier 222.

6 Qui ita sentiunt, a vera fide in Christum longe remanent, etiam cum asserunt singularem Dei praesentiam in Iesu efficere ut ipse summum ultimumque culmen sit divina Revelationis; *Mysterium Filii Dei* 238.

7 Ebd.

8 Ebd.

Damit korrespondierend ergänzen auch die Bedenken in Nr. 5 derselben Declaratio: „A fide igitur deerrat opinio secundum quam Revelatio nos incertos relinqueret de aeternitate Trinitatis et speciatim de aeterna existentia Spiritus Sancti ut personae, in Deo, a Patre Filioque distinctae"[9].

In der Tat werden hier Schwächen von Schoonenbergs christologischem Entwurf angeprangert, die uns auch schon bei der Darlegung seines christologischen Neuansatzes auffielen. Wir wiesen darauf hin, daß die Ausführungen Schoonenbergs eine positive Darlegung seines Verständnisses von der Präexistenz nicht hinreichend erläuterten; daß eine Auseinanderfaltung des Einflusses, oder besser gesagt, des Verhältnisses des göttlichen Logos zur Menschheit Jesu nicht hinreichend zur Sprache komme und somit grob vernachlässigt werde. Die Bemerkung Schoonenbergs „Gott selbst spricht sein Wort ganz aus, um Jesus in all seinen Dimensionen, also auch von seinem ersten Entstehen an zu umfassen und zu tragen"[10], ist leider nicht weiter ausgeführt, ja sie läuft Gefahr, in seinem Gesamtkonzept unterzugehen. Zwar hält Schoonenberg die Möglichkeit, daß der Logos schon von Ewigkeit her Person ist, offen, da er seine ablehnende Haltung gegenüber einer personalen Präexistenz des Logos einschränkt, indem er sagt, daß diese Einschränkung nur gelte, *soweit* die präexistente Personalität das menschliche Personsein Jesu einschränkt. Aber an einer wirklichen Ausführung dessen, was er ansonsten unter der Präexistenz des Logos verstehen will, läßt er es fehlen[11].

Die Declaratio weist pointiert auf Schoonenbergs Schwächen hin, übersieht aber offensichtlich Schoonenbergs Versuche der Absicherung, um so einen Konflikt mit dem Nicaenum zu vermeiden. In der Beurteilung der Declaratio dürfen wir uns dieser Feststellung von Kl. Reinhardt anschließen, der bemerkt: „Durch diese

9 EBD. 239f.

10 SCHOONENBERG, GM 90, Anm. 15.

11 Dennoch ist es interessant, daß ausgerechnet der amerikanische Theologe William J. Hill, der zu den Gegnern Schoonenbergs zu rechnen ist, in der Frage der immanenten Trinität Schoonenberg gewissermaßen die Stange hält, indem er dessen Gedankengang korrekt so wiedergibt: „This is no denial of the immanent Trinity, of the truth that God is a Trinity in himself. But God becomes a Trinity, as something that occurs only out of his involvement in history. If this happens, some eternal structure within divinity must be its precondition. Thus Schoonenberg readily allows an eternal triadic structure to deity. Yet, only within history ... does this triatic structure take on personal form". W. J. HILL, *The Three-Personed God* (Washington DC, The Catholic University of America Press 1982) 180.

und andere einschränkende Zusätze wird Schoonenbergs Auffassung nicht ganz getroffen durch die Erklärung der Glaubenskongregation vom 21. Februar 1972"[12].

Wenn wir hier auf eine Schwäche der Declaratio hinweisen, soll Schoonenbergs Entwurf freilich nicht vollständig rehabilitiert sein. Liegt doch der Grund für mögliche Fehlinterpretationen in dessen einseitigen Option für die „Umkehrung von Chalkedon"! Später spricht Schoonenberg in „Verdeutlichungen" seiner Christologie auch von einer „gegenseitigen Enhypostasie", ja im Hinblick auf die Trinitätslehre führt er 1980 aus: „Obwohl ich die Trinität hauptsächlich als heilsökonomisch beschrieben habe ..., halte ich doch die ökonomische Trinität für mit der immanenten identisch. Die Trinität Gottes ist Trinität *in* Gott; das gottmenschliche Verhalten Jesu zum Vater ist der innergöttliche Dialog des Sohnes. Aber", so fragt Schoonenberg weiter, „ist diese immanente Trinität auch ewig?" Und seine Antwort ist zunächst bejahend: „Ich denke, daß man für die Ewigkeit der Trinität gute Gründe anführen kann unter der Bedingung, daß man ... die Christologie zum Ausgangspunkt nimmt. Das bedeutet aber, daß man den trinitarischen Gott in seiner Ewigkeit zugleich als denjenigen betrachtet, der unser Heil in Christus will. Der ewige Gott kann theologisch nur in seinem ‚Schon-im-voraus-der-Unsrige-Sein' bedacht werden, wie E. Jüngel es ausdrückt; von Gott abgesehen von seinem Heilswillen kann die Theologie nicht sprechen. Wenn aber der ewig trinitarische Gott immer zum Christusereignis ‚auf dem Weg' ist, dann", so Schoonenbergs Konklusion, „ändert sich auch sein trinitarisches Leben durch Selbstbewegung auf uns hin"[13]. Wir sehen hier ganz deutlich: Schoonenberg leugnet auf diese Weise nicht die Trinität. Sein Hauptanliegen besteht darin, Zugang[14] zum

12 KL. REINHARDT, *Die Einzigartigkeit der Person Jesu Christi* 222.

13 P. SCHOONENBERG, *Denken über Chalkedon*, in: ThQS 160 (1980) 295-305; hier 305. Vgl. auch SCHOONENBERG, *Zur Trinitätslehre Karl Rahners*, in: Glaube im Prozeß. Christsein nach dem II. Vatikanum. FS für K. Rahner, hg. von E. Klinger und Kl. Wittstadt (Freiburg 1984) 471-491, bes. 486-489. Dort schlägt Schoonenberg vor, Wort und Geist in ihrer Präexistenz mit Richard von St. Victor nach ihrem Existieren als Personen zu definieren, während dann im Christusereignis die distinkte Subsistenz hinzukommt und damit ein dialoges bzw. trialoges Verhalten in der Trinität.

14 Deckt sich hier Schoonenbergs Anliegen mit dem cusanischen Weg der manuductio per Christum ad Trinitatem? Diese Frage sei hier schon angedeutet.

Trinitätsgeheimnis zu finden, ausgehend vom irdischen und verherrlichten Leben Jesu Christi.

b) Schoonenberg im Rahmen des Dokuments der Päpstlichen Bibelkommission „Bibel und Christologie"

Im April 1983 stimmte die Päpstliche Bibelkommission, die durch Papst Paul VI. 1971 an die Heilige Kongregation für die Glaubenslehre angeschlossen wurde[15], über das Dokument *De Sacra Scriptura et Christologia* ab, das dann von der Kommission 1984 herausgegeben wurde[16]. Vorsitzender dieser Kommission war Kard. Josef Ratzinger, als Leiter der Glaubenskommission ex officio.

Wie Ratzinger im Geleitwort zur deutschen Ausgabe betont, enthält der erste Teil des Dokuments eine „fast vollständige Übersicht über die Methoden, deren man sich heute bedient, um an die geschichtliche Gestalt und an das Geheimnis Jesu heranzukommen. ... In diesem Überblick ist ein ausgewogenes Werturteil enthalten, das klar und deutlich die Möglichkeiten und Grenzen der verschiedenen Methoden aufzeigt und so kurz, aber sehr sachkundig, zu einer gelassenen und sachlich-kritischen Analyse der verschiedenen Versuche beiträgt. Es wird deutlich", so hebt Ratzinger hervor, „daß letztlich keiner der beschrittenen Wege wissenschaftlicher Forschung allein das Privileg hat, an das Wesen und das unauslotbare Geheimnis Christi heranzuführen, das immer noch, nicht nur in bezug auf die angewandten Methoden, sondern auch hinsichtlich

15 Siehe Motu Proprio *Sedula cura* vom 27. Juni 1971, in: AAS 63 (1971) 665-669 sowie J. A. FITZMYER, *A Christological Catechism: New Testament Answers* (New York 1982) 97-103.

16 P. G. Müller weist darauf hin, daß der Text der Bibelkommission ursprünglich in Französich verabschiedet worden war und 1984 von Prof. Henry Cazelles, dem Ordinarius für Altes Testament am Institut Catholique in Paris und dem jetzigen Sekretär der Bibelkommission im Verlag Le Cerf, Paris veröffentlicht wurde. Der Text ist in zwei Sprachen, Französich und Latein herausgegeben, wobei dem französischen Text die Priorität zukommt. „Der lateinische Text ist eine spätere Rückübersetzung des Vatikans ins Lateinische, die zwar vatikanischer Gepflogenheit zufolge offiziösen Charakter hat, aber eben sekundär ist und an zahlreichen Stellen vom französischen Originaltext teils unerheblich, teils den Sinn und die Akzentsetzung spürbar verändernd(!) abweicht". *Bibel und Christologie. Ein Dokument der Päpstlichen Bibelkommission in Französisch und Latein.* Mit dt. Übersetzung und Hinführung von P.-G. Müller, einem Kommentar von J. A. Fitzmyer und einem Geleitwort von Kardinal J. Ratzinger (Stuttgart 1987). Das Zitat ebd. 11.

der jeweiligen Ergebnisse, uneinholbar bleibt. Darüber hinaus ist eine Konfrontation mit der lebendigen Tradition des Glaubens, die sich auf die gesamte Heilige Schrift stützt, unabdingbar notwendig. Das *principium totalitatis*, ... verlangt gerade eine ganzheitliche Betrachtungsweise der Schrift, die vorschnelle und simplifizierende Lösungen vermeidet und statt dessen einer umfassenden Christologie ... Raum gibt"[17]. Das Vorwort läßt also eine Offenheit erwarten, die von einer einseitigen „Denzinger-Theologie" wegführt und Ganzheit im Blick hat; eine Christologie, die der neutestamentlichen Fülle von Christusbildern Raum geben will; eine Christologie, die auch mit sich bringen würde, die allzu lang vorherrschende einseitige Betonung des Inkarnationsschemas durch andere neutestamentliche Modelle, wie Schoonenberg es ausdrückte, zu ergänzen - nicht zu ersetzen!

In diesem Dokument kommt auch Schoonenbergs Ansatz zur Sprache unter dem Problemkreis: „Spekulative Zugänge des kritischen Typs"[18]. Dabei betont die Bibelkommission, daß auch Konzilsentscheidungen kritisch gelesen werden dürfen, ja, daß es durchaus angebracht sei, „diese Definitionen unter der Voraussetzung ihrer kulturellen und historischen Rahmenbedingungen, unter denen sie einst erarbeitet worden waren, zu interpretieren"[19].

Auch in der Beurteilung des Übersetzungsversuchs von Konzilsentscheidungen, insbesondere der Entscheidung von Chalkedon, geht die Bibelkommission, vom Anliegen her gesehen, durchaus mit Schoonenberg konform. Im Text heißt es unter Punkt 2: „Die historische Erforschung der Konzilien zeigt tatsächlich, daß ihre Definitionen sich bemühten, die Schulstreitigkeiten oder die Unterschiede von Gesichtspunkten und Sprachen, welche die Theologen spalteten, zu überwinden, wobei der vom Neuen Testament herkommende Glaube bestätigt und bestärkt werden sollte. Trotz dieser Anstrengung", so stellt die Kommission fest - und damit stimmt sie mit Schoonenberg überein - „konnten die Gegensätze nicht immer voll überwunden werden. Wenn man den kulturellen Kontext und die Sprache der übernommenen Formulierungen kritisch überprüft, zum Beispiel auf dem Konzil von Chalkedon (451), kann man besser den eigentlichen *Gegenstand* der Definition und die *Aussagen*, die benutzt wurden, um ihn korrekt zu umschreiben, unterscheiden. Verändert sich der kulturelle Kon-

[17] Ebd.8.
[18] Ebd. 29f.
[19] Ebd.

text, so können die Formulierungen ihrerseits ihre Wirksamkeit und Aussagekraft in einem sprachlichen Umfeld, wo dieselben Worte nicht mehr im selben Sinn benutzt werden, verlieren“[20].

Auch in der 3. Aussage wird Schoonenbergs Anliegen zunächst bestätigt. Die Bibelkommission legt größten Wert auf den theologischen Rückgriff auf das NT. Gleichzeitig zeigt sie aber gerade bei Schoonenberg eine Gefahr auf, die im Sprechen von „menschlicher Person“ liegt, und empfiehlt, anstelle von „menschlicher Person“ von der „menschlichen Persönlichkeit“ Jesu zu sprechen[21].

In einem zweiten großen Arbeitsbereich weist die Bibelkommission auf Risiken und Grenzen der verschiedenen christologischen Ansätze hin. Dabei betont sie angesichts der Zugänge „klassischen Stils“ die Gefahr, Ausformulierungen christologischer Lehrsätze in der Sprache patristischer und mittelalterlicher Theologen über das Zeugnis des NT zu stellen. J. A. Fitzmyer weist in seinem Kommentar[22] eigens darauf hin, daß die Kommission erstens die Ansicht kritisiert, wonach konziliare oder kirchliche Lehrformulierungen den Aussagen der Schrift selbst überlegen wären; vielmehr seien solche Formulierungen „Hilfssprachen“[23]. Zweitens besteht im „klassischen Stil“ die Gefahr, zu übersehen, „daß diese konziliaren oder späteren theologischen Formulierungen die biblischen Aussagen und Vorgegebenheiten nicht nur neu formuliert, sondern auch begrifflich neu gefaßt haben, indem sie sie in ein philosophisches Denkgebäude und System (Konstrukt) einbauten, das nicht denselben Wert für die Christologie beanspruchen kann wie die Sprache und Konzeption der ‚höchsten Offenbarungsquelle‘“[24]. Und drittens liege bei diesem „klassischen Stil“ häufig ein Mangel darin, daß seine Vertreter „sich lediglich deswegen auf die Schrift ... berufen, um die eigenen traditionellen Formulierungen abzustützen oder zu verteidigen und dabei nicht genügend offen ... für die exegetischen Probleme, die heutzutage eine kritische Lektüre der Schrift aufwirft“. Ausdrücklich warnt die Kommission daher vor einem „Katholischen Fundamentalismus“[25].

20 Ebd.

21 Ebd. 29f.

22 J. A. Fitzmyer von der Catholic University of America, Washington/USA ist inzwischen selbst Mitglied der Bibelkommission. Insofern dürfte auch sein Kommentar von besonderem Gewicht sein. Vgl. *Bibel und Christologie* 14.

23 *Bibel und Christologie* 67, Punkt 1. 2. 2. 1. sowie S. 206.

24 Ebd. 206.

25 Ebd. 207. So Fitzmyer mit Hinweis auf J. Galot u. a. (207, Anm. 10).

Auch hier wird wieder deutlich, daß wesentliche Kritikpunkte Schoonenbergs an manchen althergebrachten Christologien von der Bibelkommission geteilt werden. Ja, die Bibelkommission geht noch einen Schritt weiter, indem sie „die Gültigkeit und den Wert eines solchen kritischen Zugangs zu den zeitbedingten Formulierungen der Theologen und Konzilien“[26], wie wir ihn bei Schoonenberg finden, anerkennt.

Gleichzeitig warnt die Kommission aber auch vor den Gefahren des Schoonenbergschen Ansatzes, des sogenannten „spekulativen Zuganges eines kritischen Typs“. Mehr noch: „Die Kommission hält zur Vorsicht an, durch zwei Beobachtungen diese Art von kritischem Zugang doch abzumildern“[27]. Man muß achtgeben, daß die Kritik an den Konzilien und Lehrmeinungen der Kirche das neutestamentliche Zeugnis nicht mitaushöhlt. Das würde bedeuten, das Kind mit dem Bade ausschütten.

Solch eine Gefahr sieht T. E. Clarke bei Schoonenberg gegeben. Er stellt nämlich an Schoonenberg die Frage: „Ist sein Streit nicht so sehr mit Chalkedon als mit dem Johannesprolog, d.h. mit der tatsächlichen Möglichkeit einer ursprünglichen Inkarnation als dem erstmaligen und unbegreiflichen Fall von Ineinandergreifen und Verträglichkeit ... des Menschlichen und Göttlichen?“[28]

Weiterhin gibt die Kommission bezüglich des spekulativ-kritischen Ansatzes, den wir bei Schoonenberg finden, folgendes zu bedenken: Sind einerseits die Konzilsaussagen mit der grundlegenden Offenbarung in der Schrift zu konfrontieren, so gilt dies andererseits auch für sogenannte „moderne Denkweisen und Sprachregelungen“. Auch unser heutiges Denken kann nicht absolut gesetzt werden. Und von daher muß man sich hüten, das neutestamentliche Verständnis Christi in Frage zu stellen oder nur solche Aussagen auszuwählen und gelten zu lassen, die diesem Auswahlprozeß oder einer bestimmten Philosophie entgegenkommen. Die Ganzheit und Vielfalt der neutestamentlichen Christusbilder ist voll zu beachten! Dabei muß man sich wiederum des dem Evangelium eigenen Genres bewußt sein![29]

Erfreulicherweise geht die Bibelkommission auch auf die Unterscheidung der christologischen Zugänge „von oben“ und

[26] *Bibel und Christologie* 209.

[27] Ebd.

[28] Rezension von GM in: TS 33 (1972) 378. Dt. Übersetzung aus *Bibel und Christologie* 209 ist hier übernommen.

[29] Siehe dazu auch die Punkte 1. 1. 3 sowie 1. 2. 3 in *Bibel und Christologie* mit dem entsprechenden Kommentar von Fitzmyer.

„von unten" ein[30]. Dabei anerkennt sie eigens die Berechtigung dieser Ansätze, ja sie empfiehlt sogar „die Versuche jener Gelehrten, die die Soteriologie mit der Christologie verbinden, weil der Zweck des fleischgewordenen Wortes (Joh 1,14) genau der war, Mittler zwischen Gott und Mensch zu sein"[31].

Im Hinblick auf Schoonenbergs Christologie im Spiegel offizieller kirchlicher Dokumente halten wir hier fest:

1. Die inhaltlichen christologischen Schlußfolgerungen Schoonenbergs stießen sowohl aus christologischer als auch aus trinitätstheologischer Perspektive auf harte Kritik, ja sie wurden sogar als „neuere Irrtümer" angeprangert.

2. Was Ansatz und Anliegen Schoonenbergs betrifft, so findet er - wenn auch eingeschränkt - innerhalb des Dokuments der Bibelkommission ein offenes Ohr. Allerdings kann auch diese Schoonenbergs Ansatz, wonach Jesus eine menschliche Person ist, nicht kritiklos teilen. Auch die Bibelkommission empfiehlt im Sinne der Scholastik von menschlicher Personalität zu sprechen.

2) Schoonenbergs Christologie im wissenschaftlichen Urteil der Theologie

Wie oben schon angedeutet, können hier nicht alle Auseinandersetzungen mit Schoonenbergs Entwurf zur Sprache kommen. Im folgenden soll versucht werden, die Hauptstränge der Kritik darzustellen. Dabei nehmen wir folgende Einteilung vor:

30 Punkt 1. 1. 11 sowie 1. 2. 11.

31 *Bibel und Christologie* 252. Überraschend ist aber dieser Sachverhalt: Während die systematische Christologie in der Fragestellung „Christologie von oben" bzw. „von unten" immer mehr zu dem Ergebnis kommt, daß beide Ansätze zur Konstruktion einer Christologie nur bedingt anwendbar sind, ja mehr noch, daß dieser „Jesus von unten" zu keinem Zeitpunkt seiner irdischen Existenz frei von dem „oben" war, weil sich in Jesu wirkmächtigem Reden und Handeln eben schon das eschatologische „von oben" Gottes zeigte, scheint die Kommission anzunehmen, „daß Fragen über das Wissen und die Präexistenz Jesu, so unausweichlich sie auch sein mögen, nicht zu der ‚impliziten' Christologie des irdischen Jesus gehören, sondern zu einer späteren Stufe der Christologie". Vgl. den Kommentar zur Aktualität des Dokuments von P.-G. MÜLLER, in: *Bibel und Christologie* 319. Zum Problem vgl. die im Ersten Teil unter I genannten Untersuchungen zur Christologie von unten von W. Kasper sowie J. AUER, *Jesus Christus - Gottes und Mariä Sohn* 25-73.

a) Kritik, bei der eine ablehnende Haltung gegenüber Schoonenbergs christologischem Versuch von vornherein spürbar wird und b) Kritik, die teilweise das Anliegen Schoonenbergs positiv wertet, aber dessen Durchführung und Ergebnissen reserviert bis ablehnend gegenübersteht.

a) Kritik, bei der eine ablehnende Haltung gegenüber Schoonenbergs christologischem Versuch von vornherein spürbar wird

Heftigster Gegner Schoonenbergs dürfte wohl Jean Galot, Professor an der Gregoriana in Rom, sein. Mehrere Male setzt er sich kritisch und in fast schroffer Form mit Schoonenbergs Christologie auseinander[32]. Dabei hat es den Anschein, daß es Galot weniger um Schoonenbergs Entwurf in sich geht; vielmehr scheint er einen Kampf gegen eine Christologie „von unten" überhaupt zu führen. Aus seinem berechtigten Anliegen, die Einmaligkeit Jesu Christi darin begründen zu wollen, „daß sich Gott selbst persönlich zum Heile der Menschen engagiert hat, daß er seinen einziggeborenen Sohn in die Welt gesandt hat"[33], scheint für Galot letztlich nur der „klassische Weg" der Christologie der einzig und allein richtige zu sein. Ein Indiz für diese Vermutung sehen wir in seiner Antwort bei einem Interview von Radio Vatikan auf die Frage: „Gehen diese modernen Christologien, von Schoonenberg über Schillebeeckx bis zu Küng lediglich auf Fragen der Interpretation und Methoden ein, oder greifen sie die wahre Bedeutung des Glaubens an Jesus Christus an?"[34] Galots Antwort darauf: „Leider geben die Christologien, die vom Chalkedonischen Konzil abweichen, das auf, was das Grundlegendste am Glauben ist". Für diese Christologien, so fährt Galot fort, sei Jesus nicht mehr wahrer Gott, sondern menschliches Wesen. Sie wiederholten dabei bestimmte Irrmeinungen, die in den frühen Jh.en der Kirche weit

[32] J. GALOT, *Vers une nouvelle Christologie* (Paris 1971); *Cristo contestato* (Firenze 1979) 11-18 u. ö.; *Tentativi di una nuova Cristologica*, in: CivCatt 121-C (1970) 484-494; weiter in derselben Zeitschrift 123-C (1972) 41-46; *Dynamisme de l'Incarnation: au delà de la formule de Chalcédoine*, in: NRTh 93 (1971) 225-244; *Valeur de la notion de personne dans l'expression du mystre du Christ*, in: Gr. 55 (1974) 69-97.

[33] KL. REINHARDT, *Die Einzigartigkeit der Person Jesu Christi* 223.

[34] Frankfurter Rundschau vom 6. Dez. 1979, S. 4 unter der Überschrift: *Radio Vatikan rückt Hans Küng in die Nähe von Ketzern. ‚Wesenseinheit von Jesus als Gott und Mensch in Frage gestellt' - Vorwürfe auch gegen Schillebeeckx und Schoonenberg.*

verbreitet gewesen seien wie der Arianismus, der bestritten habe, daß Jesus Gott sei[35].

Schärfer und auch schroffer wendet sich Galot gegen diese Form einer Christologie „von unten" in *Vers une nouvelle Christologie.* Dort schreibt er im Rahmen der Darlegungen von Schoonenbergs Christologie: „Als Vorläufer (des neuen christologischen Ansatzes) kann man den Arianismus nennen, mit der Nuance allerdings, daß Arius in Jesus zwar einen nicht-göttlichen, aber übermenschlichen Logos annahm. Man möchte uns also auf eine Stufe noch unter dem Arianismus hinabführen"[36].

Hier schießt Galot unserem Dafürhalten nach eindeutig zu scharf: Eine Leugnung der Gottheit Jesu Christi kann man Schoonenberg bei genauer Lektüre seiner Werke sicherlich nicht vorwerfen. Dabei ist es eine andere Frage, ob Schoonenbergs Gottesbild, insbesondere seine Vorstellungen von der immanenten Trinität dem neutestamentlichen und dem daraus entwickelten dogmengeschichtlichen Gottesbild voll und ganz entspricht[37].

[35] P. SCHOONENBERG, *Arianische Christologie? Antwort P. Schoonenbergs an Jean Galot*, in: ThG 23 (1980) 50-56; hier 50. Ursprünglich in Holländisch erschienen in: TTh 20 (1980) 86-92.

[36] Zitat nach Schoonenberg, EBD. 51, Anm. 2.

[37] Will man Schoonenberg schon unbedingt in den Wandschrank der Häresien einordnen, ist dann der Arianismus die richtige Schublade? Hat Schoonenberg in Anbetracht von A. Grillmeiers fundamentaler Untersuchung *Jesus der Christus im Glauben der Kirche* nicht ebenso viel mit den Antiarianern gemeinsam, zu denen insbesondere auch Nestorius gehört, sodann Theodoret und natürlich der Westen, da ja Schoonenberg gerade das menschliche Personsein Jesu profilieren will, ohne das Gottsein Jesu aushöhlen zu wollen - wenn auch der Versuch nicht in allem als gelungen zu bezeichnen ist? (Man beachte dabei die Neubetrachtung von Nestorius durch Grillmeier in *Jesus der Christus im Glauben der Kirche*, Bd. 1, bes. 642-686). Zwar gibt es auch hier erhebliche Unterschiede, aber auch wesentliche Gemeinsamkeiten. „Der Eigenweg des Nestorius beginnt erst dort, wo er die Einheit von Gott und Mensch in Christus positiv erklären will. Hier wird manche seiner traditionellen Formeln wieder in Frage gestellt... Darum muß man hinter seine Formeln gehen und das zugrunde liegende Christusverständnis zu fassen suchen". Auch bei Schoonenberg liegt die Problematik in der Frage nach der Möglichkeit des „ein und derselbe" begründet (Dieses „Schibboleth des echt traditionellen Christusverständnisses beherrscht Nestorius" auch! Vgl. GRILLMEIER, *Jesus der Christus* 653).
Hier möchten wir auch noch auf folgenden Sachverhalt hinweisen: Vom 7.-12. Sept. 1971 fand in Wien eine „Nicht-offizielle ökumenische Konsultation zwischen Theologen der altorientalischen Kirchen und der römisch-katholischen Kirche" statt (siehe hierzu O. MAUER, *Christologischer Disput heute*, in:

Galot möchte Schoonenberg dennoch die Leugnung der Gottheit Jesu unterschieben. Dabei geht er aber noch einen Schritt in die Richtung weiter, daß er ihm eine wissentliche Verneinung der Gottheit Jesu unterstellt. Denn nur so ist sein außerordentlich hartes Urteil gegen Schoonenberg, Hulsbosch und Schillebeeckx zu verstehen: „Die Versuche einer neuen Christologie, deren Hauptlinien wir aufgezeigt haben, haben wissentlich den Rahmen des traditionellen Glaubens der Kirche verlassen. Christus, der nicht mehr Gott ist, der keine göttliche Person ist, ist auch nicht mehr der, der sich offenbart hat, der, den das Evangelium uns vorstellt. Die dogmatischen Erklärungen der großen Konzilien von Nizäa, Ephesus und Chalkedon werden aufgegeben oder man widerspricht ihnen"[38].

Wie weit diese Vorwürfe auf Hulsbosch und Schillebeeckx zutreffen, ist nicht Gegenstand unserer Untersuchung. Im Hinblick auf Schoonenbergs Christologie scheint uns aber mit dieser Unterstellung die Basis einer objektiven Auseinandersetzung entrissen zu sein: Denn auch in GM betrachtet Schoonenberg seinen

WuW 27 [1972] 78-86). Dabei lösten insbesondere die Referate von FR. J. SCHIERSE (*Christology - New Testament Aspects*) und P. SCHOONENBERG (*Monophysitic and Dyophysitic Languages about Christ*) heftige Diskussionen aus (siehe WuW Suppl. 1 [1972]. In diesem Band sind die Vorträge und Diskussionen veröffentlicht; das Referat von Schoonenberg 154-166.). Schoonenbergs Ergebnis, daß die höchste Einheit Gottes mit dem Menschen Jesus Christus diesem nichts von seinem menschlichen Personsein nehme, daß vielmehr das göttliche Personsein des Sohnes den Menschen Jesus Christus ganz durchdringe, ohne ihm etwas von seinem menschlichen Personsein zu rauben, hält der koptisch-orthodoxe Bischof Shenouda entgegen: „We believe in the one Incarnate God Logos, fully God and fully man, but we condemn the opinion that Jesus Christ is God and man. The word ‚and' signifies separation. We profess to one Nature from two Natures with all their Divine and human properties. Therefore we objekt to Eutyches, to the Council of Chalcedon. We venerate the teaching of Cyril. We regard Dioscorus and Severus as saints. We reject Leo as being a heretic, and his Tome as being a heresy. He caused the separation of the Church" (WuW Suppl. 1, 129f.). Für unsere Fragestellung ist die Bemerkung von A. Grillmeier interessant, daß die orientalisch-orthodoxen Kirchen einer Christologie „von unten" äußerst skeptisch, ja sogar mißtrauisch gegenüberstehen, da diese für sie „gleichbedeutend mit Nestorianismus" ist. (A. GRILLMEIER, *Auf der Suche nach Einheit. Zum Stand der Gespräche mit den Altorientalischen Kirchen*, in: ThPh 52 [1977] 242-257; hier 250, Anm. 44). S. a. A. GRILLMEIER, *Das Scandalum oecumenicum des Nestorius in kirchlich-dogmatischer und theologiegeschichtlicher Sicht*, in: Mit ihm und in ihm 245-282.

38 Übers. aus *Vers une nouvelle Christologie* 38f.

Entwurf als einen christologischen Versuch, nicht als eine wissentliche und damit beabsichtigte Aushöhlung der Gottheit Jesu Christi. Auch in GM macht nicht das menschliche Personsein den Logos zur Person, sondern der Logos personalisiert sich selbst! Zur Untermauerung dieser Sicht zitieren wir Schoonenberg: „Das innere Trinitarischwerden Gottes wird nicht von außen her in ihm zuwege gebracht, es wird nicht durch die Menschen verursacht, auch nicht durch den Menschen Jesus, der vor oder außer der Hypostase von Gottes Wort im ganzen nicht besteht. Gott selbst spricht sein Wort ganz aus, um Jesus in all seinen Dimensionen, also auch von seinem ersten Entstehen an zu umfassen und zu tragen"[39].

Wohl muß man zugeben, daß Schoonenberg diese Perspektive in GM nicht hinreichend ausgebaut hat, und daß damit das Gottsein Jesu nur ungenügend zur Sprache kommt. Ist aber damit das Gottsein Jesu wissentlich geleugnet? Unausgegorenheiten und Mängel stellen noch nicht zwingend eine Leugnung dar. Und können diese Unausgeglichenheiten und Mängel nicht gerade ein Hinweis auf die Unaussprechlichkeit und Schwierigkeit der Sachproblematik sein? Von daher halten wir auch eine Bemerkung wie „Schoonenberg sagt das Umgekehrte von dem, was er meint"[40] nicht gerade für weiterführend.

Vor allem scheint Galot eine Entwicklung in Schoonenbergs Denken zu übersehen, obwohl er die entsprechenden Veröffentlichungen kennt, wie die Literaturhinweise in *Cristo contestato* belegen. Galots berechtigte Sorge um die hinreichende Betonung der Gottheit Jesu scheint seinen Blick zu trüben für solche christologischen Versuche, die offensichtlich die Eigenständigkeit des Menschseins Jesu wieder stärker ins Blickfeld rücken wollen. So lehnt er ja auch Interpretationsmodelle ab, die ein menschliches psychologisches Ich (wie etwa R. Haubst)[41] oder ein menschliches Aktions- oder Entscheidungszentrum in Jesus Christus annehmen (wie beispielsweise K. Rahner[42]). Dabei spürt auch Galot offensichtlich die

39 SCHOONENBERG, GM 90, Anm. 15, letzter Abschnitt.

40 Vgl. SCHOONENBERG, *Arianische Christologie?* 53f. mit Anm. 10.

41 Siehe R. HAUBST, *Welches Ich spricht in Christus?*, in: TThZ 66 (1957) 1-20; eine Weiterführung derselben Fragestellung bot Haubst in seiner Abschiedsvorlesung vom 23. Juni 1981 in Mainz. Diese ist unter demselben Titel veröffentlicht in: TThZ 91 (1982) 1-17.

42 K. RAHNER, *Schriften*, Bd. I (^{2}1956) 169-222; *Schriften*, Bd. IV (1960) 137-155. Zu Galots Zurückweisung solcher Konzeptionen siehe *Cristo contestato* 189-192.

christologische Problematik angesichts einer heute veränderten Glaubenssituation. Das beweisen seine eigenen christologischen Darlegungen. Aber nimmt er diese veränderte Glaubenssituation auch hinreichend ernst? Führt seine Christologie aus allen Schwierigkeiten heraus?

B. Sesboüé urteilt so: „Das Urteil Galots über diese drei Versuche (Hulsbosch, Schillebeeckx und Schoonenberg) ist außerordentlich streng. Wir wären unsererseits etwas differenzierter, aber wir sehen ein, daß die Verbreitung solcher Ideen in der Kirche ein wirkliches Glaubensproblem darstellen würde". Doch obwohl Sesboüé sich ausdrücklich von diesen holländischen Theologen distanziert, will er doch an dem festhalten, „was richtig ist an der Frage, die diese Untersuchungen stellen", nämlich von einer „statischen Christologie weiterzuführen zu einer dynamischen in Übereinstimmung mit der Schrift"[43], die uns vom persönlichen Engagement Gottes im Inkarnationsgeschehen berichtet. Nun, diesen Versuch unternimmt Galot zwar auch; aber er scheint selbst auch zu kurz zu zielen. Denn Sesboüé stellt an ihn die Frage, „wie sich in Gott das Attribut der Unwandelbarkeit und die Behauptung einer Veränderung, die aus der Tatsache der Fleischwerdung an sich geknüpft ist, versöhnen. Kann man sich eine dynamische Unwandelbarkeit Gottes vorstellen"?[44] Damit trifft Sesboüé genau ein Grundanliegen Schoonenbergs, nur daß Schoonenberg offensichtlich die Frage radikaler stellt als Galot. Wäre es da nicht fruchtbarer, daß Galot sein Urteil: „we do not understand how Catholic theologians can propose such theories. On this ground we have no disire to initiate a discussion"[45], oder aber: „die Formel von Chalkedon nicht annehmen bedeutet, sich selbst von der Kirche abzuschneiden"[46], nochmals überdächte und Dialogbereitschaft zeigte?[47] Schoonenberg scheint eine positive Gesprächsbereit-

43 B. Sesboüé, *Une nouvelle christologie?*, in: RSR 61 (1973) 447-465. Die Zitate sind aus dem Französischen übersetzt und stehen S. 454f.

44 Ebd.

45 So Galot, *Tentative di una nuova Cristologia* 494. Wir zitieren hier nach van Ackeren, *Is Jesus „man plus God"?*, in: ThD 23 (1975) 59-70, hier 67.

46 So Galot in NRTh 93 (1971) 225-244; hier 226. Galot sollte in seinem Urteil stärker differenzieren. Schoonenberg will ja letztlich nicht an die Formel von Chalkedon rühren, „sondern an das Modell der hypostatischen Union, das zur Verteidigung der Lehre von Chalkedon ausgebaut wurde" (ThG 23 [1980] 53), insofern in dem Modell das volle Menschsein Jesu vernachlässigt wird.

47 Sollte man nicht auch hier aus der Dogmengeschichte lernen können? Grillmeier schließt seinen Artikel zu Nestorius: „Leidenschaft und Ungestüm auf

schaft zu signalisieren, wenn er schreibt: „Ich will unseren Herrn Jesus Christus nicht weniger göttlich, nicht weniger menschlich und nicht weniger als einen bekennen, als Chalkedon dies lehrte. Über die Art und Weise, wie ich dies theologisch ausarbeite, läßt sich diskutieren, und ich bin gern bereit, Ergänzungen und Verbesserungen anzubringen, wenn mich jemand überzeugt, daß ich den Glauben an Christus verkürze. Denn bei all unsern Gesprächen über Christologien geht es um Jesus Christus. Und ihn bekenne ich als Gott von Gott und als Mensch aus uns Menschen"[48].

A. Ziegenaus möchte Schoonenbergs Christologie auf eine „konsequente Erhöhungschristologie" reduzieren[49]. Danach geht Schoonenberg vom Osterereignis aus, d.h. beim Bekenntnis, daß Jesus auferweckt, erhöht und der Christus sei. Erst da, so interpretiert Ziegenaus Schoonenberg, sei Jesus zum Sohn Gottes eingesetzt worden. „Bei Schoonenberg tritt die Vereinigung von Gott und Mensch erst bei der Auferweckung Jesu ein. Damit gerät er aber in die Gefahr der Gnosis, d.h.: Eigentlich verträgt sich diese Geschichte nicht mit Gott, sie wurde nicht angenommen. Obwohl Schoonenberg freies geschichtliches Handeln Jesu ermöglichen will, wird diese Geschichte abgewertet"[50]. Vereinigung von Gott und Mensch erst in der Auferstehung - erinnert diese Auslegung von Ziegenaus nicht allzu sehr an die Christologie W. Pannenbergs?

In der Tat! Ein paar Seiten weiter schreibt Ziegenaus zur „universalhistorische(n) Perspektive Pannenbergs": „Das bedeutet aber nach Pannenberg, daß Jesus Christus erst seit der Auferstehung Sohn Gottes ist"[51]. Dabei stellt Ziegenaus aber selbst dies als wesentlichen Unterschied zwischen Pannenberg und Schoonenberg heraus: „Er (Pannenberg) lehnt jeden Adoptianismus ab, als wäre Jesus etwa erst bei der Taufe Sohn Gottes geworden, vertritt die Präexistenz als Ausdruck der ‚vollen Zugehörigkeit Jesu zum ewigen Gott' und die Inkarnation. Pannenberg hält ebenfalls an

beiden Seiten haben den Weg verbaut, der in einem gemeinsamen, sorgfältigen theologischen Bemühen zur Lösung der damaligen Probleme geführt hätte" (S. Anm. 37).

48 *Arianische Christologie?* 56.

49 A. ZIEGENAUS, *Grundstrukturen neuzeitlicher Christologie*, in: Wegmarken der Christologie (Donauwörth 1980) 127-185; zu Schoonenberg bes. 145-148; *Die ewige Sohnschaft Jesu Christi als Grund der Heilsbedeutung seiner Lebensmysterien*, in: Die Mysterien des Lebens Jesu und die christliche Existenz, hg. von L. Scheffczyk (Aschaffenburg 1984) 35-56, bes. 40 u. 43.

50 ZIEGENAUS, *Grundstrukturen neuzeitlicher Christologie* 147f.

51 EBD. 153.

Chalkedon fest, doch wird die Auferstehung Schlüssel zum Verständnis der Inkarnationschristologie"[52].

Die Unterscheidungskriterien, die Ziegenaus aufstellt, werfen doch einige Fragen auf. Wie nämlich ist die Zuordnung von Schoonenbergs Christologie als konsequente Erhöhungschristologie mit folgender Aussage Schoonenbergs vereinbar: „Wir dürfen die göttliche Person niemals als eine irgendwie geartete Hinzufügung zum Menschen Jesus auffassen, als ob der Christus nicht mehr einer und nicht mehr Mensch wäre"[53]? Lehnt Schoonenberg wirklich jegliche Präexistenz und damit Inkarnationschristologie ab? Hier verweisen wir nochmals auf unsere Ausführungen zu Galot. Darüber hinaus geben wir auch folgendes zu bedenken: Wie Schoonenbergs Darlegungen zur „Entstehung des chalkedonischen Modells"[54] zeigen, will er gerade nicht die biblischen Inkarnationsmodelle eliminieren, ebenso wenig wie er einem reinen Adoptianismus die Stange halten will. Schoonenberg anerkennt, daß die Schrift jeden Adoptianismus endgültig überwunden hat, indem Jesu „Ursprung ganz Gott zugeschrieben wird, entweder durch Empfängnis aus dem Heiligen Geist oder durch seine Präexistenz"[55]. Ist es nicht vielmehr Schoonenbergs Ziel, aufzuweisen, daß eine Aszendenz-Christologie innerhalb der Inkarnations-Christologie einen Platz haben muß?

Wir möchten an dieser Stelle den Darlegungen von Ziegenaus die Ausführungen von W. Veldhuis gegenüberstellen, der zur „ontologischen Frage um den Gottmenschen" klarstellt, daß Schoonenberg keineswegs Jesu Präexistenz und Gottgleichheit opfert. „Die Wesensgleichheit mit dem Vater", so führt Veldhuis aus, „die Göttlichkeit also, ist nicht vom Menschen Jesus erworben und ihm auch nicht im Laufe seines Lebens geschenkt worden. Sie ist ihm

52 EBD. Es ist hier nicht unsere Aufgabe, eigens einen Vergleich zwischen Pannenberg und Schoonenberg anzustellen. Dazu verweisen wir auf die Untersuchung von H. Berkhof und den darauf basierenden Briefwechsel zwischen Pannenberg und Berkhof. H. BERKHOF, *Schoonenberg en Pannenberg: de tweesprong van de huidige cristologie*, in: TTh 11 (1971) 413-422 sowie SCHOONENBERG, *Het avontuur der christologie*, in: TTh 12 (1972) 307-314. Insbesondere siehe auch den *Briefwechsel zwischen Pannenberg und Berkhof*, in: TTh 12 (1972) 333-337.

53 SCHOONENBERG, GM 87. Leider belegt Ziegenaus seine Darstellung nicht aus dem Text. Dies ist wohl bei einer so kurzen Zusammenfassung, wie Ziegenaus sie liefert auch nur schwer möglich. Allerdings trübt diese Darstellung den Blick für die Gesamtproblematik, die Schoonenberg aufreißt.

54 SCHOONENBERG, GM 55-61.

55 EBD. 56f.

mitgeteilt, gratis geschenkt vom allerersten Ursprung seines menschlichen Daseins an. Der Vater spricht sein Wesen aus in Jesus, der daher auch nie anders gewesen ist als Gottes Wort in Person. Was somit in Jesus Gestalt erlangt, Gottes Wort, die vollkommene Widerspiegelung des Wesens Gottes, verdankt sein Dasein keineswegs Jesus oder dessen Menschsein, sondern besteht unabhängig davon dadurch, daß der Vater sich von Anfang an, sein Wesen widerspiegelnd, ausgesprochen hat. Das Wort, das in Jesus Fleisch wurde, war somit seinem Menschsein präexistent“[56]. Das heißt aber: Auch in Schoonenbergs Modell finden wir den Inkarnationsgedanken! „Der kühne Gedanke Schoonenbergs“, so stellt Veldhuis richtig heraus, „ist nun, daß dieses präexistente Wort, aus dem Vater geboren, aber nicht erschaffen, ganz das Wesen des Vaters widerspiegelnd, erst in der Menschwerdung Jesu personale Subsistenz erlangt. Der Vater macht sein Wort zur Person, indem er es Mensch werden läßt“[57]. Schoonenbergs Gedanke zielt letztlich darauf, daß wir - weil man den Zeitbegriff nicht in Gott hineintragen darf - unabhängig von der Menschwerdung nicht vom Logos als Person sprechen dürfen. Dies ist der Punkt, der überdacht werden muß in Schoonenbergs Christologie.

Leider nimmt auch Ziegenaus von späteren Veröffentlichungen Schoonenbergs, die, wie wir noch sehen werden, den Begriff der Enhypostasie der Menschheit Jesu im Logos wieder aufnehmen und in denen Schoonenbergs Darlegungen von der umgekehrten Enhypostasie durch eine gegenseitige Enhypostasie ersetzt werden sollen[58], keine Notiz.

[56] W. VELDHUIS, *Entwicklungen in der Christologie*, in: Bilanz der niederländischen Kirche. Eine kritische Würdigung ihrer Theologie und Praxis (Düsseldorf 1976) 15-51; hier 12f.

[57] EBD. Vgl. auch: T. VAN BAVEL, *Nicht-chalkedonische Christologie?*, in: ThG 15 (1972) 86-93.

[58] SCHOONENBERG, *Het avontuur der christologie*, bes. 312-314. Dort heißt es schon in der Zwischenüberschrift „*Wederkerige enhypostasie*“. S. ferner: *Ich glaube an Gott*, in: TThZ 81 (1972) 65-83. Am klarsten spricht Schoonenberg von der gegenseitigen Enhypostasie in dem Aufsatz *Spirit Christology and Logos Christology*, in: Bijdr. 38 (1977) 350-375; bes. 366. Nach 1980 (dem Erscheinungsjahr von Ziegenaus' Darlegungen) sind zu erwähnen: *Denken über Chalkedon*, in: ThQS 160 (1980) 295-305 und *Zur Trinitätslehre Karl Rahners* 471-491. Resonanzen zu diesem Neuansatz: W. MEDISCH, *Neues zur Christologie Schoonenbergs*, in: ThG 6 (1973) 52f. sowie B. J. HILBERATH, *Der Personbegriff der Trinitätstheologie in Rückfrage von Karl Rahner zu Tertullians „Adversus Praxean“* (Innsbruck-Wien 1986) 304-306.

Andererseits wird man aber zugeben müssen, daß die Vernachlässigung der personalen Präexistenz des Logos, ja eine in GM häufig „eingeschränkte Eliminierung" der personalen Präexistenz, die Mißverständnisse, denen Ziegenaus unterliegt, auslösen können. Es wird auch zu überprüfen sein, ob Schoonenbergs Exegese, beispielsweise von Phil 2,6-11; Gal 4,4; Röm 8,3 oder auch 1 Kor 8,6, den Ergebnissen heutiger Bibelwissenschaft standhält. Von da her drängt sich uns sowohl aus neutestamentlicher Sicht als auch aus dogmengeschichtlicher Perspektive die Frage auf: Unterscheidet Schoonenberg in seiner spekulativen Christologie hinreichend zwischen ratio essendi und ratio cognoscendi?

Zum Schluß dieses Abschnittes sei noch vermerkt: Eine exakte Auseinandersetzung mit Schoonenbergs Christologie ist ein schwieriges Unterfangen[59], wenn man der Aussagenfülle von Schoonenbergs Entwurf gerecht werden will. Daher halten wir auch gelegentliche Seitenhiebe, wie sie etwa bei einem so renomierten Theologen wie M. Schmaus[60] oder aber auch in einer sonst so ausgewogenen Zeitschrift wie Theologie und Philosophie[61] zu finden sind, für nicht weiterführend. Bei allen noch so fundamentalen unterschiedlichen Meinungen und Sorgen um die Sache sollte man doch im Blick haben, daß es auch Schoonenberg um die unverkürzte Verkündigung Jesu Christi und dessen Botschaft geht. So zollt auch W. Kasper, trotz seiner strikten Ablehnung von Schoonenbergs Entwurf, diese Anerkennung: „Einen verdienstvollen, wenngleich verunglückten Versuch in dieser Richtung hat neuerdings P. Schoonenberg vorgelegt. Er geht von dem Grundsatz aus", so fährt Kasper fort, „von dem auch unsere bisherigen Darlegungen geleitet waren: ‚Unser ganzes Denken bewegt sich von der Wirklichkeit her auf Gott hin und kann sich niemals in der umgekehrten Richtung bewegen... Wir schließen in keiner Hinsicht von der Trinität auf Christus und den uns geschenkten Geist, sondern immer umgekehrt'"[62].

[59] Der Untertitel dieser Untersuchung lautete daher auch ursprünglich „Versuch einer Darlegung und kritischen Würdigung seines christologischen Entwurfs und dessen Weiterentwicklung mit Blick auf die Theologie des Nikolaus von Kues".

[60] M. SCHMAUS, *Das Christusbild des Pastoralkonzils der niederländischen Kirchenprovinz*, in: Exempel Holland, hg. von M. Schmaus, L. Scheffczyk und J. Giers (Berlin 1972) 105-126, hier 109f.

[61] ThPh 46 (1971) 280.

[62] Damit meint Kasper Schoonenbergs Versuch, Vorstellung und Begriff Gottes und seiner Unveränderlichkeit einer grundlegenden christologischen Neuin-

Als „manuductio per Christum ad Deum" könnte man Schoonenbergs Anliegen mit Cusanus umschreiben; und in der Durchführung dieser Aufgabe sollte man sich nicht polemisch bekämpfen, sondern gemeinsam arbeiten und sich gegenseitig weiterführen. Damit sind wir beim zweiten Punkt angelangt.

b) Kritik, die teilweise das Anliegen Schoonenbergs positiv wertet, aber dessen Durchführung und Ergebnissen reserviert bis ablehnend gegenübersteht.

Im vorhergehenden Abschnitt wurde unter Hinweis auf W. Kasper und B. Sesboüé schon eine Unterscheidung zwischen Schoonenbergs christologischer Intention und den Konsequenzen seiner Durchführung angedeutet. Auch G. Muschalek hebt - trotz genereller Distanzierung - als theologisch vertretbaren Kern in Schoonenbergs Christologie dies hervor[63]: „Man kann (und muß), so meine ich, die Einheit von Gottheit und Menschheit in Jesus *auch* so ausdrücken, daß man von der *Gegenwart* Gottes in Jesus spricht, ohne die weiteren christologischen Folgerungen mitmachen zu müssen, die Schoonenberg zieht". Freilich will Muschalek dabei zugleich näher ausgeführt wissen, was dabei „grenzenlose Gegenwart" bedeutet. Es muß sich dabei um eine qualitative, nicht nur um eine quantitative Steigerung handeln, „soll Jesus nicht nur einen besonders gelungenen ‚Fall' des Menschseins darstellen"[64].

Solche und ähnliche Äußerungen lassen sich in großer Zahl anführen. Es würde ins Uferlose führen, alle berücksichtigen zu wollen[65]. Als konstruktiv kritische Beispiele werden wir hier die

terpretation zu unterziehen, um so das biblische Verständnis vom Gott der Geschichte wieder zur Geltung zu bringen. W. KASPER, *Jesus der Christus* 215.

63 G. MUSCHALEK, *Gott in Jesus. Dogmatische Überlegungen zur heutigen Fremdheit des menschgewordenen Sohnes Gottes*, in: ZKTh 94 (1972) 145-157; hier 151 mit Anm. 9.

64 EBD.

65 Wir weisen noch auf folgende Auseinandersetzungen mit Schoonenberg, bzw. Rezensionen, als die bedeutendsten hin: R. LACHENSCHMID, *Christologie und Soteriologie*, in: Bilanz der Theologie im 20. Jahrhundert, Bd. III (Freiburg 1970) 82-120; B. LONERGAN, *The origins of christian realism*, in: ThD 20 (1972) 292-305; M. SCHOOF, *Dutsch catholic theology; a new approach*, in: Cross Cur 22 (1972) 415-427; R. MICHIELS, *Een mens om nooit te vergeten* (Antwerpen 1972); DERS., *Nieuwe christologische interpretaties onder de loupe genomen*, in: TGL 30 (1974) 412-419; *Menswording: de vraag naar de verhouding tussen Godsgeloof en Christusopenbaring*, in: CMech 54 (1969) 298-328. Dazu Collationes 29 (1973) 391-399. S. P. PUJDAK in LouvSt 4 (1973) 286-288; *Chri-*

Darlegungen von J. Dupuis[66], Kl. Reinhardt[67] und D. Wiederkehr[68] näher bedenken. Diese zeichnen sich nämlich durch die Unterscheidung von berechtigtem Interesse Schoonenbergs und sachlich zu Kritisierendem besonders aus.

1. Kritische Rückfragen an Schoonenberg mit Blick auf J. Dupuis' Kritik aus bibeltheologischer und dogmengeschichtlicher Perspektive

a) Eine erste, noch allgemein gehaltene Rückfrage aus bibeltheologischer Sicht

Trotz aller Sympathie für Schoonenbergs Versuch, seine Christologie stärker, als es bis dahin üblich war, aus biblischer Sicht und durch Interpretation biblischer Modelle zu entwickeln, wird dieser nach Dupuis dem Gesamtbild der biblischen Christologie dennoch nicht gerecht. Damit soll nicht gesagt sein, so möchten wir hinzufügen, daß Schoonenberg die biblischen Christusbilder nicht hinreichend kennt. Vielmehr hat es den Anschein, daß sein Interesse für die Hervorhebung des vollen Menschseins Jesu Christi

stological Statements: Fact and Interpretation. A Study in the Christology of Piet Schoonenberg. Diss. Leuven 1975, veröffentlicht by University Microfilms International Ann Arbor (Michigan/USA 1978). (Diese Untersuchung Pujdaks konnte vor allem die Weiterentwicklung Schoonenbergs nicht mehr berücksichtigen.) CH. BOUYER, *Une étrange christologie*, in: DoC 26 (1973) 175-187; R. KERESZTY, *The preexistence and oneness of Christ*, in: AEcR 167 (1973) 630-642; K. MCNAMARA, *New Ways in Christology*, in: The Furrow 24 (1973) 395-408; R. NORTH, *Recent Reformulations of the Mystery of Christ* (Windsor 1973); L. RENWART, *Qui dites-vous que je suis? La christologie de P. J. A. M. Schoonenberg*, in: NRTh 95 (1973) 1137-1141; G. SLOYAN, *Some problems in modern christology*, in: A world more human, a church more christian, ed. G. Devine (New York 1973) 27-51; B. O. MCDERMOTT, *The personal unity of Jesus and God according to W. Pannenberg* (St. Ottilien 1973) 312-315; B. VAWTER, *This man Jesus* (New York 1973) 168-171; B. MONDIN, *New Trends in Christology*, in: BTB 4 (1974) 33-74; A. MARRANZINI, *Il problema cristologico: panoramica storica*, in: Asp. 20 (1973) 332-351; W. KASPER, *Wer ist Jesus Christus für uns heute?*, in: ThQS 154 (1974) 203-222 u.ö.; R. C. WARE, *Christology in historical perspective*, in: HeyJ 15 (1974) 53-69; E. SCHILLEBEECKX, *Jesus. Die Geschichte von einem Lebenden* (Freiburg ^{3}1975); J. ZIZIOULAS, in: Theoi. 78 (1975) 100f. M. L. COOK, *The Jesus of Faith. A Study in Christology* (Paulist Press New York 1981) 133-158.

66 J. DUPUIS, *The Christology of P. Schoonenberg*, in: The CleM 37 (1973) 227-242.

67 KL. REINHARDT, *Die Einzigartigkeit der Person Jesu Christi*; *Neue Wege in der Christologie der Gegenwart*; *Die menschliche Transzendenz Jesu Christi*.

68 D. WIEDERKEHR, *Konfrontationen und Integrationen der Christologie*.

den Blick für den Aussagewert der neutestamentlichen Christusbilder, die die Annahme einer personalen Präexistenz nahelegen lassen, trübt oder besser gesagt, daß er die Gewichtigkeit dieser biblischen Modelle unterschätzt. Dies scheint insbesondere für den Johannesprolog zu gelten, aber auch für die Sendungsaussagen. Wenn Schoonenberg beispielsweise den Wert des Johannesprologs letztlich auf eine funktionale Aussage zu reduzieren scheint, nämlich dahingehend, daß seiner Meinung nach Johannes nur ausdrükken wollte, „wer Jesus jetzt ist und was er jetzt für uns bedeutet“[69], so zielt er, um dies vorwegzunehmen, zu kurz, da diese Aussagen „essentialen-funktionalen“[70] Charakter haben.

Wir möchten deshalb kurz auf O. Cullmann verweisen, da Schoonenberg diesen offensichtlich sehr schätzt[71]. Cullmann spricht auch von einer gewissen „Paradoxie aller Christologie“[72] und stellt bei aller Betonung der funktionalen Sicht ebenfalls die ontologische Blickweise des Prologs heraus. Dieser Aspekt des Johannesprologs scheint uns bei Schoonenberg jedoch vernachlässigt. Es zeigt sich hier, daß Schoonenbergs eigene aufgestellte Regel, über das Sein des Logos bei Gott nicht weiter nachdenken zu wollen, ihm den Blick für eine „vollere Christologie“, die im NT angedeutet ist, versperrt. Dabei negiert er nicht das Sein des Logos bei Gott[73] - er schöpft aber die Möglichkeiten, die das NT bietet nicht voll aus, zumindest legt er sie in GM nicht dar. Aber gerade durch diese Vernachlässigung werden weitere Fragen aufgeworfen, insbesondere die Frage nach einer hinreichenden Erklärung für den Grund der Einzigartigkeit und Universalität Jesu Christi[74].

b) Rückfragen aus dogmengeschichtlich-hermeneutischer Perspektive

Ist die Sprache der Konzilien noch unsere Sprache? Sind deren Probleme und Aussagen noch heute aktuell und umsetzbar? Stellen wir heute nicht andere Fragen an unseren Glauben? Geben die Konzilsentscheidungen heute noch Hilfe zu einem lebendigen

[69] GM 85.

[70] DUPUIS 236.

[71] Vgl. GM 52, Anm. 1.

[72] O. CULLMANN, *Die Christologie des Neuen Testaments* 273.

[73] DUPUIS 237: „In fairness to Schoonenberg it must be made clear that there is here no denial of the defacto Trinity in God, but only a professed agnosticism as to man's ability to affirm it on scriptural evidence as necessarily implied in the life of the Godhead“.

[74] S. u. 225-229 die Ausführungen zu Kl. Reinhardt.

Glauben, Hilfen zu einem Glauben, von dem der heutige Mensch sich tragen lassen kann, der ihm eine berechtigte Grundlage zur Erwartung eigenen Heils bietet? Solche und ähnliche Fragen dürften Schoonenberg zu seinem christologischen Entwurf mitmotiviert haben. Dabei hebt er insbesondere die Notwendigkeit der Rückfrage an die geschichtliche Situation und damit die Bedingtheit der frühen Konzilsentscheidungen hervor. Aus dieser Sicht will er den Glaubensgehalt herausschälen und zu wahren suchen. Aber ließ seine pastoraltheologische Intention ihn den Glaubensgehalt wahren? So lautet unsere Frage. Denn bei allen Übersetzungs- und Weiterführungsversuchen muß der Interpret doch auch prüfen, ob er den ursprünglichen Sinn beibehält. Konkret gefragt: Korrespondiert die neue Christologie Schoonenbergs noch mit der Intention der trinitätstheologischen und christologischen Konzilien?

Als erstes möchten wir hier über Dupuis hinaus sowohl aus trinitätstheologischer als auch aus christologischer Perspektive folgendes zu bedenken geben: Wie wir sahen, spricht Schoonenberg einerseits sehr wohl vom Gottsein des Logos. Was aber näherhin damit gemeint ist, wird im einzelnen nicht hinreichend ausgeführt. Andererseits liegt ein Verdienst Schoonenbergs in der Betonung, daß das Gegenüber Jesu der Vater ist. Was hindert dann aber, dieses Gegenüber von Vater und Sohn schon in die von Schoonenberg gewiß nicht bestrittene Präexistenz des Logos miteinzubringen und gerade dadurch dieses Gegenüber noch stärker zu betonen? Dabei würde auch Schoonenbergs Grundforderung, über die Offenbarung in Christus hinaus keine Zusatzinformationen über das immanente trinitarische Verhältnis zu implizieren, keineswegs verletzt werden müssen. Im Gegenteil: Die Offenbarung in Christus und dabei gerade das Vater-Sohn-Verhältnis, so könnte man entgegenhalten, indiziert uns trotz Wahrung der Transzendenz Gottes den Gott, der er von Anfang an war, Gott der Eine im inneren Gegenüber von Vater, Sohn und Geist[75]. Sicherlich läßt sich über Gottes Selbstoffenbarung in Jesus Christus hinaus keine Aussage über Gott treffen; aber das, was uns in Jesus Christus offenbart ist, sollte man auch voll „ausmünzen".

[75] Es ist hier noch nicht der Ort, dieser Frage im einzelnen nachzugehen. Es soll lediglich angedeutet werden, daß Schoonenberg aus der von ihm so stark hervorgehobenen bibeltheologischen Feststellung, daß das Gegenüber Jesu Christi der Vater ist, auch trinitätstheologisch mehr hätte machen können, ohne seine eigenen Prämissen zu verletzen.

Schoonenbergs Anliegen besteht in erster Hinsicht in der Wahrung und der Darlegung der Vollendung des vollen Menschseins in Jesus Christus. Trotz aller Achtung, die Schoonenberg dem Chalcedonense zollt, spart er diesem gegenüber nicht an Kritik, noch weniger an der Kritik der darauf folgenden Tradition. Dabei legt er besonderen Wert auf die Personeinheit in Jesus Christus. Versuche, die in der Deutung des Bewußtseins Jesu „von einem Gegenüber oder Nebeneinander zweier Naturen bzw. Erkenntnis- und Willensvermögen" ausgehen wollen, lehnt er schärfstens ab. Vielmehr ist es auch sein Anliegen, ebenso wie bei D. Wiederkehr, die „gemeinsame und geeinte sohnschaftliche Herkunftsrelation jeglichen Erkennens und Wollens Christi"[76] zu berücksichtigen. Beachtet aber Schoonenberg aus diesem Anliegen auch die Tradition hinreichend, insbesondere Maximus Confessor?

Vergleichen wir einige Ausführungen von A. Grillmeier zu Maximus Confessor mit den Überlegungen Schoonenbergs, so ist auf den ersten Blick eine gewisse Gemeinsamkeit unübersehbar. Maximus Confessor „hat die Einsicht in die Grundbedingungen echten Einswerdens: die Einheit kann erst dann vollendet sein, wenn die zu einenden Dinge ihre naturhafte Eigenart wahren und doch aneinander gebunden werden. ‚Es besteht offensichtlich insoweit eine Einung der Dinge, als der physische Unterschied derselben gewahrt wird'. Das ist ganz unhellenisch"(!), so führt A. Grillmeier weiter aus. Denn: „Je mehr Gottheit und Menschheit in Christus" gegenüber der Vorstellung einer physischen Symbiose von Gott und Mensch in Christus „bleiben, was sie von Natur aus sind, um so größer leuchtet das Geheimnis der Einung von Gott und Mensch auf"[77]. Bei Maximus fehlt auch jeder Gedanke an ein Konkurrenzverhältnis Gott-Mensch, und der Unterschied zwischen Gott und Mensch bleibt voll gewahrt, was ebenfalls in Schoonenbergs Interesse liegt[78].

Grillmeier bietet uns noch eine weitere Parallele zu Maximus: „Der eigentlich moderne Ansatz der chalkedonischen Christologie bei Maximus ist aber in folgendem zu sehen: Je klarer die Idee einer hypostatischen Einung von der einer Natur-Synthese abgehoben werden darf, je mehr die hypostatische Aneignung des Menschseins durch den Logos eben dieses ‚Menschsein' (und nicht nur eine

[76] D. WIEDERKEHR, *Entwurf einer systematischen Christologie* 561f.

[77] A. GRILLMEIER, *Moderne Hermeneutik und altkirchliche Christologie*, in: Mit ihm und in ihm 489-582; hier 544.

[78] GM 97.

naturhafte Vergöttlichung) zum Ziel hat, um so mehr gibt die chalkedonische Christologie den Raum frei für den ‚Jesus der Synoptiker' oder eine ‚Christologie von unten'. Jesu Menschsein und Mitmenschsein darf als solches ganz ernst genommen werden. Der Sohn Gottes will nichts anderes sein als Mensch mit uns"[79].

Wir sehen auch hier: Schoonenbergs Anliegen und Intention liegen voll und ganz auf der Ebene des Dogmas von Chalkedon! Aber trotz aller Übereinstimmung ist auch dieser wesentliche Unterschied unübersehbar: „Ein von der göttlichen Hypostase getragenes Menschsein ist ‚vollendetes Menschsein' auch in naturhafter Sicht, indem Aktivität und Freiheit - menschlich bleibend - zur Aktivität des Sohnes vor Gott werden". Und gerade darin ist für Grillmeier der Bezug zum heutigen Menschenbild unübersehbar: „Das geklärte Verständnis von der Menschheit Christi und ihrer Aktivität begründet auch eine moderne Anthropologie. Die Entdeckung des Personbegriffs wird - gerade sofern dieser Begriff christologisch auf den Menschen Jesus hin durchdacht wird - erstmals anthropologisch wirksam"[80].

Stellen wir diese dogmengeschichtlichen Ergebnisse den christologischen Anliegen Schoonenbergs gegenüber, so fragen wir uns: Mußte die „Umkehr von Chalkedon" wirklich sein? Freilich steht auch Maximus Confessor im Verdacht, „durch Forcierung der chalkedonischen Christologie das Christliche in die griechische Metaphysik, in griechisches Wesensdenken und seine Geschichtslosigkeit hineingebunden zu haben". Aber dieser Verdacht bedarf auch noch einer kritischen Prüfung dahin fragend, worin Maximus dieses griechische Wesensdenken überstiegen und überwunden hat[81].

Eine bis ins Einzelne gehende dogmengeschichtliche Überprüfung von Schoonenbergs Entwurf würde den Rahmen dieser

79 A. GRILLMEIER, *Moderne Hermeneutik und altkirchliche Christologie* 545.

80 EBD. 544f.

81 Vgl. ebd. 548. Hier ist auch insbesondere auf Maximus Confessor zu achten, insofern dieser den Begriff der Perichorese in die Christologie eingeführt zu haben scheint. Vgl. hierzu CHR. V. SCHÖNBORN, *Aporie der Zweinaturenlehre?*, in: FZPhTh 24 (1977) 428-445; bes. aber werfen diese zwei Untersuchungen ein neues Licht auf Maximus Confessor: J.-M. GARRIGUES, *Maxime le Confesseur. La Charité avenir divin de l'homme* (Paris 1976) und CHR. V. SCHÖNBORN, *L'Ikône du Christ. Fondements théologiques élaborés entre le Ier et le IIe Concile de Nicée* (Fribourg 1976) 105-135. Siehe auch jüngst: F. HEINZER, *Gottes Sohn als Mensch. Die Struktur des Menschseins Christi bei Maximus Confessor* (Freiburg/Schweiz 1980).

Arbeit sprengen. Wir wollen hier auch keinesfalls aufgrund von dogmengeschichtlichen Untersuchungen den Eindruck erwecken, als ob damit die angeschnittenen Probleme Schoonenbergs vom Tisch seien. Muß man einerseits zugeben, daß die Formel von Chalkedon allein heute nicht mehr befriedigt, so muß man auch andererseits sehen, „daß der durch Chalkedon abgesteckte Rahmen und die darin eingeschlossene Sache durch keine bisherige Theologie überboten werden konnte“[82]. Schoonenbergs Anfragen an Chalkedon bagatellisieren zu wollen, hieße das Kind mit dem Bade ausschütten. Aber im gleichen Maße und mit derselben Berechtigung, mit der Schoonenberg seine Fragen an das chalkedonische Modell bzw. an die Zwei-Naturen-Lehre stellt, ist auch seine „Umkehrung von Chalkedon“, wie wir sie in GM(!) vorfinden, auf den Prüfstand dogmengeschichtlicher und hermeneutischer Überlegungen zu stellen. Und von daher scheinen sich doch Aspekte zu ergeben, die die angeschnittenen Probleme auch aus heutiger Sicht auffangen können, ohne Schoonenbergs radikale Form mitvollziehen zu müssen. Dies scheint auch auf den Personbegriff zuzutreffen, wie die Ausführungen Grillmeiers andeuten[83].

2. Schoonenbergs Entwurf angesichts der Frage nach der Einzigartigkeit und Universalität Jesu Christi in der Diskussion mit Kl. Reinhardt

Wiederholt anerkennt Reinhardt, daß Schoonenbergs christologischer Entwurf von einem echten theologischen Interesse getragen ist, daß sein Motiv nicht in einer „Lust an kritischer Zersetzung“[84] zu suchen ist. Schoonenbergs Kritik an der Zwei-Naturen-Christologie hat auch in den Augen Reinhardts eine gewisse Berechtigung dadurch, „daß ein gewisser ‚Essentialismus‘ dieses Modells die Person Jesu leicht aus ihren heilsgeschichtlichen Bezügen herauslöst und isoliert betrachtet, auch wenn das keineswegs die eigentliche Intention des Christusdogmas war“[85]. Wenn auch die klassische Christologie soteriologisch motiviert war, so kam dies doch nicht immer hinreichend zum Ausdruck, da „nur“ die Inkarnation die

[82] S. die Diskussion zwischen K. H. Neufeld und W. Kasper in ZKTh: K.H. NEUFELD, *Zu: W. Kasper, Jesus der Christus*, in: ZKTh 98 (1976) 180-185 und W. KASPER, *Einige verwunderte Gegenfragen*, ebd. 186-189; das Zitat 188.

[83] A. GRILLMEIER, *Mit ihm und in ihm* 548-554. Bes. aber *Jesus der Christus im Glauben der Kirche*, Bd. 1, 768-775.

[84] *Die menschliche Transzendenz Jesu Christi* 273; *Neue Wege in der Christologie der Gegenwart* 6.

[85] *Die menschliche Transzendenz* 275.

tragende Rolle spielt und andere Heilsereignisse, insbesondere Tod und Auferstehung Jesu nicht hinreichend zum Tragen kommen.

Die Berechtigung zu einer Neuorientierung der Christologie sowie die lautere Motivation der Theologen, die einen solchen Versuch starten, steht also keineswegs in Frage. Diese greifen vielmehr ein Problem innerhalb einer „Christologie von oben" auf, das schon immer empfunden wurde, „aber als notwendiger Ausdruck des für uns unbegreiflichen Mysteriums Christi verstanden und akzeptiert"[86] wurde. Aber aufgrund der Wandlung im Welt- und Menschenbild stelle sich heute die Frage, so die Vertreter einer „Christologie von unten": „Muß der Christ weiterhin im Gehorsam des Glaubens am Christusdogma der Kirche festhalten, oder handelt es sich dabei vielleicht um ein zeitbedingtes, heute überholtes Bild Christi, das nicht identisch ist mit dem wirklichen Jesus"[87]? Auf diesem Hintergrund ist auch Schoonenbergs Christologie zu sehen.

Was nun aber Durchführung und Ergebnis dieser Christologie anbelangt, so ist Reinhardts Urteil sehr distanziert. Gleich im Untertitel bezeichnet er sie als „nicht-chalkedonische Christologie", in der es Schoonenberg „nicht einfach um eine ergänzende, vertiefende, weiterführende Interpretation der Überlieferung, sondern vielmehr um eine Ablösung, um den Ersatz der altkirchlichen durch eine neue nichtchalkedonische Christusvorstellung"[88] gehe. Dabei ist es auffallend, wie Reinhardt Parallelen zu christologischen Strömungen des 19. Jh.s, insbesondere zu I. A. Dorner aufzeigen kann[89]. In der Tat führt Schoonenberg selbst in einer späteren Veröffentlichung aus, daß auch er dort gewisse Parallelen zu seinem eigenen Denken sieht; er betont aber zugleich: „Das bedeutet aber nicht, daß ich in allen Punkten mit einem von ihnen [er meint verschiedene Theologen des 19. Jh.s] einverstanden bin. Ich schätze besonders ihren Versuch, dem vollen Menschsein Jesu durch eine Modifikation unserer Auffassung der Unveränderlichkeit Gottes und - wie bei Dorner - unserer Auffassung der Trinität wieder Raum zu geben, was in der Scholastik nicht gelungen ist"[90].

86 Kl. Reinhardt, *Neue Wege in der Christologie der Gegenwart* 7.

87 Ebd.

88 *Die menschliche Transzendenz Jesu Christi* 273.

89 Ebd. 273f.

90 P. Schoonenberg, *Denken über Chalkedon*, in: ThQS 160 (1980) 295-305; hier 299f.

Wie wir aus Schoonenbergs Antwort an Klaus Reinhardt direkt ersehen, wehrt er dessen Interpretation aufs entschiedenste ab. Nach einer dankenden Anerkennung dafür, daß Reinhardt „nirgends versucht" habe, ihn auf „bloß einige aus dem Zusammenhang gerissene Sätze festzulegen und dabei zu verketzern"[91], verteidigt Schoonenberg sich damit, daß er sich in Reinhardts Wiedergabe seiner Ansichten gründlich mißverstanden fühlt. Dies sowohl im Hinblick auf sein Verständnis des „Gott-Welt-Verhältnisses", von seinem Verständnis von „Gottes Transzendenz" als auch im Hinblick auf die „Dreifaltigkeit Gottes" und damit implizit auch in der Christologie[92]. Schoonenberg betont vielmehr: „Es geht mir *sehr wohl* um Schrift und Tradition, um die vor-chalkedonische und vor-nizänische Christologie, aber auch um Chalkedon selbst und dessen Nachgeschichte. Ich will *sehr wohl* eine ergänzende, eine vertiefende und am meisten eine weiterführende Interpretation dieser Überlieferung geben. Ich will *nicht*, wie die liberale Dogmenkritik ..., ein Stück Tradition ausschalten und als wertlos erklären. Ich meine nicht, daß Nikäa und Chalkedon nur Hellenisierung und damit den Verderb der Christologie bedeuten, ich meine sogar, daß Nikäa in einem gewissen, damals möglichen Ausmaß eine heilsame Enthellenisierung zustande gebracht hat"[93].

Hier tut sich aber nochmals die Frage auf: Was heißt für Schoonenberg „chalkedonisch"? Offensichtlich nicht Festhalten an den Begriffen und Formulierungen von Chalkedon, sondern: Chalkedonische Christologie entwickeln zielt auf eine Christologie, die „innerhalb der von Chalkedon gezogenen Grenzen bleibt, oder besser: insofern sie die Fülle des chalkedonischen Christusbildes nicht mindert. In einer solchen Christologie soll Jesus nicht weniger göttlich, nicht weniger menschlich und nicht weniger eins sein, als Chalkedon das mit seinen Begriffen ausgesprochen hat"[94].

Nun, von dieser Prämisse her ist nichts gegen Schoonenberg einzuwenden. Dennoch müssen wir an ihn die Frage stellen: Kann seine Christologie, die auf die personale Präexistenz des Logos verzichtet, diese von Schoonenberg selbst erhobenen Ansprüche erfüllen?

91 P. SCHOONENBERG, *Ich glaube an Gott*, in: TThZ 81 (1972) 65-83; hier 65.

92 EBD.

93 EBD. 76.

94 EBD. 76f. Zur Diskussion Schoonenberg - Reinhardt siehe auch T. VAN BAVEL, *Nicht-chalkedonische Christologie? Zu Piet Schoonenbergs Modell*, in: ThG 15 (1972) 86-93; bes. 92f.

Prüfstein ist für Reinhardt die Frage nach der Einzigartigkeit des Menschen Jesus: „Warum sollte denn allein dieser Mensch in so vollkommener Weise Gott offenbaren und nicht auch andere“[95]? Hier reicht zum Aufweis Gottes unüberbietbarer Fülle in Jesus Christus die Erfahrung von dessen menschlicher Größe - gleich wie hoch und wo man sie ansetzen mag - nicht aus. Zu Recht stellt Reinhardt auch an Schoonenberg (in Anlehnung an D. F. Strauß) die entscheidende Frage: „Warum sollte Gott ... seine ganze Fülle in ein Exemplar ausschütten und gegen alle anderen geizen“[96]? Worin, so erging auch unsere Frage an Schoonenberg, ist in seinem Modell die SELBSToffenbarung Gottes greifbar, da wir keine „Manifestation“ dieses SELBST Gottes annehmen können; dieser Weg scheint versperrt zu sein durch Schoonenbergs Vernachlässigung der personalen Präexistenz des Logos.

Schoonenberg ist natürlich weit davon entfernt, die Konsequenz von D. F. Strauß mitzuvollziehen. Für ihn gilt: „Daß er (der Logos), abgesehen von der Menschwerdung, keine Person ist, sagt nicht, daß er weniger göttlich als der Vater ist“[97]. Läßt aber seine Antwort an Reinhardt nicht doch gewisse Zweifel vermuten? Denn deutlicher als in GM hebt Schoonenberg nun hervor, daß es ihm in seinem christologischen Versuch, und näherhin bei den trinitätstheologischen Aspekten, um den Weg der Gotteserkenntnis überhaupt ging; und dieser Weg führt von Gottes Werken ausgehend auf Gott hin. Deutlicher als in GM spricht Schoonenberg jetzt von der Möglichkeit einer personalen Präexistenz des Logos: „Man kann den Logos auch schon in seiner Präexistenz als Person, oder wenigstens als Hypostase, auffassen“, aber so, „daß dessen göttliche Hypostase die menschliche Person Jesu nicht aufhebt oder beeinträchtigt“[98]. In seiner folgenden Anlehnung an Pannenberg und Wiederkehr sehen wir noch eine Verdeutlichung gegenüber GM. Diese reicht aber - um dies gleich vorwegzunehmen - unserer Meinung nach noch nicht. Schoonenberg erklärt sich zunächst damit einverstanden, die „trinitarischen Hypostasen als Relationen“ zu betrachten, wobei „die Beziehung des Logos *zum* Vater betont“ wird. Dabei hebt er hervor, „daß der Logos *aus* dem Vater hervorgeht, und gerade so kann er (der Logos) als Daseinsweise, Subsistenzweise, ‚Ort‘ der Begegnung mit dem Vater, ‚Ausbreitung‘ des

95 KL. REINHARDT, *Die menschliche Transzendenz* 284.
96 EBD. 286.
97 *Ich glaube an Gott* 80.
98 EBD. 81.

Vaters aufgefaßt werden. Eine solche Beschreibung fordert aber", so fährt Schoonenberg fort, „daß man zugleich das nennt, wohin und wozu der Logos vom Vater ausgeht, worin er auch dem Vater als einem Du gegenübersteht, und das ist der Mensch Jesus. Die Hypostase des Logos ist also die Gegenwarts- oder Subsistenzweise des Vaters in Jesus, so daß er die menschliche Person Jesu umgreift, erweitert und richtet, aber keineswegs ersetzt"[99]. Dabei erweitert Schoonenberg seinen Ansatz gegenüber GM noch einmal, indem er rückblickend schreibt: „In meinem Buch habe ich die Enhypostasie des Menschen Jesus im Logos einfach durch die Enhypostasie des Logos im Menschen Jesus ersetzt. Ich kann aber auch die Enhypostasie des Menschen Jesus im Logos behaupten, allerdings unter zwei Bedingungen, die ihrerseits wieder die klassische Auffassung von der Enhypostasie modifizieren. Zuerst soll diese Enhypostasie in keiner Weise mit einer menschlichen Anhypostasie verknüpft werden. Diese soll ... so weit ausgeschaltet werden, daß man nicht nur Jesus alle Vollkommenheiten einer menschlichen Person zuschreibt, sondern daß man auch sagt: Jesus *ist* eine menschliche Person. Daraus folgt dann die zweite Bedingung: Die Enhypostasie des Menschen Jesus soll nicht besagen, daß Jesus in seinem Personsein erst durch etwas Außermenschliches konstituiert wird, sondern daß seine vollmenschliche Person dadurch erschlossen, vertieft und erweitert wird, daß der Logos diese Person tragend umfaßt und der Vater sein Gegenüber ist. Ich muß hinzufügen: und dadurch, daß er vom Vater zu allen Menschen gesandt wird und vom Logos, der das Leben und Licht der Menschen ist, getragen wird und sich so den Menschen in Liebe erschließt"[100].

Tatsächlich scheint sich hier auf den ersten Blick ein neuer Ansatz für die Christologie aufzutun, da die Vollendung des Menschseins in Jesus zumindest einem sich personalisierenden Logos zugesprochen wird. Dabei bleibt allerdings immer noch die Frage: Was versteht Schoonenberg näherhin unter dieser perfectio hominis in Christo. Zur Verdeutlichung dessen werden wir weitere diesbezügliche Veröffentlichungen Schoonenbergs heranziehen müssen. Zunächst wenden wir uns aber noch der Kritik D. Wiederkehrs an dem christologischen Entwurf Schoonenbergs zu.

99 Ebd.
100 Ebd. 82.

3. Die Beurteilung von Schoonenbergs Entwurf durch D. Wiederkehr

In unserer Darlegung von Schoonenbergs Christologie in GM verwiesen wir des öfteren auf die positive Beurteilung von Schoonenbergs Fragestellung durch D. Wiederkehr. Schoonenbergs Ergebnis, das sich in einer „größeren Nähe zum biblischen Christusbild wie zur anthropologischen Solidarität"[101] niederschlägt, liegt auch ganz auf Wiederkehrs Wellenlänge. Können aber die Ergebnisse Schoonenbergs[102] auf der Basis dieses Ansatzes nur zu solch einem hohen Preis, nämlich durch die „Durchbrechung des Zweinaturenmodells" und durch die „Negation einer göttlichen Person in Jesus Christus im Sinn einer präexistenten trinitarischen Bezugsperson"[103] erzielt werden? Aus dieser Sicht widerspricht Wiederkehr eindeutig. Zum einen hält er nämlich die Aporien, die Schoonenberg aus dem Zwei-Naturen-Modell herausarbeitet, für nicht zwingend; zum anderen ist ihm die „Negation einer präexistenten Sohnschaft durch Schoonenberg nicht genügend begründet, von der Christologie her nicht erfordert und nicht einmal legitim"[104]. Wiederkehr hat seinen eigenen Lösungsvorschlag in Mysterium Salutis publiziert[105]. Wir können uns hier deshalb auf die Darlegung seiner direkten Einwände gegen Schoonenberg beschränken. Insgesamt bringt Wiederkehr fünf erhebliche Einwände vor:

a) Inkonsequenzen innerhalb Schoonenbergs Entwurf selbst. Er bemängelt insbesondere die von Schoonenberg bei der Kritik am Zwei-Naturen-Modell verwandte Terminologie Natur/Person. Wenn es sich nämlich nach Schoonenberg verbiete, diese später ausdifferenzierten Begriffe unhistorisch in die Texte von Chalkedon zurückzudatieren, dann, so Wiederkehr, hat Schoonenberg auch nicht das Recht, „erst von der Einigung der beiden Naturen in

[101] D. WIEDERKEHR, *Konfrontationen und Integrationen der Christologie* 92. Wir möchten hier auch auf den Versuch durch L. COOK, *The Jesus of Faith. A Study in Christology* (New York/Ramsey/Toronto 1981) 133-144, Schoonenberg positiver zu sehen, hinweisen.

[102] EBD. 91f.

[103] EBD. 92.

[104] EBD. 93. In der Tat drängten sich solche Zweifel an der Notwendigkeit der „Umkehrung von Chalkedon" auch bei meinen Darlegungen immer wieder auf, zuletzt aus dogmengeschichtlicher Sicht im Vergleich mit Maximus Confessor.

[105] D. WIEDERKEHR, *Entwurf einer systematischen Christologie*, in: MySal III/1 (1970) 477-648.

der einen Person an von einer gottmenschlichen *Person* des Sohnes sprechen zu müssen, weil die Texte nur je eine präexistierende göttliche und menschliche Natur voraussetzten"[106], woraus Schoonenberg dann aber den Schluß ziehe, daß es dem Konzil nicht um die Präexistenz des Sohnes, sondern primär um das Zusammenkommen von Gottheit und Menschheit in der einen Person gegangen sei. Die Inkonsequenz liege darin: „Wenn die Differenzierung nicht zurückdatiert werden darf, so kann aus der Verwendung des Begriffs der präexistenten *Natur* nicht geschlossen werden, damit sei eine präexistente Person ausgeschlossen"[107]. Dies sei ein hermeneutischer Methodenfehler, der dem vollen Aussageinhalt von Chalkedon nicht gerecht werde.

b) Ein zweiter Einwand richtet sich gegen Schoonenbergs Option, daß letztlich über eine immanente Dreieinigkeit keine Aussage zu treffen sei. Dabei erkennt Wiederkehr an, daß *„die geschichtliche Einheit und Identität des Sohnes Gottes* mit Jesus von Nazareth ... die einzige Position ist, von der aus in der Theologie auf eine vorausgehende Existenz geschlossen werden darf"[108]. Aber mit der Bestimmung der Ausgangsposition ist die inhaltliche Perspektive noch nicht ausgeschöpft. Dies ist vor allem am NT ablesbar. Denn in den verschiedenen Stadien der Überlieferung finden wir eindeutig Ansätze und Verweise auf eine Existenz des Sohnes vor der Zeit. Wenn Schoonenberg die in der späteren Tradition entwickelte Vernachlässigung der Geschichtlichkeit und somit einen Verlust des Gleichgewichts innerhalb der Christologie und, infolge dessen, innerhalb der Trinitätslehre zu Recht kritisiert, so muß er sich dennoch seinerseits davor hüten, einem trinitätstheologischen Agnostizismus zu verfallen. Denn „der Verlust des Gleichgewichts und sogar des heilsgeschichtlichen Schwerpunktes verbietet einen zurückfragenden Gedankengang nicht und erlaubt nicht, diesen Gedankengang als beliebig, freigestellt oder gar überflüssig zu disqualifizieren"[109]. Damit ist der dritte Einwand Wiederkehrs eng verknüpft:

c) Die Aushöhlung des Offenbarungscharakters des Christusgeschehens, das zugleich die eschatologische Selbstoffenbarung Gottes gegenüber der Welt ist.

106 *Konfrontationen und Integrationen* 93.

107 Ebd.

108 Ebd. 93f.

109 Ebd.

Nur im Rückschluß von der Offenbarung der Trinität in Jesus Christus auf eine immanente Trinität lasse sich die endgültige und unüberholbare SELBST-offenbarung Gottes in Jesus Christus hinreichend begründen. „Das eschatologische SELBST Gottes schließt von seinem inneren Verständnis her ein nur kreatürliches DURCH aus, weil es gerade so noch einmal auf eine größere Unmittelbarkeit hin überholt werden könnte und müßte. Wenn nun paradoxerweise", so Wiederkehrs Argumentation gegen Schoonenberg, „gerade die SELBST-offenbarung Gottes so geschieht, daß sie DURCH Jesus Christus ereignet und dabei die Unmittelbarkeit Gottes nicht beeinträchtigt und die Eigenwirklichkeit Jesu Christi nicht geschmälert wird, dann gehört eine so transparente Vermittlung der Unmittelbarkeit Gottes offenbar zu seinem eigenen Wesen. Es kann ja nicht an Christus vorbei und über ihn hinaus nach einer größeren und nicht mehr vermittelten Selbstmanifestation und Selbstmitteilung Gottes gewartet und gefragt werden. Dabei tritt diese christologische Vermittlung der Unmittelbarkeit Gottes nicht nach einer Art Doppelung hinzu, sondern in einer gleichzeitigen gegenseitigen Bezüglichkeit: Gott wird selbst in der Geschichte präsent durch die Sendung Jesu als seines Sohnes, und Jesus realisiert in der Geschichte die Selbstpräsenz Gottes, indem er auf ihn verweist"[110].

Damit sind wir auf ein relationales Personenverständnis in der Trinitätslehre verwiesen, nach dem die Trinität nicht erst in der Heilsgeschichte wird, sondern schon immer ist. Mit dem Verzicht auf diese immanente Trinität, so Wiederkehr weiter, verliert das Christusgeschehen „jegliche Offenbarungsbedeutung, weil es im eigenen Sein Gottes keinen Seinsgrund mehr hat. Es ist dann nur noch" - obwohl Schoonenberg gerade dies nicht will - „eine nach außen in die Geschichte vorgenommene Aktion Gottes, die sein eigenes Sein nicht offenbart und engagiert"[111].

d) Gerade das von Schoonenberg so stark betonte Verhältnis Jesu Christi zum Vater läßt nach Wiederkehr erhebliche Bedenken gegen Schoonenbergs Interpretation aufkommen, weist dieses doch über eine nur heilsgeschichtliche Sohnschaft hinaus auf eine tran-

[110] Ebd. 94f.

[111] Ebd. 95. Dieser Einwand Wiederkehrs ist auch im Hinblick auf den Dritten Teil unserer Untersuchung äußerst interessant, erinnert er doch sehr stark an die Denkweise, die R. Haubst das cusanische Maximitätsprinzip nennt. Wenn wir Schoonenbergs Christologie als „manuductio per Christum ad Trinitatem" bezeichnen können, so wird die Handhabung dieses Maximitätsprinzips ein Prüfstein für die Tragweite dieser manuductio sein müssen.

szendente, nicht erst durch Geschichte gewordene, Sohnschaft hin. Darin zeigt sich auch die qualitative Andersheit des Glaubens Jesu im Vergleich zu unserem Glauben. „Ohne selber sich aus der Gemeinschaft des Glaubens herauszuhalten, vermag er (Jesus) durch seine eigene Glaubensexistenz doch für andere zum Glaubensgrund zu werden, ohne dafür noch einmal auf einen vermittelnden Grund verwiesen und angewiesen zu sein“[112]. Zur Erklärung dieses in der Bibel bezeugten Faktums reicht die Rückführung auf eine menschliche Glaubensgeschichte allein nicht; „sondern die innere Ursprünglichkeit und Vorgegebenheit dieses Gottesverhältnisses läßt uns die Grenze der Geschichte durchbrechen zu einer präexistenten Sohnschaft“[113].

e) Der letzte Einwand Wiederkehrs richtet sich gezielt gegen Schoonenbergs „Umkehrung von Chalkedon“. Wiederkehr legt den Finger darauf, daß diese Umkehrung letztlich Schoonenbergs Problem der Zweiheit nur verlagert; jetzt aber in die andere Richtung. Wird doch die Verkürzung des Menschseins nur dadurch ausgeschlossen, daß die personale Präexistenz des Logos eliminiert wird. Damit leistet Schoonenberg sich selbst einen schlechten Dienst. Denn das eigentliche Anliegen, die Ausschaltung eines Konkurrenzverhältnisses Gott - Mensch sieht Wiederkehr nicht erreicht. Im Gegenteil: Eine zusätzlich erschwerende Komponente kommt nun noch hinzu: „eine Disproportion zwischen dem essentiellen Inhalt und der seinshaften Aktuierung, weil kreatürliche

112 Ebd. 95f.

113 Ebd. 96. Zu dieser komplexen Fragestellung s. W. Thüsing u. K. Rahner, *Christologie - systematisch und exegetisch* (= QD 55, Freiburg 1972) 243-273. Dort schreibt Thüsing S. 263: „Da die Trinitätslehre nur durch die Jesusoffenbarung angestoßen wurde, ist entsprechend dem durchgängigen Charakter der neutestamentlichen Christologien eine ‚präinkarnatorische‘ Trinitätslehre von der ‚postinkarnatorischen‘ her zu deuten“. Das heißt im Hinblick auf Schoonenberg: Sein Postulat ist berechtigt; aber im Hinblick auf die „Durchdringung“ oder besser gesagt auf die „Verwiesenheit“ auf die „präinkarnatorische“ Trinitätslehre ist mehr zu erwarten, als Schoonenberg zugesteht. Wir möchten hier auch weiterhin auf Thüsing, *Die neutestamentlichen Theologien und Jesus Christus*, Bd. 1 (Düsseldorf 1981), insbesondere auf den Exkurs „Die durch die Aufnahme des Menschen Jesus in das Geheimnis Gottes konstituierte Polaritätseinheit und die christologische Formel von Chalkedon“, S. 262-268 verweisen. Dort stellt Thüsing zum Schluß ebenfalls in Anlehnung an Maximus Confessor und mit Blick auf das NT heraus: „Je stärker und reiner der Pol des Anspruchs und der Bejahung Gottes ist, um so reiner und stärker ist der Pol der Bejahung des Menschen, der Humanität, des Geschenks der Freiheit - und umgekehrt“.

Personalität die höhere göttliche Personalität nicht in sich enthalten, aus sich heraus freisetzen oder daran teilgeben kann“[114].

Abschließend möchten wir das Thema „Schoonenberg im Kreuzfeuer der Kritik“ so zusammenfassen: Schwerwiegende Bedenken lassen sich ausmachen im Hinblick auf Schoonenbergs „Fundament“ - die „Umkehrung von Chalkedon“. Die hinter diesem Entwurf stehende Problematik ist damit aber noch nicht gelöst, geschweige als unerheblich abzutun. Dies zeigt sich auch in der abschließenden Beurteilung durch Wiederkehr. Auch er wollte „die Rechtmäßigkeit dieses Unternehmens nicht bestreiten; ein verantwortlicher Wille, der Glaubensüberlieferung treu zu bleiben und sich nicht an ein zeitgenössisches menschliches Selbstverständnis unkritisch anzugleichen, ist anzuerkennen, auch wenn wir bei dieser hermeneutischen Umsetzung und Korrektur der überlieferten Christologie ernste Verkürzungen aufzeigen mußten.“ Jedoch sieht auch Wiederkehr die sachimmanente Problematik, wenn er fortfährt: „Das Wagnis einer Annäherung zwischen Christologie und Anthropologie dient nicht einer akademisch selbstzwecklichen Theologie, sondern einer glaubwürdigen und hilfreichen Verkündigung und einem zeitgenössischen Glauben; die Dringlichkeit dieser Aufgabe läßt noch das Risiko einer solchen Übersetzung zu“[115].

3) Fragen an Schoonenbergs Bewertung der Präexistenztexte aus neutestamentlicher Sicht

Es ist gewiß nicht Ziel dieses Abschnittes, eine Einzelexegese der neutestamentlichen Präexistenztexte zu liefern. Dazu sei auf die entsprechende Fachliteratur der Exegeten verwiesen. Uns geht es vielmehr um den Aufweis, daß Schoonenberg innerhalb seiner „Hermeneutik der Präexistenztexte“ deren Hintergrundaussagen zu gering einstuft.

Grundansatz Schoonenbergs ist seine schon oft zitierte Aussage, daß alles, was über die Göttlichkeit des Wortes oder des Sohnes in ihrer Präexistenz gesagt wird, im Zusammenhang mit Jesus Christus gesagt ist; nichts stehe außerhalb dieses Zusammenhangs. Dieser Grundansatz ist zunächst positiv und als richtig zu bewerten,

[114] *Konfrontationen und Integrationen der Christologie* 96f.
[115] Ebd. 98f.

wird doch damit einer Mythenbildung um die Person Jesus Christus der Boden entzogen. Denn alles, was demgemäß über den Logos ausgesagt ist, bezieht sich auf eine konkrete historische Person, den Menschen Jesus von Nazareth; und man wird zugeben müssen, daß alle christologischen Aussagen des NT, auch die des Johannesevangeliums diesen Bezugspunkt haben. Dies gilt auch für Paulus[116], obwohl er am Leben des irdischen Jesus weniger direktes Interesse zeigt.

Franz Jos. Schierse unterstützt zunächst das Anliegen Schoonenbergs, wenn er schreibt: „Man würde diesen hermeneutischen Grundsatz sofort wieder preisgeben, wenn man über die Realität und Personalität der göttlichen Weisheit beziehungsweise des göttlichen Logos eine isolierte Betrachtung anstellen wollte, um dann zu dem Ergebnis zu kommen: Im Alten Testament bleibe die Existenz einer zweiten göttlichen Person noch im ahnungsvollen Nebel, aber der Prolog des Johannesevangeliums habe die ‚personal-reale Präexistenz' des Logos klar geoffenbart. Eine solche Interpretation", so urteilt Schierse unmißverständlich, „verkennt nicht nur den exegetischen Tatbestand, daß die erste Strophe des Prologs im Kontext des ganzen Liedes gelesen werden muß, sie verfällt auch theologisch dem gnostischen Mißverständnis, als sei Jesus von Nazareth schon vor seiner Geburt eine ‚reale Person' gewesen, die sich im Augenblick der Inkarnation mit einer menschlichen Natur bekleidet habe"[117]. Gnostische Vorstellungen lassen sich nur dann ausschließen, wenn man berücksichtigt, daß die neutestamentlichen Präexistenzaussagen nicht nur in Aussagen kulminieren wie: „Jesus ist eigentlich ein präexistentes, göttliches Wesen, sondern zugleich auch: Was immer man von einem präexistenten Schöpfungsmittler und himmlischen Gesandten denkt und erwartet, das hat sich in der *historischen* Person Jesu erfüllt und verwirklicht"[118].

Umgekehrt verweist Schierse aber Schoonenbergs Ansatz indirekt in seine Schranken, wenn er darauf hinweist, daß gerade durch diesen Bezug auf den irdischen Jesus die Fragen nach der Präexistenz nicht überflüssig sind! „Sie rufen, zumindest dem Gläubigen, immer noch ins Bewußtsein, daß ihm in Jesus wirklich Gott ... begegnet. Hinter der Aussage von der Präexistenz des Got-

116 S. dazu W. THÜSING, *Gott und Christus in der paulinischen Soteriologie 257-270.*

117 FR. JOS. SCHIERSE, *Christologie - neutestamentliche Aspekte,* in: Ders. (Hg.), Jesus von Nazareth (Mainz 1972) 135-155; hier 151.

118 EBD. 152.

tessohnes steht also ein *‚zentrales Glaubensinteresse und nicht ... spekulative Neugier*'"[119].

„Spekulative Neugier" als Motiv der Präexistenztexte - hat es nicht den Anschein, als ob Schoonenberg dieses Motiv das ein oder andere Mal unterschieben möchte? Dieser Eindruck verstärkt sich besonders durch die strikte Ablehnung von begrifflich positiven Aussagen über die immanente Trinität.

Wenn daher Schoonenberg zu der weiteren Schlußfolgerung kommt, daß die Präexistenzaussagen letztlich nur funktionalen Charakter haben, dann ist dies mit den Erkenntnissen heutiger Exegese nicht voll vereinbar. Verweisen die Präexistenztexte doch gerade durch ihre Funktionsaussage auf eine Wesensaussage hin. Die Funktion fordert ja doch gerade die Frage nach dem Seinsgrund heraus. Dies zeigt sich zumal an den neutestamentlichen Aussagen, in denen auf verschiedene Seinsweisen Jesu hingewiesen wird. Hier nennen wir an erster Stelle den Christushymnus in Phil 2,6-11.

Dieser Christushymnus „ist zweifellos ein Höhepunkt des Christusbekenntnisses und stellt, wenn wir ihn im Rahmen der christologischen Entwicklung betrachten, die erste uns greifbare Vollgestalt der christologischen Sicht dar, da er die drei Seinsweisen Christi: seine Präexistenz, seinen irdischen Status und seine nachösterliche Verherrlichung klar bezeugt"[120]. Deutlich wird hier der Gedanke der Inkarnation dort vorausgesetzt, wo der Hymnus von „ἐν μορφῇ θεοῦ" spricht. Wie heute bei der Exegese dieser Stelle allgemein anerkannt wird, geht es in Phil 2,6 nicht unmittelbar um das göttliche Wesen, sondern vielmehr um die göttliche Doxa. Dabei ist aber „die Manifestation göttlichen Seins, gleichsam seine Ausstrahlung und Auswirkung"[121] mitgedacht. Der Akzent liegt auf dem Weg der Selbsterniedrigung bis zur Erhöhung. Wenn daher auch die Frage nach dem Verhältnis des präexistenten Christus zu Gott selbst nicht direkt im Hymnus gestellt ist, eine solche Frage also den Text direkt überfordern würde, so konstatiert R. Schnackenburg dennoch: „Der Hymnus blickt bei der Präexistenz ebenso wie beim Status der Verherrlichung auf die Stellung Christi *bei* Gott, die allerdings so gottnah gesehen wird, daß nur ein kleiner Schritt zur Aussage seiner Göttlichkeit bleibt ..., oder

[119] EBD. Hervorhebung von mir. Siehe dazu auch: H. MERKLEIN, *Zur Entstehung der urchristlichen Aussage vom präexistenten Sohn Gottes* 33-62.

[120] R. SCHNACKENBURG, *Christologie des Neuen Testaments* 309.

[121] EBD. 315.

anders ausgedrückt, daß sich aus der Konditionsaussage die Wesensaussage erheben konnte"[122].

W. Thüsing hält E. Rohdes These, wonach Christus nicht Gott sei, da Paulus ihn nicht „θεός" nenne, gerade den Philipperhymnus entgegen. „Seine Tiefe und Weite erhält der Christusglaube aus der Spannung beider Pole: daß Christus ‚ἐν μορφῇ θεοῦ' (Phil 2,6) und göttlicher Kyrios (Phil 2,9-11) ist und trotzdem in der Hinordnung auf Gott lebt. So scheint es, daß *unter paulinischen Voraussetzungen* nur dann die Möglichkeit und der Ausgangspunkt für eine Trinitätslehre (und Christologie) gegeben ist, wenn Christus trotz seines Gottgleichseins nicht θεός genannt wird: weil das *unter diesen Voraussetzungen* entweder die Vorstellung eines δεύτερος θεός oder eine modalistische Auflösung des personalen Gegenüber von Christus und Gott impliziert hätte"[123].

Wenn also im Philipperhymnus deutlich wird, daß die christologischen Präexistenzaussagen in erster Hinsicht Hintergrundaussagen und weniger Zielaussagen einer theologischen Argumentation sind, so ist dennoch zu berücksichtigen, „daß bei aller Kritik an einer ‚Christologie von oben'", so das Urteil des Neutestamentlers G. Schneider, „gerade die hymnischen Präexistenztexte in ihrem besonderen Rang gewertet werden sollten"[124]. Dieses Postulat wird noch verstärkt durch M. Hengel, der seinem Problemaufriß in *Der Sohn Gottes* den Philipperhymnus voranstellt und schreibt: „Die Diskrepanz zwischen dem schändlichen Tod eines jüdischen Staatsverbrechers und jenem Bekenntnis, das diesen Exekutierten als präexistente göttliche Gestalt schildert, die Mensch wird und sich bis zum Sklaventod erniedrigt, diese ... Diskrepanz beleuchtet

[122] EBD. 316.

[123] W. THÜSING, *Gott und Christus in der paulinischen Soteriologie*, Bd. I: Per Christum in Deum (Münster [3]1986) 265f. Zum Philipperhymnus siehe auch: J. GNILKA, *Der Philipperbrief* (= HThKNT Bd. X/3, Freiburg/Basel/Wien [2]1976), XI-XXII eine Literaturübersicht. Ferner W. G. KÜMMEL, *Dreißig Jahre Jesusforschung (1950-1980)*, hg. von H. Merklein (= Bonner biblische Beiträge Bd. 60, Königstein 1985). E. KÄSEMANN, *Kritische Analyse von Phil. 2,5-11*, in: Exegetische Versuche und Besinnungen, Bd. I ([2]1960) 51-95. O. HOFIUS, *Der Christushymnus Phil. 2,6-11* (Tübingen 1976). G. BORNKAMM, *Zum Verständnis des Christus-Hymnus Phil.2,6-11*, in: Studien zu Antike und Christentum. Ges. Aufs., Bd. II (München 1963) 177-187. Zur Exegese neutestamentlicher Christusbilder und deren Wirkungsgeschichte bis hin zur patristischen Christologie siehe A. GRILLMEIER, *Jesus der Christus im Glauben der Kirche*, Bd. I, 14-132.

[124] G. SCHNEIDER, *Christologische Präexistenzaussagen im Neuen Testament*, in: IKaZ 6 (1977) 21-30; hier 30.

das Rätsel der Entstehung der urkirchlichen Christologie ... und man ist versucht zu sagen, *daß sich in jenem Zeitraum von nicht einmal zwei Jahrzehnten christologisch mehr ereignet hat als in den ganzen folgenden sieben Jahrhunderten bis zur Vollendung des altkirchlichen Dogmas*. Ja man könnte sich fragen", und hierin sehen wir einen schweren Einwand gegen allzu voreilige „Hellenisierungstheorien", „ob die Dogmenbildung in der Alten Kirche in der ihr notwendigerweise vorgegebenen griechischen Sprach- und Denkform nicht im Grunde nur konsequent weiterführte und vollendete, was sich im Urgeschehen der ersten beiden Jahrzehnte bereits entfaltet hatte"[125].

Ähnliches gilt für die sogenannten paulinischen Sendungsaussagen. Dabei versteht Paulus diese traditionellen Aussagen eindeutig unter der Voraussetzung, daß der Sohn Gottes schon vor seiner Menschwerdung existierte (Gal 4,4; Röm 8,3), wobei aber auch diese Präexistenzaussagen weniger auf eine Wesenspekulation hinzielen, sondern im Interesse einer soteriologischen Aussage vorausgesetzt werden. Aber zu dieser soteriologischen Hauptaussage gehört auch unweigerlich die Voraussetzung hinzu, daß „Jesus Christus seine Sohnschaft nicht erst verliehen bekam, sondern ursprünglich besaß"[126].

Für die Inkarnations- und Präexistenzaussagen werden jedenfalls - trotz aller verschiedenen Zielmotive innerhalb der Präexistenzaussagen in sich - diese drei wesentlichen Stränge deutlich:

a) Sie weisen auf ein Geschehen hin, das innerweltlich nicht ableitbar ist, da Gott selbst die Initiative ergriffen hat.
b) Sie verweisen auf den eschatologischen Charakter dieses Heilsgeschehens in Christus. Dieser ist aber nur vollständig gewahrt, wenn klar gestellt ist, daß Jesus von Ewigkeit her Sohn Gottes und Gott von Ewigkeit her der Vater unseres Herrn Jesus Christus ist, woraus folgt, daß Geschichte und Geschick Jesu im Wesen Gottes begründet sind.

[125] M. HENGEL, *Der Sohn Gottes. Zur Entstehung der Christologie und die jüdisch-hellenistische Religionsgeschichte* (Tübingen ²1977) 9-11.

[126] R. SCHNACKENBURG, *Christologie im Neuen Testament* 328. Sicherlich müßten hier noch weitere neutestamentliche Texte auf ihren Aussagegehalt hinsichtlich der Präexistenz untersucht werden. Wir denken beispielsweise an Aussagen über die Präexistenz Christi im Zusammenhang mit seiner Schöpfungsmittlerschaft, an das Modell von der Weisheit Gottes, insbesondere aber auch an den Johannesprolog. Wir dürfen diesbezüglich auf die entsprechenden neutestamentlichen Kommentare verweisen.

c) Diese Prämissen führen letztlich zur innergöttlichen Trinität als der transzendenten Möglichkeitsbedingung der heilsgeschichtlichen Selbstmitteilung Gottes in Jesus Christus durch den Heiligen Geist[127].

Zumindest die Punkte 1 und 2 dürften letztlich auch von Schoonenberg nicht bestritten werden. Aber erhalten sie bei ihm auch die vom NT her geforderte Tiefe und Konsequenz? Hier sind, zumindest was die Durchführung und Bewertung in GM anbelangt, Fragezeichen zu setzen.

Wir möchten diese Überlegung mit einem Ausblick auf unser folgendes Kapitel abschließen. In einem Exkurs unter dem Leitaspekt „Die durch die Aufnahme des Menschen Jesus in das Geheimnis Gottes konstituierte Polaritätseinheit und die christologische Formel von Chalkedon"[128] greift Thüsing den Gedanken der Perichorese im Hinblick auf die Christologie auf. Er verweist insbesondere auf Hünermann, der „von Chalkedon bzw. von der auf Chalkedon aufbauenden Lehre über die christologische Perichorese zum biblischen Gegenüber zwischen Jesus und dem Vater" hinführen will bzw. es von der Perichorese her deuten will[129].

Im Hinblick auf Trinitätslehre und Christologie weist Thüsing aus paulinischer Sicht noch auf folgendes hin: Diese „unterstützt ... die Bemühungen, den Vater als ἀρχή zu sehen (also die ‚griechische' Trinitätsauffassung wieder stärker zur Geltung zu bringen) und die Dynamik des Bewegungsstromes vom Vater her und zum Vater hin zu erfassen. Besonders die letztere, oft unterbetonte Richtung auf den Vater hin dürfte so einen kräftigeren Akzent erhalten"[130]. Damit stellt Thüsing Postulate auf, die Schoonenberg gerade in seinen jüngsten Weiterentwicklungen seiner Christologie stärker zu berücksichtigen versucht. Davon aber mehr im folgenden Dritten Teil: Die schwerpunktmäßige Weiterentwicklung und Vervollständigung von Schoonenbergs christologischem Ansatz (1973-1988) mit Blick auf Nikolaus von Kues.

[127] W. KASPER, *Jesus der Christus* 205-224.

[128] W. THÜSING, *Die neutestamentlichen Theologien und Jesus Christus* 262-268.

[129] EBD. 265, Anm. 159.

[130] *Gott und Christus in der paulinischen Soteriologie* Bd. I, 268.

DRITTER TEIL:

DIE WEITERENTWICKLUNG UND VERVOLLSTÄNDIGUNG VON SCHOONENBERGS CHRISTOLOGISCHEM ANSATZ (1973-1987) MIT BLICK AUF NIKOLAUS VON KUES

I. Erste Eindrücke und Vorüberlegungen

Daß wir schon hier mit dem dritten Hauptteil unserer Untersuchung einsetzen, mag auf den ersten Blick als eine gewisse Inkonsequenz erscheinen: Wir selbst legten ja größten Wert auf die Mitberücksichtigung von Schoonenbergs christologischer Weiterentwicklung. Insofern gehörte deren Darstellung noch zum zweiten Hauptteil dieser Arbeit. Für die jetzige Konzeption spricht aber dies:

Konnten wir schon in den bisherigen Darlegungen bestimmte Ähnlichkeiten zwischen Schoonenbergs christologischem Ansatz und Perspektiven des Nikolaus von Kues andeuten, so verstärkt sich dieser Eindruck bei den späteren Veröffentlichungen Schoonenbergs mitunter frappierend. Wir versprechen uns daher nunmehr von einer direkten Gegenüberstellung der Gemeinsamkeiten eine Vermeidung unnötiger Wiederholungen.

Dazu kommt diese Überlegung: Im direkten Vergleich zwischen Schoonenberg und Cusanus sollen sowohl Gemeinsamkeiten als auch die unterschiedlichen Lösungsvorschläge deutlich werden. Dabei müssen wir uns freilich immer des Risikos eines „anachronistischen Trugschlusses" bewußt sein. Wie die heutige christologische Diskussion zeigt, sind ja die Grundvoraussetzungen und Ansätze unserer Zeit nicht voreilig mit denen des 15. Jh.s gleichzusetzen. Der Blick auf zurückliegende Konzeptionen der Christologie verliert damit aber keineswegs an Wert. Im Gegenteil: Häufig könnte eine „Rückkehr zur Vergangenheit" einen „Weg in die Zukunft"[1] bahnen. Solch einen Weg versucht Schoonenberg nunmehr in seinen jüngeren Veröffentlichungen zu gehen. Dabei erhofft er sich nicht nur ein besseres Glaubensverständnis im Rahmen der an-

[1] Im Rahmen unserer Fragestellung verweisen wir hier auf den Beitrag von SCHOONENBERG: *Rückkehr zur Vergangenheit: Weg in die Zukunft? Prolegomena zu einem Entwurf der Theologie*, in: Entwürfe der Theologie, hg. von Joh. B. Bauer (Graz/Wien/Köln 1985) 291-307.

stehenden christologischen Sachproblematik; er möchte so auch eine Schneise schlagen für das Gespräch innerhalb der Kirchen, ja sogar zwischen den Religionen[2].

Eine solche Rückkehr zur Vergangenheit darf nicht beliebig irgendwo unterwegs stehenbleiben; sie muß vielmehr zurückgehen bis zu den Schriften sowohl des AT als auch des NT und von da aus wieder durch die Geschichte hindurch auf uns zukommen und in die Zukunft verweisen.

Im Zuge der Gesamtentwicklung fanden wir bereits in Cusanus mitunter sozusagen einen Wegweiser in Richtung Schoonenberg. Wie Nikolaus von Kues sich den Weg von der Schrift über die Tradition zu seinem eigenen christologischen Verständnis hin bahnte, wird in der Arbeit von R. Haubst, *Die Christologie des Nikolaus von Kues*[3], deutlich. Von dem Brixener Bischof wissen wir

2 Nur am Rande sei erwähnt, daß ihn dabei der Hinduismus besonders interessiert. P. SCHOONENBERG, *Auf Gott hin denken* 13-24, bes. 18-21.

3 Über die Quellen der cusanischen Christologie siehe R. HAUBST, *Die Christologie*, bes. 10-21, aber auch dessen Rückblick: Das Christusbild des Nikolaus von Kues, ebd. 305-312, bes. 305f. Bezüglich der Schrift als Fundament cusanischer Christologie schreibt Haubst, daß die Schrift als ein „biblischer Goldgrund" zu sehen ist, „der das cusanische Christusbild trägt und umgibt".
Über die Orientierung cusanischer Theologie an der Schrift informiert jüngst H. PFEIFFER, *Der Rückgriff auf das Neue Testament im Denken des Nikolaus von Kues*, in: TThZ 94 (1985) 197-211. Pfeiffer arbeitete von 1984 bis 1987 am Institut für Cusanus-Forschung in Trier an der kritischen Edition von sechs bibeltheologischen Opuscula, die uns den Schriftgebrauch des Nikolaus von Kues besonders deutlich vor Augen führen. Leider konnte Pfeiffer durch seinen frühen Tod diese Arbeit nicht mehr abschließen. Seine Untersuchung zur Schriftauslegung des NvK stellt das Urteil G. Richters über die Exegese des Cusanus sehr in Frage. Nach Richter ist Cusanus „alles andere eher als ein Exeget... Die Exegese des Nikolaus ist zweckgebunden. Er nimmt einen vierfachen Sinn der Schrift an und kann somit praktisch aus dem Text herausholen, was immer er will. In der Tat", so deklassiert Richter den Schriftgebrauch des Cusanus, „geht es ihm nie um die Erforschung des Sinnes einer Schriftstelle, sondern die Schrift dient ihm nur dazu, seine eigenen Spekulationen, Darlegungen und Beweisführungen zu unterbauen. Er legt u. U., wenn es die Situation zu fordern scheint, die Schrift sehr willkürlich aus und ist dabei noch im Glauben, daß seine Auslegung die der Kirche sei". (G. RICHTER, *Die Fußwaschung im Johannesevangelium. Geschichte ihrer Deutung* [Regensburg 1967] 112-115).
Pfeiffers Urteil über die Bibelarbeit des Nikolaus von Kues steht in konträrem Widerspruch zu Richters Meinung! Wohl gesteht Pfeiffer zu, daß Cusanus „selbstverständlich noch nichts" weiß „von jenen Fragen, von denen heutige Exegese umgetrieben wird; er ist auch noch nicht durch das Feuer der historischen Kritik gegangen"(202f., Anm. 33); es liegt also keine Exegese im

auch, daß er seinem Diözesanklerus auftrug, dem Volk Jesus so zu predigen, wie dieser in der Bibel greifbar ist[4]. - Also keine trockene und abstrakt-begriffliche Lehrbuchchristologie, sondern Orientierung an der Schrift! So lautet sein pastoraltheologischer Auftrag an die Geistlichkeit.

Schon bei einem ersten Hinsehen auf die Grundzüge in die Denkweise des Cusanus und die Schoonenbergs fällt auch dies auf, das bei Schoonenberg sehr an Cusanus erinnert: a) die sehr betont christozentrische Spiritualität. Diese Orientierung an Christus hat nach seiner eigenen Aussage immer auf Schoonenbergs theologisches Denken eingewirkt; b) Schoonenbergs Interesse am Dialog mit anderen Kulturen und anderen Religionen und c) sein immer neues „geistiges Auftanken" beim Sammeln pastoraler Erfahrungen aus Exerzitien und Einkehrtagen, die er hielt, insbesondere für Priester- und Ordensleute.

W. Zauner schreibt über seine Erfahrungen als Teilnehmer von Exerzitien, die Schoonenberg gab: „Gerade als Exerzitienleiter ließ Schoonenberg am deutlichsten erkennen, in welcher Weise er Theo-Loge ist: Als ein gläubiger Mensch, der das Verstehbare an

heutigen Sinne vor. Aber der von Richter erhobene Vorwurf der Willkür des Cusanus im Umgang mit biblischen Texten ist nach dem Urteil Pfeiffers in keinster Weise mehr haltbar. Im Gegenteil: Nach Pfeiffer versucht Nikolaus „die Schrift durch die Schrift zu verstehen und seine Spekulation über Worte der Schrift an der Schrift zu messen" (210). „Cusanus geht aus vom Schriftwort und entfaltet eine eigenständige Spekulation, die aber dann wieder dem Schriftwort unterworfen wird. Er will zum Verständnis des Textes hinführen, aber so, daß das Hinführen zum Schriftwort in eins geht mit dem Hingeführtwerden vom Schriftwort" (209). Offensichtlich wertet der Fundamentaltheologe Pfeiffer die bibeltheologische Arbeit des Cusanus, die sich allem Anschein nach an dem hermeneutischen Aspekt der Ganzheit orientiert, höher als der Exeget Richter. Denn Pfeiffer fährt fort: „So ist sein (des Cusanus) Denken manuduktorisch angelegt. Mit heutigen Begriffen gesagt: Cusanus ist ein ausgezeichneter Fundamentaltheologe, und das gerade deshalb, weil er ein ausgezeichneter Kenner der Schrift ist, die er nicht nach seinem Gutdünken auslegt, sondern an der er sein eigenes Denken mißt, um zu dem hinzuführen, was die Schrift sagen will" (210). Nur am Rande sei hier erwähnt, wie dringlich die kritische Edition der bibeltheologischen Opuscula ist, um die hier angeschnittene Frage aus einer größeren Materialfülle als sie Richter zugrunde lag, klären zu können.

4 *Sermo* CCLVIII. Da diese Predigt noch nicht in h ediert ist, übernehmen wir die Quelle nach R. HAUBST: V_2, Fol. 200rb. Zu den historischen Daten über Nikolaus von Kues s. besonders E. MEUTHEN und H. HALLAUER als Herausgeber der *Acta Cusana* sowie die in der Cusanus-Bibliographie (MFCG Bde. 1, 3, 6, 10 u. 15) aufgeführten Titel.

Gott verstehen und verständlich machen will, dem aber vor allem an der Lobpreisung und Anbetung Gottes liegt. Hier zeigte er sich in wunderbarer Einheit als Gelehrter und Seelsorger, als ehrfürchtiger Leiter der Liturgie, als frommer Beter, als behutsamer Mystagoge sowie als verständnisvoller Mitchrist. ‚Wir sind auch zusammengekommen, um die Wunden auszuheilen, die wir bei der Ausübung unseres Dienstes empfangen haben', sagte er in einem Einleitungsvortrag. Die Gespräche mit ihm vermittelten neue Einsichten und überraschende Durchblicke; sie brachten Ermutigung und Trost. An negativen Nörgeleien war ihm nie gelegen; er warb immer um Verständnis, wenn nötig mit Humor"[5].

Obwohl es uns völlig fern liegt, „Personenkult" zu betreiben, muß man doch fragen: Zeigt sich hier nicht etwas, das wir, - im Bereich des Religiösen und der pastoralen Begegnung - auch bei Cusanus finden können? Daß für die Glaubenshaltung und -verkündigung des Nikolaus von Kues Jesus Christus der lebendige Mittelpunkt ist, zeigt ein Blick auf *De visione Dei*. In Kap. 25 heißt es dort: „Als Dein Geschenk ... habe ich also, mein Gott, diese ganze sichtbare Welt, die ganze Schrift und alle dienstbaren Geister als Hilfe, damit ich fortschreite in Deiner Erkenntnis... *Über all dies hinaus hast Du mir Jesus als den Lehrer, als den Weg, die Wahrheit und das Leben gegeben, so daß mir gar nichts fehlen kann*"[6].

Für das Interesse des Cusanus an anderen Kulturen und Religionen sei auf die Schrift *De pace fidei* verwiesen, insbesondere auf seine Leitidee: „Una religio in rituum varietate!"[7]. Die Spiritualität des Cusanus ist von früh auf durch seine geistige Verbundenheit mit den Brüdern vom gemeinsamen Leben geprägt. Nach seiner großen Visitationsreise war eine Anfrage der Mönche vom Tegernsee für ihn der Impuls zu *De visione Dei*. Und wollte Cusanus schon während und dann nach seinem Brixener Aufenthalt nicht das Leben an der Kurie in Rom gegen die Zurückgezogenheit in einem Kloster eintauschen?

Schon in diesen christlichen Grundhaltungen scheint Schoonenberg Cusanus „verwandt". Bei einem so eigenständigen und offenherzigen Denker, wie er ist, dürfte freilich jegliche Abhängigkeit von Nikolaus von Kues, den Schoonenberg nirgends nennt, auszuschließen sein. Um so mehr drängt sich dann aber die Vermu-

5 *Auf Gott hin denken* 9f.

6 *Textauswahl in deutscher Übersetzung* H. 3, N. 119, S. 79. Hervorhebung von mir.

7 Zum Thema siehe MFCG 9 u. 16.

tung auf, daß Cusanus in dem geistesgeschichtlichen Umbruch seiner Zeit zu einer ähnlichen christologischen Neubesinnung kam, wie sie heutiger Christologie wiederum aufgegeben ist. Von daher kam dann auch der Anreiz, den Blick von Schoonenberg her auf Nikolaus von Kues zu richten. Inwiefern der Theologe Nikolaus Cusanus, der lange nur am Rande Beachtung fand, sogar heutiger Christologie Denkhilfen bieten kann, soll im folgenden im direkten Vergleich mit Piet Schoonenbergs christologischem Neuansatz zur Sprache kommen[8]. Vielleicht kann dabei auch das heute so oft geschmähte „ontologische Denken" wieder etwas aufgewertet werden. Denn für manchen sicherlich überraschend tritt Schoonenberg jüngst für eine ontologische Christologie ein. Er selbst schreibt: „Es ist jetzt Brauch, die chalkedonische Begrifflichkeit als ‚ontologisch' zu kritisieren. Wörter wie ‚ontologisch', ‚seinsmäßig' und ‚metaphysisch' haben einen üblen Klang. Hier ist aber Nüchternheit geboten! ‚Sein' ist nicht nur Wesen, Essenz, sondern auch Existenz, Selbstvollzug, Verwirklichung, Handlung, Geschichte. Es ist in seiner höchsten Form nicht Ding, sondern Subjekt, Person. Es ist, je nachdem es sich mehr verwirklicht, auch noch Relation und Gemeinschaft. So kann Ontologie selbst personal, relational, funktional und historisch sein. Ja, sie muß das alles sein. In einem solchen Sinn ist heute eine ontologische Christologie nicht überholt, sondern geradezu gefragt"[9].

Schon kurz nach der Veröffentlichung von GM begann Schoonenberg damit, sein Konzept von der „Umkehrung von Chalkedon" durch eine „gegenseitige Enhypostasie" zu ersetzen[10]. Dabei

[8] Ich möchte aber eigens darauf hinweisen, daß dieser gesamte dritte Abschnitt sich erst nach dem Erscheinen von Schoonenbergs Buch *Auf Gott hin denken* einerseits sowie nach dem Symposion *Das Sehen Gottes nach Nikolaus von Kues* und dessen „Nachbesprechung" in einem Kolloquium unter Leitung von R. Haubst richtig entwickelt hat. Nachdem R. Haubst die Christologie des NvK erstmals ausführlich untersucht hat, stößt diese innerhalb der aktuellen Theologie auf zunehmendes Interesse. Außer den Hinweisen in den einzelnen Bibliographien in den verschiedenen Bänden der MFCG verweisen wir hier auf das Symposion *Das Sehen Gottes nach Nikolaus von Kues* im September 1986 in Trier. Leider konnte die Arbeit von W. OFFERMANN, *Christus - Wahrheit des Denkens. Eine Untersuchung zur Schrift „De docta ignorantia" des Nikolaus von Kues* (= BGPhThMA 33, Münster 1990) nicht mehr berücksichtigt werden, da die Drucklegung dieser Untersuchung größtenteils abgeschlossen war.

[9] P. SCHOONENBERG, *Christologische Diskussion heute*, in: ThPQS 123 (1975) 105-117; hier 112.

[10] S. u.285-294.

ging es Schoonenberg keineswegs um eine „Widerrufung“ seines christologischen Ansatzes. Er will diesen vielmehr vervollständigen. Diese Vervollständigung wird indes, wie wir schon erwähnten, von Schoonenbergs Kritikern entweder bagatellisiert oder aber gar nicht bemerkt. Als jüngstes Zeugnis dafür sei zumindest der Lexikon-Artikel *Christologische Modelle* von G. L. Müller genannt. Müller schreibt noch 1987(!): „P. Schoonenberg sucht die (vermeintliche) Aporie der Zweinaturenlehre zu überwinden, indem er sie auf den Kopf stellt. Der Logos ist nun nicht mehr Person. Er subsistiert in der menschlichen Person Jesu. Offenbar erreicht hier ein Mensch in der Unendlichkeit seines transzendentalen Horizontes Gott so, daß dieser mit Gottes Unendlichkeit zusammenfällt“[11].

Man könnte hier die - allerdings nicht beantwortbare - Frage stellen: Wäre vielleicht die gesamte Diskussion um Schoonenbergs Christologie anders (positiver?) verlaufen, wenn er seine „Vervollständigungen“ von vornherein miteingebracht hätte? Jedenfalls hätte dann die Diskussion über die „Umkehrung von Chalkedon“ in der bisherigen Form erst gar nicht aufkommen können. Denn Schoonenberg hätte damit zum einen das Verhältnis des göttlichen Logos zur - in Schoonenbergs Terminologie - „menschlichen Person“ Jesu Christi stärker berücksichtigen müssen. Zum anderen hätten seine Kritiker ihm nicht so schnell unterstellen können, daß in seinem Entwurf die menschliche Person Träger der göttlichen Natur wäre[12].

[11] *Lexikon der katholischen Dogmatik*, hg. v. W. Beinert (Freiburg 1987) 74. Nur nebenbei sei hier gefragt: Hat diese Interpretation nicht eine gewisse Ähnlichkeit mit dem Vorwurf Wencks gegen Cusanus, daß nach ihm letztlich alle Menschen mit Gott gleichzusetzen seien? Siehe R. HAUBST, *Christologie* 2ff.

[12] Wir führen hier die wichtigsten Äußerungen Schoonenbergs dazu an: *Het avontuur der christologie*, in: TTh 12 (1972) 307-322, bes. 312-314. Schoonenberg spricht zwar in einer Zwischen-Überschrift von „wederkerige Enhypostasie“; der Text selbst ist aber weniger klar, weil er dort in Auseinandersetzung mit Hulsbosch noch den Gedanken mit heranzieht, daß der Logos gewissermaßen die Hypostase der ganzen Schöpfung ist.
„Gegenseitige Enhypostasie“ deutet Schoonenberg sowohl inhaltlich als auch terminologisch an in: *Ich glaube an Gott*, 65-83, bes. 82. Ferner in: *Trinität - der vollendete Bund*, in: Orien. 37 (1973) 115-117; bes. 116, These 32 und 33.
Eine weitere Variante zeigt sich in dem Artikel *Monophysitisches und dyophysitisches Sprechen über Christus*, in: WuW 27 (1972) 252-264; bes. 264. Dort ist die gegenseitige Enhypostasie als Perichorese der Naturen angedeutet. Diesen Artikel legt Schoonenberg in überarbeiteter Form vor: *Die Naturen in Jesus Christus*, in: Auf Gott hin denken (Wien 1986) 203-224; bes. 224. Auffallend ist dort, daß Schoonenberg den Gedanken des „Trinitarisch-Werden“ nicht mit einbringt.

W. Zauner weist im Vorwort zu *Auf Gott hin denken* darauf hin, daß die christologischen Untersuchungen Schoonenbergs immer noch nicht abgeschlossen sind. Jüngst versucht Schoonenberg, „die Geist- und Logos-Christologie zur Einheit zu bringen". Doch: „Die Implikationen dieses Unternehmens bezüglich der Trinitätslehre haben ihn (Schoonenberg) veranlaßt, noch mit der endgültigen Redaktion zu warten"[13]. Schoonenberg selbst bemerkt, daß sich seine „Gedanken darüber z.T. noch im Zustand einer Baustelle befinden"[14].

Bei der folgenden Untersuchung der Weiterentwicklung von Schoonenbergs Christologie sind wir uns bewußt, ebenfalls nur „Vorläufiges" zu erfassen. Schoonenbergs Theologie selbst ist offensichtlich noch eine „Theologie im Werden"; und sie muß es sogar bleiben. Denn für Schoonenberg ist Theologie immerzu „die unvollendete und unvollendbare Geschichte eines Denkens, das sich auf Gott zubewegt, das Gottes(-)Geheimnis zum Ausdruck zu bringen sucht, nicht um es zu durchschauen, sondern es gerade als Geheimnis zu verstehen"[15]. Meint Schoonenberg damit - cusanisch ausgedrückt -, daß Theologie erst dann ein recht verstandenes Unterfangen ist, wenn sie sich der Unübersteigbarkeit der „Mauer

Am ausführlichsten behandelt Schoonenberg die „gegenseitige Enhypostasie" in *Spirit Christology and Logos Christology*, in: Bijdr. 38 (1977) 350-375; bes. ab 366. Die Theorie von der „gegenseitigen Enhypostasie" baute Schoonenberg alsdann so aus, daß er die „Gottmenschlichkeit" der einen Person Christi als die Perichorese der beiden Naturen darstellt. So besonders in *Denken über Chalkedon* 295-305 sowie in dem Beitrag *Zur Trinitätslehre Karl Rahners* 471-491, in dem er insbesondere die Geist-Christologie mit einbezieht. Dort geht es ihm darum, eine „doppelte Konkurrenz" in der Person Christi zu eliminieren: eine zwischen dem menschlichen Personsein und dem Logos als Person und eine zwischen dem Logos und dem Heiligen Geist in der Beziehung zu Christi Menschheit.

13 *Auf Gott hin denken* 9.

14 Ebd. 14. Inzwischen ist erschienen: P. Schoonenberg, *De Geest, het Woord en de Zoon: Theologische overdenkingen over Geest-christologie, Logos-christologie en drieëenheidsleer* (Altiora-Averbode en Kok-Kampen 1991). Eine Übers. ins Deutsche, die bei Pustet Regensburg erscheinen soll, ist in Vorbereitung.

15 Abschiedsvorlesung Schoonenbergs anläßlich seiner Emeritierung im Jahre 1976 als ordentlicher Professor für Dogmatik an der theologischen Fakultät der Universität Nijmegen. Da diese Vorlesung ebenfalls den Titel *Auf Gott hin denken* trug (deutschsprachig veröffentlicht, in: ThG 20 [1977] 193-203; hier 193) zitieren wir sie im folgenden mit *Abschiedsvorlesung*, um Verwechslungen mit dem gleichlautenden Sammelband zu vermeiden.

der Koinzidenz"[16] bewußt ist? Das wollen und können wir hier noch nicht entscheiden. Aber immerhin wurde auch Cusanus der Vorwurf entgegengebracht, „daß die von Nicolaus gelehrte Unerkennbarkeit Gottes die Ablehnung der positiven kirchlichen Lehre über das Wesen Gottes ... sowie über seine Art, sich zu offenbaren, z.B. den Verzicht auf die Trinitätslehre, in sich schließe"[17].

Dieser Trinitäts-Theologie Schoonenbergs und damit auch seiner Christologie liegt aber eine bestimmte systematische Methode zugrunde. Schoonenberg selbst bezeichnet diese als eine „genetische Methode"[18]. Deren Implikationen möchten wir als erstes mit dem methodischen Ansatz des Nikolaus von Kues vergleichen.

II. Die theologische Methode Schoonenbergs im Vergleich mit methodischen Ansätzen des Nikolaus von Kues

1) Das „Grundsatzprogramm" der Methode Schoonenbergs

Schoonenberg beschreibt seine systematische Methode so: Neben einer notwendigen Rückorientierung an der Dogmengeschichte bis hin zur Schrift, wobei auch die „vergessenen Wahrheiten" wieder zur Sprache kommen sollten, und neben dem damit verbundenen Versuch, das Vergangene (also auch [!] das Vergessene) in einen Zusammenhang neuer Fragen und Einsichten zu integrieren, nicht bloß zu „übersetzen", neben all dem gilt für ihn der Grundsatz: „Innerhalb der systematischen Theologie beabsichtige ich immer, auf Gott hin zu denken, nicht von Gott ausgehend, denn wir stehen ja nicht auf Gottes Seite"[19]. Um diesen Weg einhalten zu können, beherzigt er folgende Leitideen:

[16] S. dazu den Symposionsvortrag von R. HAUBST, *Die erkenntnistheoretische und mystische Bedeutung der „Mauer der Koinzidenz"*, in: MFCG 18 (1989) 167-196 (mit Diskussion).

[17] W. NESTLE, *Die Krisis des Christentums. Ihre Ursachen und ihre Bedeutung* (Stuttgart 1949) 183. Zitiert nach R. HAUBST, *Nikolaus von Kues - „Pförtner der neuen Zeit"* 4f.

[18] *Auf Gott hin denken* 16.

[19] *Auf Gott hin denken* 16. Auch die folgenden Zitate für die „Faustregeln" sind dort auf den Seiten 16ff. zu finden, wenn nicht eigens etwas anderes vermerkt ist.

a) „Sprich niemals über Gott, ohne Gottes Werk, seine Schöpfung, Erlösung, Vollendung genügend darin mitsprechen zu lassen".
b) Die Symbolsprache aus Schrift und Tradition muß in ihrer eigenen Form voll zum Tragen kommen.

Schoonenberg meint damit wohl, daß wir uns von den Symbolen ansprechen lassen müssen und nicht umgekehrt: daß wir diese erstarren lassen, sei es durch „Überverwendung" oder „Unter- und Nichtverwendung". Letzteres liegt seiner Ansicht nach dann vor, wenn beispielsweise „das Personsein des Heiligen Geistes ausgesprochen wird, ohne daß Symbole wie Hauch, Wind, Wasser, Feuer, Salbe, Duft auch nur einigermaßen als die Weise dieses Personseins andeutend geschätzt werden".
c) „Wenn du einen Begriff auf Gott hin analogisierst", so erklärt Schoonenberg im Gespräch mit Zauner, „sorge dafür, daß der Ausgangspunkt in der menschlichen Welt in diesem Begriff genügend angedeutet ist". Verdeutlichend fügt er hinzu, „daß man Gott reale Beziehungen zum Geschöpf abspricht, weil man nicht genügend anerkennt, daß jede Realität in unserer Welt mit Beziehungen (Relationen) zusammenfällt".
d) „In der Welt gibt es keine reinen Vollkommenheiten, die in ihrer Verwirklichung nicht beschränkt sind, und keine gemischten Vollkommenheiten, die nicht eine reine Vollkommenheit als ihre Wurzel haben. Jedes Sein", so sagt Schoonenberg mit Blick auf die Welt, „ist ein Sein im Werden, und jedes Werden ist werdendes Sein". Daraus ergibt sich natürlich in Anwendung der Regel a) für Schoonenberg die Frage: Ist Gott dann auch ein Werden auf uns hin, und weiter: wenn dem so wäre, ereignet sich sein Werden nicht rein aus seinem Sein[20]?
Wir sehen hier: Die zunächst so positiv klingenden Faustregeln mit dem ansprechenden Leitmotiv: Auf-Gott-hin-denken, könnten folgenschwere Konsequenzen in sich bergen, nämlich die „romantische Vorstellung eines ‚werdenden Gottes', eines Absoluten, das sich *als solches* selbst in der Geschichte produziert"[21].

In diese Ecke will Schoonenberg sich freilich nicht drängen lassen. Er spricht zwar auch von einem Werden Gottes auf uns hin. Doch er meint damit: Gott wird nicht Gott (im Sinne einer Ver-

[20] Die vierte „Faustregel" Schoonenbergs ist eigentlich keine rein methodische Frage mehr; sie ist schon eine erste Anwendung oder besser gesagt eine erste Konsequenz, die sich für ihn aus der Regel a) ergibt.

[21] W. BEIERWALTES, *Identität und Differenz als Prinzip cusanischen Denkens*, in: Ders., Identität und Differenz (= Philosophische Abhandlungen 49 [Frankfurt a. M. 1980] 129).

vollkommnung); er wird nur immer mehr unser Gott (in dem Sinne, daß er sich uns immer mehr schenkt und somit sein Reich immer mehr kommt).

Wir möchten hier noch einen fünften Punkt anführen, den Schoonenberg in der eigenen Darlegung seiner Methode nicht nennt, worauf er aber in seinem Beitrag zur Rahner-Festschrift Wert legt, nämlich

e) daß all unser begriffliches (konzeptionelles) Denken von einer impliziten Intuition[22] bewohnt und bewegt wird. Er scheint hier das andeuten zu wollen, was Rahner in Anlehnung an die Maréchal-Schule mit „Vorgriff" meint. Der Exaktheit halber möchten wir aber Schoonenberg selbst zitieren, da an dieser Stelle ganz eindeutig durchklingt, daß auch er den Erkenntnisweg nicht allein auf die Ratio einschränken möchte[23].

Schoonenberg beantwortet im Rahmen der trinitätstheologischen Problematik die Frage (und somit gilt dies für die christliche Gottesfrage überhaupt): „Ist die immanente Trinität *nur* aus der ökonomischen zu erkennen?" so: „Hier muß auf die Struktur unserer Erkenntnis reflektiert werden. Jede Erkenntnis, auch (und vor allem) die Glaubenserkenntnis, enthält ein Moment der Intuition, der ganzheitlichen überbegrifflichen Fassung der Wirklichkeit, das eben der Grund des Urteils ist, in dem ein Begriff dieser Wirklichkeit zu- oder abgesprochen wird. In dieser impliziten Intuition", so führt Schoonenberg näher aus, „bedingen die Sicht Gottes und die der endlichen Realität einander: wir werden von der endlichen Wirklichkeit auf Gott verwiesen, aber zugleich erkennen wir die Endlichkeit der uns umgebenden und der eigenen Wirklichkeit dadurch, daß wir auf den Unendlichen hin erkennen. So erkennen wir auch die ökonomische Trinität als Trinität *Gottes* dadurch, daß wir uns bereits von diesem Gott selbst in seiner immanenten Trinität zugesprochen wissen (im testimonium internum). In dieser Hinsicht kennen wir die immanente Trinität von der ökonomischen her und umgekehrt. Aber", so schränkt Schoonenberg sofort wieder ein, „das gilt nur von unserer Glaubenserkenntnis, insoweit sie mit der eben beschriebenen Intuition zusammenfällt. Auf der

22 Zum Begriff „implizite Intuition" siehe die Arbeit des Erkenntnisphilosophen D. M. De Petter, *Begrip en werkelijkheid* (Antwerpen 1964). Béla Weissmahr bezieht sich öfters auf De Petter.

23 Deshalb scheint es nicht ganz exakt zu sein, Schoonenberg nur ein philosophisches Apriori unterstellen zu wollen. S. W. Kasper, *Jesus der Christus* 215 sowie *Wer ist Jesus Christus für uns heute? Zur gegenwärtigen Diskussion um die Gottessohnschaft Jesu*, in: ThQS 154 (1974) 203-231, bes. 214ff.

begrifflichen Ebene kennen wir die immanente Trinität *nur* durch die ökonomische, *nicht* umgekehrt. Unsere Begriffe sind ja immer aus der uns umgebenden Welt gebildet, in unserem Fall aus dem, was in dieser Welt mit dem *Gottmenschen* Jesus geschehen ist"[24].

Auf dieser Differenzierung basiert dann auch Schoonenbergs Appell für eine „Trinitätslehre von unten", was heißt: von Christus her. Denn selbst wenn es gelänge, eine philosophische Trinitätslehre zu entwickeln, so müßte diese wieder theologisch überprüft werden, ob eine solche Dreiheit mit der in Jesus Christus geoffenbarten Trinität identisch ist. Besonders die sogenannte „Prozeßtheologie" mahnt diese Notwendigeit heute an[25].

f) Hat aber die Unerfaßbarkeit Gottes, die Erfahrung Gottes als Geheimnis, nicht konsequenterweise das Schweigen zur Folge? Sollte also der Theologe nicht besser das Schweigen vor Gott betonen?

Schoonenbergs Antwort: „Ja, gewiß, aber zur rechten Zeit... Schweigen kommt nach dem Sprechen. Ein zu früh eingesetztes Verneinen oder Schweigen führt zum Totschweigen Gottes, was heute eine Versuchung ist". Nach Schoonenberg kann man letztlich nur dann zur „docta ignorantia" vorstoßen, „wenn ein christliches Hören auf die Glaubensbotschaft und meistens auch eine christliche Kontemplation der Heilstaten Gottes diesem Nichtwissen vorangehen. - Ein Staunen nicht nur über Gottes Wesen als *coincidentia oppositorum*, sondern auch über Gottes törichte Weisheit und Liebe in Christus kann zu einem anbetenden Schweigen führen. Man schweigt vor dem heiligen Gott im brennenden Dornbusch von Golgatha"[26].

Deutet sich in der beschriebenen Methodik Schoonenbergs nicht auch eine ähnliche Spannungseinheit an, die R. Haubst im

24 *Zur Trinitätslehre Karl Rahners* 475. Zur Diskussion s. B. J. HILBERATH, *Der Personbegriff* 304. S. auch neuerdings die Antwort Schoonenbergs an Hilberath: *Eine Diskussion über den trinitarischen Personbegriff. Karl Rahner und Bernd Jochen Hilberath*, in: ZKTh 111 (1989) 129-162.

25 Die Prozeßtheologie macht einen Unterschied zwischen zwei innergöttlichen Naturen (primordial nature and consequent nature), zu denen man manchmal noch eine dritte (subjective nature) hinzufügt. Siehe P. SCHOONENBERG, *Gott in der Prozeß-Theologie*, in: ThG 18 (1975) 225-235.

26 *Auf Gott hin denken* 17.

Hinblick auf Nikolaus von Kues unter dem Leitthema *Theologie in der Philosophie - Philosophie in der Theologie* eruierte[27]?

2) Theologische Leitideen des Nikolaus von Kues

Wenn wir hier auf methodische Schritte und Erkenntniswege des Nikolaus von Kues eingehen, so setzen wir nicht das Ziel, diese in einem Gesamtüberblick darzulegen. Ein solcher Versuch würde den Rahmen dieser Untersuchung sowohl vom Umfang als auch von der Intention her bei weitem sprengen. Wir möchten nur auf diese Feststellung J. Stallmachs hinweisen: „Die Gnoseologie des Cusanus läßt sich, wenn man sie in einer Zusammenschau aus dem Gesamtwerk zu erheben sucht, nicht leicht auf einen Nenner bringen und weist, so gesehen, manche Unausgeglichenheiten auf"[28]. Mit Unausgeglichenheiten meint Stallmach sicherlich nicht „Widersprüchlichkeiten". Vielmehr ist auch bei Cusanus eine Weiterentwicklung seines eigenen Denkens innerhalb seines literarischen Schaffens, insbesondere aber in seinem Predigtwerk unübersehbar. Aufgrund dieser Weiterentwicklung wird man auch Cusanus nicht gerecht, will man ihn „nur" als den Philosophen der docta ignorantia betrachten. Die cusanischen Leitideen der coincidentia oppositorum und das Maximitätsprinzip müssen ebenso mitbedacht werden[29].

[27] R. HAUBST, in: *Nikolaus von Kues in der Geschichte des Erkenntnisproblems. Akten des Symposions in Trier vom 18.-20. Oktober 1973* (= MFCG 11, Mainz 1975) 233-260; Diskussion 260-273.

[28] J. STALLMACH, *Geist als Einheit und Andersheit. Die Noologie des Cusanus in De coniecturis und De quaerendo Deum*, in: MFCG 11 (1975) 86-116; Diskussion 116-124; hier 86. Vgl. auch das jüngst erschienene Werk von J. STALLMACH, *Ineinsfall der Gegensätze und Weisheit des Nichtwissens. Grundzüge der Philosophie des Nikolaus von Kues* (BCG, 2. Sonderband, Münster 1989).

[29] Es scheint daher etwas vordergründig, die Theologie, insbesondere das Gottesbild des Nikolaus von Kues auf die Leitidee der docta ignorantia zu reduzieren, wodurch dann der Eindruck entsteht, daß sie mehr von der Unbegreiflichkeit Gottes als von seiner Verborgenheit spreche; daß in ihr so das Geheimnis Gottes nicht heils- und offenbarungsgeschichtlich, sondern nur erkenntnis- und wesensmäßig als Geheimnis des unendlichen Wesens Gottes, das der endlichen Erkenntnis des Menschen unerreichbar ist, bedacht wird (vgl. W. KASPER, *Der Gott Jesu Christi* 162ff.). Die so verstandene docta ignorantia ist *eine* Perspektive, aber *nicht die alleinige*, wie die Studie von R. WEI-

Hier soll in erster Hinsicht von Schoonenberg her ein Blick auf Nikolaus von Kues geworfen werden. Doch dabei fallen sofort auch diese cusanischen Grundanliegen auf, die wir mit Kl. Kremer so formulieren können: „Cusanus will, obwohl für ihn Gott in allem alles und die Kreatur nichts ist, weder die Kreatur restlos von Gott absorbieren noch gar Gott in ein Nichts auflösen lassen. Sein Problem heißt: Wie *muß* ich die Beziehung Gottes zur Kreatur denken, wenn Gott nicht Weltbildner, sondern Seins-Verleiher (dans esse rebus), christlich gesprochen, wenn Gott Schöpfer ist? Und wie *kann* ich die Kreatur noch denken, wenn Gott in ihr das ist, was sie ist“[30]. Ein Konkurrenzverhältnis Gott-Welt ist also für Cusanus undenkbar. Dabei liegt es ihm aber auch völlig fern, „den

ER, *Das Thema vom verborgenen Gott von Nikolaus von Kues zu Martin Luther* (BCG Bd. II, Münster 1967) zeigt. Insbesondere im 3. Abschnitt hebt Weier diese Aspekte hervor: Gott offenbart sich, indem er sich verhüllt (Inkarnation und Kreuz). Nach Weier scheint es gerade im Bezug auf Nikolaus von Kues nicht so zu sein, wie W. Kasper Cusanus zu verstehen scheint, daß Cusanus letztlich in der „Unbegreiflichkeit Gottes“ steckenbleibe und das in der Bibel grundgelegte Motiv der Verborgenheit Gottes zu wenig berücksichtige. Im Gegenteil, nach Weier gilt (*Das Thema vom verborgenen Gott* 183f.):
1. „Die Lehre von der Verborgenheit Gottes findet bei Cusanus ihre Ergänzung durch eine Lehre von der Offenbarung Gottes.
2. Gott offenbart sich, indem er sich verhüllt. Ihren Höhepunkt finden diese Gedanken in der Deutung der Menschwerdung Christi. In Christus wird uns Menschen das ewige Wort Gottes kund ...“. Beide Perspektiven kommen zum Tragen. Denn ebenso gilt: „Je deutlicher wird, wie sehr der Geist und das Wort Gottes in der Welt darinnen sind, umso deutlicher wird auch, wie sehr er von der Welt geschieden und verborgen bleibt. Je deutlicher die Widerspiegelung Gottes in den Geschöpfen erfaßt wird, desto härter sind auch die Menschen vor die Tatsache der Verborgenheit Gottes gestellt. Erkenntnis der Verborgenheit Gottes und Erkenntnis der Widerspiegelung Gottes sind einander ergänzende, es sind im strikten Sinne komplementäre Gedankenreihen.“
„Auch das Wort der Hl. Schrift“, so erläutert Weier weiter, „ist zugleich Offenbarung und Verhüllung. Es ist prophetische Offenbarung - aber auch zugleich Verhüllung, insofern es nur ‚contractio‘ des einen wahren Wortes Gottes ist“. Es wäre daher in der Tat einmal interessant, die Postulate, die Kasper in Anlehnung an K. Rahner zum Thema „Verborgenheit Gottes“ bzw. einer Theologie des Geheimnisses aufstellt, mit der Schrift *De visione Dei* des NvK, aber auch mit dessen Predigtwerk zu vergleichen; insbesondere im Hinblick auf Kaspers Postulat: „Gottes Verborgenheit ist nicht Gottes An-sich-Sein vor, über und ‚hinter‘ der Heilsgeschichte, sondern sein Für-uns- und Mit-uns-Sein in der Geschichte“ (*Der Gott Jesu Christi* 166).

30 KL. KREMER, *Gott - in allem alles, in nichts nichts. Bedeutung und Herkunft dieser Lehre des Nikolaus von Kues*, in: MFCG 17 (1986) 188-219; hier 219.

Unterschied ... von Gott einerseits und Mensch, Welt und Kreatur anderseits aufzuheben. Er will vielmehr zeigen, daß Gott und Welt nicht durch eine unüberbrückbare Kluft voneinander getrennt sind, daß alles Seiende miteinander verknüpft ist, weil alles Seiende (irgendwie) noch Gott ist und es nicht mehr ist. Er (Gott) ist das Identische, das in allem Differenten sich durchhält, die Identität in der Differenz"[31]. Bei der Bewältigung dieser Grundaufgabe wird eine weitere Parallele zu Schoonenberg deutlich: Die Orientierung an der Tradition. Denn: „Er (Cusanus) steht dabei in einer langen, reichen und profunden Tradition und schöpft aus ihr. Das mindert seine Originalität nicht im geringsten. Denn er hat sich nicht aufgemacht, um Neues oder gar Neuigkeiten zu verkünden, sondern um das überkommene philosophische und theologische Gedankengut wieder in seinem ursprünglichen Glanz erstrahlen zu lassen. Daß er dabei tatsächlich ein Erneuerer in dem qualifizierten Sinne des Wortes wurde, hebt ihn über die Grenzen der Zeiten hinweg"[32]. So würdigt Kremer abschließend die Bedeutung des Nikolaus von Kues.

Mit dieser grundsätzlichen Zielsetzung cusanischer Theologie und Philosophie ist aber noch nicht die Frage entschieden: Denkt Cusanus von Gott her oder aber auf Gott hin?

Hierauf läßt sich bei R. Haubst eine eindeutige Antwort finden[33]: Cusanus bedient sich beider Wege. Wir finden bei ihm einen „processus déductif" ebenso wie einen „processus inductif"[34]. Entscheidend ist aber die wiederholte Erfahrung von Haubst, daß im Ansatz der processus inductif, also das Auf-Gott-hin-denken, dem processus déductif vorausgeht. Haubst, der seiner Studie das Prinzip zugrundelegt: „Cusanus von den Quellen her, aber doch durch Cusanus selbst zu erklären und möglichst den Autor selbst als die zur Erklärung seiner Konzeptionen zuständigste Autorität zu Wort kommen zu lassen"[35], sieht sich gleichsam von Cusanus

[31] Ebd. 214.

[32] Ebd. 219.

[33] R. Haubst kommt das Verdienst zu, die Bedeutung des Nikolaus von Kues aus theologischer Perspektive ins rechte Licht gestellt zu haben. Jedoch waren Philosophen zuvor die ersten, die Cusanus für die Geschichte und die aktuelle Problematik des Denkens wiederentdeckt hatten. (Vgl. R. Haubst, *Das Bild*; *Die Christologie*; *Die leitenden Gedanken und Motive der cusanischen Theologie*, in: MFCG 4 [1964] 257-277).

[34] So R. Haubst, *Das Bild* 8 in Anlehnung an E. Vansteenberghe, *Le cardinal Nicolas de Cues* (Paris 1920) 297.

[35] Ebd.

her methodisch gezwungen, „die Trinität ... erst ‚im Aufstieg' von der Schöpfung her, vom Bekannterem zum Unbekannten, als die letzte Wahrheit hinter und über allem Kreatürlichen in den Blick zu fassen, ehe von ihr her (auf ‚deduktivem' Wege) die Schau der gesamten theologischen Wahrheit gewonnen werden kann“[36]. Erst von diesem induktiven Weg her läßt sich dann ein Urteil bilden über den deduktiven Weg des Nikolaus von Kues.

Wie tief dieser Weg „von unten her“ als erster Weg, nicht als alleiniger Weg im Denken des Nikolaus von Kues fundiert ist, zeigt auch dieser Hinweis: „Der Versuch einer Gliederung und Systematisierung der cusanischen Gotteslehre nach der Architektonik der mittelalterlichen Summen - wie ihn Cusanus selbst trotz aller Bemühungen um die möglichste Verdeutlichung seiner Gedanken nicht unternahm - (würde) die cusanische Dynamik, die mehr vom Geschöpf zu Gott hinüberdrängt, als sie ihn begrifflich zu erfassen sucht, preisgeben, und damit das Originale seiner gesamten Konzeption“[37].

Die philosophisch-theologische Methode des Cusanus besteht nicht im „Schärfen der begrifflichen Instrumente (z.B. der Unterscheidung von Natur und Person, Substanz und Relation) zur logischen Umschreibung der ... Grunddogmen der Christenheit“[38]. Ihm geht es vielmehr um eine „*Hinführung* (*manuductio*: Handleitung) von der menschlichen *Selbsterfahrung* und Welt-*Anschauung* zu den beiden Grundmysterien der *Dreieinheit* in Gott sowie der *Inkarnation* des Sohnes als der Voraussetzung des eschatologischen Heilswirkens Gottes in Jesus Christus ... “[39]. Von daher wird der unermüdliche Drang des Cusanus nach dem Aufspüren von Analogien zu dem in Gott verborgenen Urgeheimnis der personalen Dreieinheit erklärbar.

[36] Ebd. 8f. Aus dieser Perspektive gehörten auch die Ausführungen H. U. v. Balthasars zu Cusanus in *Theologik* und *Theodramatik* einmal einer genaueren Prüfung unterzogen.

[37] Ebd. 9, Anm. 41. Interessant ist im Vergleich dazu der Hinweis Schoonenbergs: „Die scholastischen Traktate über Gottes Trinität“, die nicht hinreichend Gottes Werk, seine Schöpfung, Erlösung und Vollendung berücksichtigen, „haben eher einen gespenstischen Charakter bekommen“(*Auf Gott hin denken* 16).

[38] R. Haubst, *Nikolaus von Kues - „Pförtner der neuen Zeit“* 16. Im folgenden zitieren wir R. Haubst, *„Pförtner der neuen Zeit“*.

[39] Ebd.

Ein solches Suchen nach Spuren der „Analogia Trinitatis“[40] ist bei Cusanus aber nicht der Versuch einer philosophischen Projektion eines bestimmten Welt- und Menschenbildes ins Gottesverständnis selbst hinein. Dieses gründet vielmehr in der biblischen Offenbarung: „Die Stimme der analogia Trinitatis kann ... erst gedeutet und verstanden werden nach der Offenbarung. Zu dem quia est (zur Gewißheit der tatsächlichen Wirklichkeit) der göttlichen Dreieinigkeit (jenseits der Mauer der Koinzidenz) führt keine Brücke als der (auf neutestamentlicher Offenbarung) gestützte Glaube“[41] in und an Jesus Christus. Wie ernst Cusanus gerade diesen Rückbezug auf das NT nimmt, deuteten wir bereits an[42].

Die Perspektive des „Auf-Gott-hin-denken“ oder einer Theologie „von unten“ zeigt sich auch in der cusanischen Christologie. Vordergründig könnte man zwar einwenden: Der Aufbau der *Docta ignorantia* zeigt eher das Gegenteil. Sind die Themen doch: Gott, Weltall, Christus. Wird also hier nicht der Christologie das zuerst entwickelte Gottesbild übergestülpt? Wird damit im Grunde nicht doch an Christus und somit auch an Gott allein die Meßlatte des Philosophen angelegt?

Dem möchten wir entgegenhalten: Ob die Gotteslehre der Christologie aufbaumäßig vorangeht oder nicht, ist letztlich nicht das entscheidende Kriterium. Entscheidend ist, ob die Trinitätslehre aus dem Christusmysterium oder Christusereignis „gewußt“ wird oder nicht. Nicht irgendeine vorgegebene Spekulation, auch nicht eine „bloße“ Wortoffenbarung[43] bieten die Folien für die cusanische Christologie und Gotteslehre, sondern Zentrum aller cusanischen Theologie ist Jesus Christus. „Der Glaube lehrt, daß Christus, Gottes Sohn, der ist, der uns unseren Gott, seinen Vater,

40 Siehe dazu jüngst R. HAUBST, *Die „Biblioteca trinitariorum“ und die Leitidee der „analogia Trinitatis“*, in: TThZ 95 (1986) 28-37; *Das Bild.*

41 R. HAUBST, *„Pförtner der neuen Zeit“* 18 sowie *Das Bild* 328-330. Dort auch die entsprechenden Quellenverweise zu Cusanus.

42 S. o. 241, Anm. 3. Auffallend ist auch, daß die cusanische „Hinwendung zur Subjektivität des Menschen“ und ein vertieftes bibeltheologisches Studium fast gleichzeitig einsetzten (s. R. HAUBST, *„Pförtner der neuen Zeit“* 16ff.).

43 Wie wir sie gelegentlich sogar explicit in der Ostkirche vorfinden können: „Gott ist es, der dies über Gott aussagt“. S. dazu D. WENDEBOURG, *Geist oder Energie. Zur Frage der innergöttlichen Verankerung des christlichen Lebens in der byzantinischen Theologie* (München 1980) 92.

zeigt, in dessen Schau die ersehnte Glückseligkeit liegt"[44]. „Christus ist für ihn die Quelle der Glaubenserkenntnis und zugleich der Maßstab alles christlichen Lebens oder die Brücke, die aus der Tiefe des Gottesgeheimnisses zu uns herüber und nach dort hinüber führt"[45]. Wie schon erwähnt, kulminiert auch in *De visione Dei* alle theologische Erkenntnis in dem Satz: „Vor allem gabst Du, mein Herr und Gott, mir Jesus als Meister, Weg, Wahrheit und Leben".

Das cusanische Auf-Gott-hin-denken verweist uns auch auf die philosophisch-theologische Leitidee der *coincidentia oppositorum*. Darunter versteht Cusanus das „perspektivische Zusammenlaufen oder den Ineinsfall von solchen Blick- und Denkrichtungen in Gott, die wir bei unserer menschlichen Icherfahrung, Weltbetrachtung und Naturforschung sehr wohl auseinanderhalten müssen"[46]. Übernimmt Cusanus dieses Prinzip zunächst aus der Tradition, so spitzt er selbst es doch in der Form zu: „Gott existiert sowohl als Unendlicher wie in einer völlig ungeteilten und unzusammengesetzten Wesenseinfachheit. Von der Welt her gesehen, in der das quantitive oder ... ein sonstwie seinshaftes Mehr oder Minder herrschen, fallen mithin in Gott, - auf eine für den mathematisch zählenden und messenden Verstand unfaßbare und höchst paradoxe Weise - das ‚*absolut Größte* ... und das *absolut Kleinste* ... in eins'"[47]. Ja, Cusanus geht sogar so weit, daß er „auch den alle Differenz oder Gegensätzlichkeit übersteigenden Ineinsfall von *Sein* und *Nichtsein* in Gott" betont. „Das bedeutet indes", so hebt R. Haubst eigens hervor, „alles andere als etwa: auch Nichtsein oder Werden in Gott hineintragen. Gerade mit dieser Koinzidenzaussage von Sein und Nichtsein in Gott hebt Nikolaus vielmehr Gott selbst ‚absolut', nämlich ohne jeden Übergang, von der gesamten Werde-Welt, die als solche sowohl sein wie nicht-sein kann [was nicht impliziert, daß Gott seine Schöpfung rückgängig machen kann], ab. In Gott ist

44 *Sermo* CCLVIII. Da die Predigt innerhalb der Heidelberger Akademie-Ausgabe noch nicht ediert ist, verweisen wir auf die vatikanische Handschrift (V_2, Fol. 200rb). Zitiert nach R. HAUBST, *Christologie* 6.

45 R. HAUBST, *Christologie* 6.

46 S. R. HAUBST, *Das Bild* 86-92; *Zum Fortleben Albert d. Gr. bei Heymerich von Kamp und Nikolaus von Kues*, in: Studia Albertina (= BGPhThMA Suppl. Bd. IV, Münster 1952) 420-447; G. v. BREDOW, *Coincidentia oppositiorum*, in: Hist. Wörterb. d. Philos., Bd. I (Darmstadt 1971) Sp. 1022f.; K. BORMANN, *Die Koordinierung der Erkenntnisstufen (descensus und ascensus) bei Nikolaus von Kues*, in: MFCG 11 (1975) 62-79; Diskussion 79-85; W. LENTZEN-DEIS, *Cusanische Prinzipien der Glaubensvermittlung*, in: TThZ 96 (1987) 98-110.

47 R. HAUBST, *„Pförtner der neuen Zeit"* 9.

die Fülle des reinen Seins, da Er *‚alles ist, was überhaupt sein kann*‘. Das enthebt Gott nicht nur jeder Gegensätzlichkeit, wie sie in der Welt der Dinge und der Menschen herrscht, sondern auch jeder eigentlichen Gegensätzlichkeit Gottes zur Welt, so daß Er - von der Welt her gesehen - gerade nicht der ‚Ganz-andere‘, sondern im Gegenteil das (oder der) ‚Nicht-andere‘ ... ist“[48].

Ein Erkenntnis-Fortschritt liegt bei Cusanus selbst darin, daß auch mittels der *coincidentia oppositorum* keine Definition Gottes geleistet werden kann. Dies zeigt sich besonders in *De visione Dei*. In der Anwendung der coincidentia oppositorum wird deutlich, daß Gott sich zwar von allem Beschränkten unterscheidet. „Doch die Vorstellung, daß damit auch schon dem natürlichen Einsichtsvermögen ... des Menschen ein Einblick in das innere Sein und Leben Gottes eröffnet sei, ließ er (Cusanus) dort an der ‚Mauer der Koinzidenz‘ scheitern“. Das bedeutet: Die Dialektik des „Sowohl - als auch“, wie die des „Weder-Noch“ wird bei Cusanus nochmals überstiegen; Gott ist letztlich auch über jeder Ruhe und Bewegung.

Der Koinzidenzgedanke des Nikolaus von Kues eröffnet uns hier eine gründliche Antwort auf Schoonenbergs Frage nach dem Verständnis eines „Werdens“ Gottes. Obwohl nämlich, wie wir oben schon sahen, ein Werden in Gott für Cusanus undenkbar ist, finden wir dennoch gerade in *De visione Dei* Formulierungen wie diese: „Wenngleich wir also aus dem einen Grunde Gott ‚Bewegung‘ zuschreiben und aus einem anderen ‚Stehen‘“[49]. „Der Geist ist nämlich wie eine Bewegung, die vom Bewegenden und vom Bewegten hervorgeht. Die Bewegung faltet aber den Entwurf des Bewegenden aus. Alles wird also in Dir, Gott dem Heiligen Geist, so ausgefaltet, wie es in Dir, Gott Sohn entworfen wird“[50]. „Aber Du, das unendliche Licht, antwortest in mir, daß die absolute Möglichkeit die Unendlichkeit selbst ist, die jenseits der Mauer des Ineins-

48 Ebd. 10. Zum Begriff „Mauer der Koinzidenz“ s. R. HAUBST, *Die erkenntnistheoretische und mystische Bedeutung der „Mauer der Koinzidenz“*. Zur Bedeutung der coincidentia oppositorum s. a. J. STALLMACH, *Zusammenfall der Gegensätze*, in: MFCG 1 (^{2}1968) 52-75 sowie *Ineinsfall der Gegensätze und Weisheit des Nichtwissens. Grundzüge der Philosophie des Nikolaus von Kues* (=BCG, Sonderband 3, Münster 1989).

49 *De vis.* 3, N. 8. Wir zitieren diese Schrift nach *Nikolaus von Kues. Textauswahl in deutscher Übersetzung*, H. 3. *De visione Dei. Das Sehen Gottes*. Dt. Übersetzung von H. Pfeiffer (Trier, Cusanus-Institut 1985).

50 *De vis.* 19, N. 84.

falls ist, wo Werdenkönnen und Machenkönnen zusammenfällt und wo Möglichkeit und Wirklichkeit ineinsfällt"[51].

Am deutlichsten scheint die Problemstellung Schoonenbergs nach einem „göttlichen Werden" in dieser Formulierung schon antizipiert zu sein: „Dann zeigst Du mir, Herr, daß bei der Änderung meines Angesichts Dein Angesicht zugleich verändert und unverändert ist, und zwar verändert, weil es die Wahrheit meines Angesichtes nicht verläßt, und unverändert, weil es der Änderung des Abbildes nicht folgt... So erscheinst Du, Gott, wegen Deiner unendlichen Güte als veränderlich, weil Du die veränderlichen Geschöpfe nicht verläßt. Weil Du die absolute Güte bist, bist Du aber nicht veränderlich, denn Du folgst nicht der Veränderlichkeit"[52].

Abschließend möchten wir noch auf das Denkverfahren hinweisen, das R. Haubst das „cusanische Maximitätsprinzip"[53] bezeichnet. Haubst formuliert dieses so: „Kein Individuum irgendeiner Art ist bis zur Möglichkeitsgrenze der Art aktuierbar, wenn es nicht mehr ist als nur ein Individuum seiner Art. Da keine Art als solche subsistieren kann, auch keine Vollkommenheit als solche, läßt sich das auch - als Hebel für die Christologie - auf das Gott-Welt-Verhältnis anwenden: Es kann kein größtmögliches beschränktes Größtes geben, wenn dieses nicht zugleich auch absolut Größtes ist"[54]. Somit ist es also unmöglich, „daß ein Individuum als nur ein Individuum seiner Art je deren Wesen und Sinn adäquat erfülle"[55].

Innerkosmisch bedeutet dies: Um die individuelle Begrenztheit innerhalb seiner Art zu überwinden, muß es vielmehr über sich selbst hinaus in eine höhere Art transzendieren. Eine solche Gesetzmäßigkeit glaubt Cusanus aus der gesamten Schöpfung ablesen zu können[56].

Wie aber geschieht dieses „Transzendieren"? Auf keinen Fall rein passiv, der Art, daß eine Eigenaktivität total ausgeschlossen würde. „Der ‚Aufstieg' oder das ‚Fortschreiten' von unten nach oben geschieht, obwohl sprunghaft, nach Cusanus doch keineswegs

51 *De vis.* 15, N. 61.

52 *De vis.* 15, N. 65. Wir sehen hier: Offensichtlich ist die Spannung von Gottes „Identität" und „Gott ändert sich am andern" letztlich nicht erst ein Problem unserer heutigen Zeit.

53 R. Haubst, *Christologie* 150-154; *Cur Deus homo* 158-164; *Nikolaus von Kues und der Evolutionsgedanke*, in: Schol. 39 (1964) 481-494.

54 R. Haubst, *Christologie* 150.

55 R. Haubst, *Nikolaus von Kues und der Evolutionsgedanke* 492.

56 *De docta ign.* III, 2.

ex abrupto, nämlich nicht ganz unvorbereitet, und auch nicht allein ,von oben' (von Gott her). Gott läßt diesen vielmehr ... auch ,von unten' resultieren... In der Materie als dem geschaffenen ,Werdenkönnen' erblickt Nikolaus vielmehr mit der Potenz zugleich eine Ermangelung ... und eine mehr oder minder direkte Eignung ... zu einer unbegrenzt fortschreitenden Formung"[57].

Maximitätsprinzip, evolutives und teleologisches Denken bei Cusanus weisen eindeutig in diese Richtung: Gott schaltet seine Geschöpfe nicht aus, sondern er läßt sie mitarbeiten an der Vollendung, „nachdem er sie aufs höchste zum Wirken geeignet und bereit"[58] gemacht hat.

So ist beim Vergleich Cusanus-Schoonenberg auch folgendes auffallend: Schoonenbergs Christologie ist ebenfalls nur unter Berücksichtigung seiner Vorstellung vom Schöpfer-Geschöpf-Verhältnis zu verstehen. Sie baut insbesondere auf der Erkenntnis auf, daß Gott sich seiner Geschöpfe bedient, daß er sie einschaltet, nicht ausschaltet, um sein Werk zu vollenden.

Bei Cusanus bildet das Maximitätsprinzip den Hebel für seine Christologie[59]. Dabei muß die cusanische Sicht von *complicatio - explicatio* mitbedacht werden[60]. Aber selbst diese maximale Verwirklichung gründet nicht in reiner Passivität; es ist auch ein bestimmtes Maß an „Eigenleistung" mitgedacht, bei der aber immer von Gott die Initiative ausgeht.

Zusammenfassend möchten wir festhalten: Bei der Betrachtung der theologischen Leitideen von Cusanus und Schoonenberg, sind gemeinsame Grundperspektiven unübersehbar. Ob aber mit den ähnlichen Methoden und aus ähnlichen Grundansätzen auch ähnli-

57 R. HAUBST, *Nikolaus von Kues und der Evolutionsgedanke* 492.

58 EBD. 493; Vgl. zu diesem Komplex *De ven. sap.* 10.

59 R. HAUBST, *Christologie* 150-154; 209-212; *Die Wege der christologischen manuductio*, in: MFCG 16 (1984) 164-182; Diskussion 182-191 sowie im selben Band die Podiumsdiskussion. Neben der bereits erwähnten Literatur siehe auch R. VITT, *Das Maximitätsprinzip im „Entwurf einer systematischen Christologie" von Dietrich Wiederkehr.* Zulassungsarbeit zur theol. Diplomprüfung an der kath. theol. Fakultät der Johannes Gutenberg-Universität Mainz im WS 1973.

60 Zum Stichwort *complicatio-explicatio* verweise ich auf die verschiedenen Beiträge, die in den Cusanus-Bibliographien in verschiedenen Bänden der MFCG nachgewiesen sind. Für die Bedeutung des complicatio-explicatio-Schemas innerhalb der Christologie s. insbesondere R. HAUBST, *Christologie* 151ff. sowie den Abschnitt „Die Naturgemeinschaft zwischen Christus und dem Menschengeschlecht" 228-233.

che oder sogar die gleichen Schlußfolgerungen gezogen werden, muß sich noch zeigen.

III. Das Gottesbild in der Spannung von Unveränderlichkeit und Selbstbewegung bei Schoonenberg und Nikolaus von Kues

1) Schoonenbergs Präzisierung seiner Vorstellung von einem „göttlichen Werden"

„Drei ... Gründe erschweren es", sagt Schoonenberg in seiner jüngsten Veröffentlichung zur Christologie, „die Identität des ewigen Sohnes mit dem Menschen Jesus begrifflich zu fassen und zur Sprache zu bringen"[61]. Einer dieser Gründe „ist die von der hellenistischen Philosophie übernommene Sicht der Unveränderlichkeit Gottes"[62]. Eine starre Sicht, oder besser gesagt, eine allzu statische Sicht der Unveränderlichkeit Gottes bildet nach Schoonenberg die Voraussetzung, auf der das Dogma von Nikaia und auf dessen Grundlage das Chalcedonense basieren[63]. Eine allzu unflexible Interpretation der Unveränderlichkeit Gottes ist nach ihm auch in der Wirkungsgeschichte des Chalcedonense, insbesondere in der Scholastik - darunter subsumiert er (undifferenziert) „die byzantinische Scholastik, die Früh-, Hoch-, Spät- und Neuscholastik der römisch-katholischen Kirche, aber auch die protestantische Scholastik" bis ins 18. Jh. hinein[64], immer wieder feststellbar. Ein Versuch, die Unveränderlichkeit Gottes als Grundvoraussetzung für das Dogma von Chalkedon und für die Trinitätslehre neu zu bedenken, ohne daß dieser Gedanke aufgegeben werden sollte, setze bei I. A. Dorner im 19. Jh. ein; insofern, aber auch nur insofern, fühle er sich mit der Theologie Dorners im nachhinein verbunden[65].

61 P. SCHOONENBERG, *Auf Gott hin denken* 208.

62 EBD.

63 P. SCHOONENBERG, *Denken über Chalkedon* 295-305; hier 297.

64 EBD. 298. Zur Problematik der Subsumierung der verschiedenen christologischen Fragestellungen innerhalb der Früh-, Hoch-, Spät- und Neuscholastik sowie der byzantinischen Scholatik s. den Artikel *Christologie*, in: Lexikon des Mittelalters, Bd. II (München/Zürich 1983) Sp. 1922-1936.

65 EBD. 299. Schoonenberg hatte seine kritische Ansicht über Gottes Unveränderlichkeit in GM doch recht ungeschützt dargestellt! Deshalb wurden seine

Schon sprachlich stellt Schoonenberg dem Begriff „Unveränderlichkeit“ nicht mehr so kontradiktorisch den Terminus „Veränderlichkeit“ gegenüber; statt dessen bevorzugt er nun das Wort „Selbstbewegung“. So lautet eine seiner Thesen nun präziser: „Neben einer wesentlichen Unveränderlichkeit muß in Gott auch eine Selbstbewegung auf seine Geschöpfe hin angenommen werden“[66].

Neuerdings orientiert Schoonenberg seine Überlegungen zu Gottes Unveränderlichkeit und Selbstbewegung auf seine Geschöpfe hin noch stärker an K. Rahners These: „Der in sich unveränderliche Gott ändert sich am andern“, wobei er insbesondere das „am andern“ näher in den Blick fassen will. Dabei verfolgt er das Ziel, mit Hilfe des „am andern“ die Relationen Gottes zum Geschöpf als real aufzuweisen, um von daher auf die Realität eines sich Änderns oder Werdens Gottes zu schließen und die Einheit der Unveränderlichkeit und Veränderlichkeit Gottes vom Menschen her zu verstehen[67].

In diesem Kontext ist die Selbstbewegung Gottes auf seine Schöpfung hin keineswegs mit einer Vervollkommnung Gottes verbunden oder gar von daher motiviert. Gottes Sein kann nicht vermehrt oder überboten werden, auch nicht von Gott selbst, so betont Schoonenberg immer wieder, insbesondere im Rahmen seiner Auseinandersetzungen mit der amerikanischen Prozeßtheologie[68].

Dabei könnte Schoonenberg versuchen, die Gültigkeit seines Verständnisses der „Selbstbewegung Gottes“ von der Christologie her zu untermauern. Ereignet sich diese doch in Christus auf den

Hinweise, trotz seines Plädoyers für eine „Veränderbarkeit Gottes“, nichtsdestoweniger auch an seiner Unveränderlichkeit festhalten zu wollen, nicht hinreichend beachtet. Dies dürfte wohl mit ausschlaggebend sein, daß J. Galot Schoonenbergs Christologie noch unter der Irrlehre des Arius ansiedeln möchte. In späteren Veröffentlichungen entwirft Schoonenberg ein deutlicheres Bild dessen, was er meint. S. jüngst: *Eine Diskussion über den trinitarischen Personbegriff. Karl Rahner und Bernd Jochen Hilberath*, in: ZThK 111 (1989) 129-162.

66 *Denken über Chalkedon* 300.

67 *Auf Gott hin denken* 69-81.

68 *Process or History in God?*, in: LouvSt 4 (1973) 303-319; *God as Relating and (Be)Coming. A Meta-Thomistic Consideration*, in: Listening 14 (1979) 265-278. Neubearbeitung dieses Artikels in der ThPQ 133 (1986) 323-332. Insbesondere fühlt Schoonenberg, wie er selbst sagt, sich hier von K. Rahner, W. Pannenberg sowie von H. Mühlen, *Die Veränderlichkeit Gottes als Horizont einer zukünftigen Christologie* (Münster 1969) inspiriert.

Menschen hin in unüberbietbarer Weise. Dagegen spricht jedoch aus methodischer Sicht, daß sein christologischer Versuch schon auf der zu erarbeitenden Voraussetzung basiert. Das erfordert dann: Die Richtigkeit seiner These muß auch außerhalb der Christologie aufweisbar sein. Nur insoweit kann sich ja Schoonenbergs Christologie auf ein bestimmtes Gottesbild stützen, als dieses außerhalb der Christologie entwickelt werden kann[69].

Schoonenberg hält nun also eindeutig an der Unveränderlichkeit Gottes fest. Auch er denkt Gott als „Vollheit, ja Allheit des Seins", wobei er Sein als „Selbst-Sein, was Seins-Habe und Seins-Gabe einschließt, wie das Sein Jahwes in Ex 3, 14"[70] verstanden wissen will.

Dieser Unveränderlichkeit Gottes sieht er aber die aus der Schrift ablesbare andere Perspektive gegenüber, die Gott als Lebendigen sieht: „Ja als auf göttliche Weise veränderlich, und das wegen seiner Selbstbewegung auf seine Geschöpfe hin"[71]. Dies beides zusammen bedeutet: Wenn Schoonenberg an der Unveränderlichkeit Gottes festhält, andererseits aber die Hinwendung Gottes zur Schöpfung - die keine substantielle Veränderung oder gar Zerstörung des Geschöpfes, sondern vielmehr ein „Gratia perficit, non destruit naturam" besagt - ernst nimmt, so soll damit die klassische Sicht der Unveränderlichkeit Gottes keinesfalls verneint, sondern erweitert werden. Schoonenberg selbst schreibt nun ja: „Der aristotelische Begriff Gottes als des ‚unbewegten Bewegers' wird in seiner Verneinung des Bewegtwerdens von außen bestätigt, während der Bewegung des Nichtgöttlichen eine Selbst-Bewegung Gottes (im subjektiven und objektiven Sinn) hinzugefügt wird. In gleicher Weise wird auch die kirchliche Lehre von der Unveränderlichkeit Gottes sowohl bestätigt als auch erweitert"[72]. Diese Dialektik ist nicht so zu sehen, als ob in Gott zwei Bereiche nebeneinander stünden, sondern diese Sphären, so interpretiert Schoonenberg K. Rahner, fallen in Gott zusammen[73].

69 Auf das Verhältnis Christologie - Trinitätslehre werden wir im folgenden Abschnitt zu sprechen kommen.

70 *Denken über Chalkedon* 300 mit Anm. 7.

71 EBD.

72 *Auf Gott hin denken* 70.

73 Mit Cusanus möchten wir hier eher sagen: sie fallen in eins, worin von Cusanus her impliziert ist, daß Gott über diesen Gegensätzen steht. Diese Gesamtperspektive beinhaltet indes mehr als nur eine Hinzufügung zum klassischen Begriff der Unveränderlichkeit Gottes. Wenn hier nämlich der Begriff „Ineinsfall" zur Interpretation Schoonenbergs herangezogen wird, dann wird die

Die besagte Koinzidenz von Veränderlichkeit und Unveränderlichkeit Gottes sieht Schoonenberg - und sehen mit ihm auch andere (beispielsweise W. Pannenberg oder E. Jüngel) - voll und ganz vom NT her bestätigt. Sie ist praktisch der Kern der neutestamentlichen Aussage „vom Kommen des Reiches Gottes oder seiner Herrschaft". Denn: „Diese Herrschaft, aktiv verstanden, ist Gott selber als Herrschender. So ist der in sich ewig seiende Gott auch kommend: ‚Der da ist, der da war' ist zugleich ‚der da kommt'... Gott ist einerseits der ewig Lebende, andererseits der in seiner Herrschaft Kommende und Werdende. Sein ewiges Leben besitzt Gott völlig und zusammengeballt ..., aber die Fülle seiner Herrschaft steht noch aus, ist noch nicht"[74]. Doch was bedeutet das besagte „noch nicht" für Gottes Sein? Ist es auch theo-ontologisch vertretbar?

Wenn in der Konzeption Rahners und, in dessen Gefolge, auch Schoonenbergs Gott, der in sich unveränderliche, sich am andern ändert, dann setzt dieses „am andern", wenn es ein wirkliches Sichändern sein soll, voraus, daß die Beziehungen Gottes zum anderen auch wirkliche Relationen sind.

Nach Schoonenbergs Interpretation denkt Thomas von Aquin die Beziehung des Geschöpfs zu Gott als „natur-wirkliche" Beziehungen. Für den umgekehrten Fall gilt jedoch: „Sed in Deo non est aliqua realis relatio eius ad creaturas, sed secundum rationem tantum, inquantum creaturae referentur ad ipsum"[75]. Danach sind die Beziehungen Gottes auf das Geschöpf hin relationes rationis tantum, also nur gedachte, insofern die Geschöpfe zu Gott eine Beziehung haben[76]. Aber für Schoonenberg gibt es eine wirkliche Beziehung Gottes zu seinen Geschöpfen, die in diesem Sinn gedacht werden muß: „Erstens ist die Relation zur Welt nicht ein Akzidens, das in Gott inhäriert, sondern sie *ist* Gottes Wesen, was Thomas

Vorstellung der Unveränderlichkeit Gottes auch inhaltlich vertieft oder erweitert.

74 EBD. 71. Diese „Situation" veranlaßt Pannenberg freilich (auch jetzt noch) zu der Behauptung: „In einem beschränkten, aber realen Sinn ist Gott noch nicht". „Der in sich ewig Seiende ist noch nicht ‚alles in allem', ... das ‚noch nicht' und das ‚schon jetzt' der christlichen Heilssituation sind in Gott selbst eminent real". Zu Pannenberg siehe ebd., Anm. 4.

75 *Su Theol.* I, q. 13, a. 7. Zur Thomas-Interpretation Schoonenbergs s. *Auf Gott hin denken* 72ff.

76 Gegen solch eine Thomas-Interpretation richtet sich jüngst die Kritik von F. DE GRIJS. „Nach ihm hat Thomas nicht eine wirkliche, sondern nur eine dingliche Relation in Gott verneint". (S. SCHOONENBERG, *Auf Gott hin denken* 73, Anm. 9).

von den trinitarischen Relationen sagt (Summa theol. I, q. 28, a. 2 u. q. 29, a. 4). Nun ändern sich Gottes Relationen zur Welt: Gott *wird* unser Erlöser in Christus, das ewige Wort Gottes *wird* Fleisch usw. Deshalb ändert sich Gott, wird er, was er zuvor nicht war, in seinem eigenen Wesen. Das hebt die Unveränderlichkeit Gottes kraft seiner uneigeschränkten Vollkommenheit und Seinsfülle jedoch nicht auf. Es sagt nur noch einmal, daß im selben Wesen Gottes Unveränderlichkeit und Veränderlichkeit, Sein und Werden zugleich bestehen. Zweitens ist die Relation Gottes zur Welt eine rein göttliche Relation und deshalb ohne Bedürfnis, Abhängigkeit oder passive Rezeptivität. Sie ist rein aktiv. Gott wird nicht bezogen, er bezieht sich... Man könnte sogar sagen: In der Beziehung der Welt zu Gott ist die Relation von ihrem Terminus (Gott) abhängig, aber in der Beziehung Gottes zur Welt hängt die Existenz selbst des Terminus (Geschöpf) von der Relation Gottes, von seinem aktiven Sich-beziehen ab"[77].

Für sein aktiv-dynamisches Verständnis der Relationen in Gott verweist Schoonenberg innerhalb der christlichen Theologie auf die Trinitätlehre des Marius Victorinus, in der Gott sowohl Ruhe als auch Bewegung zugeschrieben wird. „Der Vater ist die Ruhe, die Bewegung in sich birgt, der Sohn die aus dieser Ruhe hervorgehende Bewegung"[78]. Doch hier handelt es sich um die Problematik innerhalb der immanenten Trinität. „Für eine Bewegung nach außen, eine Änderung Gottes am andern, müssen wir uns", so schreibt Schoonenberg, „neueren Autoren zuwenden". Dabei hat er insbesondere W. Pannenberg und E. Jüngel im Blick. Deren Gedanken nachvollziehend, glaubt Schoonenberg folgendes festhalten zu müssen: Pannenberg „identifiziert ... Gott mit seiner Herrschaft und kann ihm deshalb ein beschränktes Noch-nicht-Sein zuschrei-

[77] *Auf Gott hin denken* 74. Wir müssen hier nicht Schoonenbergs Thomas-Interpretation eigens untersuchen. Schoonenberg selbst schließt eine andere Sicht nicht aus, wie seine Reaktion auf F. de Grijs' Kritik zeigt (*Auf Gott hin denken* 72f.). Wir verweisen hier auf A. KREMPEL, *La doctrine de la relation chez Saint Thomas* (Paris 1952) sowie auf L. OEING-HANHOFF, *Trinitarische Ontologie und Metaphysik der Person*, in: Trinität. Aktuelle Perspektiven der Theologie, hg. von W. Breuning (Freiburg 1984) 143-182; bes.151f.

[78] *Auf Gott hin denken* 79ff. Zu Marius Victorinus siehe vor allem P. HADOTS, *Marius Victorinus* (Paris 1971) sowie A. ZIEGENAUS, *Die trinitarische Ausprägung der göttlichen Seinsfülle nach Marius Victorinus* (München 1972). Zum Problem in sich vor allem W. BEIERWALTES, *Identität und Differenz*. Dort zu Marius Victorinus 57-74. Zu Beierwaltes siehe ferner KL. KREMER, *Identität und Differenz. Zu dem gleichnamigen Buch von W. Beierwaltes*, in: MFCG 15 (1982) 92-103; R. Haubst, in: ThPh 56 (1981) 153-155.

ben. Aber, wenn Gott völlig *ist* - ‚alles in allem' -, dann stellt sich heraus, daß er so auch immer *war*. Ein Versuch, dies zu übersetzen, kann Gott als Potenz dessen sehen, was er in der Vollendung seines Reiches sein wird. Aber diese Potenz ist dann aktive Potenz - wieder einmal polar analog mit kreatürlicher Potenz, welche zum tiefsten passiv empfängt - und überdies ist sie *Omni*potenz. Das bringt uns schließlich dazu, die Einheit der Unveränderlichkeit und Veränderlichkeit, des Seins und Werdens Gottes in seiner völligen Seinsmacht zu sehen. Gerade in dieser Macht ist Gott schon, was er sein wird. Durch diese Seins*macht* kann sich Gott ändern, aber um mit sich selbst identisch zu sein. So verwirklicht Gott sein Sein in seinem Werden, das nicht ein passives und bedürfendes Werden ist, sondern gerade die polare Analogie dazu, ein sich gebendes, sich präsent stellendes Werden, ein Kommen"[79].

Die Krönung all dessen und die volle Wucht dieser Aussage sieht Schoonenberg in dem Satz „Gott ist die Liebe" bestätigt. Dieser johanneische Satz mahnt uns, „*alle* göttlichen Attribute im Lichte der Liebe zu sehen. Es ist die Liebe, die Gott zu unserem Gott, dem Gott des Bundes und des Reiches, Gott der Vergebung im Gekreuzigten und des Lebens in seinem Geist macht, und so *wird* Gott. Die Liebe läßt Gott *sich ändern*, so daß er nicht nur am Anfang die Initiative hat und ist, sondern es auch bleibt, in der schöpferischen, vergebenden und vollendenden Antwort auf unsere Initiativen. Von diesen letzten kann man sagen, daß sie Gott überraschen, aber er selbst überrascht uns durch ein je größeres Angebot der Liebe. Seine Liebe ist unserer Verweigerung gegenüber Ohnmacht, aber zugleich friedliche Übermacht"[80].

Schoonenbergs Zurückweisung der Annahme einer statischen Sicht der Unveränderlichkeit Gottes erwächst letztlich aus einem pastoraltheologischen Anliegen. Denn so kann er aufzeigen, daß Gott wirkliches Interesse am Menschen hat, wie es sich in all den Zeugnissen über Gottes Sorge, Erlösungsinitiative und Liebe zeigt. „Die einseitige Betonung der Unveränderlichkeit Gottes aber macht, wenn sie streng weitergeführt wird, ein solches Interesse unverständlich. Denn welchen Unterschied", so fragt Schoonenberg, „macht es für den unveränderlichen und nicht real bezogenen Gott, ob wir glücklich oder unglücklich, heilig oder sündig sind, ja ob wir überhaupt da sind oder nicht"[81].

[79] *Auf Gott hin denken* 80.
[80] EBD. 80f.
[81] EBD. 81.

Aus dieser Perspektive: Beibehaltung der Unveränderlichkeit Gottes und gleichzeitiger Betonung einer wirklichen Selbstbewegung Gottes auf den Menschen hin, faßt Schoonenberg auch die Gebetstheologie in den Blick. Nur so glaubt er hinreichend begründen zu können, „daß Gott seine Gaben, seinen Bund, nicht nur einfachhin produziert, sondern sie auch anbietet und so mit uns antwortend in einen Dialog tritt. Wäre Gott nur wirkursächlich tätig, dann wäre Gebet", so Schoonenberg, „überflüssig, entweder, weil Gottes Ratschlüsse doch ‚schon' ohne Relation zu unserem Beten gefaßt sind, oder weil alles Wirken Gottes aus einer Liebe hervorgeht, die es nicht nötig hat, durch Bitten angeregt zu werden"[82].

Schoonenberg betont sehr stark ein partnerschaftliches Verhältnis von Gott und Mensch. Die Annahme dieser wirklichen Partnerschaft heißt aber nicht, daß beide „Partner" auf gleicher Ebene stehen. Die Annahme, „daß nämlich die Beziehungen der Welt zu Gott und die Beziehungen Gottes zur Welt zwar beide real sind", bedeutet nicht Gleichartigkeit[83]. Der Unterschied ist der: Die Beziehungen der Welt zu Gott stellen sich als „eine Beziehung totaler Abhängigkeit dar und schließen Passivität und Bedürfnisse ein, die Beziehung Gottes zur Welt aber ist rein aktiv und schenkend"[84].

Die Zusammenschau von Gottes Unveränderlichkeit und Gottes Selbstbewegung auf sein Geschöpf hin wendet Schoonenberg auch auf das Sehen Gottes an. Danach erkennt Gott nicht nur in sich, sondern: „Gott kennt die Geschöpfe in und aus ihnen selbst heraus, ... aber er kennt sie auch in sich, in seiner eigenen göttlichen Wirklichkeit"[85]. Dies meint Schoonenberg nur sagen zu können, weil Gott Beziehung nach außen habe und selbst sei. Gott bezieht sich immer auf seine Schöpfung und schafft fortwährend selbst; er ist seiner Schöpfung präsent, und das erkennend, schauend. Dabei unterscheidet er: Während beim Menschen das Erkennen „intuitive Koexistenz" ist, „die aber im Empfangen der Sinneseindrücke und in der teilenden und zusammenfügenden Begriffsbildung impliziert bleibt", ist in Gott „das Erkennen reine intuitive

[82] Ebd.

[83] Ebd. 88.

[84] Ebd.

[85] Ebd. 94.

Gegenwart, rein schauendes Mitsein, wodurch er alles außer sich Bestehende in dessen eigener Wirklichkeit erkennt, *in ipsis*"[86].

Damit glaubt Schoonenberg auch das Verhältnis von Gottes Vorsehung und menschlicher Freiheit besser verstehen zu können. Er stützt sich dabei auf Augustinus, *De trinitate*, wo es heißt: „Alle seine (Gottes) Kreaturen, die geistigen und die körperlichen, erkennt er nicht, weil sie sind; sie sind vielmehr, weil er sie erkennt. Er hat nämlich genau gewußt, was er schaffen wollte; weil er es gewußt hat, hat er geschaffen, nicht umgekehrt: weil er es geschaffen hat, hat er es gewußt"[87]. Erkennen Gottes ist Schaffen. Der absolute Primat des Schöpfers ist in diesem Bezug Schoonenbergs auf Augustinus anerkannt. Für Schoonenberg ist Gott zugleich auch der immerwährende Schöpfer und er erkennt die Geschöpfe gerade in seiner Schöpfertätigkeit. Damit glaubt er nun eine Prädetermination von seiten Gottes mit folgender Überlegung zu umgehen: „Gott gibt seinem Geschöpf immer wieder das Sein, das Personsein, die Freiheit, als das Eigene des Geschöpfes. Deshalb ist es nicht nur Produkt, Machwerk Gottes, sondern Partner, Genosse und handelt als solcher, wieder aus dem immerwährenden Erschaffen Gottes her. So gibt es eine freie Antwort des Menschen, die aus der Schöpfungstätigkeit Gottes hervorgeht und zugleich ihr gegenübersteht, eben weil die Schöpfungstätigkeit selbst auf unsere Freiheit abzielt. Deshalb schließt die Erkenntnis des fortwährenden Schaffens Gottes auch die Erkenntnis der Antwort des Geschöpfes immer mit ein. So ist sie niemals ein einseitiges Erkennen Gottes selbst in seiner eigenen Wirksamkeit, sie ist immer doppelseitig, Erkenntnis des Wirkens Gottes und des Geschöpfes in ihrem *concursus*. Darin übt Gott eine Prämotion aus, aber auch eine Reaktion. Er hat die Initiative, aber weil diese fortdauert, erneut sie sich je nach der Antwort der Kreatur. So wie alles schöpferische Handeln Gottes ein Bundesverhältnis einschließt, so auch eine Kenntnisnahme - Kenntnis*nahme* ohne Passivität! - und eine Reaktion von seiten Gottes, in welcher er seine Initiative durchhält und weiterführt". Schoonenberg möchte dann Augustinus noch weiterführen, indem er schreibt: „Gott wisse, weil er in seinem Erschaffen die Kreatur und ihre Antwort zur Kenntnis nimmt. Das Sein

86 EBD.

87 *De trinitate* XV,13,22. S. hierzu JOH. AUER, *Gott der Eine und Dreieine* (Regensburg 1978) 488-492.

schenkend, nimmt Gott das Seiende zu sich in Erkenntnis und in weiterem Dialog“[88].

Auch hier sei wieder auf die pastoraltheologische Konsequenz dieses Ansatzes hingewiesen: Man darf sich in Gott, wie Schoonenberg sich ausdrückt, ebensowenig eine Super-Bibliothek wie ein Super-Planbüro vorstellen. „Er ist immer der Gott-mit-uns. Wir wandeln vor seinem Antlitz, und seine Augen richten sich auf uns. Gemäß seinen Wegen, die nicht die unsrigen sind, ist er mit uns auf dem Weg. Sorgend, rufend, erwartend (hoffend sogar) und vor allem liebend. Denn schließlich ist alle Erkenntnis Gottes eingebettet in seine Liebe“[89].

Wir möchten aber hier schon auf die Haupt-Schwierigkeit aufmerksam machen, die in dem Begriff „ändern“ liegt. „Ändern“ impliziert nun einmal - und das läßt sich eben nicht wegdiskutieren - die Vorstellung von „Vorher“ und „Nachher“, und damit die Kategorie der Zeit. Aber genau diese Kategorie dürfen wir in Gott nicht hineintragen. Dieser Gedanke liegt auch Schoonenberg im Prinzip fern. Sagte er doch selbst schon in GM: „In Gott gibt es keine Zeit“[90]. Wohl können wir von uns aus gesehen von „vor“ und „nach“ sprechen, aber nicht von Gott her.

Deshalb diese Frage: Wäre dem Anliegen Schoonenbergs nicht Genüge getan, wenn wir sagen: Gottes „Selbstbewegung“ auf den Menschen hin nimmt auf unsere Reaktion Rücksicht und diese Selbstbewegung auf uns hin wird dadurch zu wirklicher personaler und dynamischer Begegnung? Oder anders gesagt: Gott „hält sich wirklich offen“ für das sich ändernde Verhalten des Menschen, und so gesehen berücksichtigt er dann auch diese Veränderung in seiner weiteren Initiative?

2) Zum Verständnis von Gottes „Selbstbewegung“ auf seine Geschöpfe hin bei Nikolaus von Kues

Bei der Untersuchung zu diesem Problemkreis müssen wir keineswegs das Gesamtwerk des Nikolaus von Kues zugrundelegen,

88 *Auf Gott hin denken* 95f.

89 Ebd. 100. Die letzte Konsequenz erinnert wiederum, auf den ersten Blick sehr stark, an Nikolaus von Kues, *De visione Dei*. Ob hier wieder gemeinsame Denkansätze vorliegen, wird im folgenden zu untersuchen sein.

90 GM 91.

um den Vergleich mit Schoonenberg zu wagen[91]. In der Schrift *De visione Dei* wird dieser Gedanke schon hinreichend deutlich, und zwar an einer Nahtstelle des Werkes nämlich im 15. Kapitel. „Cusanus wendet sich erneut (N. 65-66) dem Bild des Alles-Sehenden zu und stellt fest, wie dessen Blick den Blicken des Betrachters folgt und sich ihnen anpaßt, ohne sich zu verändern. Das ist ein Hinweis darauf, daß sich der unveränderliche Gott in seiner Güte den veränderlichen Geschöpfen gleichgestaltet, daß er gleichsam der Menschen Geschöpf wird, um diese zu sich hinzuziehen. So bekommt die Meditation vor dem Bild des Alles-Sehenden eine neue Richtung; sie wird vom 17. Kapitel an zu einer Meditation über den trinitarischen und den menschgewordenen Logos als den Mittler der Gottesschau“[92]. Von dieser Selbstoffenbarung Gottes her zeigt sich in unserem „Auf-Gott-hin-denken“ bei Cusanus diese Gotteserfahrung: „Dann zeigst Du mir, Herr, daß bei der Änderung meines Angesichtes Dein Angesicht zugleich verändert und unverändert ist, und zwar verändert, weil es die Wahrheit meines Angesichtes nicht verläßt, und unverändert, weil es der Änderung des Abbildes nicht folgt... So erscheinst Du, Gott, wegen Deiner unendlichen Güte als veränderlich, weil Du die veränderlichen Geschöpfe nicht verläßt. Weil Du die absolute Güte bist, bist Du aber nicht veränderlich, denn Du folgst nicht der Veränderlichkeit.

O unermeßliche Höhe und Tiefe ..., mein Gott, Du verläßt die Geschöpfe nicht und zugleich folgst Du ihnen nicht. O unerklärliche Güte, Du bietest Dich dem an, der Dich anschaut, als empfingst Du von ihm Sein, und Du gestaltest Dich ihm gleich, auf daß er Dich umso mehr liebe, je ähnlicher Du ihm erscheinst“[93].

Eindeutig sieht Cusanus hier, daß der in sich unveränderliche Gott sein Geschöpf achtet und dessen Verhalten in intentionaler Anpassung in seine Vorsehung miteinbezieht. Ja diese Anpassung ist so groß, daß Gott sogar als „unser Geschöpf“ (intentional) betrachtet werden kann: „Du zeigst Dich, Gott, in der Demut Deiner unendlichen Güte gleichsam als unser Geschöpf, um uns so zu Dir hinzuziehen. Du ziehst uns ja zu Dir auf jede nur mögliche Weise

91 Eine tiefergehende Gegenüberstellung des Leitsatzes „Der in sich unveränderliche Gott ändert sich am andern“ mit ähnlichen Überlegungen des Nikolaus von Kues innerhalb seines Gesamtwerkes sei einer späteren Untersuchung vorbehalten.

92 Kl. Reinhardt, *Christus, die ‚absolute Mitte‘ als der Mittler zur Gotteskindschaft*, in: MFCG 18 (1989) 196-226 (mit Diskussion); hier 201.

93 *De vis.* 15, N. 65.

hin, in der das freie Vernunftgeschöpf gezogen werden kann. Dabei fällt in Dir, Gott, Erschaffenwerden mit Erschaffen in eins“[94].

Auf der einen Seite betont Cusanus in diesem Kapitel die absolute Unveränderlichkeit Gottes. Andererseits betont er aber auch, daß Gott der Lebendige ist, der in seiner Güte sich so auf seine Geschöpfe hin bewegt, daß Gott in dieser Selbstbewegung sein Sehen und Lieben dem Geschöpf Mensch immerzu so anpaßt, genauer: auch seine freien Entscheidungen so mitberücksichtigt, daß ein jeder sich von ihm vollauf ernst genommen weiß; und daß die Anpassung Gottes sich intentional an seinem Geschöpf orientiert, um diesem so den Weg zu Ihm selbst hin zu bahnen und zu ermöglichen. Unverkennbar hat Cusanus dabei ein „Zusammen“ von Gottes Unveränderlichkeit und dessen Lebendigkeit im Blick. Diese Lebendigkeit Gottes erweist sich darin, daß von Gott die ganze Schöpfungsinitiative letztlich auf den Menschen hingeht und zwar jeweils so, wie jeder einzelne ihrer bedarf. Das stellt der Kardinal prägnant dar als die Erfahrung, „daß er (Gott) so aufmerksam für einen jeden Sorge trägt, als ob er sich allein um den, der erfährt, daß er angeschaut wird, und um keinen anderen kümmere, und zwar so sehr, daß auch von keinem, den er anblickt, begriffen werden kann, dieser trage auch für einen anderen Sorge. Er wird auch sehen, daß dieser so die aufmerksamste Fürsorge gegenüber dem geringsten Geschöpf hegt, als sei es das größte und das gesamte Weltall“[95].

Die Selbstbewegung und Initiative Gottes auf den Menschen hin ruht sogar dann nicht, wenn der Mensch sich von Gott abwendet. Im Gegenteil: Gottes „Erbarmen geht mir nach: ob ich nicht vielleicht irgendeinmal zu Dir zurückkehren möchte, damit ich aufnahmebereit bin für die Gnade. Denn wenn Du mich nicht anschaust, liegt es daran, daß ich Dich nicht anschaue, sondern verschmähe und mißachte“[96]. Die Selbstbewegung Gottes auf den Menschen hin geht der Umkehr sogar noch voraus: „Wenn er [der Sünder] aber zu Dir zurückkehrt, eilst Du ihm ohne Zögern entgegen und richtest, noch bevor er Dich erblickt, in väterlicher Liebe die Augen des Erbarmens auf ihn“[97].

Werfen wir an dieser Stelle nochmals einen Blick auf Schoonenberg. Dieser spricht im Hinblick auf die Dynamik von Gottes Un-

[94] Ebd. N. 66.

[95] *De vis.* Vorwort, N. 4.

[96] *De vis.* 5, N. 14.

[97] Ebd.

veränderlichkeit und Lebendigkeit von einer „Synthese“: „In der Christologie ist diese Synthese von Gottes Unveränderlichkeit und Lebendigkeit wichtig, um ihr Verhältnis zur Trinitätslehre auszuarbeiten“[98]. Hier könnte „Synthese“ aber ein Zusammenbestehen von Gegensätzen im Absoluten suggerieren. Dies wäre allerdings im cusanischen Denken unvorstellbar. Der Kardinal drückt dies überdeutlich im Bild von der „Mauer der Koinzidenz“[99] aus. In Gott bestehen keine Gegensätze nebeneinander, sondern sie sind in Ihm aufgehoben. In Ihm ist nämlich „ihr eigenes Sein nichts anderes als das Sein des Absoluten selbst ..., er ist *über* ihnen - ohne Differenz die absolute Differenz selbst“[100].

„Gott wird jenseits des Ineinsfalls der Gegensätze gesehen, und sein Sehen ist sein Sein“[101]. Im Hinblick auf diese Identität in Gott fährt Nikolaus am Ende von Kap. 11 von *De visione Dei* so fort: „Und wenn ich Dich, Gott, im Paradies, das von dieser Mauer des Ineinsfalls der Gegensätze umgeben ist, sehe, sehe ich, daß Du weder einfaltest noch unterscheidend ... oder verbindend ... ausfaltest. Die Mauer des Ineinsfalls ist nämlich Unterscheidung und Verbindung zugleich. Jenseits von ihr bist Du, losgelöst von allem, was gesagt oder gedacht werden kann“[102]. Und schließlich heißt es in Kap. 13: „Du, Herr, sagst mir auch: Wie die Andersheit (alteritas) in der Einheit ohne Andersheit ist, weil sie Einheit ist, so ist der Widerspruch in der Unendlichkeit ohne Widerspruch, weil er Unendlichkeit ist. Die Unendlichkeit ist die Einfachheit selbst. Widerspruch (aber) ist nicht ohne Veränderung (alteratio). Doch die Andersheit in der Einfachheit ist ohne Veränderung, weil sie die Einfachheit selbst ist. Denn alles, was von der absoluten Einfachheit gesagt wird, fällt mit ihr in eins, weil dort Haben Sein ist“[103].

So muß, wie Cusanus im ganzen Kapitel 11 von *De visione* deutlich macht, insbesondere im Hinblick auf die Problematik der vom göttlichen „Sehen“ und Wollen her anvisierten Veränderbarkeit (auch des „Seins“) Gottes festgehalten werden, daß man in Gott „Aufeinanderfolge ohne Aufeinanderfolge“ sehen muß.

[98] *Denken über Chalkedon* 300.

[99] R. HAUBST, *Die erkenntnistheoretische und mystische Bedeutung der „Mauer der Koinzidenz“*, in: MFCG 18 (1989) 167-195.

[100] W. BEIERWALTES, *Identität und Differenz* 112.

[101] *De vis.* 10.

[102] *De vis.* 11, N. 46.

[103] *De vis.* 13, N. 54.

Die Auslotung dieser - vielleicht widersprüchlich erscheinenden - Aussage führt zu einem dialektischen Verständnis des Seins in Gott. Die Unveränderlichkeit Gottes bleibt nämlich voll und ganz (Aufeinanderfolge ohne Aufeinanderfolge) gewahrt. Zugleich geht es aber in der Tat um eine prägnantere Ausdeutung des Begriffs „Sein" als Gottesattribut und zwar mit Hilfe des cusanischen Koinzidenzgedankens. Der Begriff des Seins impliziert ja als solcher den Gedanken der Intentionalität nicht. In der Perspektive des überbegrifflichen In-eins-falls von esse-velle-amare müssen wir dagegen die Intentionalität, die im velle und amare liegt, mit dem Sein Gottes in-eins-denken. Dabei geht es um den Versuch einer ontologischen Übersetzung des Intentionalen, nicht um eine Verflüchtigung des zeittranszendenten Seins Gottes in ein Werden Gottes, das als solches nur weltimmanent geschehen kann. Dies können wir auch im Bild der „Mauer der Koinzidenz" verdeutlicht sehen. Wir werden ja nicht einfach vor diese Mauer hingestellt, um „lediglich" Gottes unerfaßbares Wesen zu bestaunen. Wir erfahren vielmehr aus der alt- und neutestamentlichen Offenbarung Deutlicheres vom Jenseits der Mauer her, insbesondere Gottes unergründliche Liebe als auf jede einzelne Kreatur gerichtet und in Christus das Heilsziel der Schöpfung vollendend. Denn unsere Grenzen sind nicht Gottes Grenzen.

Das bedeutet mit anderen Worten: Die von Cusanus ebenso wie von Schoonenberg gesehene Dynamik des Seins Gottes auf seine Schöpfung hin ist keine „Synthese"! „Bei Nikolaus meint die Koinzidenz nicht den Zusammenfall von ursprünglich existierenden gegensätzlichen Prinzipien, sie überbrückt nicht die dualistische Spaltung". Im Gegenteil: „Gott ist als Unendlicher Ende ohne Ende; in der Einheit ist die Andersheit ohne Andersheit; Gott ist Gegensätzlichkeit zu den Gegensätzen, und zwar Gegensätzlichkeit ohne Gegensätzlichkeit; der Widerspruch ist in der Unendlichkeit ohne Widerspruch"[104].

So führt uns auch die dialektische Spannung von Gottes Unveränderlichkeit und Selbstbewegung an die Mauer der Koinzidenz, deren Bedeutung K. Jaspers so umschreibt: „Cusanus hat zwischen den endlichen Gegenständen des *Verstandes* und der nach dem Reich der Unendlichkeit drängenden *Vernunft* die Grenze ... in der ihr ... eigenen Gegensätzlichkeit erfaßt. Eine *Mauer* schließt den Bereich der *Gottheit* ein, unüberschreitbar für uns... Aber das

[104] G. v. Bredow, *Coincidentia oppositorum*, in: Hist. Wörterb. der Philos., Bd. 1, Sp.1022f.

Jenseits der Mauer ist wirksam, alles begründend gegenwärtig. Wir *scheitern* an der Mauer, wenn wir sie ... *durchbrechen* möchten, aber wir *erfahren* die Mauer als Zeichen der *Gottheit*, die uns hält"[105]. Abschließend möchten wir so zusammenfassen: Wenn Cusanus von der „Veränderlichkeit Gottes" spricht, dann meint er damit[106]:

1. Das göttliche Sein ist nicht starr, sondern im eminenten Sinne Leben, und zwar geistiges Leben, Erkennen und Wollen: Gott ist die Liebe. Im Hinblick darauf sagt Cusanus: *In Deo quies et motus coincidunt.* Wir müssen mit anderen Worten unsere ganze Welterfahrung transzendieren, um Gott zugleich als eminente Lebensdynamik und absolut Er selbst bleibend zu denken, nämlich ohne Selbstverwandlung in etwas Anderes oder zu anderen Seins- und Verhaltensqualitäten Gottes selbst.

2. Die ganze „Veränderlichkeit" oder das „Werden" Gottes beruht nicht auf einer Gott eigenen Passivität oder passiven Potentialität, sondern auf der aktiven Dynamik seines Seins und Lebens. Sofern Gott sich „verändern" kann und sich auch tatsächlich „verändert", liegt dies nämlich ganz in seiner souveränen Freiheit und Liebe bzw. Güte. Dies gilt insbesondere vom Heilsgeschehen in Jesus Christus.

Welche Auswirkungen diese Perspektiven auf einen Zugang zum innertrinitarischen Verständnis Gottes sowie auf die Christologie haben, wird im nächsten Punkt zur Sprache kommen müssen.

Der Vergleich Schoonenberg - Cusanus zeigte auch hier wieder bemerkenswerte Übereinstimmungen ihres Denkens. An Schoonenberg mißfällt zunächst allerdings der Begriff der „Synthese", mit dem er die Spannung oder besser gesagt die Dynamik von Gottes Unveränderlichkeit und Selbstbewegung auf seine Geschöpfe hin charakterisiert. Dieser Begriff ist nämlich mißverständlich und bedarf darum der Klärung. Vom Grundansatz her vermuten wir, daß Schoonenberg und Cusanus letztlich dasselbe aussagen wollen.

105 K. Jaspers, *Nicolaus Cusanus* (München 1964, Neuauflage 1987) 26. Zitiert nach R. Haubst, *„Pförtner der neuen Zeit"* 13. Dort sowie in dem Referat *Die erkenntnistheoretische und mystische Bedeutung der ‚Mauer der Koinzidenz'* übt Haubst auch an der danach folgenden Verkürzung der cusanischen Metaphysik durch Jaspers entsprechende Kritik.

106 Vgl. *Thesenpapier* von R. Haubst zur Vorlesung „Der Eine und Dreieine Gott", Mainz, WS 1975/76.

IV. Christologie und Trinitätslehre

Hier handelt es sich primär um die Frage nach dem Ansatz der Christologie. Letztlich läuft dieser Problemkreis aber auf die Fragen hinaus: Zu welchen Konsequenzen führt eine Gotteslehre, die im Grunde ohne den Rückbezug auf die Offenbarung in Jesus Christus entwickelt wird? Und umgekehrt: Läßt sich eine Christologie ohne einen Vorgriff auf die Gotteslehre hinreichend ausmünzen?

1) Das Verhältnis von Christologie und Trinitätslehre in methodischer Perspektive bei Piet Schoonenberg

„Eine Gotteslehre ist nur teilweise unabhängig von der Christologie möglich, muß aber auf jeden Fall von der Christologie her vervollständigt werden; eine von der Christologie unabhängige Trinitätslehre ist unmöglich", so lautet Schoonenbergs These[107]. Damit sagt er zunächst nichts Neues. Geht man nämlich von der endgültigen und unüberbietbaren Offenbarung Gottes in und durch Jesus Christus aus, dann wäre es geradezu fatal, als Christ eine Gotteslehre an Jesus Christus vorbei entwickeln zu wollen. Der christliche Gottesglaube bezieht sich auf den Gott, der sich uns in Jesus Christus selbst geoffenbart hat. Auch nach einem ersten Rückbezug auf die neutestamentliche Offenbarung in Jesus Christus könnte es ein Wagnis ins Blinde hinein werden, wenn sich die Trinitätslehre verselbständigte, oder sich nur noch sekundär am Heilsgeschehen in Jesus Christus orientierte. Ausgesprochen gefährlich wird dieser Weg dann, wenn eine solch „losgelöste" Trinitätslehre dann auch noch zur Richtschnur für die Christologie werden sollte. Denn damit wäre das Zueinander von Theologia und Oikonomia völlig aus dem Blick verloren.

So ist Schoonenberg zunächst darin zuzustimmen: „Man kann einen vollständigen theologischen Begriff der göttlichen Personen nur aus ihrer Wirkung im Christusgeschehen erarbeiten. Auch wenn man meint, eine Trinität Gottes in anderen Religionen zu finden oder ... sie philosophisch beweisen zu können, bleibt die Frage, ob hier der Vater, der Sohn und der Heilige Geist, so wie

[107] *Denken über Chalkedon* 301.

wir sie im christlichen Glauben bekennen, schon gefunden worden sind"[108].

Auffallend ist, daß Schoonenberg bei einer sich so aufbauenden Trinitätslehre neuerdings auch eine Analogiebildung, sei es von anderen Religionen her oder aus philosophischer Sicht, nicht mehr total ausschließt, mag er ihr auch skeptisch gegenüberstehen. Sein Hauptakzent liegt jedenfalls im Rückbezug auf Jesus Christus. Von ihm her erlangt die Gotteslehre und somit auch das Personenverständnis ihre letztgültige Ausprägung[109].

Daß eine Vernachlässigung des geschichtlichen Jesus der besagten Art innerhalb der Theologie stattgefunden hat, darüber sind sich die meisten heutigen Theologen einig. Selbst bei Thomas von Aquin läßt sich die Gefahr einer Loslösung der Trinitätslehre von der Christologie nicht völlig ausschließen. So verweist W. Löser beispielsweise auf Art. 5 in SuTh III, q. 3, nach dem jede der drei Personen der göttlichen Trinität hätte Mensch werden können; lediglich angemessener sei die Menschwerdung der zweiten Person in Gott gewesen. Hier schimmert eine gewisse Aushöhlung der Bedeutung von Leben, Werk und Geschick Jesu durch. „Die Oikonomia der Offenbarung und Erlösung tritt dann nur akzidentell zum Wesen Gottes hinzu"[110].

Doch Schoonenbergs Anliegen, so wird bei genauem Hinsehen deutlich, geht noch weiter. Er befürchtet nämlich, daß man bei der Frage nach der Personeinheit in Jesus Christus „vorschnell dem Vater, dem Sohn und dem Heiligen Geist ein in alle Ewigkeit unveränderliches Personsein zuschreibt"[111]. Bei dieser „engeren" christologischen Fragestellung wird natürlich die vorherige Überlegung zur „Selbstbewegung Gottes auf seine Geschöpfe hin", die dann in Jesus Christus kulminiert, besonders aktuell. Hier erweist es sich (auch als theologiegeschichtlich) interessant, daß Schoonenberg bei der Verteidigung seiner Überlegungen auf das Trinitäts-

108 EBD. Wir möchten hier schon vorweg auf den manuductorischen Charakter der Anknüpfungspunkte bei Nikolaus von Kues verweisen.

109 Dabei betont Schoonenberg aber andernorts, daß „der Ausgangspunkt, von dem aus ein analogisches Verständnis des trinitarischen Personenverhältnisses gewonnen werden kann, nicht die menschliche Welt der Personen, sondern das Verhältnis zwischen Schöpfer und Geschöpf" ist. *Zur Trinitätslehre Karl Rahners* 481.

110 W. LÖSER, *Trinitätstheologie heute. Ansätze und Entwürfe*, in: Trinität. Aktuelle Perspektiven der Theologie, hg. v. W. Breuning (= QD 101, Freiburg 1984) 19-45; hier 22.

111 *Denken über Chalkedon* 301.

verständnis bei Marius Victorinus zurückgreift. Näherhin auf den Gedanken, daß Gott sowohl Ruhe als auch Bewegung zugeschrieben wird. Der Vater ist die Ruhe, die Bewegung in sich birgt, der Sohn die aus dieser Ruhe hervorgehende Bewegung. Gewiß geht es Schoonenberg dabei primär nicht um die - auch für ihn beachtenswerte (!) - Trinitätslehre von Victorinus. Dennoch darf man nicht aus dem Auge verlieren, daß er damit auch seine These mit einer Überlegung aus der Trinitätslehre zu untermauern versucht. Von daher sind auch seine christologischen Überlegungen nicht völlig „unvoreingenommen". Konsequent gedacht, wird Schoonenberg daher auch zugeben müssen, daß er sich bei seiner Voraussetzung, von der er auch den Personbegriff innerhalb der Christologie nicht statisch sehen will, im voraus von einem bestimmten trinitätstheologischen Entwurf her bekräftigt, wenn nicht gar bestätigt fühlt.

Für unsere Überlegung bedeutet dies: Die Bedenken gegen eine von der Christologie unabhängige Trinitätslehre beweisen umgekehrt nicht, daß eine von der Trinitätslehre unabhängige Christologie möglich ist. Im Gegenteil: Was Schoonenberg zum Verhältnis von intuitiver, also ganzheitlicher überbegrifflicher Erfassung von Wirklichkeit und begrifflicher Erkenntnis sagte[112], muß vielmehr auch innerhalb des Verhältnisses von Christologie und Trinitätslehre immer mitschwingen. Dann gilt es aber mit H. U. v. Balthasar nicht nur zu bedenken, „daß wir von der immanenten Trinität nur durch die ökonomische Kenntnis haben und Aussagen wagen können", und „daß christlich die ökonomische Trinität gewiß als die Auslegung der immanenten erscheint", sondern in der umgekehrten Sicht auch, daß die „immanente" als der tragende Grund der ökonomischen mit ihr „gerade nicht einfach identifiziert werden darf. Denn andernfalls droht die immanente und ewige Trinität Gottes in der ökonomischen aufzugehen, klarer gesagt, Gott in den Weltprozeß hinein verschlungen zu werden und nur durch diesen zu sich selbst zu kommen"[113].

Im Blick auf die Überlegungen Schoonenbergs heißt das hier konkret: Von der Christologie her muß auch deutlich werden, daß Gott nicht erst die Liebe auf uns hin wird, sondern bereits die Liebe ist; sowie: Von ihr her muß auch deutlich werden, daß Christus nicht nur Person „wird", sondern bereits Person ist, und daß dies gleichermaßen auch von den anderen Personen gilt. Wenn also

[112] S. o. Dritter Teil, II, 1, S. 247-250.

[113] H. U. v. BALTHASAR, *Theodramatik* II/2. *Die Personen in Christus* (Einsiedeln 1978) 466.

aus der Erkenntnis der „Selbstbewegung" Gottes auf seine Geschöpfe hin Fragen an ein allzu statisches Verständnis des Personseins in Jesus Christus gestellt werden müssen, darf man andererseits aufgrund der Unveränderlichkeit Gottes - die Schoonenberg ja gleichermaßen betont - die Frage nach dem ewigen Personsein des Vaters, des Sohnes und des Heiligen Geistes und somit die Frage nach der immanenten Trinität, nicht aus dem Blick verlieren. Bei aller Betonung einer „Trinitätslehre von unten", das heißt hier von der Christologie her, muß auch „intuitiv ganzheitlich" nach ihrer „transzendentalen Möglichkeitsbedingung" gefragt werden und diese auf die Christologie hin angewandt werden[114]. Die immanente Spannung einer Christologie „von unten" und „von oben" darf nicht verflachen. Jegliche Art von „Vereinseitigung" würde nämlich schaden und falsch werden.

2) Die Zusammengehörigkeit von Trinitätsverständnis und Christologie bei Nikolaus von Kues

Obwohl wir uns in diesem Abschnitt mit Nikolaus von Kues befassen, lenken wir doch zunächst nochmals den Blick kurz auf Schoonenberg zurück. Seine These ist nicht dahingehend zu interpretieren, als ob Christologie und Trinitätslehre gegeneinander ausgespielt werden sollten. Es soll auch nicht - und dies kommt in der oben zitierten These besser zum Ausdruck als in GM - einer „christologischen Engführung" Tür und Tor geöffnet werden. Es geht vielmehr darum, die Kluft zwischen der Lehre von Gottes Wesen, so wie sie sich verschiedentlich im Laufe der Theologiegeschichte entwickelt hatte, und der Lehre von Gottes Wirken zu überwinden. Darum dürfen auch Christologie und Trinitätslehre nicht voneinander getrennt werden. Im Gegenteil: Von daher erweist es sich, daß in der Tat die Person Jesus Christus, sowohl der irdische Jesus als auch der verherrlichte Christus, der einzige Zugang zur Trinitätslehre ist. Dazu gehört aber auch die Frage nach dem präexistenten Logos. Die Zusammenschau von allen drei „Faktoren" nennt Schoonenberg im Hinblick auf den Erkenntnisweg „Christologie von unten". Auf dieser Basis hat auch Schoo-

114 Vgl. dazu u.a. A. GRILLMEIER, Art. *Christologie*, in: ^{2}LThK Bd. 2, Sp. 1156-1166.

nenbergs Aussage: „Eine von der Christologie unabhängige Trinitätslehre ist unmöglich" ihre Berechtigung[115].

Schwierig wird es dann, wenn eine Perspektive als die ausschließliche hingestellt wird. Bei einer „Verselbständigung" der Trinitätslehre droht die Gefahr, das Heilswerk Christi dabei zu vernachlässigen. Ohne die Verankerung der Christologie in der Trinitätslehre droht die Aushöhlung der denkbar unüberbietbaren Vollendung des Menschen[116]. Das heißt mit anderen Worten: Christologie „von oben", also von der Trinitätslehre her allein entwickelt, ist ebenso gefahrvoll, wenn nicht sogar falsch wie der isolierte umgekehrte Weg.

Damit ist nun auch unsere Fragestellung im Hinblick auf Cusanus entsprechend vorbereitet: Sie lautet nicht: Entwickelt Cusanus seine Trinitätstheologie aus der Christologie, oder entwickelt er seine Christologie aus der Trinitätslehre?, sondern: Inwieweit durchdringen sich bei ihm Christologie und Trinitätslehre gegenseitig? Dabei wird es unser Ziel sein, zu sehen, ob mit solch einer gegenseitigen Durchdringung eine Perspektivenerweiterung verbunden ist.

Betrachtet man das Werk des Cusanus, so ist zunächst zu sehen: Wenn man unter heilsgeschichtlicher Theologie im heutigen Sinne nur die Darstellung der „geschichtlichen Mittlertätigkeit" Jesu versteht, bleibt er keineswegs bei einer solchen stehen. Er übersteigt diese vielmehr in immer neuen Anläufen mit dem Ziel einer „spekulativen und existentiellen Durchdringung des Glaubens"[117], mehr im Sinne einer „Ausleuchtung"(elucitatio) des und „Hinführung" (manuductio) zum Trinitäts- und Christusgeheimnis. Wenn die „erste und entscheidende Begegnung, die sich dabei ereignet, die mit dem Geheimnis der göttlichen Dreieinigkeit ist"[118], so könnte man voreilig vermuten, die Rückfrage von Schoonenberg her an Cusanus sei verfehlt. Für solch eine Vermutung sprächen dann auch alle Versuche einer analogia Trinitatis, die wir bei Cusanus

[115] Kann man diese Vorbemerkung akzeptieren, dann scheint es, als ob W. Kasper und P. Schoonenberg vom erkenntnismäßigen Ansatz innerhalb der Christologie nicht so weit auseinanderliegen, wie Kasper es meint. Im Hinblick auf die Durchführung zeichnet sich dann jedoch ein anderes Bild ab. S. P. SCHOONENBERG, *Alternativen der heutigen Christologie*, in: ThPQ 128 (1980) 349-357.

[116] Vgl. A. GRILLMEIER, *Die christologische Entdeckung des Humanum.*

[117] Vgl. KL. REINHARDT, *Christus, die ‚absolute Mitte' als der Mittler zur Gotteskindschaft.*

[118] R. HAUBST, *Das Bild,* Vorwort VII.

finden, sowie auch die trinitarischen Voraussetzungen, von denen her Cusanus in *De visione Dei* die Mittlerschaft Jesu Christi betrachtet.

Dem ist aber entgegen zu halten: Allem Suchen nach „Bildern vom Einen und Dreieinen Gott in der Welt" gibt Cusanus seinen definitiven Sinn erst von Jesus Christus her. „Das Christologische ... ist auch der Kern und eigentliche Gehalt seiner Predigt; nicht so, als träte deshalb irgendwie der Ausblick auf das Urgeheimnis der göttlichen Dreieinigkeit ... zurück. Christus ist ja für ihn die Quelle der Glaubenserkenntnis und zugleich der Maßstab alles christlichen Lebens und die Brücke, die aus der Tiefe des Gottgeheimnisses zu uns herüber und nach dort hinüber führt"[119]. Die Akzentsetzung des Cusanus, daß der Weg zu Gott und die Erkenntnis Gottes nur über Christus führen, geht sogar so weit, daß Jesus Christus „als der einsehbare, liebenswerte, aufnehmbare, mitteilbare Gott das eigentliche Objekt menschlichen Erkennens und Liebens, nicht der Vater, der erkennende und liebende Ursprung der Gottheit", ist[120]. Diese „Christozentrik" im Erkenntnisweg zum Geheimnis Gottes zeigt sich am deutlichsten im abschließenden Gebet des Cusanus in *De visione Dei*. Wie wir schon mehrmals betonten, zielt es letztlich auf Jesus Christus: „Über all dies hinaus hast Du mir Jesus als den Lehrer, als den Weg, die Wahrheit und das Leben gegeben, so daß mir gar nichts fehlen kann"[121].

Diese kurze Gegenüberstellung möge genügen, um dies zu betonen: Bei Nikolaus von Kues sind Christologie und Trinitätslehre aufeinander bezogen. Sie ergänzen und „erklären" sich gegenseitig. Christologisch gesehen - und darauf zielt ja letztlich diese Überlegung - ist festzuhalten: „Im Gegensatz zu der üblicheren thomistischen Methode, die Erörterung der hypostatischen Einung von der zweiten trinitarischen Person her aufzurollen und die einzigartige Gnadenausstattung der Menschheit Jesu mit der Innigkeit der hypostatischen Einung zu begründen, dominiert bei Cusanus - in dem vergleichenden Hin und Her des theologischen Erkenntnisprozesses zwischen Gottheit und Menschheit - die von der Menschheit zur Gottheit aufsteigende Perspektive"[122].

119 R. Haubst, *Christologie* 6.

120 Kl. Reinhardt, *Christus die ‚absolute Mitte' als der Mittler zur Gotteskindschaft* 204f.

121 *De vis.* 25, N. 119.

122 R. Haubst, *Christologie* 308.

Wie er dabei die Personeinheit in Jesus Christus denkt - ob Jesu Menschsein „im Schatten des Gottessohnes steht" oder wie „Jesus als Verbindung (copulatio) der göttlichen mit der menschlichen Natur zu verstehen ist"[123] werden wir im folgenden wieder mit den Überlegungen Schoonenbergs vergleichen. Dieser Vergleich ist vom Ansatz her deshalb gerechtfertigt, weil auch Schoonenbergs christologischer Entwurf sich weniger als eine „geschichtliche Darstellung"[124] erweist. Auch Schoonenberg versucht vielmehr eine „spekulative Durchdringung" des Persongeheimnisses Jesu Christi, wobei er die Wahrung des vollen Menschseins Jesu Christi in den Vordergrund stellt und daher vom „menschlichen Personsein" ausgeht.

V. Zum Verständnis der Personeinheit in Jesus Christus in neueren Veröffentlichungen Schoonenbergs und bei Nikolaus von Kues

1) Schoonenbergs Gedanke der „gegenseitigen Perichorese"

Auf der Basis der oben dargelegten „Voraussetzungen" kommt Schoonenberg zu seinen Ergänzungen und Verdeutlichungen des eigentlichen christologischen Problems: Wie läßt sich die Personeinheit in Jesus Christus aussagen, ohne dessen Gottsein, vor allem aber ohne dessen Menschsein zu verkürzen?

Auch in der neuerdings „ergänzten" Sicht stellt Schoonenberg heraus, daß kein Erklärungsversuch das Mysterium der Personeinheit in Jesus Christus aufheben kann. Das Mysterium Jesu Christi transzendiert jede Aussage. Damit möchte er aber nicht einem Rückzug in einen totalen Agnostizismus oder einem Verharren in Aporien die Stange halten[125], vielmehr sind alle „Lösungsversuche" von vornherein eher als Ausleuchtungen zu verstehen. Im Sinne eines „Darüber-Verfügen-Könnens" haben sie keinen Lösungswert.

Schoonenbergs Ausleuchtung des Chalcedonense führt ihn zu folgender Überlegung: „Die Naturen existieren ja in der Person Christi, und umgekehrt ist diese eine Person so mit beiden einig,

[123] So die Überschrift zu *De vis.* 20.

[124] Wie etwa SCHILLEBEECKX, *Jesus. Die Geschichte von einem Lebenden.*

[125] *Die „Naturen" in Jesus Christus. Gedanken zu einem christologischen Ökumenismus*, in: Auf Gott hin denken 203-224; hier 220.

wie ja eine Person überhaupt mit der von ihr besessenen Natur oder eine Natur mit der sie tragenden Person einig sein kann. Deshalb *muß* die Einheit der Person auf die unterschiedenen Naturen einwirken und ihren Unterschied qualifizieren"[126]. Diese Problematik führt ihn zum Begriff der Perichorese zurück: „Die göttliche und die menschliche Natur in Jesus Christus durchdringen sich gegenseitig; kraft dieser gegenseitigen Perichorese ist er auf göttliche Weise menschlich und auf menschliche Weise göttlich, beides in einem geschichtlichen Vollzug"[127].

Bei der Betrachtung von Schoonenbergs christologischem Versuch in GM fiel uns eine Vernachlässigung jedes Einflusses des göttlichen Logos auf die Menschheit Jesu besonders auf. Mit der These von der „gegenseitigen Perichorese" scheint Schoonenberg diesen Mangel beheben zu wollen. Dabei ist indes auffallend, daß er in seinen jüngsten Veröffentlichungen zuerst die „Naturen in Jesus" in den Blick nimmt und dann erst die Konsequenzen in der Frage nach der einen „Person" zieht. Schoonenberg begründet diesen Schritt aus „didaktischer" Sicht. „Jetzt kehre ich zu den beiden Grundbegriffen der scholastischen(!) Christologie zurück, zur Enhypostasie und zur Perichorese. Meine Absicht ist, beider Gegenseitigkeit zu betonen. Das geht wohl am leichtesten mit der Perichorese, weshalb ich diese zuerst bespreche"[128].

Wieweit diese Begründung einwandfrei ist, braucht hier nicht im einzelnen untersucht zu werden. Jedoch muß man bedenken, daß der Begriff der Perichorese nach dem Urteil von Schmaus gerade nicht von allen Scholastikern übernommen wurde. Denn nach ihm haben Petrus Lombardus, Thomas v. Aquin, Capreolus, Cajetan u.a. diesen Begriff nicht[129]. Das weiß auch Schoonenberg. Doch er meint, die Perichorese sei „der Sache nach ... ausgearbeitet in den Quaestiones über Christi Erkenntnis, Wille und Macht und über seine geschaffenen Gnadengaben"[130]. Selbst wenn dem so ist, so fragen wir hier: Könnte sich bei den Genannten hinter der zögernden Aufnahme dieses Begriffes bzw. dessen Nichtverwendung nicht eine bestimmte theologische Abwehrhaltung verbergen? Etwa die Sorge, daß das „unvermischt und unverwandelt" des

126 *Auf Gott hin denken* 221.
127 *Denken über Chalkedon* 301.
128 EBD.
129 M. SCHMAUS, Artikel *Perichorese*, in: LThK, Bd. 8 (^{2}1963) Sp. 274-276.
130 *Denken über Chalkedon* 298.

Chalcedonense verwischt werden könnte?[131] Diese Frage lassen wir offen. Aber sie zeigt bereits, daß Schoonenbergs grober Oberbegriff „Scholastik“[132] hier Probleme mit sich bringen könnte.

Nichtsdestoweniger ist es Schoonenbergs gutes Recht, den Begriff der Perichorese wieder aufzugreifen und ihn gegebenenfalls für sich nutzbar zu machen, zumal dieser sogar schon ursprünglich durch Gregor von Nazianz und Maximus Confessor christologisch verwendet wurde und bei Johannes von Damaskus eine tiefere Ausmünzung erfuhr[133]. M. Schmaus gibt diesem sogar diesen Stellenwert: „In systematischer Hinsicht kann man in der Lehre der Perichorese die kürzeste Formel für die Einheit und Verschiedenheit sowohl im trinitarischen als auch im christologischen Bereich dargestellt sehen“[134].

Nach Schoonenbergs Interpretation besagt die gegenseitige Perichorese hier in der Konsequenz, „daß Jesus Christus auf göttliche Weise menschlich und auf menschliche Weise göttlich ist“[135]. Damit meint er, daß die menschliche Natur Christi an der göttlichen im höchsten Maße partizipiert. Der menschlichen Natur Christi wird nichts genommen, es wird ihr auch nichts additiv hinzugefügt, so daß sie menschlich und göttlich sei; sie ist „divinement humain“ und deshalb menschlich im höchsten Maße. Dieses „Menschlich im höchsten Maße“ ist nicht zu verwechseln mit menschlichem Perfektionismus in Jesus Christus. Auch Jesus Christus war keine „Super-Bibliothek“, kein „Super-Computer“ und kein „Super-Planbüro“[136]. „Menschlich im höchsten Maße“ schließt

131 Schoonenberg selbst weist in seinem Beitrag *Die „Naturen“ in Jesus Christus* 222 darauf hin.

132 *Denken über Chalkedon* 298.

133 M. SCHMAUS, *Perichorese*, Sp. 274f. S. auch die kurze Darstellung und Bedeutungszuweisung des Perichorese-Begriffs durch P. HÜNERMANN, *Gottes Sohn in der Zeit. Entwurf eines Begriffs*, in: Offenbarung Gottes in der Zeit. Prolegomena zur Christologie (Münster 1989) 101-124; bes. 106-110. Dort auch weitere Literatur. Leider konnte diese Veröffentlichung bei Drucklegung unserer Untersuchung nicht mehr gebührend berücksichtigt werden.
Hier zeigt sich auch Schoonenbergs Interesse am ökumenischen Gespräch. Er „lädt die westlichen Theologen ein, die zwei Naturen Christi, gemäß der östlichen Figur der Perichorese, nicht nebeneinander zu sehen. Dabei kann der Westen viel lernen, indem er mit dem Osten diese Naturenperichorese von der Gottheit her anschaut, der Osten aber, indem er dieselbe auch von der Menschheit her betrachten will“ (*Auf Gott hin denken* 203f.).

134 M. SCHMAUS, *Perichorese* Sp. 276.

135 *Denken über Chalkedon* 301.

136 *Auf Gott hin denken* 100.

Geschichtlichkeit, Erkenntniswachstum nicht aus und bedeutet nicht eine vorprogrammierte Vollkommenheit.

Diesen Gedanken Schoonenbergs möchten wir aufgreifen und noch etwas weiterführen, ohne ihn, wie wir hoffen, zu überspannen. „Menschlich im höchsten Maße" heißt doch letztlich nichts anderes als Vollendung des Menschseins, ohne daß damit „Entgrenzung" gemeint sein kann. Wie wir weiter an Jesus Christus sehen, bedeutet bei ihm die Vollendung des Menschseins nicht eine Verselbständigung des Menschen im Sinne einer Loslösung von seinem Schöpfer. Also gerade keinen Dualismus der Art, daß sich Gott vom Menschen trennen oder ihn sogar verwerfen könnte. Ebensowenig heißt „Vollendung des Menschen" hier, daß der Mensch etwas völlig anderes werde. Die Annahme des Menschseins in und durch Jesus Christus ist vielmehr die „Demonstration der Liebe Gottes zum Menschen. Liebe verzehrt sich für den anderen, nicht den anderen"[137]. „Menschlich im höchsten Ausmaß" heißt demgemäß auch nicht, Gott sein wollen. Denn gerade der Mensch-Bleibende vollendet sich. So gesehen, macht die Betrachtung der Durchdringung der menschlichen Natur durch die göttliche deutlich, daß auch bei dem Modell der christologischen Perichorese ein einzigartiger „Gewinn" für die menschliche Natur aus der Person-Einung mitschwingen kann. Dies ist unserer Meinung nach impliziert, wenn Schoonenberg in Anlehnung an E. Mersch[138] darauf hinweist, daß die menschliche Natur in Jesus Christus „divinement humain" und deshalb menschlich im höchsten Ausmaß ist[139]. Das bedeutet ja letztlich auch: In Jesus Christus wird die menschliche Natur bei aller Wahrung ihrer Eigenständigkeit das, woraufhin sie angelegt ist: ihre eigene Vervollkommnung zu erreichen, indem sie vom göttlichen Licht und Leben durchdrungen wird. Das heißt mit anderen Worten: Bleibend was sie ist, findet die menschliche Natur ihre Erfüllung durch ihr Durchdrungenwerden von der göttlichen, weil zumal das Menschen-Wesen auf Gott hin erschaffen ist.

Können wir dann aber in demselben Sinne auch von einer gegenseitigen Perichorese sprechen? Im Hinblick auf die göttliche Natur können wir zunächst „nur" den Gedanken übernehmen: Sie verliert durch die Inkarnation nichts. Sie wird auch durch das sogenannte „Durchdrungenwerden" von der menschlichen Natur

137 A. Grillmeier, *Die christologische Entdeckung des Humanum* 319.

138 E. Mersch, *La théologie du Corps Mystique*, Bd. I (Paris 1944).

139 *Denken über Chalkedon* 301.

nichts anderes. Ja, wenn die Perichorese von seiten der göttlichen Natur her näher bedacht wird, erscheint es sogar als ein Widerspruch in sich, daß ein (wenn auch noch so vervollkommnetes) menschliches Wesen die Unendlichkeit Gottes „durchdringe"! Unter der Perichorese Gottes durch die menschliche Natur kann mithin allenfalls noch das verstanden werden, daß die höchste Form der Selbstbewegung Gottes auf den Menschen hin sich in Jesus Christus vollendet. Anders gesagt findet der Begriff der Perichorese selbst hier seine Grenze darin, daß die göttliche Natur bleibt, was sie ist.

Im folgenden zeigt sich aber bei Schoonenberg, daß er mit dieser Perichorese doch eine „Änderung" verbindet. Dabei ist diese Inkonsequenz nicht völlig von der Hand zu weisen: Legte er bei Betrachtung der Perichorese der menschlichen Natur den Akzent darauf, daß sie bleibt, was sie ist, so betont er bei Betrachtung der göttlichen Natur - trotz aller Unveränderlichkeit! - das Durchdrungen-Werden im Sinne eines „Sich Änderns". „Der Logos wird der Mensch Jesus und identifiziert sich somit mit all seinen menschlichen Handlungen ...;" „im Menschwerden selbst ändert er sich"; und diese „Menschwerdung" möchte Schoonenberg auch „nicht auf den Augenblick der Empfängnis beschränken, sondern sie als einen Prozeß, eine Geschichte sehen, welche erst in der Auferstehung Jesu ihre Vollendung erreicht"[140].

Wenn wir aber den Schwerpunkt des Begriffs Perichorese auf das Bleibende legen, können wir nicht zugleich von „Ändern" sprechen. Durchdringen und Verändern sind auch für den göttlichen Logos nicht dasselbe, ebensowenig wie Selbstbewegung und Sich-Ändern-Gottes dasselbe sind. Vorsicht ist hier ebenso wie davor geboten, im Hinblick auf das Durchdrungenwerden der göttlichen Natur durch die menschliche von Ändern zu sprechen, da beidemal die Gefahr besteht, das chalkedonische „ungetrennt" doch zu verwischen. Es scheint uns daher wichtig, festzuhalten, daß die „gegenseitige Perichorese" nicht im Sinne einer Reziprozität aufgefaßt werden darf.

Hier könnte Schoonenberg stärker die Ergebnisse von A. Deneffe zum Begriff Perichorese bei Johannes Damascenus mitbedenken: Zwar wendet Damascenus den Gedanken der Perichorese häufiger auf die beiden Naturen in Christus als auf die Trinität an. Aber im Hinblick auf das Inkarnationsgeschehen hebt er eigens hervor: „Wir wissen, daß von der göttlichen Natur aus die Peri-

140 Ebd. 302.

choresis zustande gekommen ist. Denn diese erstreckt sich durch alles hindurch, wie sie will, und durchdringt es; durch sie aber geht nichts; und sie teilt von ihren eigenen glorreichen Eigenschaften dem Fleische mit, bleibt aber selbst leidlos und unteilhaft der Leiden des Fleisches... Die Perichoresis ist nicht vom Fleische, sondern von der Gottheit her zustande gekommen; denn es ist unmöglich, daß das Fleisch durch die Gottheit dringe. Nachdem aber einmal die Gottheit durch das Fleisch hindurchgedrungen war, verlieh sie auch dem Fleische inbezug auf sie die unausprechliche Perichorese, die wir ja die Vereinigung nennen“[141].

Sehr zu beachten ist jedoch, daß Schoonenberg in *Auf Gott hin denken* vorsichtiger formuliert: Denn dort gebraucht er den Begriff „Veränderung“ nicht, obwohl es um dasselbe geht, indem er schreibt: Die Perichorese besagt „in der Einheit der Unterschiedenen die Mitteilung des Eigenen. Jede der Komponenten wird nicht verwandelt, wohl aber zutiefst von der anderen beeinflußt. In Christus bleibt die göttliche Natur ganz göttlich und teilt sich so, ohne Verlust, der menschlichen Natur mit. Umgekehrt wird auch die menschliche Natur Christi nicht verwandelt und verliert nichts von ihrem Menschsein, wird aber ganz von der sich mitteilenden göttlichen Natur ergriffen. So wird die Menschheit Christi ‚ver-

[141] A. DENEFFE, *Perichoresis, circumincessio, circuminsessio. Eine terminologische Untersuchung*, in: ZKTh 47 (1923) 497-532; hier 503f. Zur möglichen christologischen Ausmünzung des Begriffs Perichorese s. P. HÜNERMANN, *Gottes Sohn in der Zeit. Entwurf eines Begriffs* 106-110 u. 116-124. Hünermann deutet eine über Schoonenberg hinausgehende mögliche Auswertung des Perichoresegedankens an, wenn er schreibt: „Auf diese neuzeitlichen, wesentlich vom biblischen Befund her ausgehenden Fragen an die chalkedonische Christologie bieten die Ausführungen des Johannes von Damaskus über die Perichorese im Prozeß der Einigung eine erste, wenngleich noch sehr implizite und damit ungenügende Antwort. Dieser Ansatz wird sich erst dort als leistungsfähig erweisen, wo er angereichert ist durch eine Besinnung auf Zeit und Geschichte als den Raum, in dem sich diese Einigung vollzieht. Um diese Anreicherung des Begriffes zu erlangen, bedarf es einer Besinnung auf Zeit und Geschichte als Wesensverfassung menschlichen Selbstseins“ (110). Gleichzeitig zeigt Hünermann aber auch die Grenzen dieses Begriffes auf: „Obwohl die Perichoresenlehre eine so herausragende Bedeutung einnimmt, ist es doch unmöglich, in der Begriffsbildung bei ihr stehen zu bleiben. Warum? Weil ihre Leistungsfähigkeit in der genannten doppelten Weise, nämlich im Hinblick auf das Kerygma und im Hinblick auf die begriffliche Problematik, selbst zu gering ist. Sie mußte durch die Besinnung auf die zeitliche Struktur menschlichen Selbstseins und Seins-beim-anderen ergänzt werden“ (123).

göttlicht' zur tiefsten Weise des Menschseins, während die Gottheit sich ‚vermenschlicht' in tiefster Selbstmitteilung"[142].

Wir dürfen aber den Begriff der Perichorese der Naturen auch nicht losgelöst vom Verständnis der einen Person Jesu Christi betrachten. Zumal da Schoonenbergs Ausführungen zur „gegenseitigen Perichorese" die Vorüberlegung für seinen Begriff der „gegenseitigen Enhypostasie" bilden. Es bleibt somit zu untersuchen, inwieweit Schoonenberg dabei die Einseitigkeit der Betrachtung in GM überholt.

2) *„Gegenseitige Enhypostasie"*

„Jesus Christus muß als eine gottmenschliche Person gedacht werden, und zwar so, daß nicht eine der beiden Naturen, sondern deren gegenseitige Perichorese mit der Person Christi oder dem Sohn Gottes identisch ist", so lautet Schoonenbergs nächste These[143].

Die Zielaussage dieser These liegt letztlich in Schoonenbergs Kampf gegen die Annahme einer nichthypostatischen Seinsweise der menschlichen Natur in Christus, ohne daß seiner Gottheit etwas genommen wird.

Weil Schoonenberg neuerdings von einer „gegenseitigen Enhypostasie" spricht, kann ihm nicht mehr ohne weiteres vorgeworfen werden, daß seine Betrachtung der Person Jesus Christus ausschließlich die „menschliche Person" im Blick habe. Die Person Christi ist nicht exklusiv menschlich und keinesfalls Träger der göttlichen Natur. Mit der These von der „gegenseitigen Enhypostasie" kann Schoonenberg dem Vorwurf eines Rückfalls in den Arianismus entrinnen.

Aber die „gegenseitige Enhypostasie" schließt auch aus, die Person Jesus Christus als allein göttliche Person zu betrachten. Ansonsten würde man - in der Sicht Schoonenbergs - die menschliche Natur „zu einem Instrument dieser göttlichen Person herabwürdigen und seinen menschlichen Entscheidungen und seiner menschlichen Geschichte das ihnen eigene Subjekt rauben"[144].

142 *Auf Gott hin denken* 222.
143 *Denken über Chalkedon* 302.
144 Ebd. 303.

Das Modell für dieses Verständnis der Personeinheit liefert Schoonenberg das Leitbild der gegenseitigen Perichorese. Dabei wird dieses aber dahingehend ausgelegt, „daß die beiden in Christus anwesenden Wirklichkeiten, die göttliche und die menschliche, diese Person konstituieren, daß diese Person mit der Perichorese der Naturen identisch ist“[145].

Wir möchten hier nicht die oben dargelegten Bedenken gegen die „gegenseitige Perichorese“ wiederholen. Auffallend ist aber, daß Schoonenberg hier bei der Formulierung der Bedeutung der Perichorese zunächst vorwiegend die Wahrung des Eigencharakters der Eigenwirklichkeit in der gegenseitigen Mitteilung akzentuiert. Deshalb kann Schoonenberg sagen, daß in seinem Modell Christus nicht weniger göttlich und nicht weniger menschlich ist, als es das Chalcedonense betont.

Der Gedanke der Perichorese schließt auch eine Mischung der Naturen aus, wonach ein „gemischtes Drittes“ hervorginge. Der Perichorese-Gedanke orientiert sich an dem stoischen Begriff der κρᾶσις δι᾽ ὅλων, wonach beide Wirklichkeiten ihre Eigenwirklichkeit zugleich bewahren und einander mitteilen[146].

Schoonenberg glaubt also, mit der Übertragung des Perichorese-Gedankens auf die Naturen in Jesus Christus als die die Person konstituierenden Wirklichkeiten trotz Wahrung der je eigenen „Personalität“ eine Zweipersonalität auszuschließen. Die göttliche Person existiert nicht neben einer menschlichen, sondern in Jesus Christus können wir von der gottmenschlichen Person sprechen, da diese so auf menschliche Weise göttlich und auf göttliche Weise menschlich genannt werden kann. In dieser Form glaubt Schoonenberg, auch das Verständnis von Transzendenz und Immanenz Gottes nicht zu verwischen, im Gegenteil: Er sieht darin die Möglichkeit, die göttliche und die menschliche Natur in unendlicher Distanz einander gegenüberzustellen. „Da aber in Gott Transzendenz und Immanenz gleichen Schritt halten, ist diese Distanz nicht nur keine Erschwernis für ein höchstmögliches Einswerden, sondern sogar dessen Grund“. All dies heißt auf den Logos bezogen konkret: Er „identifiziert sich mit dem ‚Fleisch‘, was zwei Dinge bedeutet: Er erfüllt die Menschheit, aber trägt sie auch als ihre Hypostase, und zwar von ihrem Anfang an. Dabei wird er aber auch selbst in einer neuen Weise bestimmt, ja wird in einer neuen

145 EBD.

146 S. dazu A. GRILLMEIER, *Jesus der Christus im Glauben der Kirche* 256; 258; 602; 612; 693; 725.

Weise Hypostase"[147]. Was Schoonenberg letztlich meint, drückt er an anderer Stelle deutlicher so aus: „Diese gegenseitige Enhypostasie ist natürlich nicht schlechthin symmetrisch, da die Menschheit Jesu in keiner Weise das göttliche Wort personalisiert, sondern nur von ihm personalisiert *wird*... Das Wort personalisiert die Menschheit Jesu *und* sich selbst. Effectus formalis dieser gegenseitigen Enhypostasie ist die eine theandrische Person Jesu Christi, die mit der Perichorese der Naturen zusammenfällt. Göttliches und menschliches Personsein oder personales Wort-sein und personales Menschsein kommen zusammen in die eine gottmenschliche Person Jesus Christus"[148]. Wenn Schoonenberg hier von einem asymmetrischen Verhältnis innerhalb der „gegenseitigen Enhypostasie" spricht, dann dürfte er damit zugleich andeuten, daß er in erster Hinsicht eine Enhypostasie der menschlichen Natur Jesu in der göttlichen Person des Logos meint.

Schoonenberg glaubt sogar diesen Gedanken von W. Kasper aufnehmen und ausbauen zu können, allerdings mit dem Unterschied, daß er die Personeinheit von seiten der „göttlichen Natur" stärker berücksichtigen will. Bezüglich der menschlichen Natur hält Kasper nämlich fest: „Wir können nicht nur sagen: Der Menschheit Jesu fehlt nichts, weil sie durch die Person des Logos menschliche Person ist. Wir müssen vielmehr auch sagen: Das an sich Unbestimmte und Offene, das zur menschlichen Person gehört, wird durch die Personeinheit mit dem Logos auf endgültige Weise bestimmt, so daß in Jesus durch die Personeinheit mit dem Logos die menschliche Personalität zu ihrer schlechterdings einmaligen und unableitbaren Erfüllung kommt"[149]. Schoonenberg meint mit seinem Modell der gegenseitigen Enhypostasie die Aussage Kaspers so erweitern zu können: „Von der göttlichen Seite her läßt sich dasselbe Geschehen mit einer Variante auf Kaspers Worte beschreiben. Die Offenheit des Wortes zu jeder Form der Mittlerschaft zwischen Gott und Welt wird durch die Personeinheit mit Jesu menschlicher Wirklichkeit auf endgültige Weise bestimmt, so daß seine Mittlerschaft jetzt dadurch erfüllt ist, daß er schlechthin der Sohn ist, Eingeborener des Vaters und Erstgeborener der ganzen Schöpfung"[150].

[147] *Denken über Chalkedon* 303.
[148] P. Schoonenberg, *Zur Trinitätslehre Karl Rahners* 485, Anm. 19.
[149] W. Kasper, *Jesus der Christus* 294f.
[150] *Denken über Chalkedon* 304.

Schränkt aber eine solche Formulierung Schoonenbergs, so fragen wir, die Dynamik des Logos nicht zu kategorisch in kreatürliche Perspektiven oder Kategorien ein? Wir möchten sie zumindest dahingehend abändern: Der Logos wird nicht auf endgültige Weise bestimmt, sondern er ist gemäß seinem Ausgang vom Vater der zu „Sendende". Der Vater „sendet" ihn und er „kommt" selbst. Dabei „verfügt Gott über das Sein des Menschen Jesus so, daß es zur personal-eigenen Existenz des wahren Sohnes wird"[151]. Die Dynamik des Seins Gottes fordert nicht ein „Bestimmt-Werden" durch die menschliche Natur. Das „Bestimmt-Werden" liegt auf Seiten der menschlichen Natur, wobei dieses „Bestimmt-Werden" eben keine „Vergewaltigung" oder Depotenzierung zu einem „Werkzeug Gottes" aussagt, sondern Vervollkommnung aufgrund der „Ex-hypostasis oder Ek-stasis des Göttlichen ..., welche vom Divinum her in menschliche Exsistenz hinein tendiert. Damit ist der Wille Gottes verwirklicht, einer von uns zu sein, in der dem Sohn zugeeigneten konkreten, menschlichen Wirklichkeit"[152].

Zum Schluß dieses Abschnittes möchten wir noch diese Frage andeuten: Erinnern Schoonenbergs Thesen von der „gegenseitigen Enhypostasie" und der „gegenseitigen Perichorese" nicht doch sehr an Nestorius? Gegen unsere Vermutung spricht zunächst einmal Schoonenberg selbst. Beim Aufweis der Schwierigkeiten, „die schließlich zur nestorianischen These führen, daß es in Christus zwei Hypostasen gibt, vereint im ‚prosopon der Einheit'" betont Schoonenberg, „Das will ich vermeiden"[153].

Wir denken freilich nicht so sehr an den Nestorius der ephesinischen Periode, sondern an dessen spätere christologische Formel und Idee, die im *Liber Heraclidis*[154] greifbar wird. Darüber urteilt A. Grillmeier: „Sicher ist, daß er (Nestorius) die Substanz der Überlieferung wahren wollte. Wenn er einen Teil dieser Tradition verkannte, so nur, um guten Glaubens einen anderen zu retten... Nimmt man den Nestorius des LH ganz, wie er ist, gehört er nicht

151 A. GRILLMEIER, *Jesus der Christus im Glauben der Kirche* 772f. Im Hinblick auf das Inkarnationsgeschehen als Akt des Logos drückt Schoonenberg sich in einem anderen Aufsatz (*Alternativen der heutigen Christologie* 357) deutlicher aus: „Auch der Logos selbst hat eine Offenheit und bestimmt sich selbst auf endgültige Weise, indem er zugleich die Menschheit Jesu und sich selbst zu der einen Person des Gottessohnes macht. Der Logos wird Fleisch (er nimmt es nicht nur an), und gerade dadurch wird er der Sohn".

152 A. GRILLMEIER, *Jesus der Christus im Glauben der Kirche* 773f.

153 P. SCHOONENBERG, *Zur Trinitätslehre Karl Rahners* 487.

154 A. GRILLMEIER, *Jesus der Christus im Glauben der Kirche* 707-726.

zu den Extremisten, sondern er darf zu den ‚gemäßigten Antiochenern' gezählt werden. Wie er zu Beginn seines Episkopats bei allem Ungestüm den Vermittler zwischen zwei Extremen spielen wollte, so lehnt er auch nach seiner Absetzung die extremen Positionen gewisser Anhänger ab... Wie seine Formeln und seine freudige Begrüßung des Tomus Leonis zeigen, stand er vor den Toren von Chalkedon"[155].

Die weiterführenden Untersuchungen Grillmeiers, die ein neues Licht auf Nestorius werfen, können wir hier nicht referieren. Nur dies sei erwähnt, um unsere Vermutung zu untermauern: Es geht auch Nestorius um die volle Wahrung der menschlichen Personalität in Jesus Christus, aber nicht um zwei Personen, wie Grillmeier zeigt. Die Personeinheit in Jesus Christus will Nestorius nun auch betont eng verstanden wissen. Dies faßt Grillmeier so zusammen: „Nestorius schließt eine Verbindung in Christus aus, die etwa nur aufgrund von Liebe oder äußerer Nähe bestünde; es geht vielmehr um die Verbindung der Wesenheiten selber. Es genügt auch nicht für die Gottheit und Menschheit Gleichheit an Ehre und Autorität; ... Nein, die Wesenheiten selber sind zueinander gebracht und durchdringen sich gegenseitig"[156].

Dabei gilt auch für Nestorius - ebenso wie für Schoonenberg - „daß die Inkarnation nicht eine Tat des menschlichen Prosopons Christi nach Art einer Bewährung oder eines Verdienstes ist, sondern eindeutig eine göttliche Tat, ferner eindeutig eine actio *von oben* her"[157].

Noch größere Übereinstimmung sehen wir in der Anwendung des Perichorese-Gedankens durch Nestorius, wobei auch die Verwendung des Bildes vom „brennenden Dornbusch"[158] dafür ein Hinweis sein könnte. Nestorius umschreibt die „gegenseitige Durchdringung" der beiden Naturen in Christus auch so: „Wir sehen keine Scheidung zwischen dem Annehmenden noch dem Angenommenen, sondern der Angenommene ist *in* dem Annehmenden"[159]. Wenn bei Nestorius auch der Trinitätsgedanke den Hintergrund für die christologische Perichorese bildet (während Schoonenberg ja von der Christologie zum Trinitätsverständnis

[155] Ebd. 725.

[156] Ebd. 722.

[157] Ebd. 721.

[158] S. Schoonenberg, *Auf Gott hin denken* 17; für Nestorius s. P. Bedjan, *Nestorius, Le Livre d'Heraclide de Damas* (Paris 1910) 234f.; zitiert nach Grillmeier, *Jesus der Christus im Glauben der Kirche* 724 mit Anm. 39.

[159] A. Grillmeier, *Jesus der Christus im Glauben der Kirche* 723.

hinführen will), so bleibt das Anliegen dennoch bei beiden dasselbe: Es geht nämlich um eine seinshafte Einheit in Christus, für die Nestorius die Erklärung hat, daß sich in Christus die beiden Ousiai in unvermischter Weise zur Einheit eines Prosopons durchdringen. „Vorausgesetzt also, daß die beiden *Ousiai* oder *Physeis* unvermischt bleiben, will Nestorius jede Möglichkeit einer seinshaften Begründung der Einheit Christi ausnützen"[160]. „Was er aber als Grund dieser Einheit annimmt, ist die gegenseitige Durchdringung der beiden Naturen unter der Rücksicht des Prosopons. Nestorius will damit eine ontologische Begründung dieser Einheit geben, d.h. eine ontische Einheit bei der Verschiedenheit der Naturen annehmen"[161]. Darum wäre in der Tat einmal der Perichorese-Gedanke des Nestorius mit Schoonenbergs Vorstellung von „gottmenschlicher Person" näher zu vergleichen. Er meint ja, „daß die beiden in Christus anwesenden Wirklichkeiten, die göttliche und die menschliche, diese Person konstituieren, daß diese Person mit der Perichorese der Naturen identisch ist"[162].

Die bisherigen Weiterführungen und Ergänzungen Schoonenbergs waren der Versuch, ein „Erklärungsmodell" zu finden, wie unter Wahrung der Personeinheit in Jesus Christus die menschliche Personalität besser berücksichtigt werden kann. Darin fühlt sich Schoonenberg im Fahrwasser solcher Theologen, die Jesu Menschheit ein menschliches „Aktzentrum"[163] zuschreiben, wie etwa Karl Rahner, oder ein „psychologisches Ich"[164], wie Rudolf Haubst. Der gewaltige Unterschied liegt aber bei Schoonenberg darin, daß er „daraus auf eine Modifikation des göttlichen Personseins des Logos schließt"[165].

Die Ursache dafür liegt letztlich in Schoonenbergs „Kampf" gegen die Anhypostasie der menschlichen Natur[166]. Anders gesagt: In seiner Befürchtung, daß der Mensch Jesus entmündigt werde. Wir möchten aber an Schoonenberg die Frage stellen: Ist mit der Anhypostasie der menschlichen Natur automatisch ihre Entmün-

160 EBD. 723.

161 EBD. 724.

162 *Denken über Chalkedon* 303. Damit soll Schoonenberg jedoch nicht in den Verdacht der Häresie gerückt werden.

163 K. RAHNER, *Probleme der Christologie von heute*, in: Schriften, Bd. I, 176-184.

164 R. HAUBST, *Welches Ich spricht in Christus?*, in: TThZ 66 (1957) 1-20 sowie in überarbeiteter Form als Abschiedsvorlesung von der theologischen Fakultät in Mainz, in: TThZ 91 (1982) 1-17.

165 P. SCHOONENBERG, *Zur Trinitätslehre Karl Rahners* 487.

166 *Denken über Chalkedon* 302.

digung verbunden? Von Schoonenberg selbst her glauben wir diese Frage negativ beantworten zu dürfen.

Ohne Schoonenberg eigens zu nennen, aber wohl doch an dessen Adresse, gibt E. Schillebeeckx folgendes zu bedenken: „Dieser Mensch, Jesus, ist in der menschlichen Begrenzung einer (psychologischen und ontologischen) personal menschlichen Seinsweise identisch der Sohn, d.h. ‚der zweite' der trinitarischen Fülle göttlicher Einheit, ‚der zweite', der in Jesus zu menschlichem Selbstbewußtsein und Mitmenschlichkeit kommt. Eine Identität zwischen zwei endlichen personalen Seinsweisen (zwei Personen ineins) ist in der Tat ein innerer Widerspruch, da der Grund des Unterschieds zwischen Geschöpf und Gott nicht in der geschöpflichen Vollkommenheit liegt, sondern in dessen Endlichkeit, während all das, was darin positiv ist, doch schon vollkommen von Gott ‚entlehnt' ist. Geschöpf und Gott können nie zueinander addiert werden. Die konstitutive Beziehung zu Gott steckt schon im Wesens- und Personkern jedes Geschöpfs. So ist, dank der hypostatischen Identifizierung dessen, was von Jesus aus in Gott ‚Sohn Gottes' genannt wird, mit der personal-menschlichen Seinsweise Jesu, der Mensch Jesus eine konstitutive (Sohn-)Beziehung zum Vater, eine Beziehung, die sich im dynamischen Werden des menschlichen Lebens Jesu zu einer sich vertiefenden, gegenseitigen Enhypostasie entwikkelt, mit der Auferstehung als Höhepunkt. Dabei steht Jesus dem Vater und dem Geist gegenüber; aber er steht nicht dem Sohn Gottes gegenüber! In ihm wird das eine göttliche Bewußtsein und die absolute Freiheit, wie sie innergöttlich ‚sohnhaft' (in vollkommener Einheit mit dem Vater) erlebt wird, in Verfremdung zu einem menschlichen bewußten Aktzentrum und zu menschlicher (situierter) Freiheit vermenschlicht. In diesem Sinne muß man sagen, daß das Personsein Jesu keineswegs außerhalb seines Menschseins liegt, aber wir können ihn letztlich auch nicht (ohne vielerlei Nuancen) schlechthin eine ‚menschliche Person' nennen, denn dann käme es in der Tat zu einem undenkbaren Gegenüber zwischen dem Menschen Jesus und dem Sohn Gottes"[167].

Diese Überlegung von Schillebeeckx greift Schoonenberg auf und erwidert: „Bezüglich dieses allgemeinen Prinzips bin ich vollkommen mit Schillebeeckx einverstanden. Es muß aber in bezug auf die unterschiedenen göttlichen Personen unterschiedlich artikuliert werden! Der Vater ist mit Jesus eins ...; sie verhalten sich aber doch dialogisch, wie von Person zu Person. Demgegenüber sind

[167] EDW. SCHILLEBEECKX, *Jesus. Die Geschichte von einem Lebenden* 592.

der Logos und Jesus einer, eine einzige Person. Das bedeutet, daß einerseits der Logos (wie der Vater) nicht wie eine endliche Wirklichkeit etwas verlieren muß, um mit Jesus eins zu werden. Anderseits aber muß das göttliche Wort (wie m.E. auch der göttliche Geist) doch *in seiner Gottheit* derartig gestaltet sein, daß es nicht (wie der Vater) Jesus personal gegenübersteht, sondern mit seiner Menschheit (in der assumptio creativa) eine einzige Person bilden kann"[168].

Eröffnet sich aus dieser Forderung Schoonenbergs nicht die Möglichkeit zur stärkeren Berücksichtigung des „attrahere" der menschlichen Natur durch die Person des Logos? Gilt es nicht, dieses stärker auszubauen? Und von daher eine erneute trinitarische Hinterfragung des Christusmysteriums, wobei man dann auch das Menschwerden mitberücksichtigen kann?

Dabei gilt dann auch mit H. U. v. Balthasar mitzubedenken, daß „das Ereignis der Fleischwerdung der zweiten Person Gottes die Beziehung der göttlichen Personen nicht unaffiziert" läßt; „daß die ewigen Beziehungen zwischen Vater Sohn und Geist in der ‚Zeit' des Erdenwandels Christi in einem ernst zu nehmenden Sinn ihren Brennpunkt in den Beziehungen zwischen dem Menschen Jesus und seinem himmlischen Vater haben, daß der Heilige Geist zwischen ihnen lebt und, sofern er vom Sohn ausgeht, von dessen Menschsein mitaffiziert sein muß"[169]. Zur Verdeutlichung gilt aber auch hier mitzubedenken:

1. Das Sein Gottes ist nicht statisch zu sehen. Es schließt auch die Dynamik von Erkennen und Lieben in sich. Das Erkennen Gottes bekommt insofern auch vom Menschen her Inhalte, die nicht nur für Gott apriori vor Schöpfung und Sündenfall usw. vorgegeben sind, weil sie auf der Freiheit des Menschen beruhen. Gott erkennt auch die freien Entscheidungen des Menschen, ohne selbst aus seiner Transzendenz herauszutreten.
2. Das Prinzip actus Dei ad extra sunt indivisi ist insoweit sicher durchzuhalten, als keine Person in dem einen Gottsein eigene Akte erweckt. Diese Akte (identisch mit dem einen göttlichen Sein, Erkennen und Lieben) sind indes (wenn wir sie für uns als solche denken) in jeder Person auf die ihren personalen Relationen in Gott entsprechende Weise. D.h. konkreter: Der Vater sendet den Sohn. Der Sohn nimmt das Menschsein an sowie in diesem sein

[168] P. SCHOONENBERG, *Zur Trinitätslehre Karl Rahners* 487f., Anm. 22.

[169] H. U. v. BALTHASAR, *Mysterium paschale*, in: MySal III/2, 133-326; hier 149. Zitiert von Schoonenberg selbst in: *Zur Trinitätslehre Karl Rahners* 483,Anm. 17

ganzes menschliches Tun und Erleiden und der Heilige Geist wirkt in und über diesem angenommenem Menschsein auf das gemeinsame Heils-Ziel hin. Entsprechendes gilt von dem Aspekt der inhabitatio von Vater und Sohn in Christus als dem Gesandten von Vater und Geist.

3. Die Fragen: Ist die Einwirkung von Vater und Geist in Christus eine inhabitatio propria und begründet sie in Gott selbst sozusagen zusätzliche Relationen oder Inhalte des personalen Lebens, können gemäß dem Prinzip der coincidentia in Deo beantwortet werden und zwar mit dem Konzept des Nikolaus von Kues, daß unsere Begriffe als solche nicht in Gott hineinzuprojezieren und in ihm als voneinander verschieden existierend zu denken sind. Daraus ergibt sich aber: Auch Vater und Sohn bleiben von der Inkarnation sowie von Leiden und Verherrlichung Christi insofern „nicht unaffiziert", als in ihnen die ganze Fülle des göttlichen Erkennens und Liebens ist und zwar eines nicht nur aus apriorischen Ideen hervorgehenden Erkennens und Liebens, sondern eines solchen, das zugleich das Grundverhältnis der ganzen Schöpfung zu Gott als ihrem Ziel und insbesondere all das in sich schließt, was der Sohn in seinem Menschsein zur Verwirklichung des menschlichen Endzieles und endgültigen Heiles gewirkt hat.

Trotz der Weiterführungen Schoonenbergs gegenüber GM bleiben einige Bedenken. Wenn nach Schoonenberg die in Christus anwesenden Wirklichkeiten die Person Jesus Christus konstituieren, dann ist die Frage nach dem Subjekt der Inkarnation gestellt. Diese Frage wird im nächsten Punkt akut.

3) „Der Logos wird Sohn"

Mit dieser Überschrift deutet Schoonenberg zwei mögliche Perspektiven an:

a) Der Logos ist das Subjekt des Inkarnationsgeschehens

b) Es stellt sich die Frage: Beinhaltet das „wird Sohn", daß der Logos außerhalb des Inkarnationsgeschehens nicht der Sohn ist?

Thesenartig faltet Schoonenberg das „Der Logos wird Sohn" so aus: „Die gegenseitige Enhypostasie bringt mit sich, daß in der Menschwerdung der Logos selbst in seiner göttlichen Seinsweise geändert wird, so daß er erst durch die Menschwerdung Gott der Sohn ist"[170].

Hier stellen sich aber erneut Fragen: Wer ist das Subjekt des „Änderns"? Die These selbst gibt darauf keine eindeutige Antwort. Sollte Schoonenberg damit meinen, daß eine Kausaleffizienz des „Änderns" auf seiten des Menschen liegt? Dann hielten wir diese Aussage für äußerst bedenklich, ja sogar für falsch.

Aufgrund der oben erwähnten Antwort Schoonenbergs an Schillebeeckx sowie der weiteren Ausführungen Schoonenbergs stellt sich jedoch heraus, daß die Initiative des „sich Änderns" beim Logos liegt. Schoonenberg will offensichtlich hier betonen, ebenso wie H. U. v. Balthasar, daß der Logos selbst im Inkarnationsgeschehen nicht unaffiziert bleibt, daß er „nicht zuvor wie nachher auf dieselbe Weise göttliche Person" ist. „Deshalb muß der Logos sich durch die Menschwerdung in seiner eigenen göttlichen Seinsweise ändern"[171]. Im Inkarnationsgeschehen zeigt sich so der Höchstfall der Selbstbewegung Gottes auf den Menschen hin. Schoonenberg nimmt also hier das „λόγος σὰρξ ἐγένετο" ernst, insofern Christus von der Physis des Logos aus betrachtet wird. Der Logos bewegt sich selbst auf das Fleisch hin. Er ist „nicht symmetrisch und ohne besonderen Akzent der Physis der Menschheit gegenübergestellt"[172], sondern „Gott schafft seinem Sohn eine endliche, innerweltliche Existenz, mit dem Entschluß also, ihn darin zu belassen und nicht durch eine vergöttlichende ‚Mazeration' herauszuholen"[173]. So läßt sich auch Schoonenbergs Aussage in Formulierungen von A. Grillmeier ausdeuten. Schoonenbergs Christusbild läßt sich somit nicht auf das Bild eines „homo deifer" oder auf ein menschliches Subjekt, das die Gottheit besitzt, einengen. In dem jetzt vorliegenden „erweiterten" Verständnis ist seine Christologie auch nicht mehr ohne weiteres als „eine Christologie der Gegenwart Gottes in der menschlichen Person Jesu"[174] abzuqualifizieren.

Schoonenberg erweitert jedoch seine Vorstellung vom „Sich Ändern des Logos", indem er erklärt, „daß er auch im Menschwerden selbst geändert wird in seiner göttlichen Seinsweise und bezüglich seines göttlichen Personseins"[175]. Wird damit aber der Logos

[170] *Denken über Chalkedon* 304.
[171] Ebd.
[172] A. Grillmeier, *Jesus der Christus im Glauben der Kirche* 769.
[173] Ebd. 772.
[174] W. Kasper, *Christologie von unten?* 164.
[175] *Denken über Chalkedon* 304.

nicht doch abhängig von innerweltlichen Kausalzusammenhängen? Jedenfalls täte Schoonenberg besser daran, im selben Moment, da er von Gottes „Veränderung“ spricht, dessen Transzendenz und Unveränderlichkeit mitzubetonen. So trifft beispielsweise H. U. v. Balthasar letztlich auch Schoonenbergs Anliegen besser, wenn er so formuliert: „Nicht Gott in sich verändert sich, sondern der unveränderliche Gott geht eine Beziehung zur Geschöpflichkeit ein, die seinen innern Relationen ein neues Aussehen gibt; freilich nicht rein äußerlich, als beträfe diese Beziehung nach außen ihn nicht wirklich, sondern so, daß die neue Beziehung zu der weltlichen Natur, die dem Sohn hypostatisch geeint wird, eine der unendlichen Möglichkeiten, die in Gottes ewigem Leben liegen, ins Licht setzt“[176].

Gehen wir nun der Frage nach Schoonenbergs Verständnis des „wird Sohn“ nach. Soll das bedeuten, daß der Logos vor der Inkarnation nicht Sohn war? Hier möchten wir zunächst dies festhalten: Deutlicher als in GM spricht sich Schoonenberg in seinen jüngeren Veröffentlichungen für die Ewigkeit der Trinität aus[177]. „Ich denke, daß man für die Ewigkeit der Trinität gute Gründe anführen kann unter der Bedingung, daß man ... die Christologie zum Ausgangspunkt nimmt“[178]. In dem Aufsatz *Zur Trinitätslehre Karl Rahner*s stimmt Schoonenberg in Anlehnung an Richard von St. Viktor einer personalen(!) Präexistenz des Logos zu[179]. Offensichtlich sucht Schoonenberg sich in jüngerer Zeit gegenüber seinen Thesen in „Orientierung“[180] insofern zu verdeutlichen, als er nicht mehr

176 H. U. v. BALTHASAR, *Theodramatik* II/2 (Einsiedeln 1978) 479.

177 S. dazu bes. *Denken über Chalkedon* 305; *Zur Trinitätslehre Karl Rahners* 486-489.

178 *Denken über Chalkedon* 305.

179 *Zur Trinitätslehre Karl Rahners* 486. Kritisch zum „neueren“ Personverständnis Schoonenbergs B. J. HILBERATH, *Der Personbegriff der Trinitätstheologie* 47, 50f., 304ff., 312. Schoonenbergs Antwort: *Eine Diskussion über den trinitarischen Personbegriff. Karl Rahner und Bernd Jochen Hilberath*, in: ZKTh 111 (1989) 129-162. Zu Hilberath s. a. die Rezension von B. STUDER, in: ThRv 83 (1987) Sp. 306-309. Studer warnt u.a. davor (und dies geht indirekt auch in Richtung Schoonenberg) Richard von St. Viktor gegenüber Augustinus überzubewerten. Allzu oft werde auch heute noch, so Studer, übersehen, wie die trinitarischen Aussagen in AUGUSTINUS, *De Trinitate*, „durchweg von Pater, Filius, Spiritus zu unus Deus voranschreiten und dementsprechend die Gleichheit der Personen nicht aus der Einheit, sondern umgekehrt die Einheit aus der absolut vollkommenen Gleichheit abgeleitet wird“(Sp. 306).

180 P. SCHOONENBERG, *Trinität - der vollendete Bund. Thesen zur Lehre vom dreipersönlichen Gott*, in: Orien. 37 (1973) 115-117. Eine kritische Auseinander-

„einfachhin die Wechselseitigkeit des Verhältnisses" von ökonomischer und immanenter Trinität behauptet[181]. Vielmehr betont er jetzt stärker, daß ein „Werden" Gottes im Christusereignis sich aus seiner Ewigkeit vollzieht, auch insoweit es auf unser Heil bezogen ist[182]. „Der Vater ist ... der ewig die anderen Personen aus sich hervorgehen lassende, ihr ewiges Prinzip, und Wort und Geist sind die ewig aus dem Vater Hervorgehenden. Der Vater ist mit dem Prinzipsein, Wort und Geist sind mit ihrem ewigen Hervorgang identisch. Der Vater ist Person als dem Sohn und dem Geist das Personsein gebend, während diese Personen sind als das Personsein empfangend"[183]. Logos und Geist sind in der Formulierung Schoonenbergs somit „Person-von-Person"[184].

Im Hinblick auf unsere Fragestellung dürfte somit eins deutlich werden: Der Logos „wird" nicht „erst" im Inkarnationsgeschehen der Sohn, sondern ist auch für Schoonenberg der Sohn von Ewigkeit her.

Nun will aber im Hinblick auf die Christologie Schoonenberg von einem statischen Verständnis des trinitarischen Personseins wegführen. Im Hinblick auf den Logos bieten sich ihm zwei Denkmöglichkeiten an: Entweder ist das vorinkarnatorische Personsein des Logos dann doch „nur" als eine Präsenzweise Gottes zu denken, „sozusagen als ‚Ausdehnung' des göttlichen Wesens" des Vaters[185], d.h. dann zwar Gott aus Gott. „Seine göttliche Seinsweise ist dann nicht die des In-Sich-Subsistierens, was dem Vater zukommt ..., sondern vielmehr die des Hervorgehens aus ihm, des Ek-Sistierens (im Sinne Richards von St. Viktor)"[186]. Nach der zweiten Möglichkeit „wäre der Logos zwar noch nicht Person im heutigen Sinn (mit eigener Freiheit usw.), aber doch eine *hypostasis*, ein *distinctum subsistens*. Dabei muß man dann wohl die trinitarischen Beziehungen vorinkarnatorisch noch nicht als interpersonal,

setzung mit diesen Thesen bietet Y. CONGAR im Rahmen des Kapitels *„Ökonomische" Trinität und „immanente" Trinität*, in: Y. Congar, Der Heilige Geist (Freiburg/Basel/Wien 1982) 331-337.

181 Y. CONGAR, *Der Heilige Geist* 334. Insofern darf auch die Kritik an Schoonenberg aus heutiger Sicht einer Überarbeitung.

182 *Zur Trinitätslehre Karl Rahners* 481. Nur nebenbei möchten wir hier nochmals daran erinnern daß Schoonenberg zwischen einem „Werden Gottes" und einem geschöpflichen Werden sehr wohl unterscheidet.

183 EBD. 481f.

184 *Denken über Chalkedon* 305. *Zur Trinitätslehre Karl Rahners* 483-490.

185 EBD. 304.

186 EBD.

als Ich-Du-Beziehungen auffassen“[187]. Je nach dem für welche dieser beiden Möglichkeiten man sich entscheidet, muß man dann auch deren „Änderung“ durch die Menschwerdung auf zwei Weisen denken: „Entweder wird er (der Logos) von einer Präsenz*weise* Gottes zur zweiten Person, oder er wird von einer Hypostase zur zweiten Person, die zum Vater Du sagt und zu der der Vater Du sagt... So wird der Logos, indem er Fleisch wird, *der* Sohn Gottes, der menschliche und zugleich göttliche Sohn, der Sohn als gottmenschliche Person“[188].

Zu beiden Möglichkeiten, die Schoonenberg hier nennt, sind starke Bedenken anzumelden. Zur ersten von Schoonenberg aufgezeigten Möglichkeit verweisen wir auf W. Siebel, der Schwierigkeiten aufzeigt, wenn man das Verhältnis der innertrinitarischen Relationen auf die göttlichen Hervorbringungen reduzieren will. Er betont vielmehr, daß „in dem Vater-Sohn-Verhältnis eine Gegenseitigkeit liegt, die auf der gegenseitigen Erkenntnis beruht“, und folgert weiter: „Wenn das göttliche Vater-Sohn-Verhältnis nicht aus der Zeugung für sich allein abgeleitet werden kann, dann kann es aus der sozialen Gemeinsamkeit beider abgeleitet werden. Weil beide in einem Sozialverhältnis stehen, deswegen verhalten sie sich wie Vater und Sohn zueinander“[189]. Gerade in Auseinandersetzung mit der Trinitätslehre des Richard von St. Viktor kommt Siebel zu dem Ergebnis: „Im Rückblick läßt sich feststellen, daß es keinesfalls erforderlich ist ... Gott Vater als sich erkennend und liebend vorauszusetzen. Vielmehr hat sich ein solcher Ansatz als weniger begründet herausgestellt. Selbsterkenntnis und Selbstliebe setzen beim Menschen den Standpunktwechsel in der sozialen Gruppe voraus, und in Gott setzen sie die drei göttlichen Personen voraus. Erst die Tatsache, daß Gott in drei Personen ist, vermag zu begründen, daß Gottes Leben in Selbsterkenntnis und Selbstliebe besteht“[190].

[187] Ebd. 305.

[188] Ebd.

[189] W. Siebel, *Der Heilige Geist als Relation. Eine soziale Trinitätslehre* (Münster 1986) 65.

[190] Ebd. 85. Um das bisherige Verständnis der „immanenten“ Trinität auszuleuchten, „wird die in der Offenbarung enthaltene Analogie von der göttlichen Gemeinschaft im Vater-Sohn-Verhältnis konsequent als soziale Konzeption entwickelt. Die göttlichen Personen sind (Erkenntnis)Relationen ‚nach innen‘, wie sich aus der Analyse der menschlichen Zweiergemeinschaft deutlich machen läßt. Das gilt auch für den Heiligen Geist, der als die Relation der Gemeinschaft ausgewiesen wird, die als Liebe Vater und Sohn zusam-

Aber auch wenn man sich dabei für die, wie Schoonenberg sagt, „sich eher an der klassischen Trinitätslehre anschließende Möglichkeit“[191] halten wollte, müßte man Schoonenbergs Überschrift zumindest dahingehend abändern, daß man sagt: Der Logos wird mehr Sohn (ebenso wie der Vater mehr Vater würde und der Hl. Geist mehr Hl. Geist würde). Damit kommt aber diese Schwierigkeit zum Vorschein: Läuft Schoonenberg nicht auch mit diesem Konzept Gefahr, die ökonomische Trinität mit ihrem Höhepunkt in der Auferstehung nicht doch zu einer die immanente Trinität „überbietenden“ Trinität zu machen? Wird hier nicht die Spannung von Transzendenz und Immanenz dahingehend aufgelöst, daß Gott in seiner Welt-Immanenz sich selbst überbietet?

Hier müßte Schoonenberg stärker herausarbeiten, „daß, wenn mit der Auferstehung des Sohnes die ökonomische Trinitätsform aufgehoben wird in die immanente hinein, letztlich nichts rückgängig gemacht oder abermals ‚invertiert‘ zu werden braucht, vielmehr wird nur die zeitlich-vertikale Form in die ewig horizontale zurück- und emporgehoben“[192]. Um eine „Überbietung“ der immanenten Trinität durch die ökonomische auszuschließen und um sagen zu können, daß die ökonomische Trinität die immanente ist, muß man schließlich stärker als Schoonenberg diese Dialektik bedenken, daß - um auch dies mit v. Balthasar zu sagen - „Gott

menfaßt“. (Umschlaginnenseite 1). Leider scheinen Siebel die Analogien, die Nikolaus von Kues im Hinblick auf das Trinitätsgeheimis ausarbeitet, ebenso unbekannt zu sein wie die Schrift *De visione Dei* des NvK, insbesondere die Kap.17 u. 18. Vielleicht hätte er dann diesem Vorwurf J. Werbicks entgehen können: „Der zu hohe Anspruch, den Siebel an die Trinitätsspekulation stellt, sie müsse - über bloße ‚Verstehenshilfen‘ hinaus - die Möglichkeit an die Hand geben, auch im Hinblick auf das Geheimnis des dreieinen Gottes, ‚grundsätzlich Wahrheiten aufzudecken‘..., hindert ihn aber daran einzusehen, daß die Trinitätslehre mit einander korrigierenden Modellen arbeiten muß... Damit ist dem Modellrelativismus, der undifferenzierten Vorstellung, die verschiedenen Trinitätskonzepte seien einander ‚komplementär‘, nicht das Wort geredet. Es muß jedenfalls bis ins einzelne deutlich werden, wo und warum sich die verschiedenen Modelle korrigieren müssen und was sich aus dieser wechselseitigen Korrektur jeweils für die Semantik der trinitätstheologischen Grundbegriffe ergibt“. (J. WERBICK, Rezension zu W. Siebel, Der Heilige Geist als Relation, in: ThRv 84 (1988) Sp. 393ff; hier Sp. 395.) Auch hier könnte sich sowohl das manuduktorische Denken als auch das Wissen um die „Mauer der Koinzidenz“ hilfreich erweisen.

191 *Denken über Chalkedon* 304.

192 H. U. v. BALTHASAR, *Theodramatik* II/2 479.

über dem Spiel, weil nicht in dasselbe verstrickt, aber in ihm, weil er darin voll engagiert“[193] ist.

4) Ein Blick von der „gegenseitigen Enhypostasie“ bei Schoonenberg auf den cusanischen Gedanken der „attractio“

Wir möchten hier abschließend auch von Schoonenbergs Verständnis der „gegenseitigen Enhypostasie“ und von seiner Diskussion mit Schillebeeckx her[194] den Blick auf Cusanus werfen. Schoonenberg fordert, daß „das göttliche Wort ... doch in seiner Gottheit derart gestaltet sein (muß), daß es nicht (wie der Vater) Jesus personal gegenübersteht, sondern mit seiner Menschheit (in der assumptio creativa) eine einzige Person bilden kann“[195].

Damit sind wir aber genau bei der Frage nach der Möglichkeit und Ausdeutung der Mittlerstellung Jesu Christi angelangt. Diese behandelt Cusanus wohl am deutlichsten in dem Werk *De visione Dei*[196]. Dabei ist für ihn „der ewige Logos ... als solcher ‚die Mitte‘, und zwar nicht nur als die ‚mittlere Person‘ zwischen dem Vater und dem Heiligen Geist, sondern vor allem auch gegenüber der Welt als der universale Sinn-Grund, durch den der Vater alles wirkt. Schon das macht Christus zum ‚absoluten Mittler‘ und zu dem ‚Mittel‘ (medium) der Einung, durch das allein die Menschheit mit dem Vater geeint werden kann. Die Heilsvermittlung geschieht jedoch nicht durch Christus als den ‚absoluten Mittler‘, sondern auch (und hier kommt die heutige sogenannte geschichtliche Perspektive bei Cusanus in den Blick) mittels der Ihm geeinten Menschennatur. Mit dieser geeint, ist ‚Jesus das einzige Mittel‘, durch das der Vater alle Menschen an sich zieht“[197].

Um dieser Heilsmittler sein zu können, muß die Einung von Gott und Mensch in Christus so innig sein, daß sie inniger nicht mehr gedacht werden kann (Maximitätsprinzip). „Die Verknüpfung (copulatio) der göttlichen schöpferischen und der menschlichen geschaffenen Natur erfolgt in Christus also ohne Mittel (sine

193 Ebd. 471.

194 S. o. Punkt V, 2.

195 *Zur Trinitätslehre Karl Rahners* 487f., Anm. 22.

196 Wir wiesen schon öfters auf die Bearbeitung dieses Themas durch Kl. Reinhardt auf dem Symposion „Das Sehen Gottes nach Nikolaus von Kues“ hin.

197 R. Haubst, *Die Christologie* 127.

medio)"[198]; das heißt mit anderen Worten: Ohne jedwede der Menschheit anhaftende Realität, die die Verknüpfung herstellen sollte. Ontogenetisch erfolgte die Menschwerdung so, „daß die Menschheit Christi durch größtmögliche Erhöhung ‚nach oben geeint ist' (sursum unita). Sie kam nämlich in der Zeit zum Worte hinzu und rückte bis zur Identität in der Person an Es heran"[199].

Dies drückt Cusanus in der Vorstellung der Anziehung (attractio) der menschlichen Natur durch die göttliche aus, und er veranschaulicht diese Anziehung durch das „Bild des Magneten, weil darin die gesamte Wirkursächlichkeit betont in Gott verlegt wird"[200]. Einer ontisch verstandenen coincidentia oppositorum von Schöpfer und Geschöpf ist damit von vornherein radikal entgegengewirkt. Dagegen schließt unserer Meinung nach Schoonenbergs Modell der „gegenseitigen Enhypostasie" solch eine Sicht nicht vollkommen aus, da das „gegenseitig" eben doch eine „Wechselwirkung" impliziert, mag diese auch noch so asymmetrisch sein.

Bei seinem Verständnis der Unio in Christus als attractio ist Cusanus zugleich bestrebt, die von Gott zur Freiheit ermächtigte eigenständige Rolle der Menschheit Jesu gegenüber dem göttlichen Logos zu betonen[201]. Ja Cusanus hebt diese so stark hervor, daß er „neben der göttlichen Sohnschaft beinahe eine zweite auf die menschliche Natur bezogene Gottessohnschaft zuschreibt"[202]. Wie R. Haubst insbesondere aus dem Predigtwerk des Nikolaus von Kues herausarbeiten konnte, ist die „einzige Sohnschaft Christi ... weder der menschlichen noch der göttlichen gleich und nichts anderes als die hypostatische Einung, die dadurch zustande kam, daß Christus als der Sohn Gottes auch Menschensohn wurde"[203].

Von daher aber erhält Cusanus im Hinblick auf Schoonenberg heute auch wiederum Aktualität insofern, als er aufzeigen kann, daß „in der Abkünftigkeit des Endlichen vom Unendlichen, das Eigen-Sein als Von-Gott-her-sein keine Beeinträchtigung der Vollkommenheit des Endlichen ist, sondern Befähigung zur eigenen

198 EBD.

199 EBD.

200 EBD. 128. Zur Herkunft des Bildes vom Magnetstein s. die Anm. 55 bei Haubst.

201 S. R. HAUBST, *Die Christologie* bes. 129-138 sowie 219-312.

202 KL. REINHARDT, *Christus, die ‚absolute Mitte' als der Mittler zur Gotteskindschaft*; R. HAUBST, *Die Christologie* 247-253.

203 R. HAUBST, *Die Christologie* 252. Gezielt auf unser Thema s. *Welches Ich spricht in Christus*, in: TThZ 91 (1982) 1-17, bes. 16f. mit dem dazu gehörigen Schaubild.

Vollkommenheit"[204]. Dem dürfte auch H. U. v. Balthasar sich nicht verschließen, der Cusanus vorwirft, daß er „eine Christologie entwickelt, die aus Liebe zum Neuplatonismus die chalkedonische Formel gefährdet und die durch die negative Theologie selbst aufgerichtete ‚Mauer' zwischen Erde und Paradies ... überspringt"[205]. Daß dem nicht so ist, das machten die Vorträge von R. Haubst und Kl. Reinhardt anläßlich des Symposions „Das Sehen Gottes nach Nikolaus von Kues" deutlich.

204 CHR. SCHÖNBORN, *„De docta ignorantia" als christozentrischer Entwurf*, in: Nikolaus von Kues, hg. v. Kl. Jacobi (Freiburg/München 1979) 155f.

205 H. U. v. BALTHASAR, *Theologik* II (Einsiedeln 1985) 195.

ZUSAMMENFASSENDER RÜCKBLICK

Obwohl Schoonenberg selbst den Terminus Christologie „von unten" in seinem christologischen Versuch in „Ein Gott der Menschen" nirgendwo gebraucht, wird dieser doch durchweg als Christologie „von unten" charakterisiert. Ist diese Zuordnung berechtigt? Diese Fragestellung war der Hintergrundgedanke unseres ersten Teils.

In Ergänzung und Abgrenzung zu den schon vorliegenden Analysen des christologischen Programms „von unten" (insbesondere von R. Slenczka und W. Kasper) subsumierten wir nicht etwa nur verschiedene christologische Entwürfe unter einen mehr oder weniger vorgefaßten Oberbegriff Christologie „von unten". Wir gingen vielmehr von solchen christologischen Interpretationen aus, die von vornherein expressis verbis die Termini „von unten" bzw. „von oben" gebrauchen. Dabei war allerdings wegen der kaum noch übersehbaren Fülle christologischer Literatur sowohl im 19. Jh. als auch seit Mitte der 60er Jahre eine beschränkende Auswahl unumgehbar.

Gilt die Bezeichnung Christologie „von oben" generell für den Aufbau der klassischen Christologie, so unterliegt das Programm einer Christologie „von unten" einem mehrmaligen Bedeutungswandel. In Ergänzung zu der gängigen Meinung, wonach es sich bei der Christologie „von unten" zunächst um die Frage nach ihrem Ausgangspunkt („Erst müssen wir Christi offenbare Gottheit nachweisen können, ehe wir auf seine ewige Gottheit reflektieren", so Albr. Ritschl) oder um die Frage nach dem Glaubensgrund („Der geschichtliche Jesus als Grund unseres Glaubens", so W. Herrmann) handelt, fanden wir die beiden Termini „von unten" „von oben" schon vorher im Rahmen anderer christologischer Fragestellungen.

Hier ist zunächst Ferd. Chr. Baur zu nennen, der die beiden Termini bei der Beantwortung der von ihm aufgeworfenen dogmengeschichtlichen und neutestamentlichen Fragestellungen verwendet. Im Zentrum steht bei ihm dabei keineswegs die Frage nach der Personeinheit in Jesus Christus, sondern die nach der Entwicklung des „christlichen Bewußtseins". Diese Entwicklung läuft immer auf eine höhere Ebene hinaus. Dann bildet die Betrachtung der Bedeutung der Person Jesu „von unten" her eine niedere Stufe des christlichen Bewußtseins. „Von unten" ist die Betrachtung der Person Jesu innerhalb der synoptischen Evangelien ebenso wie die des Paulus insofern, als diese nach Baur nur den Menschen Jesus im Blick haben. Das Göttliche käme dann nur noch ergänzend hinzu.

Im Gegensatz dazu betrachtet nach Baur die johanneische Sicht „von oben" primär die Gottheit Jesu, indem sie das Menschliche mehr oder weniger außer acht lasse. Diese Sicht wertet Baur als den ersten Höhepunkt in der Entwicklung des christlichen Bewußtseins. Letztlich muß mit dessen Weiterentwicklung die gesamte Person Jesu überhaupt aus dem Blick geraten. Die Christologie „von unten" wird damit im Effekt gegenstandslos.

Gegen eine solche, letztlich zur Bedeutungslosigkeit verurteilte, Betrachtung der Person Jesu Christi wehrt sich I. A. Dorner mit aller Vehemenz. Obwohl er ein Schüler Baurs war, geht es ihm nämlich um die Wahrung der Personeinheit in Jesus Christus. Für ihn ist ja das Christentum nicht nur eine Lehre über Gottes Offenbarung, bei der Jesus Christus lediglich innerhalb des „christlichen Bewußtseins" eine Folie des sich immer weiter offenbarenden Gottes abgibt, sondern in Jesus von Nazareth selbst ist die Einheit des Göttlichen und Menschlichen auf persönliche Weise erschienen. Dies ist, so betont Dorner immer wieder, der gleichbleibende Aussagegehalt aller Evangelien.

Die Termini „von unten" und „von oben" gebraucht Dorner im Rahmen der Fragestellung nach der Einzigartigkeit und Universalität Jesu. Dabei verweist er mit diesen weniger auf einen Erkenntnisweg innerhalb der Christologie. Mit ihnen verbindet er vielmehr Wesensaussagen. Mit „von oben" ist die im Verhältnis zur Welt absolute Transzendenz Gottes gemeint. „Von unten" und „anthropologisch" sind für Dorner synonyme Begriffe, um das Menschsein Jesu zum Ausdruck zu bringen.

Wenn Dorner Christus „von unten" betrachtet, geht es ihm weniger um den irdischen Jesus. Er will vielmehr den Gottmenschen vom Ideal des Menschseins überhaupt her verstehen. „Oben" und „Unten" implizieren ein seinsmäßiges Gegenüber, bei dem sich der sich offenbarende Logos und der Mensch Jesus einander vervollkommnen. Einer erreicht durch den anderen seine Vollkommenheit. Nur, indem ein Mensch ist, der zugleich der Logos ist, ist mit anderen Worten die ganze Idee des Menschseins realisiert. Auffallend ist dabei Dorners Ansicht, daß aber auch das Göttliche auf das Menschliche angewiesen sei. Damit ist nämlich gleichzeitig eine Veränderlichkeit Gottes angezeigt, obwohl auch Dorner die Unveränderlichkeit Gottes beibehalten will. Er spricht doch von Gottes Unveränderlichkeit „nebst einem Leben Gottes", indem er Gottes Unveränderlichkeit und Leben „in dessen ethischem Sein zusammenbringen" will. So glaubt Dorner die Grundlage für eine Heilsgeschichte gelegt zu haben, die in Gottes Wesen selbst begründet ist.

Aus dieser Sicht schien zunächst die Charakterisierung von Schoonenbergs Christologie als Christologie „von unten" berechtigt. In der Tat hat sich ja Schoonenberg selbst in späteren Veröffentlichungen auf Dorner bezogen.

Dennoch ist dieser Unterschied unübersehbar: Dorner entwickelt seine Christologie „von oben" her, d.h. er geht von einem festen Gottesverständnis aus und wendet dieses Gottesbild auf die Christologie an. Schoonenberg hingegen will erst „von unten" zur Trinität vorstoßen. Bei ihm kommt noch hinzu, daß für ihn einzig und allein die menschliche, sowohl die irdische wie die verherrlichte Wirklichkeit der Person Jesu Christi den Ausgangspunkt der Christologie bildet. In diesem Ansatz trifft sich Schoonenberg mit den christologischen Entwürfen „von unten", wie wir sie in einem späteren Stadium der Geschichte der evangelischen Theologie in Auseinandersetzung mit der dialektischen Christologie bei Elert, Althaus und auch Pannenberg finden. Um einer Verflüchtigung der Christologie ins Idealistische entgegen zu wirken, nehmen diese Theologen die Frage nach dem geschichtlichen Jesus wieder auf. Ihnen geht es dabei jedoch nicht um einen Rückfall in die liberale Christologie, also nicht allein um den irdischen Jesus, wie bei Ritschl und Herrmann, sondern sowohl um den irdischen Jesus als auch um den verherrlichten Christus. Hervorzuheben ist dabei auch dies: Während im Neuaufleben der Christologie „von unten" bei Elert und Althaus die Auferstehung Jesu letztlich eine untergeordnete Rolle spielt - sie hat primär die Funktion eines nochmaligen Beweises der Gottheit Jesu -, sieht Pannenberg im Auferstehungsereignis das zentrale Ereignis der Christologie.

Schoonenbergs Christologie ist also insofern in die Christologie „von unten" einzuordnen, als sie von der menschlichen Wirklichkeit Jesu, zumal seiner menschlichen Geschichte, zu der aber auch Jesu verherrlichte Existenz unbedingt dazu gehört, ihren erkenntnismäßigen Ausgang nimmt.

Trotz all dieser Berührungspunkte Schoonenbergs mit verschiedenen christologischen Neuansätzen innerhalb der protestantischen Christologie ist aber auch dieser Unterschied nicht zu übersehen:

Während es innerhalb der protestantischen Christologie „von unten" doch primär um die Frage nach Jesus Christus als dem Grund des Glaubens geht, wobei das Dogma von Chalkedon erst eine sekundäre Rolle spielt, geht es innerhalb der katholischen Christologie trotz des Ansatzes bei der menschlichen Wirklichkeit Jesu um eine Interpretation des Glaubensinhalts, wie er im Chalcedonense festgehalten ist. Vor dem Inhalt der Glaubensaussage von Chalkedon muß sich jeder katholische Neuentwurf - trotz aller möglichen Kritik an diesem Dogma - verantworten.

Wie unsere Analyse der Christologie „von unten" bei Schoonenberg zeigte, geht es auch ihm nicht darum, erst einmal von der Erkenntnis der Menschheit Jesu zum Glauben an sein Person-Geheimnis heranzuführen. Seine Überlegungen zielen vielmehr auf eine Interpretation des Chalcedonense. Er stützt sich nämlich bereits auf die Glaubensaussagen der Schrift und der Väter und auf das Dogma von Chalkedon. Letztlich bildet dieses sogar seinen eigentlichen Ansatz. Es geht ihm also, aus der Sicht katholischer Systematik, weniger um die fundamentaltheologische Fragestellung nach Jesus Christus als um die dogmatische Christologie. Innerhalb dieser zielt er auf eine Ausleuchtung des Glaubensgeheimnisses der Personalität Jesu Christi.

In *Ein Gott der Menschen* ist indes eine Vernachlässigung der Betrachtung des Inkarnationsgeschehens als Sendung des göttlichen Logos durch den Vater und als Heilsgeschehen „von oben" unübersehbar. Schoonenberg geht dort sogar soweit, daß er von einer „Umkehrung von Chalkedon" spricht. Diese „Umkehrung von Chalkedon" brachte ihm herbe Kritik ein. Manche Kritiker sahen das Christusverständnis Schoonenbergs so sehr ausgehöhlt, daß sie seinen Versuch nur noch als eine „Christologie der Gegenwart Gottes im Menschen Jesus" verstanden wissen wollten. An dieser verkürzten Sicht ist Schoonenberg nicht schuldlos. Er selbst wendet diese Formulierung auf seinen Entwurf an. Gegen diese verkürzende Sichtweise sah sich auch das kirchliche Lehramt zum Einschreiten veranlaßt.

Schoonenberg nimmt die an ihn herangetragene Kritik ernst und sucht sich in ständig neuen Stellungnahmen zu verdeutlichen und zu verbessern. Zumal seine Darlegungen der „gegenseitigen Perichorese" und der „gegenseitigen Enhypostasie" sowie deren Ausdeutung auf den menschgewordenen Logos zeigen, daß er nicht mehr nur „von unten nach oben" denkt. Dort „analogisiert" er zwar zunächst auf Gott hin; aber in der Frage der „gegenseitigen Enhypostasie" denkt er unserer Meinung nach dann doch auch von Gott her. Dies insbesondere dann, wenn er das Inkarnationsgeschehen als Höchstfall der Selbstbewegung Gottes auf den Menschen hin interpretiert. Methodologisch kann er dies nur deshalb so ausdeuten, weil er zuvor schon „von unten“ her zur Annahme von quies und motus in Gott gekommen war. Damit dürfte er gerade in seinen jüngeren Veröffentlichungen dem Vorwurf des Arianismus entzogen sein.

Die Personeinheit in Jesus Christus unter Wahrung seiner vollen Menschheit, aber auch seiner vollen Gottheit, „einsichtig“ zu machen, ist nunmehr eindeutig das primäre Anliegen seiner Christologie. Dabei wird man Schoonenberg nicht mehr unterstellen dürfen, daß er den Glauben rationalisieren möchte. Er will vielmehr vom Glauben an die „gottmenschliche Person“ Jesu Christi her dieses Geheimnis auch als (rational) sinnvoll verständlich machen.

Dabei darf seine Unterscheidung von „intuitiver“ und „begrifflicher“ Erkenntnis nicht übersehen werden. Vermutlich sind ja auch die sich ergebenden Schwierigkeiten durchweg dem Versuch entsprungen, das Glaubensgeheimnis „auf den Begriff“ bringen zu wollen. Deshalb empfiehlt es sich, mit Schoonenbergs früheren und neuen „begrifflichen“ Fassungen ebenso vorsichtig (seiner Intention entsprechend), wie wohlwollend umzugehen. Letztlich geraten alle Begriffe in Gefahr, im Verstärken des einen Aspektes den anderen zu vernachlässigen. Nikolaus von Kues warnt eindringlichst vor dieser Gefahr.

Bei unserem „Blick“ von Schoonenberg auf Nikolaus von Kues waren wir uns bewußt, in dem Versuch, möglichst viele Gedanken von Cusanus in die heutige Zeit zu transformieren, vorsichtig sein zu müssen. Wie wir darlegten, sind indes Berührungspunkte unübersehbar. Von Cusanus her, der mehr und mehr das Auf-Gott-hin-Denken in Bewegung bringt, ist der mit dem „Aufstieg“ verbundene umgekehrte Weg „von oben nach unten“ - der ja auch bei konsequenter Überlegung bei Schoonenberg mit erforderlich ist - aufgetan: Welt-Wirklichkeit von Gott her zu denken. Das gilt zumal auch für die Christologie. Schoonenbergs eigene „Verdeutlichungen“ wiesen zunehmend darauf hin, daß Christologie „von unten“ und Christologie „von oben“ in solcher Wechselbeziehung stehen müssen. Methodologisch kann ja auch erst nach einem ersten Gang „von unten nach oben“ die Rückbesinnung „von oben nach unten“ den Blick für die „gegenseitige“ Perichorese und „gegenseitige Enhypostasie“ öffnen.

Vor allem aber glauben wir von Cusanus her dies an Schoonenbergs Christologie im Hinblick auf seine trinitätstheologischen Folgerungen verdeutlichen zu müssen: Die Auslotung seiner Vorstellung eines „Werdens“ Gottes führt bei Cusanus zu einem dialektischeren Verständnis des Seins in Gott. Die Unveränderlichkeit Gottes bleibt nämlich (deutlicher als bei Schoonenberg) voll und ganz (Aufeinanderfolge ohne Aufeinanderfolge heißt es bei Cusanus) gewahrt. Zugleich geht es aber in der Tat um eine prägnantere Ausdeutung des Begriffs „Sein" als Gottesattribut und zwar mit Hilfe des cusanischen Koinzidenzgedankens. Der Begriff des Seins impliziert ja als solcher den Gedanken der Intentionalität nicht. In der Perspektive des überbegrifflichen In-eins-falls von esse-velle-amare müssen wir dagegen die Intentionalität, die im velle und amare liegt, mit dem Sein Gottes in-eins-denken. Dabei geht es um den Versuch einer ontologischen Übersetzung des Intentionalen, nicht um eine Verflüchtigung des zeittranszendenten Seins Gottes in ein Werden Gottes, das als solches nur weltimmanent geschehen kann. Dies konnten wir auch im Bild der „Mauer der Koinzidenz" verdeutlicht sehen. Wir werden ja nicht einfach vor diese Mauer hingestellt, um „lediglich" Gottes unerfaßbares Wesen zu bestaunen. Wir erfahren vielmehr aus der alt- und neutestamentlichen Offenbarung Deutlicheres vom Jenseits der Mauer her, insbesondere Gottes unergründliche Liebe als auf jede einzelne Kreatur gerichtet und in Christus das Heilsziel der Schöpfung vollendend. Denn unsere Grenzen sind nicht Gottes Grenzen.

In den Darlegungen im Dritten Teil unserer Untersuchung ging es uns nicht um die Darlegung der gesamten Christologie des Nikolaus von Kues. Diese ist bereits 1956 ausführlich von dem Cusanus-Forscher Rudolf Haubst erarbeitet und aufgewiesen worden. Die vorliegende Untersuchung wäre nur unnötig erweitert worden.

Unsere Absicht lag darin, von Schoonenberg her einen „Blick auf Cusanus zu werfen". Das entspricht Schoonenbergs eigenem theologischem Programm: *Rückkehr zur Vergangenheit - Weg in die Zukunft*. Der Rückblick von seinen betont heutigen Darlegungen auf Cusanus erwies uns wiederholt deutlich, daß er sich lohnt - sei es zur Korrektur oder zur Weiterführung seines theologischen Denkens und anderer heutiger Neuansätze -, und daß die Beschäftigung mit Cusanus auch für den heutigen Theologen noch, oder erneut, gewinnbringend sein kann.

Abkürzungen

Die Abkürzungen richten sich nach: Theologische Realenzyklopädie (TRE). Abkürzungsverzeichnis. Zusammengestellt von S. Schwertner (Berlin New York 1976).

Die Werke des Nikolaus von Kues werden wie folgt abgekürzt:

Apol.	Apologia doctae ignorantiae
Comp.	Compendium
De ult.	Coniectura de ultimis diebus
Crib. Alk.	Cribratio Alkorani
De aequal.	De aequalitate
De ap. theor.	De apice theoriae
De beryl.	De beryllo
De con. cath.	De concordantia catholica
De coni.	De coniecturis
De dato	De dato patris luminum
De Deo absc.	De Deo abscondito
De docta ign.	De docta ignorantia
De fil.	De filiatione Dei
De Gen.	De Genesi
De ludo	De ludo globi
De pace	De pace fidei
De poss.	De possest
De princ.	De principio
De quaer.	De quaerendo Deum
De theol. compl.	De theologicis complementis
De ven. sap.	De venatione sapientiae
De vis.	De visione Dei
De non aliud	Directio speculantis seu De li non aliud
Epist. ad Ioh. de Segobia	Epistula ad Iohannem de Segobia
De mente	Idiota de mente
De sap.	Idiota de sapientia
De stat. exper.	Idiota de staticis experimentis

Abkürzungen für Editionen und Übersetzungen der Werke des Nikolaus von Kues

CT	*Cusanus-Texte*: Sitzungberichte der Heidelberger Akademie der Wissenschaften. Philosophisch-historische Klasse (Heidelberg 1929ff.)
h	*Nicolai de Cusa Opera Omnia* iussu et auctoritate Accademiae Litterarum Heidelbergensis ad codicum fidem edita (Leipzig 1932ff. und Hamburg 1951ff.)
p	*Nicolai Cusae Cardinalis Opera* (Pariser Ausgabe von 1514)

Dupré	*Nikolaus von Kues. Philosophisch-theologische Schriften*, hg. und eingeführt v. L. Gabriel. Übersetzt und kommentiert von Dietlind und Wilhelm Dupré.
NvKdÜ	*Schriften des Nikolaus von Kues in deutscher Übersetzung* hg. im Auftrag der Heidelberger Akademie der Wissenschaften. Philosophische Bibliothek (Leipzig 1932ff. und Hamburg 1949ff.)
Santinello	*Nicolò Cusano*. Scritti filosofici. A cura di Giovanni Santinello, Bd. II (Bologna 1980).

Weitere Abkürzungen:

BCG	*Buchreihe der Cusanus-Gesellschaft*. Mitbegründet von Josef Koch, hersg. von Rudolf Haubst, Erich Meuthen und Josef Stallmach. (Aschendorff Münster 1964ff.)
CSt	*Cusanus-Studien*: Sitzungberichte der Heidelberger Akademie der Wissenschaften. Philosophisch-historische Klasse (Heidelberg 1930ff.)
GM	P. Schoonenberg, Ein Gott der Menschen (Einsiedeln/Zürich/Köln 1969).
KSCG	Kleine Schriften der Cusanus-Gesellschaft (Paulinus Verlag Trier 1963ff.)
MFCG	Mitteilungen und Forschungsbeiträge der Cusanus-Gesellschaft.In Verbindung mit dem Wissenschaftlichen Beirat der Cusanus-Gesellschaft herausgegeben von Rudolf Haubst. Bde 1-17 Matthias Grünewald-Verlag Mainz. Ab Band 18 Paulinus-Verlag Trier.
NIMM	Nicolò Cusano agli inizi del mondo moderno. Atti del Congresso internationale in occasione del V centenario della morte di Nicolò Cusano: Bressanone, 6-10 settembre 1964 (Firenze 1970).
V_1	Bibliotheca Vaticana, Cod. lat. 1244.
V_2	Bibliotheca Vaticana, Cod. lat. 1245.

Literaturverzeichnis

Primärliteratur Schoonenberg

Schoonenberg, P., *Alternativen der heutigen Christologie*, in: ThPQ 128 (1980) 349-357.

—, *Antwoord aan p. Jean Galot*, in: TTh 20 (1980) 86-92.

—, *Arianische Christologie? Antwort P. Schoonenbergs an Jean Galot*, in: ThG 23 (1980) 50-56.

—, *Het avontuur der christologie*, in: TTh 12 (1972) 303-314.

—, *Christus zonder Tweeheid*, in: TTh 6 (1966) 289-306.

—, *Christologische Diskussion heute*, in: ThQS 123 (1975) 105-117.

—, *Der Christus „von oben" und die Christologie „von unten"*, in: TThZ 99 (1990) 95-124. Eine überarbeitete Fassung findet sich in: TTh 31 (1991) 3-27: *De Christus „van boven" en de christologie „van beneden"*.

—, *Denken über Chalkedon*, in: ThQS 160 (1980) 295-305.

—, *De eenheid van Christus en de preëxistentie van de Zoon*, in: Werkgenootschap van katholieke theologen in Nederland Jaarboek 1963/64 (Hilversum 1965) 92-111; Diskussion 112-119.

—, *Die Entwicklung des christologischen Dogmas. Zur Debatte*, in: Themen der Katholischen Akademie in Bayern 1 (1971) 2f.

—, *Ereignis und Geschehen. Einfache hermeneutische Überlegungen zu einigen gegenwärtig diskutierten Fragen*, in: ZKTh 90 (1968) 1-21.

—, *Unser Gebet und unser Gott*, ThG 27 (1984) 193-200.

—, *De Geest, het Woord en de Zoon: Theologische overdenkingen over Geest-christologie, Logos-christologie en drieëenheidsleer* (Altiora-Averbode en Kok-Kampen 1991).

—, *Das kirchliche Gemeinschaftsleben: Autorität und Freiheit*, in: Die Antwort der Theologen 63-69.

—, *Geschichtlichkeit und Interpretation des Dogmas*, in: Die Interpretation des Dogmas, hg. von P. Schoonenberg (Düsseldorf 1969) 58-110.

—, *God as Relating and (Be)Coming. A Meta-Thomistic Consideration*, in: Listening 14 (1979) 265-279; neubearb. in: ThPQ 133 (1984) 323-332.

—, *Over de Godmens*, in: Bijdr. 25 (1964) 406-415.

—, *Ein Gott der Menschen* (Zürich/Einsiedeln/Köln 1969).

—, *Auf Gott hin denken (Abschiedsvorlesung von der Theol. Fakultät Nijmegen)*, in: ThG 20 (1977) 193-203.

—, *Auf Gott hin denken. Deutschsprachige Schriften zur Theologie*, hg. von W. Zauner (Wien/Freiburg/Basel 1986).

—, *Gott als Person/als persönliches Wesen*, in: Conc 13 (1977) 172-179.

—, *Gott in der Prozeß-Theologie*, in: ThG 18 (1975) 225-235.

—, *Ich glaube an Gott. Eine Antwort an Prof. Dr. Klaus Reinhardt*, in: TThZ 81 (1972) 65-83.

—, *Die sieben Hauptsünden des Neuen Katechismus*, in: Dokumentation des Holländischen Katechismus 70-84.

—, *Heilsgeschichte und Dialog*, in: ThPQ 115 (1967) 132-138.

—, *Jezus Christus vandaag dezelfde*, in: Geloof bij kenterend getij: Peilingen in een seculariserend christendom (Roermond/Maaseik 1967).
—, *Kenosis*, in: Conc 2 (1969) 24-32.
—, *Monophysitisches und dyophysitisches Sprechen über Christus*, in: WuW 27 (1972) 252-264; engl. in: WuW Suppl. Bd. 1 (1972) 154-166.
—, *Offenbarung und Erfahrung*, in: ThG 14 (1971) 7-13
—, *Process or History in God?*, in: LouvSt 4 (1973) 303-319.
—, *Rückkehr zur Vergangenheit: Weg in die Zukunft? Prolegomena zu einem Entwurf der Theologie*, in: Entwürfe der Theologie 291-307.
—, *Spirit Christology and Logos Christology*, in: Bijdr. 38 (1977) 350-375.
—, *Theologie und Lehramt*, in: WuW 22 (1967) 737-746.
—, *Toekomst voor een Geest-christologie?*, in: Meedenken met Edward Schillebeeckx, hg. von H. Häring, T. Schoof u. A. Willems (Baarn/Ndl 1983) 146-157.
—, *Die Transzendenz Gottes*, in: Christl.-päd. Bl. 85 (1972) 2-13.
—, *Trinität - der vollendete Bund*, in: Orien. 37 (1973) 115-117.
—, *Zur Trinitätslehre Karl Rahners*, in: Glaube im Prozeß 471-491.
—, *Das Verhältnis zwischen Gott und Welt*, in: Die Antwort der Theologen 49-56.
—, *Wege nach Emmaus. Unser Glaube an die Auferstehung Jesu* (Graz/Wien/Köln 1974).
—, *Das theologische Zentralproblem: Die Christologie*, in: Die Antwort der Theologen 56-63.

Primärliteratur Nikolaus von Kues

Nicolai de Cusa Opera Omnia iussu et auctoritate Academiae Litterarum Heidelbergensis ad codicum fidem edita (Hamburgi 1932 -).
—, Vol. I, *De docta ignorantia*, ediderunt E. Hoffmann et R. Klibansky (1932).
—, Vol. II, *Apologia doctae ignorantiae*, edidit R. Klibansky (1932).
—, Vol. III, *De coniecturis*, ediderunt I. Koch et C. Bormann. I. G. Senger comite (1972).
—, Vol. IV, *Opuscula* I (*De Deo abscondito, De quaerendo Deum, De filiatione Dei, De dato Patris luminum, Coniectura de ultimis diebus, De genesi*), edidit P. Wilpert (1959).
—, Vol. VII, *De pace fidei*, ediderunt R. Klibansky et H. Bascour (1959; editio altera 1970).
—, Vol. VIII, *Cribratio Alkorani*, edidit L. Hagemann (1986).
—, Vol. XIII, *Directio speculantis seu De non aliud*, ediderunt L. Baur et P. Wilpert.
—, Vol. XVI/0, *Sermones* I (1430-1441). Fasc. 0: Praefationes (ed. R. Haubst) et Indices (ed. H. Pauli).
—, Vol. XVI/1, *Sermones I (1430-1441)*. Fasc. 1: Sermones I-IV, edidit R. Haubst. M. Bodewig et W. Krämer comitibus (1970).
—, Vol. XVI/2, *Sermones I (1430-1441)*. Fasc. 2: Sermones V-X, edidit R. Haubst. M. Bodewig et W. Krämer comitibus (1973).
—, Vol. XVI/3, *Sermones I (1430-1441)*. Fasc. 3: Sermones XI-XXI, a R. Haubst et M. Bodewig editi (1977).

—, Vol. XVI/4, *Sermones I (1430-1441).* Fasc. 4: Sermones XXII-XXVI, a R. Haubst et M. Bodewig editi (1984).
—, Vol. XVII/1, *Sermones II (1443-1452).* Fasc. 1: Sermones XXVII-XXXIX, a R. Haubst et H. Schnarr editi.
—, Vol. XVII/2, Sermones II (1443-1452). Fasc. 2: Sermones XL-XLVIII, a R. Haubst et H. Schnarr editi.
—, Vol. VI, *De visione Dei* ist z. Zt. in editorischer Bearbeitung. R. Haubst stellte mir freundlicherweise den für die kritische Edition vorgesehenen Text im Ms. zur Verfügung.
—, Vol. X/1, *Opuscula II*, Fasc. 1, *Elucidationes thematum Novi Testamenti* ist in editorischer Bearbeitung. R. Haubst stellte mir freundlicherweise den für die Edition vorgesehenen Text im Ms. zur Verfügung.
Acta Cusana. *Quellen zur Lebensgeschichte des Nikolaus von Kues*, im Auftrag der Heidelberger Akademie der Wissenschaften hg. von E. Meuthen u. H. Hallauer.
—, Bd. I/1: 1401 - 1437 Mai 17, hg. von E. Meuthen (Hamburg 1976).
—, Bd. I/2: 1437 Mai 17 - 1450 Dezember 31, hg. von E. Meuthen (Hamburg 1983).
Nicolai Cusae Cardinalis Opera, ed. Jacobus Faber Stapulensis (Parisiis 1514, Nachdr. Frankfurt 1962).
Nicolò Cusano. Scritti filosofici. A cura di Giovanni Santinello, Bd. II (Bologna 1980).
Philosophisch-theologische Schriften, hg. von L. Gabriel. Übers. und kommentiert von D. u. W. Dupré, Bde. 1-3 (Wien 1964-1967).
Schriften des Nikolaus von Kues in deutscher Übersetzung, hg. im Auftrag der Heidelberger Akademie der Wissenschaften. Philosophische Bibliothek (Leipzig 1936ff. und Hamburg 1949ff.)
Textauswahl in dt. Übersetzung (Trier, Institut für Cusanus-Forschung, 1982-)
H. 1: *De pace fidei. Der Friede im Glauben.* Dt. Übersetzung von R. Haubst (1982).
H. 2: *Die Vaterunser-Erklärung in der Volkssprache.* Der moselfränkische Text ins Neuhochdeutsche übertragen von W. Jungandreas (1982).
H. 3: *De visione Dei. Das Sehen Gottes.* Dt. Übersetzung von H. Pfeiffer (1985).

Weiterführende Literatur

Abramowsky, L., *Drei christologische Untersuchungen* (Berlin 1981).
—, *Trinitarische und christologische Hypostasenformeln*, in: ThPh 54 (1979) 38-49.
Ackeren, F. van, *Is Jesus „Man plus God"?*, in: ThD 23 (1975) 59-70.
Adam, K., *Der Christus des Glaubens. Vorlesungen über die kirchliche Christologie* (Düsseldorf 1954).
—, *Jesus Christus* (Tübingen ²1933).
Althaus, P., *Offenbarung als Geschichte und Glaube. Bemerkungen zu Wolfhart Pannenbergs Begriff der Offenbarung*, in: ThLZ 88 (1962) 321-330.
—, *Die christliche Wahrheit. Lehrbuch der Dogmatik* Bd. 2 (Gütersloh ²1949).

Alvarez-Gómez, M., *Der Mensch als Schöpfer seiner Welt. Überlegungen zu De coniecturis*, in: MFCG 13 (1978) 160-166.
Andresen, C., *Zur Entstehung und Geschichte des trinitarischen Personbegriffs*, in: ZNW 84 (1959) 1-39.
Die Antwort der Theologen. Rahner, Metz, Schoonenberg, Congar, Daniélou, Schillebeeckx zu Hauptproblemen der gegenwärtigen Kirche. Mit einem Vorwort von Karl Rahner (Düsseldorf ²1969).
Arens, H., *Die christologische Sprache Leo des Großen. Analyse des Tomus an den Patriarchen Flavian* (Freiburg/Basel/Wien 1982).
Auer, J., *Gott der Eine und Dreieine* (Regensburg 1978).
—, *Jesus Christus - Gottes und Mariä „Sohn“* (Regensburg 1986).
—, *Person. Ein Schlüssel zum christlichen Mysterium* (Regensburg 1979).

Backes, I., *Die christologische Problematik der Hochscholastik und ihre Beziehung zu Chalkedon*, in: Das Konzil von Chalkedon, Bd. II, 923-939.
Baillie, D. M., *Gott war in Christus. Eine Studie über Inkarnation und Versöhnung* (Göttingen 1959).
Balthasar, H. U. v., *Karl Barth. Darstellung und Deutung seiner Theologie* (Köln ²1962).
—, *Einleitung zu: Richard von Sankt Viktor, Die Dreieinigkeit*, hg. von H. U. v. Balthasar (Einsiedeln 1980) 9-22.
—, *„Gott von Gott, Licht vom Lichte ...“*, in: IKaZ 6 (1977) 1-4.
—, *Glaubhaft ist nur die Liebe* (Einsiedeln 1963).
—, *Mysterium paschale*, in: MySal Bd. III/2, 133-326.
—, *Theodramatik* Bd. II/2. *Die Personen in Christus* (Einsiedeln 1979).
—, *Theologik* Bd. II. *Wahrheit Gottes.* (Einsiedeln 1985).
Bantle, F. X., *Person und Personbegriff in der Trinitätslehre Karl Rahners*, in: MThZ 30 (1979) 11-24.
Barbel, J., *Einführung in die Dogmengeschichte*, hg. von A. Fries (Aschaffenburg 1975).
—, *Der Gott Jesu im Glauben der Kirche. Die Trinitätslehre bis zum 5. Jahrhundert*, hg. von A. Fries (Aschaffenburg 1976).
Barth, K., *Die dogmatische Prinzipienlehre bei Wilhelm Herrmann*, in: ZZ 3 (1925) 246-280.
Baur, F. Chr., *Die christliche Gnosis oder die christliche Religions-Philosophie in ihrer geschichtlichen Entwicklung* (Tübingen 1835).
—, *Kritische Untersuchungen über die kanonischen Evangelien, ihr Verhältnis zueinander, ihren Charakter und Ursprung* (Tübingen 1847).
—, *Lehrbuch der christlichen Dogmengeschichte* (Darmstadt 1979); (Nachdruck der 3. Aufl. von 1867).
Bavel, van T., *Die Bedeutung des Konzils von Chalkedon damals und heute*, in: Conc. 18 (1982) 199-205.
—, *Nicht-chalkedonische Christologie? Zu Piet Schoonenbergs Modell*, in: ThG 15 (1972) 86-93.
Becker, G., *Theologie in der Gegenwart. Tendenzen und Perspektiven* (Regensburg 1978).
Bedjan, P., *Nestorius, Le Livre de'Heraclide de Damas* (Paris 1910).
Beierwaltes, W., *Identität und Differenz* (Frankfurt 1980).

Beinert, W., *Dogmatik studieren. Einführung in dogmatisches Denken und Arbeiten* (Regensburg 1985).
Berten, I., *Geschichte Offenbarung Glaube. Eine Einführung in die Theologie Wolfhart Pannenbergs.* Aus dem Französischen übersetzt von S. Martin (München 1970).
Berkhof, H., *Schoonenberg en Pannenberg: de tweesprong van de huidige christologie*, in: TTh 11 (1971) 413-422.
Beyschlag, W., *Die Christologie des Neuen Testaments* (Halle o. J. ; vermutl. 1865).
Biedermann, H. M., Art. *Christologie* (griechischer Osten), in: Lexikon des Mittelalters, Bd. II, 1932-1934.
Bibel und Christologie. Ein Dokument der päpstlichen Bibelkommission in Französich und Latein. Mit dt. Übersetzung und Hinführung von P.-G. Müller, einem Kommentar von J. A. Fitzmyer und einem Geleitwort von Kardinal J. Ratzinger (Stuttgart 1987).
Bilanz der niederländischen Kirche. Eine kritische Würdigung ihrer Theologie und Praxis (Düsseldorf 1976)
Bilanz der Theologie im 20. Jahrhundert. Perspektiven, Strömungen, Motive in der christlichen und nichtchristlichen Welt, hg. von H. Vorgrimler u. R. van der Gucht, Bde. 1-3 (Freiburg/Basel/ Wien 1969-1970).
Ergänzungsband: Bahnbrechende Theologen (Freiburg/Basel/Wien 1970).
Billot, L., *De Verbo incarnato* (Romae [9]1949).
Blank, J., *Jesus Christus, bibeltheologisch,* in: Neues Handwörterbuch theologischer Grundbegriffe, hg. von P. Eicher, Bd. 2 (München 1984) 226-239.
Bleek, H., *Die Grundlagen der Christologie Schleiermachers. Die Entwicklung der Anschauungsweise bis zur Glaubenslehre mit besonderer Rücksicht auf seine Christologie* (Freiburg/Leipzig/Tübingen 1898).
Bormann, K., *Die Koordinierung der Erkenntnisstufen (descensus und ascensus) bei Nikolaus von Kues*, in: MFCG 11 (1975) 62-79; Diskussion dazu 79- 85.
Bornkamm, G., *Jesus von Nazareth* (Stuttgart 1956).
—, *Studien zu Antike und Christentum.* Ges. Aufs., Bd. 2 (München 1963).
Bouyer, Ch., *Une étrange christologie*, in: DoC 26 (1973) 175-187.
Bouyer, L., *Das Wort ist der Sohn* (Einsiedeln 1976).
Bredow, G. v., Art. *Coincidentia oppositorum*, in: HWP Bd. I (Darmstadt 1971) Sp. 1022f.
—, *Der Geist als lebendiges Bild Gottes*, in. MFCG 13 (1978) 58-67.
Breuning, W., *Schwerpunkte heutiger Christologie*, in: LS 28 (1977) 26-33.
Brown, E., *Jesus God and Man. Modern Biblical Reflections.* (Milwaukee 1967).
Bultmann, R., *Kerygma und Mythos*, Bd. I, hg. von H. W. Bartsch (Hamburg-Bergstedt [5]1967).
Burke, T. P., *Künftige Aufgaben der Theologie* (München 1967).

Christologie im Präsens. Kritische Sichtung neuer Entwürfe, hg. von A. Schilson u. W. Kasper (Freiburg [2]1977).
Christologische Schwerpunkte, hg. von W. Kasper (Düsseldorf 1980).
Das Christusverständnis im Wandel der Zeiten. Eine Ringvorlesung der Theol. Fakultät der Universität Marburg, hg. von H. Grass u. W.G. Kümmel (Marburg 1963).

Colomer, E., *Das Menschenbild des Nikolaus von Kues in der Geschichte des christlichen Humanismus*, in: MFCG 13 (1978) 117-143.
Congar, Y., *Gedanken zu einer Theologie der „Ökonomie" in der lateinischen Tradition*, in: ThGl 65 (1976) 161-203.
—, *Der Heilige Geist* (Freiburg/Basel/Wien 1982).
Conzelmann, H., Art. *Jesus Christus*, in: RGG Bd. III (1959) Sp. 619-653.
Cook, M. L., *The Jesus of Faith. A Study in Christology* (New York/Ramsey/Toronto 1981).
Coppens, J., *La personne de Jesus Christ*, in: EThL 45 (1969) 127-137.
Coreth, E., *Zur Philosophie der Trinität im Denken der Neuzeit bis Schelling*, in: Der Streit um den Gott der Philosophen, hg. von J. Möller (Düsseldorf 1985) 48-80.
Cullmann, O., *Die Christologie des Neuen Testaments* (Tübingen ^{4}1966).

Dantine, W., *Jesus von Nazareth in der gegenwärtigen Diskussion* (GTB 85, Gütersloh 1974).
Dautzenberg, G., *Christusdogma ohne Basis?* (Essen 1971).
Declaratio ad fidem tuendam in mysteria Incarnationis et Sactissimae Trinitatis a quibusdam recentibus erroribus, in: AAS 64 (1972) 237-241.
Deneffe, A., *Perichoresis, circumincessio, circuminsessio. Eine terminologische Untersuchung*, in: ZKTh 47 (1923) 497-532.
Diskussion über Hans Küngs „Christ sein", hg. v. H. U . v. Balthasar u. a. (Mainz ^{3}1976).
Diskussion von Kreuz und Auferstehung, hg. von B. Klappert (Wuppertal ^{3}1968)
Dörrie, H., *HYPOSTASIS. Wort- und Bedeutungsgeschichte*, in: NAWG 3 (1955) 35-92.
Dogmengeschichte und katholische Theologie. FS für H. Bacht, A. Grillmeier und A. Schönmetzer, hg. von W. Löser, K. Lehmann u. M. Lutz-Bachmann (Würzburg 1985).
Dokumentation des Holländischen Katechismus (=Report über den Holländischen Katechismus) (Freiburg 1969).
Dorner, I. A., *Entwicklungsgeschichte der Lehre von der Person Christi von den ältesten Zeiten bis auf die neueste dargestellt* Bde. I-III (Berlin ^{2}1845-1856).
—, *Über die christologische Frage der Gegenwart*, in: JDTh 19 (1874).
—, *Gesammelte Schriften aus dem Gebiet der systematischen Theologie, Exegese und Geschichte* (Berlin 1883).
—, *System der christlichen Glaubenslehre*, Bd. I (Berlin 1879).
Drobner, H. R., *Person - Exegese und Christologie bei Augustinus. Zur Herkunft der Formel Una Persona* (Leiden 1986).
Dunn, J. D. G., *Christology in the Making: An Inquiry in to the Origins of the Doctrine of the Incarnation* (SCM Press LTD 1980).
Dupuis, J., *The Christology of P. Schoonenberg*, in: CleM 37 (1973) 227-242.
Dupré, W., *Der Mensch als Mikrokosmos im Denken des Nikolaus von Kues*, in: MFCG 13 (1978) 68-87.

Elert, W., *Der christliche Glaube. Grundlinien der lutherischen Dogmatik* (Berlin 1940).
Enchiridion Symbolorum Definitionum et Declarationum de rebus fidei et morum, hg. von H. Denzinger u. A. Schönmetzer (Freiburg [36]1976).
Entwürfe der Theologie, hg. von Joh. B. Bauer (Graz/Wien/Köln 1985).
Erklärung zu dem Buch „Christ sein" von Professor Dr. Hans Küng. Sonderdruck aus der Schriftenreihe „Die Deutschen Bischöfe" Heft 13, hg. vom Sekretariat der Deutschen Bischofskonferenz, Bonn, den 17. Nov. 1977.
Erklärung der Deutschen Bischofskonferenz zum Christusbekenntnis von Nizäa, hg. vom Sekretariat der Deutschen Bischofskonferenz, Bonn, den 24. Sept. 1975.
Ernst, J., *Personale oder funktionale Christologie?* in: MThZ 23 (1972) 217-240.
Evangelisch-Katholischer Kommentar zum Neuen Testament (Neukirchen 1, 1969ff.).
Exegetisches Wörterbuch zum Neuen Testament, hg. von H. Balz u. G. Schneider, Bde. 1-3 (Stuttgart/Berlin/Köln/Mainz 1978-1983).
Exempel Holland, hg. von M. Schmaus, L. Scheffczyk u. J. Giers (Berlin 1972).

Fitzmyer, J. A., *A Christological Catechism: New Testament Answers* (New York 1982).
Fragen der Theologie heute, hg. von J. Feiner, J. Trütsch und F. Böckle (Einsiedeln/Zürich/Köln 1957)
Fries, H., *Zeitgenössische Grundtypen altkirchlicher Jesusdeutungen*, in: Grundfragen der Christologie heute 36-76.
Zur Frühgeschichte der Christologie, hg. von B. Welte (Freiburg/Basel/Wien 1970).

Gahbauer, F. R., *Das anthropologische Modell. Ein Beitrag zur Christologie der frühen Kirche bis Chalkedon* (Würzburg 1984).
Galot, J., *Cristo contestato. Le cristologie non calcedoniane e la fede cristologica* (Firenze 1979).
—, *Dynamisme de l'Incarnation: au delà de la formule de Chalcédoine*, in: NRTh 93 (1971) 225- 244.
—, *Tentativi di una nuova Cristologica*, in: CivCat 121 (1970) 484-494.
—, *Valeur de la notion de personne dans l'expression du mystère du Christ*, in: Gr. 55 (1974) 69-97.
—, *Vers une nouvelle christologie* (Paris 1971).
Galtier, P., *L'unité du Christ* (Paris 1939).
Garrigues, J.-M., *Maxime le Confesseur. La Charité avenir divin de l'homme* (Paris 1976)
Garcia-Murga, J. R., *Bespr. zu P. Schoonenberg, Ein Gott der Menschen*, in: EstTrin 11 (1977) 360.
Geffre, C., *Die Auferstehung Christi in heutiger Theologie*, in: ThG 16 (1973) 39-46.
Geiger, W., *Spekulation und Kritik. Die Geschichtstheologie Ferdinand Christian Baurs* (München 1964).
Gertler, Th., *Jesus Christus - Die Antwort der Kirche auf die Frage nach dem Menschsein* (Leipzig 1986).

Gesché, A., *Die Auferstehung Jesu in der dogmatischen Theologie*, in: Theologische Berichte 2, 275-324.
Geschichte der evangelischen Theologie in Deutschland seit dem Idealismus, hg. von H. Schmidt u. M. Stephan (Berlin/New York [3]1973).
Im Gespräch mit dem Dreieinen Gott. FS für W. Breuning zum 65. Geburtstag, hg. von M. Böhnke u. H. Heinz (Düsseldorf 1985).
Gilg, A., *Weg und Bedeutung der altkirchlichen Christologie* (München 1955).
Der Glaube der Kirche in den Urkunden der Lehrverkündigung, hg. von J. Neuner u. H. Roos. Neubearbeitet von K. Rahner und K.-H. Weger (Regensburg [9]1975).
Glaube im Prozeß. Christsein nach dem II. Vatikanum. FS für Karl Rahner, hg. von E. Klinger und Kl. Wittstadt (Freiburg 1984).
Gnilka, J., *Der Philipperbrief* (Freiburg/Basel/Wien [2]1976).
Gott in Welt. FS für K. Rahner, Bd. 1 (Freiburg 1964)
Greshake, G., *Die theologische Herkunft des Personbegriffs*, in: Personale Freiheit und pluralistische Gesellschaft, hg. von G. Pöltner (Wien 1981) 75-86.
Grillmeier, A., Art. *Christologie*, in: LThK, Bd. 2 (Freiburg [2]1958) Sp. 1156-1166.
—, *Die altkirchliche Christologie und die moderne Hermeneutik. Zur Diskussion um die chalkedonische Christologie heute*, in: Theologische Berichte 1, 69-169.
—, *Zum Christusbild der heutigen Theologie*, in: Fragen der Theologie heute, 265-299.
—, *Dogmengeschichte der kirchlichen Christologie*, in: LThK, Bd. 5 (Freiburg [2]1960) Sp. 941-953.
—, *Die Einzigartigkeit Jesu Christi und unser Christsein. Zu H. Küngs „Christ sein“*, in: ThPh 51 (1976) 196-243.
—, *Die christologische Entdeckung des Humanum*, in: MFCG 13 (1978) 305-319.
—, *Hellenisierung - Judaisierung des Christentums als Deuteprinzipien der Geschichte des kirchlichen Dogmas*, in: Mit ihm und in ihm 423-488.
—, *Moderne Hermeneutik und altkirchliche Christologie*, in: Mit ihm und in ihm 489-582.
—, *Jesus der Christus im Glauben der Kirche*, Bd. 1: Von der Apostolischen Zeit bis zum Konzil von Chalcedon (451) (Freiburg/Basel/Wien 1979).
Bd. 2/1: Das Konzil von Chalcedon. Rezeption und Widerspruch (451-518). (Freiburg/ Basel/Wien 1986).
—, *Jesus von Nazareth - „im Schatten des Gottessohnes“?*, in: Diskussion über Hans Küngs „Christ sein“, 60-82.
—, *Mit ihm und in ihm. Christologische Forschungen und Perspektiven* (Freiburg/Basel/Wien [2]1978).
—, *„Piscatorie“ - „Aristotelice“. Zur Bedeutung der „Formel“ in den seit Chalkedon getrennten Kirchen*, in: Mit ihm und in ihm 283-300.
—, *Das Scandalum oecumenicum des Nestorius in kirchlich-dogmatischer Sicht*, in: Mit ihm und in ihm 245-282.
—, *Auf der Suche nach Einheit. Zum Stand der Gespräche mit den altorientalischen Kirchen*, in: ThPh 52 (1977) 242-257.
Grundfragen der Christologie heute, hg. von L. Scheffczyk (Freiburg 1975).
Günther, E., *Die Entwicklung der Lehre von der Person Christi im XIX. Jahrhundert* (Tübingen 1911).
Guggenberger, A., Art. *Person*, in: HThG Bd. 2 (München 1963) 295-306.

Gutwenger, E., *Bewußtsein und Wissen Christi* (Innsbruck 1960).
—, *Zur Trinitätslehre von „Mysterium Salutis" II*, in: ZKTh 90 (1968) 325-328.

Haering, Th., *Der christliche Glaube (Dogmatik)* (Calw/Stuttgart 1906).
Hagemann, L., *Christentum - Für das Gespräch mit Muslimen* (Altenberghe ^{3}1986).
—, *Christentum und Islam zwischen Konfrontation und Begegnung* (Altenberghe 1983).
—, *Der Kur'an in Verständnis und Kritik bei Nikolaus von Kues. Ein Beitrag zur Erhellung islamisch - christlicher Geschichte* (Frankfurt 1976).
—, *Nikolaus von Kues im Gespräch mit dem Islam* (Altenberghe 1983).
—, *Die Sehnsucht des Menschen - Heil und Heilswege nach Nikolaus von Kues*, in: MFCG 13 (1978) 395-410.
Hahn, F., *Christologische Hoheitstitel. Ihre Frühgeschichte im frühen Christentum* (Göttingen ^{3}1966).
Halder, A., u.a., Art. *Person*, in: LThK Bd. 9 (^{2}1964) Sp. 287-292.
Halleux, A. de *La définition christologique à Chalcédoine*, in: RTL 7 (1976) 3-23; 155-170.
Hamilton, W., *Die Eigenart der Theologie Pannenbergs*, in: Theologie als Geschichte 225-251.
Hammerschmidt, E., *Ursprung philosophisch-theologischer Termini und deren Übernahme in die altkirchliche Theologie*, in: OstKSt 8 (1959) 202- 220.
Harnack, A. von, *Das Wesen des Christentums* (Gütersloh [GTB 227] 1977).
Hasenfuss, J., Art. *Glossner, Michael*, in: LThK, Bd. 4, Sp. 972.
Haubst, R., Art. *Christologie, Spätscholastik*, in: Lexikon des Mittelalters, Bd. 2 (München/Zürich 1983) Sp. 1928-1932.
—, Art. *Complicatio - explicatio*, in: Lexikon des Mittelalters, Bd. 3, 1. Lief. (München/Zürich 1984) Sp. 104.
—, *Bespr. von Ph. Kaiser, Das Wissen Jesu Christi in der lateinischen (westlichen) Theologie*, in: ThRv 80 (1984) Sp. 50-52.
—, *Bespr. von W. Beierwaltes, Identität und Differenz*, in: ThPh 56 (1981) 153-155.
—, *„Biblioteca trinitariorum" und die Leitidee der „analogia Trinitatis"*, in: TThZ 95 (1986) 28-37.
—, *Das Bild des Einen und Dreieinen Gottes in der Welt nach Nikolaus von Kues* (Trier 1952).
—, *Die Christologie des Nikolaus von Kues* (Freiburg 1956).
—, *Zum Fortleben Alberts des Großen bei Heymerich von Kamp und Nikolaus von Kues*, in: Studia Albertina (= BGPhThMA Suppl.-Bd. 4, Münster 1952) 420-447.
—, *Die leitenden Gedanken und Motive der cusanischen Theologie*, in: MFCG 4 (1964) 257-277.
—, *Die Gottanschauung und das natürliche Erkenntniswachstum Christi*, in: ThQS 137 (1957) 385- 412.
—, *Gottes Wirken und die menschliche Freiheit*, in: TThZ 88 (1979) 175-193.
—, *Johannes von Segovia im Gespräch mit Nikolaus von Kues und Jean Germain über die göttliche Dreieinigkeit und ihre Verkündigung vor den Mohammedanern*, in: MThZ 2 (1951) 115-129.

—, *Nikolaus von Kues und die heutige Christologie*, in: Universitas. FS für Bischof Dr. Albert Stohr, hg. von L. Lenhart, Bd. 1 (Mainz 1960) 165-175.
—, *Nikolaus von Kues und der Evolutionsgedanke*, in: Schol. 39 (1964) 481-494.
—, *Nikolaus von Kues - „Pförtner der neuen Zeit"* (= KSCG 12, Trier 1988).
—, *Die erkenntnistheoretische und mystische Bedeutung der „Mauer der Koinzidenz"*, in: MFCG 18 (1989) 167-185 (mit Diskussion).
—, *Probleme der jüngsten Christologie*, in: ThRv 52 (1956) Sp. 145-162.
—, *Studien zu Nikolaus von Kues und Johannes Wenck aus Handschriften der Vatikanischen Bibliothek* (Münster 1955).
—, *Vom Sinn der Menschwerdung. Cur Deus homo.* (München 1969).
—, *Theologie in der Philosophie - Philosophie in der Theologie*, in: MFCG 11 (1975) 233-260; Diskussion 260-273.
—, *Die Wege der christologischen manuductio*, in: MFCG 16 (1984) 164-182.
—, *Vorwort zu De visione Dei. Das Sehen Gottes.* Dt. Übersetzung von H. Pfeiffer, in: Nikolaus von Kues. Textauswahl in dt. Übersetzung, H. 3 (Trier, Cusanus-Institut 1986) 3f.
—, *Welches Ich spricht in Christus*, in: TThZ 66 (1957) 1-20.
—, *Welches Ich spricht in Christus*, in: TThZ 91 (1982) 1-17.
Heijden, B. van der, *Karl Rahner. Darstellung und Kritik seiner Grundpositionen* (Einsiedeln 1973).
Heinzer, F., *Gottes Sohn als Mensch. Die Struktur des Menschseins Christi bei Maximus Confessor* (Freiburg/Schw. 1980).
Helwig, M. K., *Jesus. The Compassion of God. New Perspectives of the Tradition of Christianity* (Wilmington/Delaware ^{2}1985).
Hengel, M., *Der Sohn Gottes. Zur Entstehung der Christologie und die jüdisch-hellenistische Religionsgeschichte* (Tübingen ^{2}1977).
Herrmann, Wilh., *Der geschichtliche Christus als Grund unseres Glaubens*, in: ZThK 2 (1892) 232-273.
—, *Grund und Inhalt des Glaubens*, in: W. Herrmann, Ges. Aufsätze, hg. von F. W. Schmidt (Tübingen 1923) 275-294.
—, *Der Verkehr des Christen mit Gott. Im Anschluß an Luther dargestellt* (Tübingen ^{7}1921).
Hilberath, B. J., *Der Personbegriff der Trinitätstheologie in Rückfrage von Karl Rahner zu Tertullians „Adversus Praxean"* (Innsbruck/Wien 1986).
—, *Jesus Christus*, in: Handwörterbuch religiöser Grundbegriffe, hg. von U. Ruh, D. Seeber, R. Walter (Freiburg/Basel/Wien 1986) 184-188.
—, u. Schneider, Th., *Jesus Christus/Christologie, systematisch*, in: Neues Handbuch theologischer Grundbegriffe, hg. von P. Eicher, Bd. 2 (München 1984) 240-256.
Hill, W. J., *The Three-Personed God* (Washington DC 1982).
Hodgson, P. C., *Jesus - Word and Presence. An Essay in Christology* (Philadelphia 1971)
Hödl, L., *Neuansätze in der dogmatischen Christologie*, in: Tendenzen der katholischen Theologie nach dem Vatikanischen Konzil, hg. von G. Kaufmann (München 1979) 24-42.
—, Art. *Christologie, Christologische Häresien*, in: Lexikon des Mittelalters, Bd. 2, Sp. 1934-1936.
Hofius, O., *Der Christushymnus Phil 2,6-11* (Tübingen 1976).

Hofmann, P., *Analogie und Person. Zur Trinitätsspekulation Richards von St.-Victor*, in: ThPh 59 (1984) 191-234.
Hopkins, J., *Nicholas of Cusa's Dialectical Mysticism. Text, Translation, and interpretive Study of De Visione Dei* (Minneapolis 1985).
Hünermann, P., *Offenbarung Gottes in der Zeit. Prolegomena zur Christologie* (Münster 1989).

Ihmels, L., *Centralfragen der Dogmatik in der Gegenwart* (Leipzig ^{2}1912).
Iwand, H. J., *Vom Primat der Christologie*, in: Antwort. K. Barth zum 70. Geburtstag (Zürich 1957) 172-189.

Jaspers, K., *Nicolaus Cusanus* (München 1964, text- und seitengleiche Neuauflage München/Zürich 1987).
Jelke, R., *Die Grunddogmen des Christentums. Die Versöhnung und der Versöhner* (Leipzig 1929).
Jesus - Ort der Erfahrung Gottes. Mit Beiträgen von B. Casper u. a. (Freiburg 1976).
Journet, Ch., *Secularisation, Herméneutique, Orthopraxis selon E. Schillebeeckx et Piet Schoonenberg*, in: NV 44 (1969) 300-312.
Jüngel, E., *Gott als Geheimnis der Welt. Zur Begründung der Theologie des Gekreuzigten im Streit zwischen Theismus und Atheismus* (Tübingen 1977).
—, *Gottes Sein ist im Werden. Verantwortliche Rede vom Sein Gottes bei Karl Barth* (Tübingen 1965).
—, *Das Verhältnis von „ökonomischer" und „immanenter" Trinität. Erwägungen über eine biblische Begründung der Trinitätslehre - im Anschluß an und in Auseinandersetzung mit Karl Rahners Lehre vom dreifaltigen Gott als transzendentem Urgrund der Heilsgeschichte*, in: ZThK 72 (1975) 353-364.

Kähler, M., *Der sogenannte historische Jesus und der geschichtliche, biblische Christus* (Leipzig ^{2}1896; neu hg. von E. Wolf [Theologische Bücherei, Neudrucke und Berichte aus dem 20. Jahrhundert, Bd. 2, Sytematische Theologie] München 1956).
—, *Geschichte der protestantischen Dogmatik im 19. Jahrhundert.* Bearbeitet und mit einem Verzeichnis der Schriften Martin Kählers hg. von E. Kähler (Berlin 1962).
Käsemann, E., *Exegetische Versuche und Besinnungen*, Bd. 1 (Göttingen ^{6}1970).
—, *Das Problem des historischen Jesus*, in: ZThK 51 (1954) 125-153.
Kaiser, Ph., *Die gott-menschliche Einigung in Christus als Problem der spekulativen Theologie seit der Scholastik* (München 1968).
—, *Das Wissen Jesu Christi in der lateinischen (westlichen) Theologie* (Regensburg 1981).
Kamp, G. G. van de, *Logos-Christologie en Pneuma-Christologie als Parallel: Piet Schoonenberg*, in: Ders., Pneuma-Christologie: een oud antwoord op een actuele vraag? (Amsterdam 1983) 175-189.
Kasper, W., *Alter Christusglaube und neue Christologie*, in: ThG 20 (1977) 2-11.
—, *Christologie und Anthropologie*, in: ThQS 162 (1982) 202-221.
—, *Christologie von unten? Kritik und Neuansatz gegenwärtiger Christologie*, in: Grundfragen der Christologie heute 141-170.

— *Neuansätze gegenwärtiger Christologie*, in: Christologische Schwerpunkte 17-36.
—, *Für eine Christologie in geschichtlicher Perspektive. Replik auf die Anmerkungen von Hans Küng*, in: Grundfragen der Christologie heute 179-183.
—, *Dogma unter dem Wort Gottes* (Mainz 1965).
—, *Einige verwunderte Gegenfragen*, in: ZKTh 98 (1976) 186-189.
—, *Einführung in den Glauben* (Mainz ^{5}1977).
—, *Der Gott Jesu Christi* (Mainz 1982).
—, *Jesus der Christus* (Mainz ^{6}1977).
—, *Die Methoden der Dogmatik. Einheit und Vielheit* (Mainz 1967).
—, *Name und Wesen Gottes. Problem und Möglichkeit des theologischen Sprechens von Gott*, in: Der Name Gottes 176-190.
—, *Neuansätze gegenwärtiger Christologie*, in: Wer ist Jesus Christus 121-150.
—, *Wer ist Jesus Christus für uns heute?*, in: ThQS 154 (1974) 203-222.
Katholische Theologen Deutschlands im 19. Jahrhundert, hg. von A. Fries u. G. Schwaiger, Bde 1-3 (München 1975).
Katholischer Erwachsenenkatechismus. Das Glaubensbekenntnis der Kirche, hg. von der Deutschen Bischofkonferenz (Verlagsgruppe „engagement" ^{2}1985).
Kelly, J. N. D., *Altchristliche Glaubensbekenntnisse. Geschichte und Theologie* (Göttingen ^{3}1972).
Kereszty, R., *The Pre-existence and Oneness of Christ*, in: AEcR 167 (1973) 630-642.
Kerygma und Logos. Beiträge zu den geistesgeschichtlichen Beziehungen zwischen Antike und Christentum. FS C. Andresen, hg. von A. M. Ritter (Göttingen 1979).
Klappert, B., *Die Auferweckung des Gekreuzigten. Der Ansatz der Christologie Karl Barths im Zusammenhang der Christologie der Gegenwart* (Neukirchen 1971).
—, *Diskussion um Kreuz und Auferstehung* (Wuppertal ^{3}1968).
Klassiker der Theologie, hg. von H. Fries u. G. Kretschmar, Bd. 2 (München 1983).
Knox, J., *The Humanity and Divinity of Christ. A Study of Pattern in Christology* (Cambridge 1967).
Das Konzil von Chalkedon. Geschichte und Gegenwart, Bde. I-III, hg. von A. Grillmeier u. H. Bacht (Würzburg 1951-1954; ^{5}1979 = unveränderter Nachdruck mit neuem Vorwort).
Kösters, L., *Lehre über Jesus Christus*, in: LThK, Bd. 5 (Freiburg 1933) Sp. 345-353.
Krebs, E., Art. *Christologie*, in: LThK, Bd. 3 (Freiburg 1931) Sp. 933.
Kremer, Kl., *Erkennen bei Nikolaus von Kues. Apriorismus - Assimilation - Abstraktion*, in: MFCG 13 (1978) 23-57; Diskussion dazu, in: MFCG 14 (1980) 36-48.
—, *Gott - in allem alles, in nichts nichts. Bedeutung und Herkunft dieser Lehre des Nikolaus von Kues*, in: MFCG 17 (1986) 188-219.
—, *Die Hinführung (manuductio) von Polytheisten zum Einen, von Juden und Muslimen zum Dreieinen Gott*, in: MFCG 16 (1984) 126-159; Diskussion 159-163.
—, *Identität und Differenz. Zu einem gleichnamigen Buch von W. Beierwaltes*, in: MFCG 15 (1982) 92-103.
—, *Gottes Vorsehung und die menschliche Freiheit (Sis tu tuus, et Ego ero tuus)*, in: MFCG 18 (1989) 167-185 (mit Diskussion).

Krempel, A., *La doctrine de la relation chez Saint Thomas. Exposé historique et systématique* (Paris 1952).
Kümmel, W. G., *Dreißig Jahre Jesusforschung (1950-1980)*, hg. von H. Merklein (Königstein 1985).
Küng, H., *Christ sein* (München ^{7}1975).
—, *Menschwerdung Gottes. Eine Einführung in Hegels theologisches Denken als Prolegomena zu einer künftigen Christologie* (Freiburg 1979).
Künneth, W., *Entscheidung heute. Jesu Auferstehung, Brennpunkt der theologischen Diskussion* (Hamburg 1966).
—, *Die Offenbarung Gottes in Kreuz und Auferstehung. Die Einheit von Wirklichkeit und Wahrheit*, in: Diskussion von Kreuz und Auferstehung 162-170.

Lachenschmid, R., *Christologie und Soteriologie*, in: Bilanz der Theologie im 20. Jahrhundert, Bd. 3 (1970) 82-120.
Lehmann, K., *Gegenwart des Glaubens* (Mainz 1974).
—, *Dogmengeschichtliche Hermeneutik am Beispiel der Christologie des Konzils von Nizäa*, in: Jesus - Ort der Erfahrung Gottes 190-209.
Lentzen-Deis, W., *Cusanische Prinzipien in der Glaubensvermittlung*, in: TThZ 96 (1987) 98-110.
Lexikon für Theologie und Kirche (Freiburg 1930-38, ^{2}1957-65).
—, *Das Zweite Vatikanische Konzil. Dokumente und Kommentare. Konstitutionen, Dekrete und Erklärungen*, Bde. 1-3 (Freiburg/Basel/ Wien 1966-1968).
Lexikon der katholischen Dogmatik, hg. von W. Beinert (Freiburg/Basel/Wien 1987).
Lexikon des Mittelalters, Bde. 1,1.ff. (München/Zürich 1977ff.).
Löser, W., *Christologie zwischen kirchlichem Glauben und modernem Bewußtsein*, in: ThPh 51 (1976) 244-266.
—, *Jesus Christus - Gottes Sohn, aus dem Vater geboren vor aller Zeit*, in: IKaZ 6 (1977) 31-45.
—, *Trinitätstheologie heute. Ansätze und Entwürfe*, in: Trinität. Aktuelle Perspektiven der Theologie 19-45.
Lohse, E., *Die Frage nach dem historischen Jesus in der gegenwärtigen neutestamentlichen Forschung*, in: ThLZ 87 (1962) Sp. 161-174.
Lonergan, B., *The Origins of Christian Realism*, in: ThD 20 (1972) 292-305.
Loofs, Fr., *Wer war Jesus Christus?* (Halle 1916).
—, *Leitfaden der Dogmengeschichte* (Halle ^{3}1893).
Luthardt, Chr. E., *Die christliche Glaubenslehre gemeinverständlich dargestellt* (Leipzig 1898).

Mackey, J. P., *Jesus, the Man and the Myth. A contemporary Christology* (SCM Press 1979).
McDermott, B. O., *The personal unity of Jesus and God according to W. Pannenberg* (St. Ottilien 1973).
McIntyre, J., *The Shape of Christology* (London 1966).
McNamara, K., *New Ways in Christology*, in: The Furrow 24 (1973) 395-408.
Malmberg, F., *Über den Gottmenschen* (Freiburg/Basel/Wien 1960).
Marranzini, A., *Il problema cristologico: panoramica storica*, in: Asp. 20 (1973) 332-351.

Marxsen, W. *Die Auferstehung Jesu als historisches und theologisches Problem* (Gütersloh [5]1967).
Mauer, O., *Christologischer Disput heute*, in: WuW 27 (1972) 78-86.
Medisch, R., *Neues zur Christologie Schoonenbergs*, in: ThG 16 (1973) 52f.
Meinhardt, H., *Der christologische Impuls im Menschenbild des Nikolaus von Kues*, in: MFCG 13 (1978) 105-116; Diskussion, in: MFCG 14 (1980) 68-84.
Mersch, E., *La théologie du Corps Mystique*, Bd. 1 (Paris 1944).
Michiels, L., *Nieuwe christologische interpretaties onder de loupe genomen*, in: TGL 30 (1974) 412-419.
—, *Een mens om nooit to vergeten* (Antwerpen 1972).
—, *Menswording: de vraag naar de verhouding tussen Godsgeloof en Christusopenbaring*, in: CMech 54 (1969) 298-328.
Mildenberger, Fr., *Geschichte der deutschen evangelischen Theologie im 19. und 20. Jahrhundert* (Stuttgart/Berlin/Köln/Mainz 1981).
Mitteilungen und Forschungsbeiträge der Cusanus-Gesellschaft, in Verbindung mit dem Vorstand der Cusanus-Gesellschaft unter Mitwirkung des Wissenschaftlichen Beirats hg. von R. Haubst, Bde. 1-17 (Mainz 1961-1986); Bd. 18 (Trier 1989).
Moeller, Ch., *Die Geschichte der Pastoralkonstitution Gaudium et Spes*, in: LThK, Das Zweite Vatikanische Konzil, Bd. 3 (Freiburg/Basel/Wien 1968) 242-279.
—, *Kommentar zu Gaudium et Spes, Prooemium - Einf. (Art. 10)*, in: LThK, Das Zweite Vatikanische Konzil, Bd. 3 (Freiburg/Basel/Wien 1968) 280-312.
Um Möglichkeit oder Unmöglichkeit natürlicher Gotteserkenntnis heute, hg. von Kl. Kremer (Leiden 1985).
Möller, J., *Person und Personalität*, in: Universitas 360-367.
Moingt, J., *Universalité de Jésus-Christ*, in: RThPh 17 (1967) 209-223.
Moltmann, J., *Der gekreuzigte Gott* (München 1972).
Mondin, B., *New Trend in Christology*, in: BTB 4 (1974) 33-74.
Mühlen, H., *Der Heilige Geist als Person. In der Trinität, bei der Inkarnation und im Gnadenbund* (Münster [2]1967).
—, *Die Veränderlichkeit Gottes als Horizont einer zukünftigen Christologie* (Münster [2]1976).
—, *Das Vor-Verständnis von Person und die evangelisch-katholische Differenz* (Münster [2]1965).
Müller, G., *Spekulation - Ethizismus - Kerygmatismus. Haupttypen moderner Christologie*, in: ThZ 27 (1971) 117-134.
Müller, G. L., *Christologische Modelle*, in: Lexikon der katholischen Dogmatik 71-75.
Muschalek, G., *Gott in Jesus. Dogmatische Überlegungen zur heutigen Fremdheit des menschgewordenen Sohnes Gottes*, in: ZKTh 94 (1972) 145-157.
Mussner, Fr., *Der „historische" Jesus*, in: TThZ 69 (1960) 321-337.
Die Mysterien des Lebens Jesu und die christliche Existenz, hg. von L. Scheffczyk (Aschaffenburg 1984).
Mysterium Salutis. Grundriß heilsgeschichtlicher Dogmatik, hg. von J. Feiner und M. Löhrer, Bde. 1-5 (Einsiedeln/Zürich/Köln 1965-1976).
Ergänzungsband. Arbeitshilfen und Weiterführungen (Einsiedeln/Zürich/Köln 1981).

Der Name Gottes, hg. von H. V. Stietencron (Düsseldorf 1975) 176-190.
Nestle, W., *Die Krisis des Christentums. Ihre Ursache und ihre Bedeutung* (Stuttgart 1949).
Neufeld, K. H., *Zu: W. Kasper, Jesus Christus*, in: ZKTh 98 (1976) 180-185.
Nikolaus von Kues. Einführung in sein philosophisches Denken, hg. von Kl. Jacobi (Freiburg/München 1979).
North, R., *Recent Reformulations of the Mystery of Christ* (Windsor 1973).
—, *In search of the human Jesus* (New York/Cleveland 1969).

Oeing-Hanhoff, L., *Trinitarische Ontologie und Metaphysik der Person*, in: Trinität. Aktuelle Perspektiven der Theologie 143-182.
Ökumenische Kirchengeschichte, hg. von R. Kottje u. B. Moeller, Bd. 1 (Mainz/München 1970).
Offenbarung und Überlieferung, hg. von K. Rahner u. J. Ratzinger (Freiburg 1965).
Offermanns, H., *Der christologische und trinitarische Personbegriff der frühen Kirche. Ein Beitrag zum Verständnis von Dogmenentwicklung und Dogmengeschichte* (Bern 1976).
Ohlig, K.-H., *Fundamentalchristologie* (München 1986).
Ott, L., *Das Konzil von Chalkedon in der Frühscholastik*, in: Das Konzil von Chalkedon, Bd. 2, 874-922.

Pannenberg, W., *Dogmatische Thesen zur Lehre von der Offenbarung*, in: Offenbarung als Geschichte (Göttingen [5]1982) 91-114.
—, *„Einsicht und Glaube"*, in: ThLZ 88 (1963).
— *Grundfragen systematischer Theologie*. Ges. Aufsätze (Göttingen [3]1979)
—, *Grundzüge der Christologie* (Gütersloh [5]1976).
—, *Die Offenbarung Gottes in Jesus von Nazareth*, in: Theologie als Geschichte, 135-169.
—, *Die protestantische Christologie*, in: LThK Bd. 5 ([2]1960) Sp. 961-964.
—, *Stellungnahme zur Diskussion*, in: Theologie als Geschichte 285-351.
Pesch, R., *Zur Entstehung des Glaubens an die Auferstehung Jesu*, in: ThQS 153 (1973) 201-228.
Petter, D. M. de, *Begrip en werkelijkheid* (Antwerpen 1961).
Pfeiffer, H., *Der Ruckgriff auf das Neue Testament im Denken des Nikolaus von Kues*, in: TThZ 94 (1985) 197-211.
Pujdak, S., *Schoonenberg's Christology in Context*, in: LouvSt 6 (1977) 338-353.
—, *Bespr. zu Schoonenberg*, in: LouvSt 4 (1973) 286-288.
—, *Christological Statements: Fact and Interpretation. A Study in the Christology of Piet Schoonenberg*. Diss. Nijmegen 1975. Veröff. by University Microfilm International Ann Arbor (Michigan/USA 1978).

Rahner, K., *Die ewige Bedeutung der Menschheit Jesu für unser Gottesverhältnis*, in: Schriften zur Theologie, Bd. 3, 47-60.
—, *Bemerkungen zur Gotteslehre in der katholischen Dogmatik*, in: Schriften zur Theologie, Bd. 8, 165-186.
—, *Chalkedon - Ende oder Anfang?*, in: Das Konzil von Chalkedon, Bd. 1, 3-49.

—, *Die Christologie innerhalb einer evolutiven Weltanschauung*, in: Schriften zur Theologie, Bd. 5, 183-221.
—, *Dogmatische Erwägungen über das Wissen und Selbstbewußtsein Christi*, in: Schriften zur Theologie, Bd. 5, 222-245.
—, *Die Forderung nach einer „Kurzformel" des Glaubens*, in: Schriften zur Theologie, Bd. 8, 153-164.
—, *Grundkurs des Glaubens. Einführung in den Begriff des Christentums* (Freiburg/Basel/Wien ^{9}1977).
—, *Die zwei Grundtypen der Christologie*, in: Schriften zur Theologie, Bd. 10, 227-238.
—, *Probleme der Christologie von heute* (= Chalkedon - Ende oder Anfang?), in: Schriften zur Theologie, Bd. 1, 169-222.
—, *Auf der Suche nach Zugängen zum Verständnis des gottmenschlichen Geheimnisses*, in: Schriften zur Theologie, Bd. 10, 209-214.
—, *Zur Theologie der Menschwerdung*, in: Schriften zur Theologie, Bd. 4, 137-155.
—, *Schriften zur Theologie*, Bd. 1 (Einsiedeln/Zürich/Köln ^{8}1967); Bd. 3 (^{7}1967); Bd. 4 (^{5}1967); Bd. 5 (^{3}1968); Bd. 10 (1972).
—, Art. *Soteriologie*, in: LThK, Bd. 9 (^{2}1964) Sp. 894-897.
—, *Systematik der kirchlichen Christologie*, in: LThK Bd. 5 (^{2}1960) Sp. 953-961.
—, *Theos im Neuen Testament*, in: Schriften zur Theologie, Bd. 1, 91-167.
— u. W. Thüsing, *Christologie - systematisch und exegetisch* (Freiburg/Basel/Wien 1972).
Ramsey, I., *Religious Language* (London 1964).
Ratschow, C. H., *Jesus Christus* (Gütersloh 1982).
Ratzinger, J., *Die Christologie im Spannungsfeld von altkirchlicher Exegese und moderner Bibelauslegung*, in: Urbild und Abglanz, 359-367.
—, *Dogma und Verkündigung* (München ^{3}1977).
—, *Einführung in das Christentum. Vorlesungen über das Apostolische Glaubensbekenntnis* (München 1968).
—, *Der Gott Jesu Christi. Betrachtungen über den Dreieinen Gott* (München ^{2}1977).
—, *Kommentar zu: Pastoralkonstitution „Gaudium et Spes", Erstes Kapitel des Ersten Teils*, in: LTHK, Das Zweite Vatikanische Konzil, Bd. 3, 313-354.
—, *Ein Versuch zur Frage des Traditionsbegriffs*, in: Offenbarung und Überlieferung 25-49.
Redemptor Hominis. Enzyklika Redemptor hominis Seiner Heiligkeit Papst Johannes Paul II. an die verehrten Mitbrüder im Bischofsamt, die Priester und Ordensleute, die Söhne und Töchter der Kirche und an alle Menschen guten Willens zum Beginn seines päpstlichen Amtes, Hg., vom Sekretariat der Deutschen Bischofskonferenz (Bonn, 4. März 1979).
Reinhardt, Kl., *Christus, die „absolute Mitte" als der Mittler zur Gotteskindschaft*, in: MFCG 18 (1989) 196-226 (mit Diskussion).
—, *Die Einzigartigkeit der Person Jesu Christi. Neue Entwürfe*, in: IKaZ 2 (1973) 206-224.
—, *Der dogmatische Schriftgebrauch in der katholischen und protestantischen Christologie von der Aufklärung bis zur Gegenwart* (München/Paderborn/Wien 1970).

—, *Die menschliche Transzendenz Jesu Christi. Zu Schoonenbergs Versuch einer nicht-chalkedonischen Christologie*, in: TThZ 80 (1971) 273-289.
—, *Neue Wege in der Christologie der Gegenwart*, in: IKaZ 6 (1977) 5-20.
Reischle, M., *Der Streit über die Begründung des Glaubens auf den „geschichtlichen" Jesus Christus*, in: ZThK 7 (1897) 171-264.
Renwart, J., *Qui dites-vous que je suis? La christologie de P. J. A. M. Schoonenberg*, in: NRTh 95 (1973) 1137-1141.
Richter, G., *Die Fußwaschung im Johannesevangelium. Geschichte ihrer Deutung* (Regensburg 1967).
Ritschl, Albr., *Die christliche Lehre von der Rechtfertigung und Versöhnung*, Bd. 3 (Bonn [4]1895).
Ritter, A. M., Art. *Christologie (bis Chalkedon)*, in: Lexikon des Mittelalters, Bd. 2 (München/Zürich 1983) Sp. 1922.
Robinson, J. M., *Kerygma und historischer Jesus* (Zürich 1960).
Roey, A. van, *De nieuwe christologie*, in: Onze Alma Mater 23 (1969) 3-18.
—, *Contemporary Christological Questions*, in: LouvSt 2 (1968) 158-169.
Rothermund, J., *Personale Synthese. Isaak August Dorners dogmatische Methode* (Göttingen 1968).

Sauter, G., *Fragestellungen der Christologie heute*, in: VF 11 (1966) 37-68.
Schachten, W., *Das Verhältnis von „immanenter" und „ökonomischer" Trinität in der neueren Theologie*, in: FS 61 (1979) 8-28.
Scheffczyk, L., Art. *Christologie (Chalkedon bis Hochscholastik)*, in: Lexikon des Mittelalters, Bd. 2 (München/Zürich 1983) Sp. 1923-1928.
—, *Der Eine und Dreifaltige Gott* (Mainz 1968).
—, *Die Frage nach der Hellenisierung des Christentums unter modernem Problemaspekt*, in: MThZ 33 (1982) 195-205.
—, *Lehramtliche Formulierungen und Dogmengeschichte der Trinität*, in: MySal, Bd. 2 (1967) 146- 220.
—, *Schwerpunkte des Glaubens. Ges. Aufsätze zur Theologie* (Einsiedeln 1977).
Schierse, Fr. J., *Christologie - neutestamentliche Aspekte*, in: Ders., Jesus von Nazareth (Mainz 1972) 135-155.
Schillebeeckx, E., *Gott - Die Zukunft des Menschen* (Mainz [2]1970).
—, *Jesus. Die Geschichte von einem Lebenden* (Freiburg/Basel/Wien 1975).
—, *Persoonlijke openbaringsgestalte van de Vader*, in: TTh 6 (1966) 274-288.
Schlier, H., *Grundzüge einer paulinischen Theologie* (Freiburg/Basel/Wien 1978).
Schlink, Edm., *Ökumenische Dogmatik. Grundzüge* (Göttingen [2]1985).
Schmaus, M., *Das Christusbild des Pastoralkonzils der niederländischen Kirchenprovinz*, in: Exempel Holland 105-126.
—, *Der Glaube der Kirche*, Bde. 1-3 (St. Ottilien [2]1979).
—, Art. *Perichorese*, in: LThK, Bd. 8, Sp. 274-276.
Schnackenburg, R., *Christologie des Neuen Testamentes*, in: MySal, Bd. III/1 (1970) 227-384.
—, Art. *Christologie, neutestamentliche*, in: LThK Bd. 5, Sp. 932-940.
—, *Maßstab des Glaubens. Fragen heutiger Christen im Licht des Neuen Testaments* (Freiburg/Basel/Wien 1978).

Schnarr, H., *Modi essendi. Interpretationen zu den Schriften De docta ignorantia, De coniecturis und De venatione sapientiae von Nikolaus von Kues* (= BCG V, Münster 1973).
—, *Das Wort Idea bei Nikolaus von Kues*, in: MFCG 13 (1978) 182-197.
Schneider, G., *Christologische Präexistenzaussagen im Neuen Testament*, in: IKaZ 6 (1977) 21-30.
Schneider, St., *Die „kosmische Größe" Christi als Ermöglichung seiner universalen Heilswirksamkeit an Hand des kosmogenetischen Entwurfs Teilhard de Chardins und der Christologie des Nikolaus von Kues* (Münster 1979).
Schneider, Th., *Was wir glauben. Eine Auslegung des Apostolischen Glaubensbekenntnisses* (Düsseldorf 1985).
Schönborn, Chr. von, *Aporie der Zweinaturenlehre?*, in: FZPhTh 24 (1977) 428-445.
—, *„De docta ignorantia" als christozentrischer Entwurf*, in: Nikolaus von Kues. Einführung in sein philosophisches Denken 138-156.
—, *L'Ikône du Christ. Fondements théologique élaborés entre le Ier et le IIe Concile de Nicée* (Fribourg 1976).
Schoof, M., *Dutsch Catholic Theology; A New Approach*, in: Cross Currents 22 (1972) 415-427.
Schweizer, E., *Jesus Christus im vielfältigen Zeugnis des Neuen Testaments* (GTB 126, ⁵1979).
Schweizer, O., *Person und hypostatische Union bei Thomas v. Aquin* (Freiburg/Schw 1957).
Senft, Chr., *Wahrhaftigkeit und Wahrheit. Die Theologie des 19. Jahrhunderts zwischen Orthodoxie und Aufklärung* (Tübingen 1956).
Sesboüé B., *Une nouvelle christologie?* in, RSR 61 (1973) 447-465.
Sickenberger, J., *Leben und Lehre Jesu*, in: LThK, Bd. 5, Sp. 336-345.
Siebel, W., *Der Heilige Geist als Relation. Eine soziale Trinitätslehre* (Münster 1986).
Sievernich, M., *Schuld und Sünde in der Theologie der Gegenwart* (Frankfurt 1982).
Slenczka, R., *Geschichtlichkeit und Personsein Jesu Christi. Studien zur christologischen Problematik der historischen Jesusfrage* (Göttingen 1967).
Sloyan, G., *Some Problems in Modern Christology*, in: A World more Human, A Church more Christian 21-51.
Stallmach, J., *Geist als Einheit und Andersheit. Die Noologie des Cusanus in De coniecturis und De quaerendo Deum*, in: MFCG 11 (1975) 86-116.
—, *Der Mensch zwischen Wissen und Nichtwissen*, in: MFCG 13 (1978) 147-159.
—, *Ineinsfall der Gegensätze und Weisheit des Nichtwissens. Grundzüge der Philosophie des Nikolaus von Kues* (Münster 1989)
—, *Zusammenfall der Gegensätze*, in: MFCG 1 (²1968) 52-75.
Stead, J., *Perichoresis in the Christological Chapters of the De Trinitate of Pseudo-Cyril of Alexandria*, in: Dominican Studies 6 (1953) 12-20.
Studer, B., Art. *Hypostase*, in: HWP 3 (1974) 1255-1259.
—, *Bespr. : Hilberath, B. J., Der Personbegriff der Trinitätstheologie*, in: ThRv 83 (1987) Sp. 306-309.
—, *Der Personbegriff in der frühen kirchenamtlichen Trinitätslehre*, in: ThPh 57 (1982) 161- 177.

Tendenzen in der katholischen Theologie nach dem Zweiten Vatikanischen Konzil, hg. von G. Kaufmann (München 1979).
La teologia di Piet Schoonenberg, hg. von L. Bakker et alii (Brescia 1973).
Ternus, J., *Das Seelen- und Bewußtseinsleben Jesu*, in: Das Konzil von Chalkedon, Bd. 3 (1954) 81-237.
Theologia - Christologia - Anthropologia. Quaestiones selectae de Christologia Sitzungbericht einer Internationalen Theologenkommission. (Sessio plenaria 1979, relatio conclusiva), in: Gr. 61 (1980) 609-632.
Quaestiones selectae. Altera series. (Sessio plenaria 1981, relatio conclusiva), in: Gr. 64 (1983) 5-24.
Theologie als Geschichte, hg. von J.B. Cobb u. J.M. Robinson (Zürich/Stuttgart 1967).
Theologische Berichte, hg. im Auftrag der Theologischen Hochschule Chur von J. Pfammatter und der Theologischen Fakultät Luzern von F. Furger
Bd. 1 (Zürich/Einsiedeln/Köln 1972).
Bd. 2, Zur neueren christologischen Diskussion (Einsiedeln/Zürich/Köln 1973).
Bd. 7, Zugänge zu Jesus (Einsiedeln/Zürich/Köln 1978).
Thüsing, W., u. Rahner, K., *Christologie - systematisch und exegetisch* (Freiburg/Basel/Wien 1972).
—, *Gott und Christus in der paulinischen Soteriologie*, Bd. 1: Per Christum in Deum. Das Verhältnis der Christozentrik zur Theozentrik (Münster [3]1986).
—, *Die neutestamentlichen Theologien und Jesus Christus*, Bd. 1: Kriterien aufgrund der Rückfrage nach Jesus und des Glaubens an seine Auferweckung (Düsseldorf 1981).
Trinität. Aktuelle Perspektiven der Theologie, hg. von W. Breuning (Freiburg/Basel/Wien 1984).

Universitas. Dienst an Wahrheit und Leben. FS A. Stohr, hg. von L. Lenhart, Bd. I (Mainz 1960).
Urbild und Abglanz. Beiträge zu einer Synopse von Weltgestalt und Glaubenswirklickeit. FS für H. Doms zum 80. Geburtstag, hg. von J. Tenzler (Regensburg 1972).
Vansteenberghe, E., *Le cardinal Nicolas de Cues* (Paris 1920).
Vawter, B., *This Man Jesus* (New York 1973).
Veldhuis, W., *Entwicklungen in der Christologie*, in: Bilanz der niederländischen Kirche 15-51.
Vitt, R., *Das Maximitätsprinzip im „Entwurf einer systematischen Christologie“ von Dietrich Wiederkehr*. Zulassungsarbeit zur theol. Diplomprüfung an der kath. theol. Fakultät der Johannes Gutenberg-Universität Mainz im WS 1973.
Vögtle, A., *Exegetische Erwägungen über das Wissen und Selbstbewußtsein Jesu*, in: Gott in Welt, Bd. 1, 608-667.
—, Art. *Jesus Christus nach den geschichtlichen Quellen*, in: LThK, Bd. 5, Sp. 922-932.
—, *Jesus von Nazareth*, in: Ökumenische Kirchengeschichte, Bd. 1, 3-24.
—, *Der verkündigende und verkündigte Jesus Christus*, in: Wer ist Jesus Christus 27-91.

Ware, R. C., *Christology in Historical Perspective*, in: The Heytrop Journal 15 (1974) 53-69.
Weber, O., *Grundlagen der Dogmatik*, Bd. 2 (Neukirchen 1962) 24-36.
Weier, R., *Das Thema vom verborgenen Gott von Nikolaus von Kues zu Martin Luther* (= BCG II, Münster 1967).
Weinel, H., *Jesus im neunzehnten Jahrhundert* (Tübingen/Leipzig 1903).
Welte, B., *Zeit und Geheimnis. Philosophische Abhandlungen zur Sache Gottes in der Zeit der Welt* (Freiburg 1975).
Wendebourg, D., *Geist und Energie. Zur Frage der innergöttlichen Verankerung des christlichen Lebens in der byzantinischen Theologie* (München 1980).
Wer ist Jesus Christus, hg. von J. Sauer (Freiburg 1977).
Werbick, J., *Person*, in: Neues Handbuch theologischer Grundbegriffe, hg. v. P. Eicher, Bd. 3 (München 1985) 339-350.
—, *Besprechung von W. Siebel, Der Heilige Geist als Relation*, in: ThRv 84 (1988) Sp. 393-395.
Wiederkehr, D., *Christologie im Kontext*, in: Theologische Berichte, Bd. 7. 11-62.
—, *Entwurf einer systematischen Christologie*, in: MySal, Bd. III/1, 477-648.
—, *Konfrontationen und Integrationen der Christologie*, in: Theologische Berichte, Bd. 2, 11-119.
—, *Weiterführende Perspektiven zu den Bänden I, III/1, III/2, IV/1 von MySal*, in: MySal, Ergänzungsband, 207-263.
A World more Human, A Church more Christian, hg. von G. Devine (New York 1973).

Ziegenaus A., *Die trinitarische Ausprägung der göttlichen Seinsfülle nach Marius Victorinus* (München 1972).
—, *Wegmarken der Christologie* (Donauwörth 1980).
—, *Die ewige Sohnschaft Jesu Christi als Grund der Heilsbedeutung seiner Lebensmysterien*, in: Die Mysterien des Lebens Jesu und die christliche Existenz, 35-56.
Zizioulas, J., *Bespr. zu Schoonenberg*, in: ThD 78 (1975) 100f.

PERSONENREGISTER

(zusammengestellt von I. Fuhrmann)

Buchreihe der Cusanus-Gesellschaft

1 Das Trierer Schisma von 1430 auf dem Basler Konzil. Zur Lebensgeschichte des Nikolaus von Kues. Von Erich Meuthen. – 1964, 306 Seiten, kart. 28,– DM.

2 Das Thema vom verborgenen Gott von Nikolaus von Kues zu Martin Luther. Von Reinhold Weier. – 1967, 253 Seiten, kart. 42,– DM.

3 Der Abbildbegriff in der Erkenntnislehre des Nikolaus von Kues. Von Norbert Henke. – 1969, 140 Seiten, kart. 24,– DM.

4 Gott – das Nichtandere. Untersuchungen zum metaphysischen Grunde bei Nikolaus von Kues. Von Gerhard Schneider. – 1970, 189 Seiten, kart. 34,– DM.

5 Modi essendi. Interpretationen zu den Schriften De docta ignorantia, De coniecturis und De venatione sapientiae von Nikolaus von Kues. Von Hermann Schnarr. – 1973, 184 Seiten, kart. 38,– DM.

6 Menschliche Perspektive und Wahrheit. Zur Deutung der Subjektivität in den philosophischen Schriften des Nikolaus von Kues. Von Norbert Herold. – 1975, 130 Seiten, 2 Abbildungen, kart. 32,– DM.

7 Zahl, Proportion, Analogie. Eine Untersuchung zur Metaphysik und Wissenschaftshaltung des Nikolaus von Kues. Von Werner Schulze. – 1978, 175 Seiten, 16 Abbildungen, 1 Faltblatt im Text, kart. 48,– DM.

8 Die „kosmische" Größe Christi als Ermöglichung seiner universalen Heilswirksamkeit an Hand des kosmogenetischen Entwurfes Teilhard de Chardins und der Christologie des Nikolaus von Kues. Von Stefan Schneider. – 1979, 578 Seiten, kart. 148,– DM.

9 Nicolaus Cusanus und die Entstehung der exakten Wissenschaften. Von Fritz Nagel. – 1984, 200 Seiten, kart. 48,– DM.

10 Die Präsenz des Vergessenen. Zur Rezeption der Philosophie des Nicolaus Cusanus vom 15. bis zum 18. Jahrhundert. Von Stephan Meier-Oeser. — 1989, 448 Seiten, 30 Abbildungen, kart. 112,– DM.

Außerhalb der Reihe sind erschienen:

Nikolaus von Kues 1401–1464. Skizze einer Biographie. 1985, 6., durchgesehene Auflage, 140 Seiten, 4 Tafeln, Leinen 28,– DM.

Ineinsfall der Gegensätze und Weisheit des Nichtwissens. Grundzüge der Philosophie des Nikolaus von Kues. Von Josef Stallmach. – (Sonderbeitrag zur Philosophie des Cusanus) 1989, 218 Seiten, Leinen 48,– DM.

Streifzüge in die cusanische Theologie. Von Rudolf Haubst. – (Sonderbeitrag zur Theologie des Cusanus) 1991, 651 Seiten, 2 Abbildungen, Efalin-Einband 74,– DM.

Aschendorff